강인하고 지혜로운 유대인,
5,000년 그 삶의 지침서!

탈무드

마빈 토케이어 지음 | 이찬일 옮김

동서 선영사

| 옮긴이 이찬일 |

＊ 1931년 경남 창녕 출생.
＊ 부산대학교 문리대 영어영문과 졸업.
＊ 번역문학가.
＊ 주요 역서로는 《마농레스코》 《탈무드》 외 다수.

탈무드

1판 1쇄 인쇄 / 1990년 08월 30일
1판 1쇄 발행 / 1990년 09월 10일
2판 1쇄 발행 / 2000년 03월 20일
3판 1쇄 발행 / 2001년 04월 10일
4판 1쇄 발행 / 2015년 10월 30일

지은이 / 마빈 토케이어
옮긴이 / 이찬일
편집디자인 / 김용원 · 신봉희
표지디자인 / 정은영

펴낸이 / 김영길
펴낸곳 / 도서출판 선영사
주 소 / 서울시 마포구 서교동 485-14 영진상가 지층
TEL / (02)338-8231~2 FAX / (02)338-8233
E-mail / sunyoungsa@hanmail.net

등 록 / 1983년 6월 29일 (제02-01-51호)

ISBN 978-89-7558-383-4   03160

ⓒ Korea Sun-Young Publishing. co., 1990

·잘못된 책은 바꾸어 드립니다.

내가 이 작품을 처음 접하게 된 것은 이미 오래 전 대학시절이
었다. 그 당시 나는 거기에 담겨져 빛나고 있는 무한한 지혜의
힘에 매료되었으며, 그 후 교단에서 제자들을 가르칠 때도 이 책
을 자신있게 권했던 기억이 있다.

그런데 우연히도 도서출판 선영사로부터 이 책의 번역을 권유받
아 나의 졸역(拙譯)을 세상에 선보이게 되니 기쁨보다는 부끄러움
이 앞선다.

역사적 자료에 의하면 유대민족은 BC 3천 년경부터 시작되어
지금까지 약 5천 년 간의 역사를 지녀왔음을 알 수 있다.

그들은 이 오랜 역사 동안 수많은 박해를 받아왔다. 즉 고대 이
집트와 로마의 탄압 아래 신음했고, 또 제2차 세계대전 당시에는
독일 나치스의 의해 대학살을 당했던 것이다.

그러나 그러한 엄청난 고난과 박해 속에서도 유대인들은 자신들
이 전통과 혈맥을 포기하지 않고 오늘날까지도 면면히 이어오고
있는바, 그러한 강인한 정신력은 선민사상으로 굳게 다져진 그들
의 신앙심과 바로 이 《탈무드》에서 기인한 것이다. 따라서 《탈무
드》는 유대인의 넋이요, 유대인 5천 년의 전통이라 할 수 있다.

위대한 연구·학문·고전이라는 뜻을 지니고 있는 《탈무드》는
유대인들 사이에서 구전(口傳)되어 내려오던 것을 수많은 학자들

이 연구·검토·종합 정리하여 이루어놓은 문화·도덕·종교·전통 등에 관한 영원한 규범서이다.

유대인들은 《탈무드》를 '바다'라고 불렀는데, 이는 워낙 그 내용의 깊이가 심오한 데다 다루고 있는 범위가 광대하여 세상의 모든 것을 포함하고 있기 때문이다.

즉 《탈무드》는 법전이 아님에도 율법을 다루고, 역사책이 아님에도 역사를 다루며, 인명사전이 아님에도 수많은 인물이 소개될 뿐만 아니라 백과사전이 아님에도 온갖 것을 총망라해서 다루고 있는 참된 문헌으로서 유대인의 후손들을 위한, 아니 지구상의 온 인류를 위한 정신적 보고(寶庫)인 것이다.

그렇기 때문에 유대인들이 자손의 교육을 위해 만들었던 《탈무드》는 오늘날 대부분의 국가에서 연구되고 있다. 《탈무드》를 제대로 이해하게 되는 것은 곧 보다 깊이있는 정신세계와 보람된 인생을 보장할 것이다.

모쪼록 우리 독자들도 《탈무드》를 탐독한 후 정신적인 풍요를 이루어 지혜로운 삶을 영위하게 되기를 바라는 바이다.

1990년 5월
편역자 드림

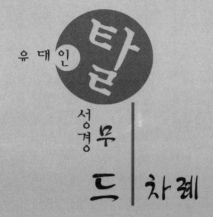

유대인

탈무드의 본편

제3장 탈무드의 눈

제4장 탈무드의 머리

제5장 탈무드의 손

제6장 탈무드의 발

제1장 탈무드와 유대인

제2장 탈무드의 발상

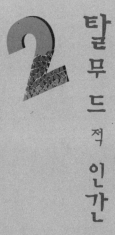

2 탈무드적 인간

유대인의 기지

탈 무 드 본 편

탈무드 본편

탈무드의 마음

탈무드는 어떤 책인가?

어떤 사람이 유대인을 연구하기 위해 먼저 《구약성서》를 공부하고, 잇따라 여러 가지 책을 탐독했다. 그러나 그는 유대인이 아니었기 때문에 아무래도 유대인이라는 민족을 잘 알 수가 없었다. 그러는 동안 그는 유대인의 규범인 《탈무드》를 공부하지 않고서는 결코 유대인을 이해할 수 없다는 것을 깨닫게 되었다.

그래서 어느 날 그는 랍비를 찾았다. 랍비는 유대교의 승려라고 할 수 있으나, 그보다는 유대인에게 있어 때로는 스승이며 재판관, 또한 어버이가 되기도 하는, 유대에서 가장 존경받는 사람이다.

랍비가 말했다.

"당신은 《탈무드》를 배우고 싶다고 말하지만, 아직 《탈무드》를 배울 자격이 없소."

그러나 그는 간절히 원했다.

"제게 그런 자격이 있는지 없는지 확인하지도 않고 속단하실 수는 없지 않습니까? 원컨대 저의 능력을 시험해 주십시오!"

그렇게 원한다면 간단한 테스트를 해 보자며 랍비는 다음의 문제를 주었다.

"두 남자아이가 여름 방학에 자기 집 굴뚝을 청소했다. 한 아이는 얼굴이 새까맣게 되어 굴뚝에서 내려왔고, 또 한 아이는 전혀 그을음이 묻지 않은 채 내려왔다. 그대는 어느 쪽의 사내아이가 얼굴을 씻을 것이라고 생각하는가?"

사나이가 얼른 대답했다.

"물론 얼굴이 더러운 아이가 얼굴을 씻겠지요."

그러자 랍비가 차갑게 쏘아붙였다.

"그러니까 당신은 아직 《탈무드》를 배울 자격이 없소."

사나이가 되물었다.

"그렇다면 답이 무엇입니까?"

그러자 랍비가 다음과 같은 설명을 했다.

"이런 생각도 할 수가 있지요. 두 사내아이는 똑같이 굴뚝을 청소하고 나서 한 아이는 깨끗한 얼굴로, 한 아이는 더러운 얼굴로 내려왔습니다. 얼굴이 더러운 사내아이는 깨끗한 얼굴의 사내아이를 보고 자기 얼굴도 당연히 깨끗하다고 생각할 것이고, 반대로 깨끗한 얼굴의 사내아이는 상대방의 더러운 얼굴을 보고 자신의 얼굴도 더럽다고 생각하곤 얼른 얼굴을 씻겠지요."

그러자 그 사나이는 돌연 외쳤다.

"아, 알았습니다. 다시 한번 시험을 해주십시오."

랍비는 또 같은 질문을 했다.

"두 사내아이가 똑같이 굴뚝 청소를 한 뒤, 한 아이는 깨끗한 얼굴로, 한 아이는 더러운 얼굴로 내려왔다. 도대체 어느 쪽의 아이가 얼굴을 씻으리라고 생각하는가?"

사나이는 이번엔 너무도 당연하다는 듯이 얼른 대답했다.

"당연히 깨끗한 얼굴을 한 사내아이가 얼굴을 씻을 것입니다."

그러자 랍비는 먼저보다 더 차갑게 대꾸했다.

"당신은 아직 《탈무드》를 공부할 자격이 없소."

사나이는 매우 낙심하여 물었다.

"그렇다면 도대체 《탈무드》에서는 어떻게 말하고 있습니까?"

랍비가 잘라말했다.

"두 사내아이가 똑같은 굴뚝에서 똑같이 청소를 했다면, 한 사내아이의 얼굴만 깨끗하고, 다른 사내아이는 더러운 얼굴을 하고 내려오는 일은 결코 없을 것이오."

최근의 이야기이다. 어느 유명한 대학교수로부터 내게 전화가 걸려 왔다. 그는 《탈무드》를 꼭 연구하고 싶으니, 하룻밤만이라도 빌려줄 수 없겠느냐고 묻는 것이었다. 나는 선뜻 승낙하고는 덧붙여 정중하게 말했다.

"좋습니다. 언제라도 원하시면 빌려드리겠습니다. 그대신에 오실 때에는 트럭을 가지고 오시기 바랍니다."

《탈무드》는 전부 합쳐 20권, 총 1만 2천 페이지에 달하며 단어수는 250만 단어 이상, 중량은 75kg으로 엄청난 분량이기 때문이다.

《탈무드》란 책은 과연 무엇이며, 언제 어떻게 만들어졌고, 어떤 책이라는 것을 설명하려고 한다면, 이것은 지극히 어렵다. 간단하게 설명하려면, 《탈무드》가 무엇이라는 것을 자칫 잘못 알려주기 십상이고, 너무 자세하게 설명하게 되면 끝이 없기 때문이다.

《탈무드》는 책이 아니다. 이것은 하나의 학문인 것이다. 이 1만 2천 페이지는 기원전 5백 년에서 기원후 5백 년까지의 구전(口傳)을 10년 동안 2천 명의 학자들이 편찬한 것이다. 이 《탈무드》는 과거 유대 민족의 생활을 지배했듯이, 현대에도 유대인들의 생활을 지배하고 있다. 말하자면 이것은 유대인 5천 년의 지혜이며, 모든 지식의 저수지라고 할 수 있다. 그러나 이것은 정치가·관리·과학자·철학자·부호·저명인 등이 만든 것은 결코 아니다. 학자들에 의해서 문화·도덕·종교·전통 등이 종합되어 전해져 내려오는 것이다.

이 책은 법전(法典)은 아니면서도 법이 논의되고, 역사책이 아니면서 역사가 다뤄지고, 인명 사전도 아니면서 많은 인물이 등장하고 있다. 또한 백과사전이 아니면서 백과사전 구실을 하고 있는 것이다. 인생이란 무엇인가? 인간의 존엄성이란 무엇인가? 행복이란 무엇인가? 사랑이란 무엇인가? 5천 년에 걸친 유대인의 지적(知的) 재산, 정신적 영양분이 여기에 담겨 있는 것이다.

참다운 의미에서 《탈무드》는 뛰어난 문헌이며 장려한 문화의 모자이크이다. 서양 문명을 낳은 문화양식이나 사물에 대한 사고방식을 이해하기 위해서는 먼저 《탈무드》를 알아야 한다.

이 책의 원류(源流)는 구약성서로서, 고대 유대인의 사상이라기보다는 구약성서를 보충하고 구약성서를 더욱 넓힌 것이라고 할 수 있다. 그런데 그리스도 교도들은 그리스도의 출현 이후 유대의 문화를 모두 무시하여, 《탈무드》의 존재를 인정하려 하지 않고 있다.

《탈무드》가 글로 씌어지기 전에는 구전(口傳)을 통해 선생으로부터 제자에게 전해져 왔다. 그 때문에 대부분 질문과 응답의 형식으로 되어 있다. 그 내용의 범위는 극히 넓으며, 모든 테마가 헤브라이어와 아랍어로 되어 있다. 그래서 이것이 글로 씌어질 때에는 구두점 따위는 전혀 없고, 머리말이나 맺음말도 없이 내용만으로 이뤄져 있다.

당시 《탈무드》는 양적으로 너무 방대하고 여러 곳에 흩어져 있었다. 그래서 유대인들은 《탈무드》의 여러 가지 귀중한 부분이 상실되는 것을 막기 위해 여러 지방에서 전승자를 모았다. 그때 전승자들 가운데 머리가 좋은 사람은 모두 제외시켰다. 그 이유는 자신의 의견을 넣어서 전승이 잘못될 우려가 있기 때문이다.

이리하여 구전되어 온 내용은, 몇 백 년이라는 세월 동안 여러 도시에서 편찬이 진행되었다. 오늘날엔 바빌로니아의 《탈무드》와 팔레스타인의 《탈무드》 두 가지가 존재하고 있는데, 바빌로니아의 《탈무드》가 훨씬 중요시되고 권위가 인정되고 있다. 때문에 **일반적으로 《탈무드》라고 하면 바빌로니아의 《탈무드》를 가리키는 것이다.**

《탈무드》안에 첨부되어 적혀 있는 색인이나 주(註)는 헤브라이어를 비롯하여 바빌로니아어 · 프랑스어 · 독일어 · 스페인어 · 북아프리카어 · 터키어 · 폴란드어 · 러시아어 · 이탈리아어 · 영어 · 중국어에 의해서 주역(註譯)되어 있다. 모든 나라에서 이 《탈무드》를 읽고 공부한 뒤에 새로운 코멘트를 덧붙인 것이다. 《탈무드》의 마지막 페이지는 반드시 백지로 남게 되어 있다. 이것은 《탈무드》가 항상 덧붙여 쓸 여지가 남아 있다는 것을 상징한다.

《탈무드》는 읽는 것이 아니라 배우는 것이다. 내가 아침 일찍 일어나서 《탈무드》를 공부하고 있는 것을 본 작은 딸이, 다시 세 시간 후에 방 안을 들여다보아도 역시 내가 열다섯 단어 정도밖에 읽지 못한 것을 보고 의아해 한다.

그러나 이 열다섯 단어를 철저히 이해하고 그 의미를 진정으로 파악할 수 있다는 것은, 이제까지의 내 인생 경험을 아주 풍요롭게 해주었으며, 사물에 대한 사고법을 새로이 확립시킨 결과로서 어느 정도 자신을 만족스러운 기분으로 충만시켜 주는 것이다. 그러므로 사고능력이나 정신력을 단련시키기 위해서는 이만큼 훌륭한 책은 없다고 생각한다.

따라서 《탈무드》는 유대인의 영혼이라 할 수 있다. 오랜 이산(離散)의 역사를 걸어온 유대민족에게 있어 오직 《탈무드》만이 자신들을 지켜주었다. 오늘날 모든 유대인들을 《탈무드》의 연구가라고는 말할 수 없다. 그러나 그들은 정신적인 도움을 모두 《탈무드》에서 얻고 있으며, 거기에서 생활의 규범을 배우고 있는 것만은 사실이다. 《탈무드》는 유대인의 일부가 되어 있으며, 유대인이 《탈무드》를 지켜왔다기보다는 탈무드가 유대 민족을 지켜주었다고 할 수 있다.

본래 탈무드라는 말은 '위대한 연구', '위대한 학문', '위대한 고전 연구'라는 뜻이다. 《탈무드》의 각 권을 펴보면 반드시 2페이지에서부터 시작된다. 그것의 의미는 《탈무드》를 읽지 않아도 당신은 이미 《탈무드》의 연구가라는 뜻이다. 1페이지에는 당신의 경험을 쓰기 위해 남겨진 것이다.

출판 상식에는 벗어난 일이지만 《탈무드》는 원래 첫 페이지와 마지막 페이지는 백지로 남겨두는 것이 원칙이다.

유대인은 《탈무드》를 '바다'라고도 부른다. 바다는 거대하고, 모든 것이 거기에 있으면서도 그 저 밑바닥에는 무엇이 있는지 확실히 모르기 때문이다. 그러나 《탈무드》가 너무 방대하다고 해서 실망할 필요는 없다.

《탈무드》에 다음과 같은 이야기가 있다.

두 사나이가 여행을 하는 도중 배가 몹시 고팠다. 그런데 어떤 집의 방 안에 들어가 보니, 과일이 가득 담겨진 바구니가 천장에 매달려 있었다.

한 사나이가 말했다.

"과일은 먹고 싶지만, 너무 높은 데 있으니 손이 닿지 않아 먹을 수가 없군!"

그러자 다른 한 사람이 말했다.

"아주 맛있어 보이는데, 나는 저것을 꼭 먹어야겠어. 아무리 높은 데 매달려 있다 해도 전에 누군가가 거기에 매달았을 거 아냐.

그러니 우리들이라고 거기에 손이 안 닿을 리는 없잖아?"

그 사나이는 사다리를 찾아서 한 걸음 한 걸음 그것을 밟고 올라가 과일을 손에 넣었다.

《탈무드》가 제아무리 위대한 것이라 해도 우리 같은 인간이 만든 것이므로 인간인 우리들이 그것을 자기 것으로 만들지 못할 리는 없다. 다만 한걸음 한걸음 순서를 밟아 올라가지 않으면 안 된다는 것뿐이다. 그렇기 때문에 독자 여러분을 격려하기 위해서 나는 이렇게 말하고 싶다.

당신이 알고 있는 수백 명의 세계 위인을 한 방에 모아놓고, 어딘가에 녹음기를 장치해 두었다고 하자. 그리고 이 위대한 인물들이 수백 시간에 걸쳐 계속 이야기한 내용을 녹음했다고 한다면, 그것은 매우 귀중한 것이 될 것이다. 《탈무드》는 그것에 필적할 만한 매력을 충분히 가지고 있다.

그 한 페이지를 여는 것만으로도 위대한 사람들이 1천 년 동안이나 계속 이야기해 온 것을 당신은 듣게 되는 것이다. 이 책에서 나는 그 안내역을 맡고자 한다.

‡ 세 사람의 랍비

나는 유대 학교 면접 시험에서 이런 질문을 받았다.
"당신은 왜 이 학교에 입학하려 합니까?"
"공부하기 위해서입니다."
그러자 시험관이 말했다.
"만약 당신이 공부하고 싶다면 도서관으로 가는 것이 좋을 것이오. 학교는 공부하는 데가 아닙니다."

그래서 나는 반대로 시험관에게 물었다.

"그렇다면 왜 나는 학교에 입학할 필요가 있는 것입니까?"

시험관이 대답했다.

"학교라는 곳은 위대한 사람 앞에 앉는 것이오. '그들'이라는 살아 있는 교본에서 배우는 것이오. 학생은 위대한 랍비나 교사를 지켜봄으로써 배워가는 것입니다."

여기서 나는 《탈무드》에 나오는 세 사람의 위대한 랍비들을 소개하고자 한다.

〈랍비 히레르〉

그는 2천여 년 전에 바빌로니아에서 태어났다. 20세가 되었을 무렵, 그는 이스라엘에 와서 두 사람의 위대한 랍비 밑에서 공부했다.

그 당시는 유대 지방이 로마의 지배하에 있었기 때문에 유대인의 생활은 매우 궁핍했다. 그는 생활을 유지하기 위해 벌이에 나섰으나, 하루에 동전 한 닢 정도밖에는 벌 수가 없었다. 그 동전의 반은 그의 최저한의 생활비로 쓰여졌고, 나머지 반은 수업료로 쓰였다.

그는 매일같이 일자리를 구할 수 없었기 때문에 돈이 한 푼도 없을 때가 많았다. 그러나 그는 어떻게 해서라도 학교의 강의를 듣고 싶어 견딜 수가 없었다. 그래서 학교 지붕 위로 올라가, 굴뚝에 귀를 대고 밤 동안 교실에서 행해지고 있는 강의를 몰래 들었다. 그러다가 그는 자기도 모르는 사이에 지붕 위에서 잠이 들어버렸다. 마침내 추운 한겨울 밤에 내리기 시작한 눈이 그의 몸을 덮어 버렸다.

아침이 되자 다시 수업이 시작되었다. 그런데 교실 안이 보통때보다도 어두웠으므로 학생들은 천장을 올려다보았다. 그랬더니 지붕의 창문이 사람으로 가려져 있음을 발견했다. 히레르는 곧 내려져 언 몸을 녹이고 생기를 되찾았다. 그로부터 그는 수업료를 면제받게 되었으며, 이것을 계기로 하여 유대 학교의 수업료는 전부 면제되었던 것이다.

이러한 히레르의 이야기는 널리 알려져 있으며, 그리스도가 한 말도 실은 히레르의 말을 인용한 것이 많다.

그는 천재였으며, 퍽 점잖고 예의바른 사람이었다. 세월이 지나 히레르는 랍비의 대승정(大僧正)이 되었다.

어느 날 비(非)유대인 한 사람이 그를 찾아왔다. 그는 히레르에게 말했다.

"내가 한 다리로 서 있을 동안에 유대의 학문을 모두 강의해 보시오!"

이때 히레르는 대답했다.

"당신이 당하고 싶지 않은 일을 남에게 강요하지 말라!"

또 어느 날 히레르를 화나게 할 수 있는지 없는지 하는 문제를 놓고, 두 사나이가 내기를 했다. 안식일을 준비하기 위해 금요일 낮에 히레르가 목욕탕에 들어가 몸을 씻고 있는데, 내기를 건 사나이가 문을 두드렸다. 히레르는 젖은 몸을 닦고 옷을 걸친 후 문을 열고 나왔다.

히레르가 나오자 그 사나이는 질문을 퍼붓기 시작했다.

"인간의 머리는 왜 둥근가요?"

히레르가 대답하고 나서 목욕탕에 들어가자, 사나이는 금방 다시 돌아와서 또 문을 두드렸다. 히레르가 문을 열자 그는 어리석은 질문을 되풀이했다.

"흑인은 왜 검은가요?"

어째서 검은가를 열심히 설명하고 나서 다시 목욕탕에 돌아오자, 바로 또 문을 두드리는 소리가 들렸다.

이런 일이 다섯 번이나 되풀이되었다. 마지막엔 그 사나이가 히레르를 향해 소리쳤다.

"당신 같은 사람이 없었더라면 좋았을 걸! 나는 당신 때문에 내기에 지게 되어 큰 손해를 보았소."

그러자 히레르가 말했다.

"내가 인내력을 잃기보다 당신이 돈을 잃는 쪽이 낫지요."

또 어느 날 히레르가 바삐 걸어가고 있는데, 학생들이 그를 보고 물었다.

"선생님, 어디를 그렇게 바삐 가십니까?"

히레르가 대답했다.

"나는 좋은 일을 하기 위해서 지금 서둘러 가고 있는 것이다."

학생들이 영문을 몰라 함께 따라가 보니, 히레르는 대중 목욕탕에 들어가서 몸을 씻기 시작했다.

학생들이 놀라서 물었다.

"선생님 이것이 좋은 일이란 말입니까?"

히레르가 대답했다.

"인간이 자신의 몸을 청결히 하는 것은 대단히 좋은 일이다. 로마인을 보아라. 로마인들은 많은 동상들을 깨끗이 씻고 있다. 그러나 인간은 동상을 씻기보다는 자신을 깨끗이 씻는 편이 훨씬 좋은 일을 하는 것이다."

이밖에도 히레르는 위대한 말을 많이 남겨놓았다. 씹으면 씹을수록 맛깔스러운 명언을 몇 가지 소개한다.

★ 당신이 지식을 쌓아가지 않는 것은, 지식을 감소시키고 있는 것이 된다.

★ 자신의 높은 직함을 여러 사람에게 떠들어대는 인간은 이미 자기의 인격에 상처를 입히고 있는 것이다.

★ 상대방의 입장이 되어 보지 않은 채 사람을 판단하지 말라.

★ 배우고자 하는 학생은 부끄러워해서는 안 된다.

★ 인내력이 없는 사람은 다른 사람을 가르칠 수가 없다.

★ 만약 당신 주위에 뛰어난 사람이 없다면 당신 스스로 뛰어난 인물이 되지 않으면 안 된다.

★ 자기 자신을 위하지 않으면 누가 당신을 위해 줄 것인가?

★ 지금 그것을 하지 않으면 언제 할 수 있는 날이 올까?

★ 인생의 최상 목표는 평화를 사랑하고, 평화를 찾고, 평화를 가져오는 일이다.

★ 자신의 일만 생각하는 인간은 그 자신마저도 될 자격이 없다.

〈랍비 요한나 뺀 자카이〉

요한나는 유대 민족이 사상 최대의 정신적인 위기에 직면했을 때 가장 많은 도움을 준 랍비이다. 기원후 70년에 로마인이 유대의 사원을 파괴하고 유대인을 전멸시키려고 계획했을 때, 요한나는 비둘기파였다. 그래서 매파가 항상 요한나의 행동을 감시하고 있었다.

요한나는 유대 민족이 영원히 살아남으려면 어떻게 해야 좋은가를 밤낮없이 생각하고 있었다. 마침내 그는 로마의 장군과 직접 만나 어떤 담판을 짓지 않으면 안 되겠다는 결론을 내리기에 이르렀다.

그런데 그 무렵, 유대인은 모두 예루살렘의 성벽 안에 갇혀 있었기 때문에 꼼짝할 수가 없었다. 그러나 요한나는 한 가지 계교를 생각해 내어 탈출에 성공했다. 병자의 흉내를 낸 것이다. 그는 대승정이었기 때문에 많은 사람들이 병문안을 왔다. 마침내 그가 머지않아 죽을 것이라는 소문이 퍼지고, 며칠이 지나자 그가 죽었다는 소문이 퍼졌다.

　제자들은 그를 관 속에 넣어 성 밖으로 들고 나가려는 계획을짰다. 예루살렘의 성벽 안에는 묘지가 없었으므로 시체를 성 밖에 매장할 허가를 신청했다. 그러나 매파의 수비병들은 랍비가 죽었다는 것을 믿으려 하지 않았다.

"칼로 한번 시체를 찔러보자."

　그들은 유대인의 시체를 눈으로 보는 일이 절대로 금지되어 있었으므로, 관을 칼로 찌르려고 했다.

　제자들은 필사적으로 항변했다.

"그것은 죽은 이를 모독하는 일이 됩니다."

　보통 유대의 장례식은 관을 노천에 방치해 두는 것이지만 제자들은 우겼다.

"랍비는 대승정이기 때문에 정중히 매장하지 않으면 안 됩니다."

　마침내 로마군의 군영(軍營) 쪽으로 향했다. 그런데 전선을 지나갈 때 로마 병정도 역시 믿지 않았다.

"관을 칼로 찔러봐야겠어."

　그러자 제자들은 당황하여 말했다.

"만약 로마의 황제가 죽었다면, 당신들은 관을 칼로 찔러보겠소? 우리들은 전혀 무장도 하고 있지 않소."

　이렇게 하여 드디어 전선의 후방으로 가는 데 성공했다.

　랍비는 관에서 나와 사령관과의 면담을 요청했다. 이 요청이 받아들여지고 사령관을 만나게 되자, 그는 로마군 사령관의 눈을 가만히 바라보며 말했다.

"나는 당신에게 로마황제와 같은 경의를 표합니다."

　황제라고 불린 사령관은 황제를 모독했다며 화를 냈다. 그러자 랍비는 잘라말했다.

"아니, 내 말을 믿으시오. 당신은 반드시 다음 로마황제가 될 것입니다."

그러자 사령관이 물었다.

"그 말은 그만둡시다. 그런데 당신은 도대체 무엇을 원하는 것이오?"

랍비가 대답했다.

"한 가지 원하는 것이 있소."

만약 당신이라면 무엇이라고 대답할지 잠시 생각해 주기 바란다.

"조그만 방이라도 좋으니 열 명 가량의 랍비가 들어갈 학교를 하나 만들어 주시오. 그리고 그것만은 파괴하지 말아주시오."

언젠가는 예루살렘이 로마에 의해서 점령되고 파괴되리라는 것을 요한나는 알고 있었다. 거기에 대학살이 따르리라는 것도 예견하고 있었다. 그러나 학교만 있으면 유대의 전통은 남으리라고 생각했던 것이다.

사령관은 쾌히 승낙했다.

"좋소, 그렇게 해드리겠소."

얼마 후 로마의 황제가 죽고 사령관이 황제가 되자, 새 황제는 로마 병사들에게 명령했다.

"한 개의 작은 학교만은 남겨두라."

그때 그곳에 남아 있던 학자들이 유대의 지식, 유대의 전통, 유대의 신앙을 지켰다. 전쟁이 끝나자 그 학교가 유대인의 생활 전부를 계속 지키며 이끌어나가게 되었다.

요한나가 말했다.

"좋은 마음을 갖는 것이 최대의 재산이다."

유대교는 제단에는 돌만을 사용하며, 금속을 사용해서는 결코 안 된다. 왜냐하면 금속으로는 무기를 만들 수가 있기 때문이다. 제단은 신과 인간 사이에 평화를 가져다주는 곳이며, 동시에 신과 인간 사이를 연결하는 상징이다. 즉, 아무리 하찮은 돌이라 하더라도 신과 인간 사이를 연결시킬 수가 있는 것이다.

요한나의 말 중에는 이런 구절도 있다.

"당신은 인간이므로 남편과 아내 사이, 나라와 나라 사이에 평화를 가져다줄 수 있을 것이다."

〈랍비 아키바〉

아키바는 《탈무드》의 인물 가운데에서도 가장 존경을 받고 있는 랍비이다. 그는 유대의 민족적인 영웅이기도 하다. 그는 큰 부잣집에 고용되어 양치기로 일하고 있었다. 그러는 동안에 그 집 딸과 사랑하게 되어 부친의 반대를 무릅쓰고, 두 사람은 결혼했다. 결국 딸은 내쫓기는 신세가 되었다. 그는 학교에 가지 못했으므로 읽고 쓰는 것을 몰랐다.

아내가 남편에게 말했다.

"한 가지 소원이 있습니다. 부디 공부를 하십시오."

그래서 그는 어린이들과 함께 학교에 다니게 되었고, 13년 간 학교에서 배우고 돌아온 뒤에는 당대의 가장 우수한 학자로서의 명망을 얻어 유명해졌다. 다음해 그는 《탈무드》의 최초의 편집자가 되었다. 그는 의학 · 천문학을 공부하고 많은 외국어를 구사했으며, 몇 번씩이나 유대인의 사절로 선출되어 로마를 내왕했다.

기원후 132년 유대인이 로마의 지배하에서 벗어나기 위해 반란을 일으켰을 때, 그는 유대인들의 정신적인 지도자가 되어 있었다. 이 사건 이후 로마는 누구라도 학문을 하는 유대인은 사형에 처한다고 공포했다. 왜냐 하면 유대인은 그들의 전통적인 학문을 공부함으로써만이 참다운 유대인이 된다는 것을 로마인들은 알고 있었기 때문이다.

이 때 랍비 아키바는 다음과 같은 이야기를 했다.

어느 날 여우가 시냇가를 걷고 있다가, 물고기가 급하게 헤엄쳐 다니는 것을 보고 물었다.

"왜 그렇게 서둘러 헤엄쳐 다니니?"

물고기가 대답했다.

"우리들을 붙잡으러 올 그물이 무서워서 그래요."

그러자 여우가 또 물었다.

"그렇다면 이리로 나오려무나! 언덕에 올라오면 내가 지켜줄 테니 걱정하지 않아도 돼."

물고기가 말했다.

"여우님! 당신은 대단히 머리가 좋다고들 하는데, 왜 그렇게 바보같죠? 우리들이 늘 살아왔던 물 속에서조차 이렇게 무서운데, 언덕에 올라가면 어떤 해를 입을지 어떻게 알겠어요?"

요컨대 학문은 유대인에게 물과 같은 것이어서, 그 곳을 떠나 언덕에 올라가면 죽어 버린다. 유대인은 어떻게 해서든지 배우지 않으면 안 된다는 뜻이다.

로마인에게 붙잡힌 아키바는 투옥된 뒤 곧 로마로 호송되어 처형당하게 되었다. 그런데 로마인은 그를 십자가에 매달아 죽이는 것으로는 만족하지 못하고, 불에 달군 인두로 온몸을 지져 태워 죽이기로 했다.

처형되는 날, 로마의 사령관이 유대인의 지도자라고 해서 사령관이 현장에 입회했다. 때마침 아침 기도가 시작될 시간이었다. 새빨갛게 달군 인두가 몸에 닿자, 랍비는 아침 기도를 하기 시작했다.

이 광경을 본 로마의 사령관은 놀라서 물었다.

"이렇게 심한 고통을 당하고 있는데도 기도를 하는가?"

랍비가 대답했다.

"지금 이렇게 죽임을 당할 때에도 기도할 수 있는 자신을 발견

하고 내가 참으로 신을 사랑하고 있다는 것을 깨달아 매우 기쁘
오."

그리고는 조용히 생명의·등불을 거두었다.

탈무드의 귀

‡ 마법의 사과

　임금님에게 외동딸이 있었다. 어느 날 그 딸이 무서운 병에 걸려 사경을 헤매게 되었다. 의사는 묘약을 먹이지 않는 한 살아날 가망이 없다고 말했다.

　그래서 임금님은 자기 딸의 병을 낫게 하는 자를 사위로 삼고 또한 왕의 자리도 물려주겠다는 포고(布告)를 내렸다.

　그런데 아주 먼 변경 지방에 삼형제가 살고 있었는데, 한 사람이 망원경으로 그 포고문을 보았다. 공주를 불쌍히 여긴 그들은 어떻게 해서든지 공주의 병을 낫게 해 주자는 데 의견이 모아졌다.

　한 사람은 날으는 마술 융단을 가지고 있었고, 또 한 사람은 신비한 사과를 갖고 있었다. 그 사과는 먹으면 무슨 병이라도 낫는 마법의 사과였다. 그래서 세 사람이 마술 융단을 타고 왕궁으로 가서 공주에게 사과를 먹이자 공주의 병은 깨끗이 나았다. 모두들 대단히 기뻐하며 큰 잔치를 베풀어서 새로운 왕이 발표되는 시각이 되었다.

그러자 맏형이 주장했다.

"내 망원경이 없었더라면 우리들은 공주가 아픈 사실조차 몰랐을 것입니다!"

그러자 둘째가 외쳤다.

"마술 융단이 없었더라면 도저히 이렇게 먼 곳까지 올 수가 없었을 것입니다!"

이번에는 셋째가 나섰다.

"만약 내 사과가 없었더라면 공주의 병은 낮지 않았을 것입니다!"

당신이 왕이라면, 세 사람 중 누구에게 공주를 시집보낼 것인가?

답은 '사과를 가진 사나이'이다. 왜냐 하면 마술 융단을 갖고 있던 사나이는 아직 그것을 그대로 가지고 있으며, 망원경을 갖고 있던 사나이도 아직 망원경을 갖고 있다. 하지만 사과를 갖고 있던 사나이는 사과를 공주에게 주어 버렸기 때문에 아무것도 갖고 있지 않다. 그는 공주를 위해 자기의 가장 귀중한 것을 주었던 것이다.

《탈무드》에 의하면, '무엇인가를 해 줄 때에는, 그것에 모든 것을 거는 것이 가장 중요하다'고 되어 있다.

‡ 그릇

매우 지혜로우나 아주 추하게 생긴 랍비가 로마 황제의 왕녀와 만나게 되었다.

이 랍비를 본 왕녀가 말했다.

"놀라운 지혜가 이런 못생긴 그릇 속에 들어 있다니!"

랍비가 물었다.

"왕궁 안에 술이 있습니까?"

왕녀가 고개를 끄덕이자, 그가 물었다.

"무슨 그릇에 담겨 있습니까?"

"보통 항아리나 질그릇에 담아두죠."

랍비는 짐짓 놀란 체하며 말했다.

"왕녀님같이 훌륭하신 분이 금이나 은그릇을 놔두고 어째서 그런 보잘것없는 항아리에 술을 담아두십니까?"

이 말을 들은 왕녀는 곧바로 금이나 은그릇에 들어 있던 물을 보잘것없는 항아리로 옮기고, 싸구려 항아리에 들어 있던 술은 금이나 은그릇에 담았다. 얼마가 지나자 술맛은 변해서 먹을 수 없게 되었다.

왕이 화를 내며 물었다.

"누가 이런 그릇에 술을 담았느냐?"

왕녀가 마지못해 대답했다.

"그렇게 하는 것이 좋을 것 같아 제가 시켰습니다."

화가 난 왕녀는 랍비가 있는 곳으로 찾아갔다.

"랍비여! 당신은 어찌하여 내게 이런 일을 권했는가?"

그러자 랍비가 말했다.

"나는 단지 당신에게 대단히 귀중한 것이라 할지라도 싸구려 항아리에 넣어두는 쪽이 좋을 경우가 있다는 것을 깨우쳐 주고 싶었을 뿐입니다."

‡ 세 자매

옛날 한 사나이에게 세 딸이 있었는데 모두 뛰어난 미인이었다. 그러나 딸들은 제각기 하나씩의 결점을 가지고 있었다. 한 딸은 게으름뱅이이고, 한 딸은 남의 물건을 훔치는 버릇이 있었으며, 또 한 딸은 남의 험담하기를 좋아했다.

어느 날 세 아들이 있는 한 사나이가 그 딸들을 자기의 며느리로 줄 수 없겠느냐고 말했다. 딸을 가진 아버지가 자기 딸들에겐 이러이러한 결점이 있다고 말하자, 시아버지 될 사람이 모든 책임은 자기가 지겠으니 허락해 달라고 말했다.

세 며느리를 맞아들인 시아버지는 게으름뱅이인 며느리를 위해서는 많은 하인을 고용하고, 훔치기를 잘 하는 며느리를 위해서는 큰 창고의 열쇠를 주어 무엇이든지 가지라 하고, 험담 잘 하는 며느리에게는 아침 일찍 그 며느리를 깨워서 오늘은 남을 헐뜯을 일이 없는가를 매일 물었다.

어느 날 친정 아버지가 딸들이 결혼 생활을 잘 하는지 보러 왔다. 큰딸은 자기 마음껏 게으름을 피울 수 있어서 매우 즐겁다고 했다. 둘째딸은 물건을 갖고 싶을 때 얼마든지 가질 수 있으니 행복하다고 말했다. 셋째딸은 시아버지가 자기에게 남자관계를 따지기 때문에 견딜 수 없다고 말했다.

그러나 부친은 셋째딸의 말만은 믿지 않았다. 왜냐 하면 그녀는 시아버지까지 헐뜯고 있었기 때문이다.

‡ 혓바닥을 사용하지 않는 뱀

온 세계의 동물들이 뱀을 향해 물었다.

"사자는 먹이를 쓰러뜨려서 먹고, 늑대는 먹이를 찢어먹는다. 그런데 너는 왜 먹이를 통째로 삼키는가?"

그러자 뱀이 대답했다.

"나는 남을 헐뜯는 인간보다는 낫다고 생각한다. 혓바닥으로 상대를 상처입히지 않으니 말이다."

‡ 혀를 조심하라

한 장사꾼이 큰 소리로 외치며 거리를 지나가고 있었다.

"인생을 영위하는 참다운 비결을 살 사람 없습니까?"

온동네 사람들이 인생의 비결을 사려고 모여들었다. 그 중에는 랍비도 있었다. 모두 모여들어 아우성을 쳤다.

"내게 팔아주시오!"

그러자 장사꾼이 말했다.

"인생을 참되게 사는 비결이란 자기 혀를 주의해서 쓰는 것이오."

‡ 부드러운 혀

한 랍비가 학생들을 위해 만찬회를 베풀었다. 소의 혀나 양의 혀 요리가 나왔는데, 그 중에는 딱딱한 혀와 부드러운 혀가 있었다. 학생들은 다투어 부드러운 혀를 먹으려고 했다.

그 때 랍비가 학생들에게 말했다.

"여러분들도 자기의 혀를 언제나 부드럽게 해 두시오. 딱딱한 혀를 가진 인간은 사람을 노하게 하거나 불화를 초래합니다."

‡ 혀의 가치

어느 랍비가 하인에게 시장에 가서 제일 맛있는 것을 사오라고 시켰다. 하인은 혀를 사왔다.

이틀쯤 지나 랍비는 그 하인에게 오늘은 싼 음식을 사오라고 시켰다. 그러자 하인은 또 혀를 사왔다.

그래서 랍비가 물었다.

"내가 너에게 맛있는 것을 사오라고 하자 혀를 사왔고, 오늘은 맛이 없어도 좋으니 싼 음식을 사오라고 시켰는데 또 혀를 사왔다. 도대체 어찌된 일이냐?"

그러자 하인이 대답했다.

"아주 좋다면 혀보다 좋은 것이 없고, 또 나쁘다면 혀보다 나쁜 것은 없습니다."

‡ 하느님이 맡긴 보석

안식일에 메이어라고 하는 랍비가 예배당에서 설교를 하고 있었다. 같은 시간에 집에서는 그의 두 아이가 죽었다. 아내는 두 아이의 시체를 2층으로 옮기고 흰 천으로 덮어주었다.

랍비가 돌아오자 그의 아내가 말했다.

"당신에게 묻고 싶은 게 있어요. 어떤 사람이 제게 잘 보관해 달라고 하면서 아주 비싼 보석을 맡기고 갔어요. 그런데 그 주인이 맡긴 보석을 돌려달라고 갑자기 찾아왔어요. 그럴 때 저는 어쩌면 좋을까요?"

랍비가 대답했다.

"그것을 주인에게 곧 돌려주어야 마땅하지요."

그러자 아내가 말했다.

"실은 지금 막 하느님이 그 두 개의 귀중한 보석을 가지고 하늘로 가셨습니다."

랍비는 그 말을 알아듣고 아무 말도 하지 못했다.

‡ 지혜가 담긴 유서

예루살렘에서 멀리 떨어진 곳에 살고 있던 한 현명한 유대인이 아들을 예루살렘의 학교에 입학시켰다. 아들이 학교에서 공부하고 있는 사이에 그 유대인은 병으로 쓰러졌다. 도저히 살아날 가망이 없다고 생각한 그는 아들에게 유서를 썼다. 그것은 전재산을 한 사람의 노예에게 물려주며, 다만 그 중에서 아들이 바라는 것 하나만을 그 노예가 아들에게 주도록 하라는 내용이었다.

마침내 그 유대인은 죽고, 노예는 자기에게 돌아온 행운을 기뻐하며 예루살렘으로 날 듯이 뛰어가서 아들에게 부친이 죽었다는 것을 알린 후 유서를 보여주었다.

아들은 매우 놀라며 슬퍼했다.

장례식이 끝나자, 아들은 어떻게 하면 좋은가를 곰곰이 생각하다가 랍비의 집으로 가서 상황을 설명하고 불만을 털어놓았다.

"어째서 아버지는 재산을 내게 물려주지 않았을까요? 나는 아버지를 화나게 하는 일은 한 번도 하지 않았는데요."

랍비가 말했다.

"천만에, 당신의 부친은 매우 현명하고 또 당신을 진심으로 사랑하셨소. 이 유서를 보면 그것을 잘 알 수 있지 않소."

아들은 여전히 불만스럽다는 듯이 말했다.

"노예에게 전재산을 주고 아들인 나에게는 아무것도 남기지 않다니, 사랑도 없고 어리석은 짓이라고밖엔 생각되지 않습니다."

랍비가 말했다.

"당신도 아버님과 똑같이 현명하게 자기 머리를 쓰시오. 아버님이 무엇을 바라고 있는가를 잘 생각하면, 당신에게 훌륭한 유산을 남긴 것을 알 수 있을 것이오."

자, 당신이라면 이 유서의 참뜻을 어떻게 알아낼 것인가?

랍비는 아들에게 다음과 같이 설명했다.

"당신 부친은 아들이 없을 때 자기가 죽으면 노예가 재산을 갖고 도망치거나 재산을 탕진해 버리거나, 자기가 죽은 일조차 아들에게 알리지 않을지도 모른다고 걱정하여 전재산을 일단 노예에게 주었던 것이오. 재산을 전부 주면 노예는 기뻐서 서둘러 아들을 만나러 갈 것이며, 재산을 소중하게 간수해 둘 것이라고 생각했던 것이오."

그래도 아들은 이해가 안 간다는 듯 다시 물었다.

"그것이 내게 무슨 소용이 있습니까?"

랍비가 말했다.

"젊은이는 역시 아버지에 비해 지혜가 모자라는군. 노예의 재산은 전부 주인에게 속하고 있다는 것을 잊으셨소? 당신 부친은 당신이 원하는 하나만 당신에게 주겠다고 하지 않았소? 당신은 전재산을 차지한 그 노예를 택하면 될 것 아니오. 이 얼마나 사려 깊은 생각입니까!"

젊은이는 그제서야 깨닫고 랍비가 말하는 대로 행하고는 나중에 그 노예를 해방시켜 주었다. 그러고는 입버릇처럼 "나이 많은 사람의 지혜는 감히 따르지 못한다"고 말하곤 했다.

‡ 붕대

법률이라는 것은 약과 같다.

한 나라의 왕이 상처 입은 자기 아들에게 붕대를 감아주면서 말했다.

"아들아, 이 붕대를 감고 있는 동안만은 먹거나 달리거나 물에 들어가더라도 아프지 않을 것이다. 그러나 이 붕대를 풀어버리면 상처는 심해진단다."

인간도 똑같은 것이다. 인간의 마음 속에는 나쁜 것을 바라는 성질이 있다. 그러나 마음속에서 법률(法律)을 버리지 않는 이상, 절대로 인간의 마음은 나쁘게 되지 않는다.

‡ 옳고 그름의 차이

알렉산더 대왕이 이스라엘에 왔을 때의 일이다. 유대인이 대왕에게 물었다.

"대왕님은 우리들이 갖고 있는 금과 은을 갖고 싶으신가요?"

대왕이 대답했다.

"나는 금과 은을 많이 갖고 있으므로 조금도 원하지 않는다. 단지 당신들의 습관과 당신들에게 있어서 올바름이란 무엇인가를 알고 싶소."

대왕이 머물고 있는 동안에 두 사나이가 랍비에게 의논하러 왔다. 내용은, 그 중의 한 사람이 또 한 사람에게 쓰레기더미를 샀는데, 그것을 산 사나이가 쓰레기 속에서 아주 값비싼 금화를 발견했다는 것이다.

쓰레기를 산 사나이가 말했다.

"나는 이 쓰레기를 산 것이지 금화까지 사진 않았소."

쓰레기를 판 사나이가 말했다.

"내가 당신에게 판 것은 쓰레기더미 전부이므로 그 속에 무엇이 들어 있건 그건 모두 당신 것이오."

그래서 랍비는 판정을 내렸다.

"당신에게는 딸이 있고, 또 당신에게는 아들이 있으니, 그렇다면 두 사람을 결혼시켜서 그들에게 그 금화를 주는 것이 어떻겠소?"

그러고 나서 랍비는 알렉산더 대왕에게 정중하게 물었다.

"대왕님! 당신 나라에서는 이런 경우 어떻게 판결을 내립니까?"

대왕은 아주 간단하게 답했다.

"우리 나라에서는 두 사람을 죽이고 내가 그 금화를 갖는다. 이것이 내게 있어서 올바른 판정이다."

‡ 포도원의 여우

어느 날 여우 한 마리가 포도원 옆에서 어떻게든지 그 속에 들어가려 하고 있었다. 그러나 울타리 때문에 기어들어갈 수가 없었다. 그래서 여우는 사흘 동안 굶어 몸을 홀쭉하게 만든 뒤 간신히 울타리 틈으로 비집고 들어가는 데 성공했다.

포도원에 들어가서 포도를 실컷 먹고 난 여우는 이제 포도원을 빠져나가려고 했지만, 너무 배가 불러 울타리 틈으로 빠져나올 수가 없었다. 그래서 할수없이 다시 3일간 굶어 몸을 홀쭉하게 만들어서 간신히 빠져나왔다.

이 때 여우가 말했다.

"결국 뱃속은 들어갈 때나 나올 때나 마찬가지구나!"

인생도 그와 마찬가지이다. 벌거숭이로 태어나서 죽을 때에도 역시 벌거숭이로 가지 않으면 안 된다.

사람은 죽은 후 가족과 부귀와 선행, 이 세 가지를 세상에 남긴다. 그 중에서 선행이 제일이다.

‡ 복수와 증오

어떤 사나이가 말했다.

"솥을 좀 빌려주시오."

상대가 대꾸했다.

"싫소."

얼마 후 반대로 거절한 사나이가 솥을 빌려달라던 이에게 말했다

"말을 좀 빌려주시오."

그러자 상대가 대답했다.

"당신이 솥을 빌려주지 않았는데, 내가 왜 말을 빌려주겠소!"

이것은 복수이다.

어떤 사나이가 말했다.

"솥을 좀 빌려주시오."

상대가 대꾸했다.

"싫소."

얼마 후 반대로 그 거절한 사나이가 부탁했다.

"말을 좀 빌려주시오."

사나이는 말을 빌려주면서 이렇게 말했다.

"당신은 솥을 빌려주지 않았지만, 나는 당신에게 말을 빌려주겠소."

이것은 증오이다.

✡ 선과 악

지구를 휩쓴 대홍수 때 모든 동물이 노아의 방주(方舟)를 찾아왔다. 선(善)도 서둘러 달려왔다. 그러자 노아가 선을 태우기를 거절하며 말했다.

"나는 짝이 있는 것만 태우기로 했네."

그래서 선은 숲으로 돌아가 자기의 짝이 될 상대를 찾았다. 그리하여 악(惡)을 데리고 방주로 돌아왔다. 그 후 선이 있는 곳에는 항상 악이 있게 되었다.

✡ 열매

어떤 노인이 뜰에서 묘목을 심고 있었다. 그 곳을 지나가던 한 나그네가 물었다.

"당신은 그 나무가 언제쯤 열매를 맺을 것이라고 생각합니까?"

노인이 대답했다.

"70년 정도 지나면 열매를 맺겠지."

나그네가 다시 물었다.

"당신은 그렇게 오래 사실 수 있습니까?"

노인이 대답했다.

"아니오! 그렇지는 않습니다. 그러나 내가 태어났을 때 과수원에는 열매가 풍성하게 맺어 있었습니다. 그것은 내가 태어나기 전에 할아버지가 나를 위해 묘목을 심어주셨기 때문이었습니다. 모든 것은 그와 마찬가지입니다."

✝ 장님의 등불

어두운 길을 한 사나이가 걷고 있었다. 그러자 반대편에서 장님이 등불을 들고 걸어왔다.

이상하게 생각한 사나이가 물었다.

"당신은 장님인데도 어째서 등불이 필요합니까?"

장님이 대답했다.

"내가 등불을 들고 걷고 있으면 내가 걷고 있는 것을 눈뜬 사람들이 알아볼 것 아니겠소."

✝ 초대받지 않은 손님

한 랍비가 말했다.

"내일 아침 여섯 명이 모여서 어떤 문제를 의논하기로 했습니다."

그런데 이튿날 아침이 되자 일곱 명의 사람이 모였다. 그 중의 한 사람은 초대받지 않은 사람이었다. 랍비는 그가 누구인지 알 수 없었다.

"여기에 올 필요가 없는 사람은 돌아가시지요!"

그러자 그 중에서 가장 유명한 인물로, 누가 생각해도 그 자리에 참석해야 할 사람이 일어나더니 나가 버렸다.

그는 왜 그랬을까?

후에 그가 말했다.

"만약 초대를 받지 않았거나, 어떤 착오로 인하여 그 자리에 나온 사람이 굴욕감을 느끼지 않도록 내가 나와 버린 것이오."

‡ 언약

아름다운 아가씨가 가족과 함께 여행을 하고 있었다. 어느 날 혼자서 산책을 하다가 그만 길을 잃어버렸다. 우물을 발견한 그녀는 목이 말랐으므로 줄을 타고 내려가서 물을 마셨다. 그런데 그만 우물에 빠져서 나오지 못하게 되었다. 그녀는 울면서 큰 소리로 사람 살리라고 소리쳤다.

때마침 한 젊은 청년이 지나가다가 그녀를 구해주어 두 사람은 곧 사랑하는 사이가 되었다.

어느 날 젊은 청년은 먼 여행을 떠나지 않으면 안 되게 되어, 그녀와 헤어지기 전에 마지막으로 만나서 서로의 언약을 굳게 다짐하기로 했다. 그녀와 그는 결혼하는 날까지 언제까지라도 기다리기로 약속했다.

두 사람은 약혼 서약을 했는데 누구에겐가 증인을 부탁할 사람이 없었다. 그 때 마침 족제비가 옆을 지나가면서 건너 숲 쪽으로 달려갔다.

그녀가 얼른 말했다.

"지금 지나간 족제비와 우리 두 사람 옆에 있는 우물이 증인이에요."

그리고 두 사람은 헤어지게 되었다. 몇 년이 지나도록 아가씨는 계속 정절을 지켜 그를 기다렸으나, 그 청년은 여행길에서 딴 여자와 만나 결혼하여 아이도 낳고 즐거운 생활을 보내고 있었다.

어느 날, 그 남자의 아이가 놀다 지쳐서 풀밭 위에서 잠이 들었는데, 족제비가 잠자는 아이의 목을 물어 아이가 죽어 버렸다. 두 사람은 매우 슬퍼했다.

그러나 그 후 다시 사내아이를 낳아 두 사람은 행복하게 살았다. 그 사내아이가 자라서 걸어다닐 수 있게 되었을 때, 우물가에 오게 되었다. 우물물 속에 비친 여러 가지 그림자를 재미있게 들여다보고 있던 그의 아이는 그만 우물 속에 떨어져 죽고 말았다.

아이 둘을 잃고 난 뒤에야 그 젊은이는 옛날 아가씨와 맹세했던 약속이 생각났고, 그 때의 증인이 족제비와 우물이었다는 것도 생각해냈다. 그래서 그는 아내에게 그 이야기를 하고 이혼하기로 했다.

그는 아가씨가 있는 마을로 돌아왔다. 아가씨는 그 때까지 혼자서 그를 기다리고 있었다. 두 사람은 결혼하여 행복하게 살았다.

✝ 가정의 평화

설교를 잘하기로 유명한 메이어라는 랍비가 있었다. 그는 매주 금요일 밤에 예배당에서 설교를 했는데, 그의 설교를 듣기 위해 몇 백 명이나 되는 사람들이 그 곳으로 찾아왔다.

그 중에 그의 설교를 대단히 좋아하는 한 여자가 있었다. 보통 유대인 여자들은 금요일 저녁에는 다음 날의 안식일을 위하여 요리를 만들거나 다른 여러 가지 일을 해야 하는데도, 이 여자는 그의 이야기를 들으러오는 것이었다.

랍비는 긴 시간 동안 설교를 했고, 그녀는 그의 이야기에 매혹되어 늦은 시간에 집으로 돌아갔다. 그런데 남편이 문 앞에서 그녀를 기다리다, 내일이 안식일인데 아직 요리도 하지 않고 어딜 갔다오느냐고 화를 냈다.

그녀가 대답했다.

"나는 예배당에서 랍비 메이어의 설교를 듣고 왔어요."

그러자 남편은 더욱 화를 내며 말했다.

"당신이 랍비의 얼굴에 침을 뱉고 돌아올 때까지는 집에 들여놓지 않겠어."

그래서 그녀는 어쩔 수 없이 친구의 집에 얹혀 살게 되었다. 메이어는 이 소식을 듣고, 자기의 이야기가 너무 길었기 때문에 한 가정의 평화를 파괴해 버렸다고 생각하여 그녀를 불렀다. 얘기 도중에 그는 그녀에게 갑자기 눈이 쑤신다고 호소했다.

"이것은 침으로 씻어야 좋을 것 같군. 그렇게 하면 약이 될 테니까, 부인이 좀 해 주시오."

그래서 그녀는 그의 눈을 향해 침을 뱉었다.

제자들은 이것을 보고 물었다.

"선생님처럼 덕망 높으신 분이, 왜 여자가 얼굴에 침을 뱉게 내버려두셨습니까?"

그러자 랍비가 대답했다.

"가정의 평화를 되찾기 위해서는 무슨 일이라도 해야 하는 걸세."

‡ 지도자의 자질

뱀이 있었다. 그런데 뱀의 꼬리는 항상 머리 뒤에 붙어 따라다니게 마련이었다. 어느 날, 마침내 꼬리가 불만을 터뜨리며 머리를 향해 말했다.

"어째서 나는 항상 네 뒤를 맹목적으로 달라붙어 따라다니며, 네가 언제나 내 대신 의견을 말하고 방향을 정하는 거니? 이것은 정말 불공평해. 나도 엄연히 뱀의 일부인데 언제나 노예처럼 따라다니기만 하니 말도 안 돼."

머리가 대꾸했다.

"대체 무슨 말을 하는 거야! 너에게는 앞을 볼 눈도 없고 위험을 알아차릴 귀도 없으며, 행동을 결정할 두뇌도 없지 않은가? 나는 절대 나 자신만을 위해서 하는 것이 아니야! 너를 진정으로 생각하기 때문에 언제나 너를 인도하고 있는 것이야! "

그러자 꼬리가 비웃으며 큰 소리로 말했다.

"그런 말은 이제 싫증이 난다. 모든 독재자나 압제자들은 모두 따르는 자를 위하여 노력하고 있다는 말을 구실로 제 마음대로 하고 있지 않느냐."

머리가 말했다.

"그렇게 말한다면, 네가 내 역할을 한번 해 봐라."

그러자 꼬리는 좋아하며, 먼저 움직이기 시작했다. 얼마 안 가 뱀은 도랑에 빠졌다. 머리가 여러모로 고생한 끝에 간신히 도랑에서 빠져나올 수가 있었다.

또 얼마 후엔 가시투성이인 관목 속으로 들어가 버렸다. 그러나 애를 쓰면 쓸수록 꼬리는 가시덤불 속으로 더 끼여서 꼼짝도 할 수 없게 되었다. 머리의 도움을 받고 겨우 상처를 입으면서 가시덤불 속에서 나올 수가 있었다.

꼬리가 계속 앞장서서 나아가자 이번에는 불길 속으로 들어가 버렸다. 점점 몸이 뜨거워지고 별안간 주위가 캄캄해지자, 뱀은 무서워지기 시작했다. 절박해진 머리가 필사적으로 빠져나오려고 했다. 그러나 때는 이미 늦어서 머리도 꼬리도 불에 타 결국 뱀은 죽어 버렸다.

머리는 결국 맹목적인 꼬리에 의해서 죽은 것이다. 지도자를 선택할 때에는 언제나 머리를 선택해야 하며, 이 꼬리와 같은 사람을 선택해서는 안 된다.

‡ 세 가지 지혜로운 행동

예루살렘의 한 주민이 여행 도중에 병이 들었다. 그는 더이상 살 수 없다고 판단하고 여관 주인을 불러서 유언을 했다.

"나는 이제 죽게 되는데, 내가 죽은 것을 알고 예루살렘에서 누군가가 찾아오면 내 소유물을 건네주기 바랍니다. 그러나 단 세 가지 지혜로운 행동을 하지 않으면 내 소유물을 결코 전해주지 마십시오. 왜냐 하면 내가 여행길에 나서기 전 내 아들에게, 만약 내가 여행 중에 죽게 되어 유산을 상속받게 되면 세 가지 지혜로운 행동을 하지 않으면 안 된다고 말해두었기 때문입니다."

여행자는 죽고, 유대의 관습에 따른 장례식이 행해졌다. 동시에 동네 사람들에게도 이 남자의 죽음이 알려졌고, 예루살렘에 전갈이 보내졌다.

아들이 예루살렘에서 아버지의 부음을 듣고, 부친이 죽은 도시의 성문 가까이까지 오게 되었다. 그러나 그는 부친이 죽은 여관을 찾을 수가 없었다. 사실은 그 유대인이 자기가 죽은 여관을 아들에게 가르쳐 주지 말라고 유언했기 때문에, 아들은 자신이 그 집을 찾아내지 않으면 안 되었다.

때마침 땔감 장수가 땔나무를 많이 지고 지나가고 있었다. 아들은 그를 불러세워, 예루살렘에서 온 나그네가 죽은 여관으로 그 땔나무를 갖고 가달라고 이르고 땔감 장수의 뒤를 따랐다.

그들이 도착하자 여관집 주인이 말했다.

"나는 땔나무를 시킨 적이 없소."

땔감 장수가 대답했다.

"지금 내 뒤를 따라오는 사람이 이 땔나무를 사서 이 집에 갖다 주라고 말했습니다."

이것은 첫번째 지혜로운 행동이었다.

여관집 주인은 기뻐하며 그를 맞아들여 저녁 식사를 마련해 주었다. 식탁에는 다섯 마리의 비둘기와 한 마리의 닭요리가 나왔다. 집주인 부부, 그리고 두 아들과 두 딸까지 모두 합해 일곱 명이 테이블에 앉았다.

집주인이 그에게 말했다.

"청컨대, 음식을 모두에게 좀 나눠주십시오."

그가 말했다.

"아닙니다. 당신이 주인이므로 당신이 하시는 것이 좋겠습니다."

그러자 주인이 말했다.

"당신이 손님이므로 당신이 좀 해 주십시오."

그는 음식을 나누기 시작했다. 먼저 한 마리의 비둘기를 두 아들에게 주었다. 또 한 마리의 비둘기를 두 딸들에게 주고, 또 한 마리의 비둘기를 주인 부부에게 나눠주고, 그는 두 마리의 비둘기를 자신을 위해 남겼다.

이것이 두 번째 지혜로운 행동이었다.

집주인은 이것을 보고 퍽 곤란한 얼굴을 했으나, 아무 말도 하지 않았다.

다음에 손님은 닭을 나누기 시작했다. 먼저 머리를 주인 부부에게 주었다. 두 아들에게는 다리를 주고 두 딸에게는 날개를 각각 나눠준 뒤 나머지 몸통은 자신이 가졌다.

이것은 세 번째 지혜로운 행동이었다.

집주인은 마침내 화가 나서 소리쳤다.

"당신네 지방에서는 이렇게 합니까? 당신이 비둘기를 나눠줄 때 나는 아무 말도 하지 않았지만, 닭을 나누는 것을 보고 있으려니 이젠 잠자코 있을 수가 없소! 도대체 이게 무슨 짓이오!"

그러자 젊은 사나이가 침착하게 말했다.

"나는 음식 나누는 일은 맡고 싶지 않았습니다. 그래도 당신이 간청했으므로 나는 최선을 다 한 것입니다. 당신과 부인과 비둘기를 합치면 셋, 두 아들과 비둘기가 셋, 딸 둘과 비둘기가 셋, 거기에 두 마리의 비둘기와 내가 셋이 됩니다. 따라서 이것은 매우 공평합니다. 또 당신은 가장이므로 닭의 머리를 드렸습니다. 당신의 아들 둘은 이 집의 기둥이므로 다리를 주었습니다. 딸들에게 날개를 준 것은 언제라도 날개가 자라면 다른 집안에 시집을 가버리기 때문입니다. 그리고 나는 배를 타고 여기에 왔다 다시 돌아가야 하기 때문에 몸통 부분을 가졌던 것입니다. 빨리 아버지의 유산을 돌려주십시오!

‡ 성(性)의 질서

한 사나이가 깊은 짝사랑에 빠졌다. 사나이는 결국 상사병에 걸려 의사를 찾아갔다. 의사가 말했다.

"이것은 당신이 원하는 것이 이루어지지 않아서 생긴 병이므로, 그 여성과 성적인 교섭을 가지면 틀림없이 나을 것이오."

그래서 사나이는 랍비에게로 가서, 의사가 그렇게 말했는데, 어떻게 하면 좋은가를 의논했다. 랍비는 절대 그와 같은 야다(성 관계)를 가져서는 안 된다고 말했다.

그래서 그는 만약 그 여자가 실오라기 하나 걸치지 않은 모습으로 그의 앞에 선다면 자신의 갈망이 어느 정도 해소되어 병이 나아질 수 있을 것이 아닌가라고 하자, 랍비는 그것도 역시 안 된다고 말했다.

그렇다면 그녀와 울타리 사이로 만나 서로 이야기를 나누면 어떤가라고 하자, 랍비는 그것도 안 된다고 단호히 말했다.

물론 《탈무드》에는 이 여성이 결혼했는지 독신이었는지는 명시되어 있지 않다. 그러나 그 사나이와 다른 사람들이 랍비에게

"어째서 당신은 모든 일에 강력하게 반대만 하는가?"

라고 묻자, 랍비가 대답했다.

"인간은 정숙해야 하며, 만약 사람이 서로 금방 좋아졌다고 해서 이내 성 관계를 가진다면 이 사회의 규율은 지켜지지 않는 것이다."

‡ 재산

어떤 배에서 있었던 일이다. 선객들은 대부분 큰 부자들이었는데, 그 중에 랍비가 한 사람 타고 있었다. 부자들은 서로 자기들의 재산을 자랑하고 있었다. 그러자 랍비가 말했다.

"내가 제일 부자라고 생각하고 있지만, 지금은 내 재산을 여러분에게 보여줄 수가 없소."

마침 그때 해적이 배를 습격했다. 부자들은 금·은·보석 등 자기들의 모든 재산을 잃었다. 해적이 사라진 뒤, 배는 간신히 어떤 알지도 못하는 항구에 닿았다.

랍비는 곧 그의 학식과 지식을 항구 사람들에게 인정받아 학교에서 학생들을 모아 가르치기 시작했다. 얼마 뒤 이 랍비는 함께 여행했던 지난날의 부자들과 만났다. 비참한 가난뱅이가 된 그들은 입을 모아 말했다.

"정말 당신 말이 옳았소. 학식이 있는 자는 모든 것을 가진 것과 같군요."

이에 지식은 항상 빼앗기는 일 없이 가지고 다닐 수 있으므로, 교육이 무엇보다 가장 중요한 것이라는 이야기가 여기서 생겼다.

‡ 천국과 지옥

한 아들이 닭을 잡아 가지고 부친에게 왔다. 부친이 물었다.

"어디서 이 닭을 잡았느냐?"

아들이 대답했다.

"아버지! 그런 걱정은 하지 마시고 어서 잡수세요!"

아버지는 더이상 아무 말도 하지 않았다.

또 한 아들은 물레방앗간에서 밀을 갈고 있었는데, 국왕이 포고를 내려 온나라의 방앗꾼을 모은다고 하자 아버지에게 물레방앗간을 돌보게 하고 자신은 성으로 갔다.

이 두 아들 중 어느 쪽이 천국에 가고, 어느 쪽이 지옥에 가리라 생각하는가?

두 번째 아들은 왕이 방앗꾼들을 혹사시키고 좋은 음식을 주지 않는다는 것을 잘 알고 있었기 때문에 자신이 대신 갔다. 그러므로 천국에 갈 수 있지만, 부친에게 닭을 먹게 한 사나이는 부친의 질문에 충분히 대답하지 않았기 때문에 지옥에 갔다.

진심으로 대하는 것이 아니라면, 아버지를 일하게 하는 편이 낫다.

‡ 세 사람의 친구

어느 날 임금님이 사자(使者)를 보내어 어떤 사나이에게 곧 출두하도록 명령했다.

그 사나이에게는 세 사람의 친구가 있었다. 처음의 친구는 대단히 우정이 깊어 진정한 친구라고 생각하고 있었다. 두 번째의 친구도 역시 친하긴 했지만 첫번째의 친구만큼 잘 지내진 않았다. 세 번째도 친구라고 생각하고 있었지만 그는 그렇게 관심을 갖고 있진 않았다.

임금에게서 사자가 왔을 때 그는 자기가 무언가 나쁜 일을 하여 끌려가는 게 아닐까 걱정하여 어쩐지 무서웠기 때문에 혼자서 갈 용기가 없었다. 그래서 세 사람의 친구에게 찾아가 함께 가자고 부탁하게 되었다.

먼저 제일 친하게 지내고 있던 친구한테로 가서 말했다.

"함께 가주겠나?"

그 친구는 이유도 말하지 않은 채 단호히 거절했다.

"나는 싫네!"

이번엔 두 번째의 친구에게 부탁했다.

"왕궁의 성문까지는 가줄 수 있지만 그 이상은 따라가지 않겠네."

세 번째의 친구는 말했다.

"좋고말고! 자네는 아무것도 나쁜 일을 한 적이 없으니 무서워할 것 없네. 내가 함께 가서 임금님에게 그렇게 말해주겠네."

왜 세 사람은 제각기 다른 말을 했을까? 생각해 보자.

첫 번째 친구는 재산이다. 아무리 사랑하고 있어도 죽을 때에는 남겨두고 가지 않으면 안 된다.

두 번째 친구는 친척이다. 묘지까지는 따라가지만 그 다음에는 그를 거기에 두고 가버린다.

세 번째 친구는 선행이다. 평소에는 그렇게 눈에 띄지 않지만 죽은 뒤에도 그와 함께 계속 있는 것이다.

‡ 술의 기원

이 세상에서 최초의 인간이 포도를 심고 있는데 악마가 찾아와서 물었다.
"무엇을 하고 있는가?"
인간이 말했다.
"멋진 식물을 심고 있지!"
악마가 말했다.
"이런 식물은 본 적이 없는데……."
인간은 악마에게 말했다.
"이것은 아주 달콤하고 맛있는 열매가 열리지. 그 즙을 마시면 누구라도 기분이 황홀해질 것이네."
악마는 그렇다면 자기도 꼭 한몫 끼워달라고 하면서 양과 사자와 돼지와 원숭이를 데리고 와서, 이 네 마리를 죽이고 그 피를 거름으로 뿌렸다. 여기에서부터 포도주가 생겼다.
먼저 마시기 시작할 때에는 양처럼 순하고, 좀더 마시면 사자처럼 사납게 되고, 그보다 더 마시면 돼지처럼 더럽게 된다. 너무 지나치게 마시면 원숭이처럼 춤추거나 노래 부르거나 한다. 이것이 악마가 인간에게 준 선물인 것이다.

‡ 효도

고대 이스라엘의 다마라는 도시에 비(非)유대인인 한 사나이가 살고 있었다. 그는 6천 개의 금화에 해당되는 한 개의 다이아몬드를 갖고 있었다.

어떤 랍비가 사원 전각의 장식에 쓰고 싶다고 6천 개의 금화를 갖고서 그를 찾아왔다. 그런데 그 다이아몬드를 넣은 금고 열쇠를 그의 부친이 베개 밑에 넣고 잠들어 있었다. 그는 이렇게 말했다.

"아버지를 일부러 깨울 수가 없으니 다이아몬드는 팔지 않겠습니다."

그만큼 굉장한 돈벌이가 되는데도 잠들어 있는 아버지를 깨우지 않는 아들에게 감동되어 랍비는 이 일을 여러 사람들에게 알렸다.

‡ 어머니

한 랍비가 어머니와 단둘이서 길을 걷고 있었다. 돌멩이가 많은 울퉁불퉁한 길이어서 걷기가 무척 힘들었다. 랍비는 어머니가 한 걸음씩 내딛을 때마다 자기의 손을 어머니의 발 밑에 놓았다.

《탈무드》중에서 부모가 등장하면 언제나 아버지가 먼저 나오는데, 이 이야기는 그 중에 어머니만 나오는 유일한 이야기이다. 어머니도 아버지와 마찬가지로 귀중하다는 것을 나타내기 위한 것이리라.

그러나 양친이 다 물을 마시고 싶다고 하면, 물은 아버지에게 먼저 가져간다. 왜냐 하면 어머니도 아버지를 귀중하게 여기지 않으면 안 되는 입장이므로, 어머니에게 먼저 가져가도 그것은 다시 아버지에게 건너가게 되기 때문이다.

‡ 처형

재판소에서 한 마리의 닭이 아기를 죽인 죄로 잡혀와 재판을 받고 있었다.

요람에 있던 갓 태어난 아기의 머리를 그 닭이 쪼아서 죽였기 때문이었다. 증인들이 불려나와 여러 가지 증언을 했고, 불쌍하게도 닭에게는 유죄 판결이 내려져 처형되었다.

이 이야기의 교훈은 예컨대 닭이 **살인을 했을지라도 확실히 유죄**라는 것이 확인되지 않는 한, 쉽게 죽여 버릴 수 없다는 것을 말해 주는 것이다.

‡ 노력의 대가

한 임금님이 포도원을 갖고 있어서 많은 노동자를 고용하고 있었다. 그 중의 한 노동자는 대단한 능력을 지니고 있었다. 어느 날 왕은 포도원을 찾아와 그 뛰어난 재능의 노동자와 함께 포도원을 산책했다.

유대의 전통에 따르면 품삯은 매일 동전으로 지불된다. 그래서 하루의 일이 끝나자 노동자들은 줄을 지어 품삯을 받으러 왔다. 노동자들은 모두 똑같이 품삯을 받았다. 그런데 그 뛰어난 노동자가 품삯을 받았을 때 다른 노동자가 화를 내며 왕에게 항의했다.

"그 사나이는 두 시간밖에 일하지 않았고, 나머지 시간은 왕과 빈둥거리고 있었을 뿐입니다. 그 사람이 우리들과 똑같은 품삯을 받다니 말도 안 됩니다."

그러자 왕이 말했다.

"너희들이 하루 종일 걸려서 한 일보다도 더 많은 일을 이 사나이는 두 시간 만에 해치웠다."

문제는 몇 년을 살았느냐가 아니고, 얼마만큼 훌륭한 업적을 남겼느냐에 있다.

✝ 일곱 가지 변화

《탈무드》에 의하면, 남자의 생애는 일곱 단계로 나뉘어진다.

① 한 살은 임금님 : 모두가 모여서 왕을 받들 듯이 달래거나 어르거나 한다.

② 두 살은 돼지 : 흙탕 속을 마구 뛰어다닌다.

③ 열 살은 양 : 웃거나 떠들거나 뛰어다닌다.

④ 열 여덟 살은 말 : 크게 자라서 자기의 힘을 과시하고 싶어 한다.

⑤ 결혼하면 당나귀 : 가정이라는 무거운 짐을 지고, 터벅터벅 걸어가지 않으면 안 된다.

⑥ 중년은 개 : 가족을 먹여살리기 위해 사람들의 호의를 구걸하지 않으면 안 된다.

⑦ 노년은 원숭이 : 어린아이처럼 된다. 그럼에도 불구하고 아무도 관심을 기울여 주지 않는다.

✝ 자루

쇠가 처음 만들어졌을 때, 온 세상의 나무들이 두려움에 떨었다. 하느님이 나무들을 향해서 말했다.

"걱정하지 말라! 쇠는 네가 자루를 제공해 주지 않는 한, 너를 상처 입히지는 못한다."

‡ 영원한 생명

랍비가 시장(市場)에 왔다.

"이 시장(市場)에는 영원한 생명을 약속받기에 알맞은 사람이 있습니다."

그러나 많은 사람들 가운데서도 그런 사람은 없는 듯이 보였다. 그 때 두 사람이 랍비가 있는 곳으로 오자, 랍비는 그들을 가리키며 말했다.

"이 두 사람이야말로 훌륭한 선인(善人)입니다. 영원한 생명이 이분들에게 주어져야 할 것입니다."

주위 사람들이 그들에게 물었다.

"당신들의 직업이 도대체 무엇이오?"

두 사람은 대답했다.

"우리들은 광대입니다. 쓸쓸한 사람에게는 웃음을 주고, 다투고 있는 사람에게는 평화를 준답니다."

‡ 거미와 모기와 미치광이

다윗 왕은 평소에 거미는 장소를 가리지 않고 집을 짓는 더러운 벌레이며, 아무 소용도 없는 놈이라고 생각하고 있었다.

그런데 어느 전쟁에서 그는 적에게 포위되어 달아날 길을 잃고 말았다. 궁여지책으로 그는 어떤 동굴에 숨어들었다.

마침 이 동굴의 입구에서 한 마리의 거미가 집을 짓기 시작했다. 이윽고 뒤쫓아온 적의 병사가 잠시 동굴 앞에 멈춰섰다가 거미줄이 쳐져 있는 것을 보고 모두 다른 데로 가 버렸다.

또 다윗 왕은 적국 장군의 침실에 숨어들어가 칼을 훔쳤다. 이튿날 아침에,

"나는 당신의 칼을 훔쳐올 정도이니 죽이는 일은 간단히 할 수 있었다."

라고 말하며 항복을 받으려 했다.

그러나 그 기회는 혼자만이 이룬 것이 아니다. 간신히 침실에 숨어들어가기는 했으나, 아무리 찾아도 칼은 찾을 수가 없었다. 다윗 왕은 마침내 단념하고 되돌아오려고 했다.

그런데 바로 그 때였다. 한 마리의 모기가 날아와서 장군의 다리를 물었다. 장군은 따가워서 다리를 움직였다. 칼은 장군의 다리 밑에 숨겨져 있었다. 그래서 다윗 왕은 칼을 훔치는 일에 성공한 것이다.

또 한번은 다윗 왕이 적에게 포위된 위기 일발의 찰나, 그는 별안간 미치광이 흉내를 냈다. 적병들이 설마 이 미치광이가 왕이라고는 생각지도 않고 사라져 버렸다.

이렇듯 무엇이건 세상에서는 필요 없는 것이라고는 하나도 없다. 어떠한 것이라 할지라도 소홀히 해서는 안 되는 것이다.

‡ 선택

배가 항해를 하고 있었는데, 폭풍우를 만나 그만 항로에서 벗어나 표류하게 되었다.

다음 날 아침이 되자 바다는 잔잔해졌고, 배는 아름다운 만(灣)이 있는 섬에 닿아 있었다. 사람들은 그 곳에 닻을 내리고 잠시 쉬기로 했다. 그 섬에는 아름다운 꽃이 만발하고, 맛있어 보이는 과일들이 주렁주렁 달려 있고, 나무들이 있어서 시원한 그늘을 만들어 주었으며, 새들은 즐겁게 지저귀고 있었다.

배의 손님들은 다섯 그룹으로 나뉘어졌다.

첫째 그룹은, 자기들이 섬에 상륙해 있을 동안 바람이 불어서 배가 떠나가 버리면 아무리 이 섬이 아름다워도 그들은 자기들의 목적지에 가지 못할지도 모른다는 걱정 때문에 아예 상륙하지 않고 배에 남았다.

둘째 그룹은, 서둘러 섬에 내려 향기로운 꽃향기를 맡고 시원한 나무 그늘 아래서 맛있는 과일을 따먹고는 원기를 회복하자 곧바로 배로 돌아왔다.

셋째 그룹은, 상륙했으나 섬에 너무 오래 있었으므로 때마침 좋은 바람이 불어와 배가 출항해 버리리라 생각하곤 당황하여 달려 돌아왔다. 때문에 소지품을 잃어버리거나 자기들이 애써 차지하고 있던 배 안의 좋은 자리를 빼앗기고 말았다.

넷째 그룹은, 바람이 일어서 선원들이 닻을 올린 것을 보았는데도 아직 돛이 올려지지 않았으니, 선장이 자기들을 남기고 출항할 리는 없을 것이라 믿고 오래도록 그 섬에 남아 있었다. 그러나 정말로 배가 항구를 떠나려는 것을 보고는 당황하여, 헤엄쳐서 배의 옆구리로 기어올라왔기 때문에 부상을 당했다.

다섯째 그룹은, 섬 깊숙이 들어가 너무 많이 먹고, 또 아름다운 섬에 도취하여 배가 출항할 때 울리는 종소리도 듣지 못했다. 그 때문에 숲 속에 있던 맹수에게 잡혀먹히거나 독이 든 과일 따위를 먹고 병이 들어 모조리 죽어버렸다.

당신이라면 어느 그룹에 속했을까? 잠깐 생각해 주기 바란다.

이 이야기에 나오는 배는 인생에 있어서 선행(善行)을 상징한다. 섬은 쾌락을 상징한다.

첫째 그룹은, 일생에서 쾌락을 조금도 맛보려고 하지 않았다.

둘째 그룹은, 조금 쾌락을 즐겼지만, 자신이 배를 타고 목적지에 도착하지 않으면 안 된다는 의무를 잊지 않았다. 가장 현명한 그룹이다.

셋째 그룹은, 쾌락에 지나치게 빠지지 않고 돌아왔지만 역시 좀 고생을 했다.

넷째 그룹은, 쾌락에 빠져 있다가 돌아오는 것이 늦었기 때문에 목적지에 도착하기까지 상처가 아물지 않았다.

그러나 인간이 가장 빠지기 쉬운 것이 다섯째 그룹이다. 일생을 허영 때문에 살거나 장래의 일은 잊어버리거나 달콤한 과일 속에 독이 들어 있는 것도 모르고 먹어 버리기도 하니까.

‡ 맹세의 편지

한 젊은이와 아름다운 아가씨가 있었다. 두 사람은 사랑에 빠져 남자는 아가씨에게 일생 동안 성실할 것을 맹세했다.

얼마 동안 그들 두 사람은 모든 것이 순조로워서 행복한 나날을 보낼 수가 있었다. 그러나 어느 날 남자는 그녀를 남기고 여행길에 나섰다. 그녀는 그가 돌아오기를 기다렸으나, 오랜 세월 동안 그는 돌아오지 않았다.

친구들은 그녀를 가련하게 여겼고, 그녀를 시기하는 자들은 비웃으며 말했다.

"그는 절대로 돌아오지 않을 거야."

그녀는 슬퍼져서 집으로 돌아가, 그가 남몰래 일생 동안 성실할 것을 그녀에게 맹세했던 편지를 꺼내어 눈물을 흘리면서 읽었다. 편지는 그녀의 마음에 위로와 힘이 되어주었다.

이윽고 연인이 돌아왔다. 그녀가 그동안의 괴로움을 그에게 호소하자, 그는 웃었다.

"그렇게 괴로웠는데 어떻게 정절을 지킬 수 있었소?"

그녀는 웃으면서 대답했다.

"나는 이스라엘과 똑같은 몸입니다."

이스라엘이 다른 나라의 지배하에 있을 때, 다른 나라 사람들은 모두 유대인들을 비웃었다. 이스라엘이 독립한다는 이야기를 듣자, 주위 사람들은 이스라엘의 현인들을 바보로 취급했다. 그러나 유대인은 학교나 예배당에서만이라도 이스라엘을 굳건히 지켜왔다.

유대인은 하느님이 이스라엘에게 주신 맹세를 계속 읽어 내려왔고, 사람들은 그 속에 있는 거룩한 약속을 믿고 살아왔다. 하느님은 약속을 지키셨다. 그녀도 그의 맹세를 읽음으로써 그를 믿고 그가 돌아오기만을 기다렸기 때문에 이스라엘과 똑같다는 것이다.

✢ 하늘 지붕

사내아이가 태어나면 삼나무 묘목을 심는 것이 유대인의 풍습이다. 그리고 계집아이가 태어나면 소나무 묘목을 심는다. 두 사람이 결혼을 하면 소나무 가지와 삼나무 가지로 하늘 지붕을 만들어 두 사람을 뒤덮는다.

누구라도 신랑 신부가 하늘 지붕 안으로 들어가는 것을 알고 있지만, 거기에서 무슨 일이 일어나는지 말해서는 안 된다.

‡ 진정한 이득

몇 사람의 랍비가 악인의 무리와 마주쳤다. 이 악인들은 마치 사람들을 뼛속까지 갉아먹을 것 같은, 교활하고 잔인하기 이를 데없는 인간들이었다.

한 사람의 랍비가 그런 악당들은 물에 빠져서 모두 죽어 버렸으면 좋겠다고 말했다. 그러나 랍비 중에서 가장 위대한 랍비가 말했다.

"아니야, 유대인으로서 그런 생각을 가져서는 안 되오. 아무리 미워도 그러한 일을 기도해서는 안 되오. 악인들이 없어지기를 바라기보다는 그들이 회개하기를 바라시오."

악인을 벌하는 것은 아무에게도 이득이 되지 않는다. 하지만 그들을 회개시키거나 옳은 편에 서게 하는 것만이 이득이 되는 것이다.

‡ 아담과 이브

《구약성서》에 보면 인류 최초의 여성은 아담의 갈비뼈로 만들어졌다고 씌어 있다.

로마의 황제가 어떤 랍비의 집을 방문하여 물었다.

"너희 신은 도둑이다. 어째서 남자가 잠자고 있을 때 남자의 허락도 얻지 않고 갈비뼈를 훔쳐갔는가?"

그러자 랍비의 딸이 옆에 있다가 끼어들었다.

"황제님의 부하를 한 사람 불러주십시오. 조금 곤란한 문제가 생겨서 그것을 조사시키고 싶습니다."

황제가 물었다.

"그건 별로 어려운 일이 아니지만, 도대체 그 곤란한 문제라는 게 무엇이냐?"

딸이 말했다.

"어젯밤 도둑이 들어와서 은접시를 훔쳐갔습니다. 그런데 도둑은 이상하게도 은접시를 가져가면서도 금접시는 두고 갔습니다. 어째서 그렇게 했는지 생각해 보십시오."

황제가 말했다.

"그것 참 부럽구나. 그런 도둑이라면, 내게도 들어왔으면 좋겠는데!"

그러자 랍비의 딸이 말했다.

"그럴 겁니다. 그것은 결국 아담의 몸에서 일어난 것과 똑같지 않습니까. 하느님은 갈비뼈를 하나 훔쳐갔지만, 이 세상에 여자를 남긴 것입니다."

‡ 여성 우위

어떤 마음 좋은 부부가 이혼을 했다. 그 후 남편은 마음씨가 나쁜 여자와 재혼하였다. 그는 새로 얻은 여자 때문에 점점 나쁜 사람이 되었다. 아내 쪽도 마음씨가 나쁜 사나이와 재혼했다. 그런데 그 사나이는 차차 선량한 사람이 되었다.

언제나 남자는 여자에 의해 조정된다는 이야기다.

‡ 유대인의 은자(隱者)

만약 유대인이 세속에서의 모든 것을 자기로부터 떼어놓고 10년 동안 공부만 했다면, 10년 후에 하느님에게 희생물을 바쳐 용서를 빌지 않으면 안 된다. 그 까닭은 아무리 훌륭한 공부를 했더라도, 사회와 자기를 스스로 떼어놓는 것은 죄이기 때문이다. 그러므로 유대에는 은자가 없다.

‡ 법률

유대의 법률에는 대부분의 사람이 지킬 수 없는 법률을 만들어서는 안 된다는 원칙이 있다.

‡ 벌거숭이 임금님

매우 상냥하고 친절한 부자가 있었다. 그는 자기의 노예들을 기쁘게 해 주려고 배에 많은 물건을 실어 배와 함께 모두 그에게 주었다. 그리고 어디든지 좋은 데로 가서 이 물건들을 팔아 그곳에서 행복하게 살라고 하며 해방시켜 주었다.

배는 바다 한가운데로 나아갔다. 그런데 심한 폭풍우가 불어 배가 가라앉아 버렸다. 배와 물건은 모두 없어지고, 노예는 알몸 하나로 간신히 헤엄쳐 가까운 섬에 닿았다. 그는 모든 것을 잃고 슬픔에 잠겨 있었다.

일어나 조금 걷고 있자니, 그 섬 안에 큰 도시가 있는 것을 발견했다. 그는 벌거숭이였다. 그러나 그가 도시에 들어가자 도시 사람들이 반가이 그를 맞으며 '임금님 만세!'라고 외치며 그를 왕으로 받들었다.

그는 호사스런 궁전에 살게 되었고, 모든 일이 꿈을 꾸고 있는 것만 같았다. 이 사실이 아무래도 믿기지 않아 그는 어떤 사람에게 물었다.

"이게 도대체 어찌 된 일입니까? 나는 돈 한 푼 없이 왔는데 벼락치기로 임금이 되다니."

그 사람이 말했다.

"우리들은 살아 있는 인간이 아닙니다. 영혼입니다. 1년에 한 번 살아 있는 인간이 이 섬에 찾아와서, 우리들의 왕이 되어주기를 바라고 있습니다. 그러나 조심하십시오. 일 년이 지나면 당신은 여기서 쫓겨나 생물이 안 사는, 먹을 것도 없는 섬에 홀로 보내질 것입니다."

임금이 된 노예는 감사해 하며 말했다.

"정말 고맙습니다. 그렇다면 이제부터 1년 후를 위해 여러 가지 준비를 해두어야겠군요."

그리하여 그는 사막과 같은 섬에 미리 가서 꽃을 심고, 나무를 심어 앞날을 위한 준비를 시작했다.

1년이 지나자 그는 그 섬에서 쫓겨났다. 그는 왕이었으면서도, 왔을 때와 똑같이 벌거숭이로 죽음의 섬에 보내졌다.

황폐한 섬에 도착해 보니, 과일이 열리고 야채가 자라서 아주 살기 좋은 땅으로 변해 있었다. 또 먼저 그 곳에 쫓겨났던 사람들도 따뜻하게 그를 맞아주었다. 그래서 사람들은 그와 함께 행복하게 살 수 있었다.

이 이야기는 여러 가지 의미를 지니고 있다. 먼저 처음의 친절한 부자는 고마우신 하느님, 노예는 사람의 영혼, 그가 갔던 처음의 세계는 지상 세계, 그 곳에 살고 있던 주민들은 인류, 일년 후에 갔던 황폐한 섬은 내세(來世), 그 곳에 있었던 야채나 과일은 선행(善行)인 것이다.

‡ 만찬회

왕이 하인들을 만찬에 초대하겠다고 약속했다. 그러나 언제 만찬회가 열리는가는 말하지 않았다.

그 중 현명한 하인은 '언제라도 만찬회는 열릴 것이다. 나는 그 만찬회를 위해 준비를 해두어야겠다'는 생각으로 만찬회가 언제 열려도 갈 수 있도록 왕궁의 정문 앞에 가서 기다렸다.

어리석은 하인은 '만찬회는 준비하는 시간이 꽤 걸릴 테니 열리기까지는 아직 시간이 남았다'고 생각하여 아무런 준비도 하지 않았다.

만찬회가 열렸을 때 현명한 하인은 곧 정문을 지나서 만찬회장에 참석할 수 있었지만, 어리석은 하인은 만찬회에 늦어 요리를 하나도 먹지 못했다.

당신 역시 언제 하느님이 부르시게 될지 전혀 모른다. 창조주로부터 만찬회에 초대되었을 때 당황하지 않도록 언제라도 준비를 갖춰놓고 있어야 한다.

‡ 장님과 절름발이

왕은 '오차'라고 하는 매우 맛있는 과일이 열리는 과일나무를 가지고 있었다. 그는 그것을 지키기 위해서 두 사람의 파수꾼을 고용했다. 한 사람은 장님이었고, 한 사람은 절름발이었다.

그런데 어느 날 두 사람은 함께 어울려 과일을 따먹자고 음모했다. 장님이 절름발이를 목말로 태우고 절름발이는 방향을 가리켜서 맛있는 과일을 실컷 훔쳐 먹었다.

그것을 안 왕은 대단히 노하여 두 사람을 불러 야단쳤다. 그러자 장님이 나는 앞을 보지 못하는데 어떻게 그걸 따먹을 수 있겠느냐고 말했고, 절름발이는 저렇게 높은 곳에 내가 어떻게 올라갈 수가 있었겠느냐고 말했다.

왕은 그것도 일리 있는 말이라고 생각했지만 두 사람의 말을 믿지 않았다. 무슨 일이라도 두 사람의 힘은 하나보다 훨씬 큰 것이다.

인간은 육체만으로는 아무것도 할 수 없으며, 영혼만으로도 아무것도 할 수 없다. 그러나 양쪽을 합하면 나쁜 일이든 좋은 일이든 무엇이든 할 수 있다.

‡ 잃어버린 물건

어떤 랍비가 로마에 갔는데, 그 때 거리에 포고문이 붙어 있었다. 거기에는 다음과 같이 씌어 있었다.

〈왕비가 아주 비싼 장식물을 분실했다. 30일 이내에 그것을 찾아내 갖고 오는 자에게는 막대한 상을 주겠으나, 만약 30일 이후 그것을 갖고 있는 자가 발견되면 사형에 처해질 것이다.〉

랍비는 우연히 장식물을 발견하여 30일이 지난 다음 날에 그것을 갖고 왕궁에 가서 왕비 앞에 내놓았다.

그러자 왕비가 랍비를 향해서 물었다.

"당신은 30일 전에 포고가 내려졌을 때 여기에 있었는가?"

그러자 랍비가 대답했다.

"네!"

왕비가 또 물었다.

"30일이 지나서 그것을 가지고 오면 당신은 어떤 벌을 받게 되는지 아는가?"

그는 역시 똑같이 대답했다.

"네!"

왕비가 거듭 물었다.

"그렇다면 어째서 30일째까지 이것을 가지고 있었는가? 만약 당신이 이것을 어제 돌려주었다면 아주 큰상을 받았을 텐데…… 당신은 목숨이 아깝지 않다는 말인가?"

그러자 그가 대답했다.

"30일 이내에 누군가가 이것을 되돌려주었다면, 사람들은 당신을 두려워하든가, 당신에 대해서 경의를 표하기 위해 되돌려주었다고 생각했을 것입니다. 내가 어제까지 기다려서 오늘에야 되돌려주는 것은 나는 결코 당신을 두려워하고 있지 않으며, 내가 두려워하고 있는 것은 오직 하느님뿐이라는 것을 사람들에게 깨우치고 싶었기 때문입니다."

그 말을 듣고 왕비는 감탄하며 말했다.

"그와 같은 훌륭한 하느님을 가진 당신에게 깊은 경의를 표합니다."

‡ 희망

랍비 아키바가 여행을 하고 있었다. 그는 단지 당나귀와 개와 작은 램프만을 갖고 있었다. 밤이 되자, 아키바는 허름한 헛간을 찾아내어 그 곳에서 자기로 했다. 그러나 아직 잠자기에는 이른 시간이어서, 그는 램프에 불을 켜고 책을 읽기 시작했다. 그러자 바람이 불어서 램프의 불이 꺼져버렸고, 그는 하는 수 없이 잠을 청했다.

그날 밤 여우가 와서 개를 죽여 버렸고, 사자가 와서 당나귀를 죽여 버렸다.

아침이 되자 그는 램프를 갖고 혼자서 쓸쓸히 그 곳을 떠났다. 근처 마을에 도착했지만 사람들의 그림자조차 볼 수 없었다. 잠시 후 그는 지난 밤 도적떼들이 들이닥쳐 그 마을을 파괴하고 사람들을 몰살시켰다는 것을 알게 되었다.

만약 램프가 바람에 꺼지지 않았더라면 랍비는 어젯밤 도적에게 발견되었을 것이다. 개가 살아 있었더라면 개가 짖어대어서 도적에게 발견되었을지도 모른다. 또한 당나귀도 틀림없이 소란을 피웠을 것이다. 모든 것을 잃어버린 덕택으로 도적에게 발견되지 않아 무사할 수 있었음을 랍비는 비로소 깨달았다.

"최악의 상태에서도 인간은 희망을 잃어서는 안 된다. 나쁜 일이 좋은 일에 연결될 수 있다는 것을 잊지 말아야겠다."

‡ 반(反) 유대

역대 로마 황제 중에 헤도리우스라는, 유대인을 가장 싫어하던 황제가 있었다. 헤도리우스의 앞을 어떤 유대인이 지나가다가 그에게 인사를 했다.

"황제님, 안녕하셨습니까?"

황제가 물었다.

"너는 도대체 누구냐?"

그가 대답했다.

"저는 유대인입니다."

그러자 황제가 노하여 명했다.

"당장 저놈을 잡아 사형에 처하라!"

이튿날 또 황제 곁을 한 유대인이 걷고 있었으나, 이번에는 인사조차 하지 않았다. 그러자 황제가 또 병정에게 명했다.

"로마의 황제에게 경의를 표하지 않은 죄로 저놈의 목을 쳐라!"

그러자 황제의 주위에 있던 대신들이 물었다.

"폐하, 폐하는 폐하에게 인사한 사람도 죽였고, 이번에는 인사를 하지 않았다는 이유로 또 사람을 죽였는데, 도대체 어찌된 까닭입니까?"

그러자 황제가 대답했다.

"내가 한 일은 양쪽 다 옳은 것이다. 너희들은 알 수 없겠지만, 나는 유대인의 취급 방법을 알고 있다."

반(反)유대인이었던 헤도리우스 황제는 유대인이 무엇을 하든지 간에 단지 유대인이라는 이유로 무조건 죽여 버렸다고 하는 유명한 이야기이다.

‡ 꿈

어떤 로마 장교가 랍비와 만났다.

"유대인은 매우 현명하다고 들었는데, 오늘밤 내가 어떤 꿈을 꾸게 될 것인가를 가르쳐주시오."

당시 로마의 가장 큰 적은 페르시아였다.

랍비가 말했다.

"페르시아가 로마 진영에 기습을 가해 로마군을 쳐부수고, 로마를 지배하여 로마인을 노예로 삼고, 로마인이 제일 싫어하는 일을 시키는 꿈을 꿀 것이오."

이튿날 로마의 장교가 랍비한테로 와서 물었다.

"어떻게 당신은 내가 꿀 꿈까지 미리 예언할 수가 있었소?"

그 장교는 꿈이 암시에 의해서 꾸어질 수도 있다는 것을 알지 못했고, 자신이 그 랍비의 암시에 걸렸다는 것도 알지 못했던 것이다.

‡ 대답

로마의 황제가 이스라엘의 가장 위대한 랍비와 친교를 맺고 있었다. 그 까닭은 다른 무엇보다 두 사람의 생일이 같은 날이었기 때문이다.

양국 정부의 관계가 과히 좋지 않았을 때에도 두 사람은 항상 친분 관계를 유지했다. 그러나 황제가 랍비와 친교를 맺고 있는 것은 양국 정부의 관계를 고려해 볼 때 과히 좋은 일은 아니었다.

그래서 황제가 랍비에게 무엇을 물으려 할 때에도 사자(使者)를 보내어 간접적으로 의견을 묻지 않으면 안 되었다.

어느 날 황제는 랍비에게 전갈을 보냈다.

〈나는 이루고 싶은 일이 두 가지 있다. 하나는 내가 죽은 후 아들을 황제로 삼고 싶다. 또 하나는 이스라엘에 있는 타이 베리아스라는 도시를 관세 자유 도시로 두고 싶다. 나는 그 두 가지 중한 가지밖에 이룰 수가 없지만, 양쪽을 한꺼번에 이룰 수 있는 방법은 없겠는가?〉

양국 관계가 대단히 험악해지고 있었기 때문에, 황제의 질문에 랍비가 대답했다는 것이 알려지면 국민들에게 대단히 큰 악영향을 끼칠 것이 명백했다. 따라서 랍비는 그 질문에 대해서 직접적인 대답을 보낼 수가 없었다.

황제가 돌아온 사자에게 물었다.

"내 전갈을 가지고 갔을 때 랍비는 무엇을 하고 있던가?"

그러자 사자가 대답했다.

"랍비는 아들을 목말 태운 후 비둘기를 아들에게 주었습니다. 아들은 그 비둘기를 하늘에 날려주었습니다. 그 외에는 아무것도 하지 않았습니다."

황제는 랍비가 의도하는 뜻을 알 수 있었다.

"먼저 왕위를 아들에게 물려주고, 그 다음에 아들이 관세를 자유로 하면 된다는 뜻이군."

다음에 또 황제로부터 메시지가 보내졌다.

〈나의 신하들이 내 마음을 괴롭히고 있다. 나는 어떻게 하면 좋겠는가?〉

랍비는 이번에도 역시 대답 대신, 뜰의 밭으로 나가서 야채를 하나 뽑아왔다. 몇 분 뒤 다시 밭으로 나가 또 하나의 야채를 뽑아왔다. 조금 지나서 다시 똑같은 일을 반복했다. 그것이 전부였다.

로마의 황제는 랍비의 대답을 알 수 있었다.

"단번에 적을 멸망시키지 말라. 몇 번으로 나눠서 하나하나 부숴버리라는 뜻이군."

인간의 의사는 말이나 글에 의하지 않고서도 충분히 나타낼 수가 있다는 이야기이다.

‡ 마음

인간의 육체는 마음에 의해 좌우된다. 마음은 보고 듣고 서고 걷고 기뻐하고 굳어지고 부드러워지고 슬퍼하고 무서워하고 오만해지고 남에게 설득당하고 사랑하고 미워하고 원망하고 찾고 반성한다.

가장 강한 인간은 자기의 마음을 조절할 수 있는 사람이다.

✡ 기도

한 배에 각 나라에서 모여든 사람들이 타고 있었다. 그런데 갑자기 폭풍우가 불어왔다. 사람들은 제각기 자기 나름대로 믿는 신을 향하여 기도했다. 그런데도 폭풍우는 점점 더 거세어졌다.

사람들은 모두 유대인을 향해서 물었다.

"당신은 어째서 기도하지 않소?"

그 때서야 유대인은 기도하기 시작했다. 그러자 폭풍우는 금방 잠잠해졌다.

배가 항구에 닿자 사람들이 유대인에게 물었다.

"우리들이 정성들여 기도했을 때는 우리 뜻을 들어주지 않더니, 당신이 기도하자 어째서 폭풍우가 금세 잠잠해졌을까요?"

유대인이 말했다.

"나도 잘 알 수 없지만, 내 생각으로 여러분은 제각기 자기 나라에서 믿는 신에게 기도했습니다. 바빌로니아인은 바빌로니아의 신에게 기도하고, 로마인은 로마의 신에게 기도했습니다. 그러나 바다는 어느 나라에도 속해 있지 않습니다. 우리들의 신은 전우주를 지배하는 넓고 큰 신이기 때문에, 바다에서 기도한 내 소원도 들어주신 것입니다."

✡ 도둑맞은 물건

재판관이 있었다. 어느 날 시장을 지나가다가 그 곳에서 도둑들이 훔친 많은 '장물'들이 거래되고 있는 것을 목격했다. 그는 재판관은 사람들에게 알리기 위해 지혜를 짜내 암시적인 행동을 보여주었다.

그는 족제비를 한 마리 꺼내서 작은 고깃덩어리를 하나 주었다. 그러자 족제비는 그것을 입에 물고 이내 자기의 작은 구멍으로 숨기러 갔다. 보고 있던 시민들은 족제비가 어디에 고기를 숨겼는지 곧 알 수 있었다.

재판관은 그 다음에는 구멍을 메워 버렸다. 그리고 난 뒤 족제비에게 더 많은 고깃덩어리를 주었다. 그러자 족제비는 구멍을 향하여 달려갔으나, 구멍이 막혀 있는 것을 알고 그 고기를 문 채 다시 재판관 앞으로 돌아왔다.

족제비는 자기가 물고 있는 고기가 처치 곤란이었던지, 고기를 준 사람에게로 다시 돌아왔던 것이다. 이 광경을 지켜본 시민들은 놀라서 시장에 있는 물건들을 조사해 보고, 자기가 도둑맞은 물건들이 시장 안에서 팔리고 있다는 것을 발견했다.

✢ 시집가는 딸에게

내 딸아! 만약 네가 남편을 왕처럼 존경한다면, 그는 너를 여왕처럼 받들 것이다. 그리고 네가 노예처럼 행동한다면, 남편은 너를 노예처럼 다룰 것이다. 만약 네가 너무 자존심이 강해서 그에게 봉사하기를 꺼려한다면, 그는 자기의 힘을 이용해서 너를 하녀로 만들어 버릴 것이다.

만약 남편이 친구의 집을 방문할 때는 그를 깨끗이 목욕시킨 후 옷차림을 단정하게 하여 보내도록 해야 한다. 그렇게 하면 남편으로부터 소중하게 대접받을 것이다.

항상 가정에 마음을 쓰고, 그의 소지품을 소중하게 다루어라.

그러면 그는 기뻐서 너의 머리 위에 관을 씌울 것이다.

—현명한 어머니로부터

‡ 숫자

내가 말로써 상대방에게 상처를 입혔다고 가정해 보자. 다음에 내가 그 사람과 만났을 때 이렇게 사과할 수 있다.

"지난번엔 실례되는 말을 해서 당신 마음을 상하게하여 대단히 죄송합니다."

그런데도 만약 상대가 대단히 화가 나 완고하게 용서하지 않을 경우에는 어떻게 하겠는가?

유대인이 열 명의 사람에게 이렇게 묻는다.

"나는 저번에 어떤 사람에게 실례되는 말을 해서 그를 화나게 했기에 사죄하러 갔는데도 용서를 받지 못했습니다. 나는 정말 나 자신이 나쁘다고 생각하고 있으니, 여러분이 나의 잘못을 대신 용서해 주시 않겠습니까?"

그 열 명이 받아들여 준다면 용서를 받는 것이 된다. 그러나 용서해 줄 상대가 죽어 버려서 사죄할 수가 없게 되면, 열 명의 사람들을 무덤 앞에까지 데려가서 무덤을 향하여 그 사람들 앞에서 용서를 빌지 않으면 안 된다.

여기서 열 명이라는 숫자가 왜 나왔느냐 하면, 유대교에서는 예배소에서 기도할 때 열 명이 있어야 성립된다. 열 명 이하의 숫자는 개인이 된다. 열 명이 있어야 비로소 집단이 되는 것이다.

정치적인 결정이 아닌, 종교적인 공식 결정은 어쨌든 열 명이 되지 않으면 안 된다. 결혼식에도 사적인 결혼식과 공적인 결혼식이 있는데, 공적으로 결혼할 때에는 열 명 이상이 참석해야 한다.

그 밖에 동양에서 '4'를 기피하는 경우처럼 특별히 어떤 숫자를 기피하진 않는다.

그러나 기피하는 날은 있다. 여름의 어떤 특정일에 역사적으로 나쁜 일이 잇따라 일어났었다. 예루살렘에 두 개의 사원이 있었는데, 둘다 5백 년이나 된 건축물로 똑같은 날에 불타서 파괴되었던 것이다.

1492년에 카톨릭 교회에 의해서 스페인으로부터 유대인이 추방된 것도 같은 날이다. 모세가 십계명의 비문을 깨뜨린 날도 바로 그 날이다. 덧붙여 내가 처음 직업을 잃은 날도 그 날이었다.

헤브라이어의 달력에서 '아'가 붙는 달의 9일째, 즉 대략 8월 1일 경이 되는 그 날은 아무것도 먹어서는 안 되며, 마셔서도 안 된다. 해가 떠오르고 해가 저물 때까지 아무것도 입에 넣어서는 안 된다.

예배소 안에서도 다른 날은 의자에 앉지만, 이 날만은 바닥에 앉는다. 바로 아버지가 죽었을 때와 똑같은 것이다. 유대인은 슬퍼하고 있을 때에는 의자에 앉지 않고 바닥에 앉는다. 장례식 날은 음악을 연주하고 촛불 밑에서 일을 한다. 이 날은 어디를 가더라도 가죽구두를 신어서는 안 된다.

왜냐하면 유대인들에게 있어 가죽구두라는 것은 자아(自我)의 상징이었다. 회교도가 회교 사원에 참배할 때 신발을 벗어 들고 들어가는 것은 유대의 습관을 본뜬 것이다. 유대에서는 자기의 부친이 죽었을 때에는 절대 구두를 신어서는 안 되며, 1주일 동안은 전혀 일을 생각해서는 안 된다.

거울을 보게 되면 아무래도 자기 얼굴이 비쳐서 자기 일을 생각하게 마련이므로, 전부 떼어서 감추어 버린다. 신발을 신지 않는 것은 자기보다도 더욱 위대한 것이 있다는 것을 생각하기 위해서이다.

정월 초열흘은 유대인들에게 있어서 가장 큰 성스러운 날이어서, 이 날도 신발을 신지 않는다. 이 날은 유대인이 독립하기까지 참으로 슬픈 날이었다. 사원이 파괴당한다는 것은 독립을 잃는 것이 된다. 이스라엘의 역사상 이 날이 가장 슬퍼해야 할 날이다 (그러나 이스라엘이 독립했기 때문에 이 날을 없애야 한다는 의견도 있다).

‡ 사랑

솔로몬 왕에겐 매우 총명하고 아리따운 딸이 있었다. 그는 어느 날 꿈을 꾸고는, 미래의 딸의 남편이 그녀에게 어울리지 않는 보잘것없는 사나이라는 것을 예감했다. 그래서 솔로몬은 하느님의 뜻이 무엇인가를 헤아려보려고 생각했다. 그리하여 딸을 작은 섬에 데려가서 그곳에 성을 지어 감금하고, 둘레에는 높은 담을 둘러쌓고 감시병을 배치해 두었다. 그리고 열쇠를 갖고 그대로 돌아와 버렸다.

한편 왕이 꿈에서 본 상대의 사나이는 어딘가의 황무지를 헤매고 있었다. 몹시 추운 어느 날 밤, 그는 죽은 사자의 시체를 발견하고 그 가죽 속에서 잠을 자게 되었다.

그 날 밤 큰 새가 날아와서 사자 털가죽 속에 있는 사나이를 들어올려, 공주가 갇혀 있는 왕궁 위에다 사나이를 떨어뜨렸다. 그는 그 곳에서 공주와 만나고 두 사람은 곧 사랑에 빠졌다.

이렇듯 사랑은 모든 것에 승리하는 것이어서, 외딴 섬에다 감금해도 허사인 것이다. 다시 말해서 일어날 일은 반드시 일어나고야 만다.

‡ 비(非)유대인

하느님은 유대화한 비유대인을 좋아하신다. 어떤 왕이 양치기를 붙여 양떼를 방목하고 있었다. 어느 날 양과는 닮으려고 해도 닮을 수가 없는 동물 한 마리가 그 양떼 속에 섞여 있었다.

양치기가 왕에게 물었다.

"알지 못하는 동물이 한 마리 들어왔습니다. 어떻게 할까요?"

왕이 의아스런 표정을 지으며 대답했다.

"양들은 본래 내 양으로 키워지고 있었으므로 걱정할 게 없지만, 이 동물은 전혀 다른 환경에서 자랐을 텐데도 이렇게 내 양떼와 잘 지내고 있다. 대단히 기쁜 일이 아닌가!"

유대인은 어릴 때부터 유대의 전통 아래 자라왔지만, 유대인의 전통 아래서 자라지 않은 사람이 유대 교리를 이해하고 유대화한 경우는 진짜 유대인보다도 더 존경받는다.

《탈무드》에서는 세상사람들이 어떤 신앙을 갖고 있다 하더라도 착한 사람은 모두 구원받을 수 있으므로 특별히 유대화 시키려고 노력하지는 않는다고 씌어 있다.

‡ 꿈

어떤 사나이가 이웃집 부인과 바람을 한번 피워보고 싶다는 생각을 하고 있었다. 어느 날 밤, 드디어 성적인 관계에 성공하는 꿈을 꾸었다.

《탈무드》에 의하면 그것은 좋은 현상이다. 왜냐 하면 꿈은 하나의 소망에 의해 나타나며, 진짜로 이루어지면 꿈을 꿀 리가 없기 때문이다. 그만큼 자기를 억제하고 있는 증거로서 그것은 매우 바람직한 일인 것이다.

‡ 바보 어버이

어떤 사나이가 유서를 썼다.

"내 아들에게 재산을 전부 물려주지만, 아들이 진짜 바보가 되지 않는 한 유산을 상속할 수 없다."

이 말을 듣고 랍비가 찾아와서 물었다.

"당신은 어처구니없는 유언을 남겼군요. 당신 아이가 바보가 되지 않으면 재산을 주지 않겠다는 것이 대체 무슨 뜻입니까?"

그러자 사나이는 입에 갈대를 한 개 물고 괴상한 울음소리를 내면서 마루 위를 기어다녔다.

그가 암시한 것은 자기의 아들에게 아이가 생겨서 아이를 어르게 되면 자기의 재산을 상속시킨다는 뜻이었다.

〈아이가 생기면, 인간은 바보가 된다〉라는 격언이 거기에서 생겼다. 유대인에게 있어 아이라는 것은 대단히 귀중한 것이어서, 모든 것은 아이를 위해 희생한다. 하느님이 유대 민족에게 십계명을 내리셨을 때, 유대인은 반드시 그것을 지킨다는 맹세를 하려고 했다.

먼저 유대인 최초의 위대한 선조, 예를 들면 아브라함·이삭·야곱의 이름을 걸고 반드시 그것을 지키겠노라고 맹세했지만, 하느님은 승낙하지 않았다.

그래서 앞으로 유대인이 손에 넣게 될 모든 부귀에 걸고서 맹세한다고 말했으나, 역시 허사였다.

마지막으로 아이에게 십계명을 반드시 전할 것이니, 그 아이들을 걸어서 맹세한다고 말하자, 그 때 하느님은 비로소 그것을 받아들이셨다.

‡ 교사

가장 훌륭한 랍비가 북쪽 나라에 두 사람의 시찰관을 보냈다. 시찰관이 그 도시를 지키고 있는 사람과 만나 잠깐 조사하고 싶다고 말하자, 그 북쪽 도시에서 방위를 책임 맡은 제일 높은 장군이 나왔다.

그러자 시찰관이 말했다.

"아닙니다. 우리들은 이 도시를 지키는 사람과 만나고 싶을 뿐입니다."

그러자 다음에는 도시의 경찰대장이 찾아왔다. 두 사람의 랍비가 말했다.

"우리들이 만나고 싶은 것은 경찰대장이나 장군이 아니라 학교의 교사입니다. 경관이나 병정은 파괴만 할 뿐, 진정 도시를 지키는 것은 교사입니다."

‡ 자제력

한 임금님이 희귀한 병에 걸렸다. 그런데 '암사자의 젖을 먹으면 낫는다'고 의사가 말했다.

그러나 어떻게 하여 암사자의 젖을 구해 오느냐가 문제였다. 어떤 머리 좋은 사나이가 사자가 살고 있는 동굴에 가서 매일 새끼

사자 한 마리씩을 사자에게 주었다. 그리하여 10일째가 되는 날 그는 암사자와 퍽 친하게 되었다. 그래서 임금님의 약으로 쓸 젖을 조금 짜올 수가 있었다.

궁전으로 돌아오는 도중에 그는 자기 몸의 여러 부분이 서로 싸우는 꿈을 꾸었다. 그것들은 몸에서 어디가 제일 중요한가를 서로 언쟁하고 있는 것이었다. 다리는 만약 자기가 없었더라면 사자가 있는 곳에 갈 수 없었을 것이라고 말했고, 눈은 볼 수가 없었더라면 그곳에 갈 수 없었을 것이라고 말했다.

심장은 또한 자기가 있지 않았더라면 도저히 여기까지 올 힘이 없었을 것이라고 말했다.

그러자 갑자기 혀가 주장했다.

"말을 할 수 없었더라면, 너희들은 아무런 소용도 없었을 것이다."

그러자 몸의 각 부분들은 제각기 혀를 나무랐다.

"뼈다귀도 없는 조그마한 고깃덩어리인 주제에 건방진 수작하지 마라!"

사나이가 궁전에 도착했을 때 화가 난 혀가 말했다.

"누가 제일 중요한가 알려주고 말 테다!"

임금님이 사나이에게 물었다.

"이 젖은 무슨 젖인가?"

사나이가 외쳤다.

"개의 젖입니다."

이에 깜짝 놀라, 앞서 혀를 책망하던 몸의 모든 부분은 혀의 힘이 얼마나 강력한 것인가를 알게 되어 모두 사과했다. 혀는 그것을 듣고 얼른 고쳐 말했다.

"아닙니다. 제가 잠깐 말을 잘못했습니다. 이것은 틀림없는 암사자의 젖입니다."

중요한 부분일수록 자제심을 잃어버리게 되면 어처구니없는 일이 생기는 것이다.

‡ 감사

이 세상에 최초의 인간이었던 아담은 빵을 얻기 위해서 얼마만큼의 일을 했을까? 먼저 밭을 일구고, 씨를 뿌리고, 그것을 가꾸고, 거두어들이고, 갈아서 가루를 만들어 반죽하여 굽는 등 모두 열다섯 단계의 과정을 거치지 않으면 안 되었다.

지금은 돈만 내면 빵집에 가서 만들어 놓은 빵을 얼마든지 사올 수가 있다. 옛날에는 혼자서 하지 않으면 안 되었던 열 다섯 단계의 작업을 지금은 많은 사람들이 나누어 하고 있으므로, 빵을 먹을 때에는 많은 사람들에게 감사하는 마음을 잊어서는 안 된다.

인류가 생긴 지 얼마 되지 않은 옛날, 인간에게는 자기 몸을 가릴 옷을 만들기 위해서 대단히 많은 시간과 노력이 필요했다. 양을 사로잡아 클 때까지 키워서 털을 깎고 울을 짜서 옷을 만들어 입기까지는 상당한 시간과 노력이 있어야 한다.

지금은 돈만 내면 옷가게에서 좋아하는 옷을 얼마든지 사 입을 수가 있다. 옛날에는 혼자서 하지 않으면 안 되었던 작업을 지금은 많은 사람들이 대신해 주므로, 옷을 입을 때에는 많은 사람들에게 감사하는 마음을 잊어서는 안 된다.

‡ 병문안

환자를 병문안 하면 그 환자는 60분의 1만큼 병의 증상이 좋아진다. 그러나 60명이 한꺼번에 간다고 해서 환자가 완쾌되는 것은 아니다.

죽은 이의 무덤을 찾는 것은 가장 고상한 행위이다. 병자의 병 문안은 병자가 나으면 그 사람의 감사를 받게 되지만, 죽은 이는 아무런 답례도 하지 않는다.

감사를 바라지 않는 행동이야말로 아름다운 것이다.

‡ 결론

《탈무드》에는 연달아 4개월, 6개월, 아니 7년이란 긴 세월 동안 여러 가지 문제에 대해서 사람들이 의문을 제기한 이야기가 나와 있다. 그 가운데에는 결론이 나지 않은 것도 있다. 이런 이 야기의 맨 마지막에는 반드시 '알 수 없다'고 씌어져 있다.

즉 '알 수 없을 때에는 그것을 인정하는 것이 좋다'는 교훈을 주기 위함이다.

《탈무드》가운데는 결론이 내려진 이야기도 있는데, 그것에는 반드시 소수의 이견(異見)이 소개되고 있다. 이런 소수의 이견은 적어 넣지 않으면 사라져 버리기 때문이다.

‡ 힘

비록 약해 보이지만 강자를 두렵게 하는 것이 네 가지 있다.

모기는 사자를 두려워하게 하고, 거머리는 코끼리를 두려워하게 하고, 파리는 전갈을 두려워하게 하고, 파리잡이 거미는 매를 두려워하게 한다.

아무리 크고 힘이 센 자라고 해도 반드시 절대적인 강자라고는 할 수 없다. 아무리 약자라도 어떤 조건하에서는 강자를 이길 수가 있다.

✡ 일곱 계명

《탈무드》 시대의 유대인은 비유대인들과 함께 일을 하거나 생활하는 일이 자주 있었다. 유대인에게는 천사가 지키라고 한 613개의 계율이 있다. 그러나 유대교에서는 결코 비유대인을 유대화시키려고 하지 않았으므로 선교사를 보내는 일은 하지 않았다. 다만 서로 평화스런 관계를 유지하기 위해 비유대인에게는 일곱 가지만 지켜달라고 다음의 계율을 주었다.

1. 살아 있는 동물을 죽여서 즉시 날고기로 먹지 말라.
2. 다른 사람을 욕하지 말라.
3. 남의 것을 훔치지 말라.
4. 법을 어기지 말라.
5. 살인하지 말라.
6. 근친 상간을 하지 말라.
7. 불륜한 관계를 갖지 말라.

✡ 신(神) · 1

한 로마인이 랍비에게 와서 말했다.

"당신들은 밤낮 하느님 이야기만 하고 있는데, 그 하느님이 어디에 있는지 보여주시오."

보여주기만 하면 자기도 그 신을 믿겠다는 것이었다. 물론 랍비는 그 로마인의 심술궂은 질문을 좋아하지 않았지만, 무시해 버릴 수는 없었다.

랍비는 로마인을 밖으로 데리고 나가 태양을 가리키면서 말했다.

"저 태양을 똑바로 쳐다보시오!"

로마인은 태양을 쳐다보려다가 소리쳤다.

"그런 엉터리 같은 소리하지 마시오. 어느 누가 태양을 똑바로 쳐다볼 수 있단 말이오!"

그러자 랍비가 말했다.

"당신은 신이 창조하신 많은 것 중의 하나인 태양조차 똑바로 보지 못하면서 어찌 위대한 신을 보겠다는 말이오!"

‡ 신(神) · 2

영어나 프랑스어에는 '신'이라는 말이 하나밖에 없다. 하지만 유대의 경우에는 20개 이상이나 된다.

‡ 인사

어떤 사람이 매우 긴 여행을 했으므로 지칠 대로 지쳐 버렸고, 굶주리고 목이 바싹 말라 있었다. 사막을 오랫동안 헤맨 끝에 간신히 나무가 무성한 오아시스를 발견했다.

나무 그늘에서 쉬며, 열린 과일과 물로 굶주림과 갈증을 채우고는 안도의 숨을 내쉬었다.

그러나 그는 여행을 계속하기 위해 다시 출발하지 않으면 안 되었다.

그는 무성한 나무에게 매우 감사해하며 말했다.

"나무여! 정말 고맙다. 나는 너에게 어떻게 답례를 하면 좋으냐. 너의 과일이 달게 되도록 빌려 해도 과일은 이미 충분히 달콤하구나. 상쾌한 나무 그늘이 있도록 빌려 해도 너는 이미 그것을 갖고 있구나. 너를 더욱 자라게 하기 위해 충분한 물이 있도록 빌려 해도 물은 이미 충분하구나. 내가 너를 위하여 축복할 수 있는 것은 될 수 있는 대로 많은 열매를 맺게 되어, 그 열매가 많은 나무가 되어서 너처럼 아름답고 훌륭한 나무로 자라도록 바라는 것뿐이다."

당신이 헤어지는 사람에게 무언가 축복의 말을 하려 할 때 그 사람이 더욱 현명하게 되도록 기원하려 해도 이미 충분히 현명하며, 많은 돈을 벌도록 기원하려 해도 이미 충분히 풍부하며, 사람들에게 사랑을 받는 착한 사람이 되라고 기원하고 싶은데 이미 충분히 착한 사람일 때는, '당신의 아이들이 당신처럼 훌륭한 사람으로 자라도록……'이라고 인사하는 것이 가장 현명하다.

‡ 겸손

성서에 의하면, 천지는 1일, 2일, 3일…… 차례를 따라 만들어져서 6일째에 완성되었다. 인간은 그 마지막 6일째에 만들어졌다. 왜 인간이 마지막에 만들어졌는가? 그 의미를 당신은 어떻게 해석하는가?

《탈무드》에 의하면 파리 한 마리라도 인간보다 먼저 만들어졌다는 것을 생각한다면, 인간은 오만하지 말아야 한다. 이것은 신이 인간에게 겸손을 가르치기 위해서이다.

‡ 안식

어느 안식일 오후, 로마의 황제가 친분이 두터운 랍비의 집을 방문했다.

황제는 아무런 예고도 없이 랍비의 집에 나타났지만 매우 즐거운 시간을 보냈다. 음식맛은 훌륭했고, 식탁 둘레에서는 사람들이 목소리를 맞추어 노래를 부르며 《탈무드》에 나오는 이야기를 주고받았다.

황제는 대단히 기뻐하며 다음 수요일에 다시 방문하고 싶다고 말했다.

수요일에 그가 오자, 사람들은 미리 알고 있었으므로 일찍부터 준비하고 기다리고 있었다. 제일 좋은 식기가 놓여지고, 지난번은 안식일이라 쉬었던 하인들도 줄을 서서 대접했다. 요리사가 없어 차가운 음식밖에 내놓지 못했던 지난번과는 달리 따뜻한 요리도 많이 나왔다.

그럼에도 불구하고 황제가 물었다.

"식사는 역시 지난 토요일이 더 맛이 있었소. 토요일에 사용했던 향료는 도대체 무엇이었소?"

랍비가 대답했다.

"로마의 황제로서는 그 향료를 손에 넣을 수 없습니다."

그러자 황제가 자신있게 말했다.

"아니오. 로마 황제는 어떤 향료라도 손에 넣을 수가 있소!"

랍비가 말했다.

"유대의 안식이라는 향료, 이것만은 로마 황제인 폐하라도 아무리 노력한들 손에 넣을 수가 없는 것입니다."

‡ 함정

어떤 장사꾼이 도시에 왔다. 며칠만 있으면 물건을 싸게 살 수가 있다는 것을 알고 그는 물건 사는 것을 미루기로 했다. 그러나 그는 현금을 많이 갖고 왔으므로 다니는 데 불편을 느꼈다.

그래서 조용한 장소에 가서 자기가 가진 돈을 몽땅 파묻었다. 다음날 그 곳에 가보니 돈이 전부 없어져 버렸다. 그는 곰곰 생각해 보았으나 자기가 파묻는 것을 본 사람이 없었기 때문에 어떻게 해서 돈이 없어졌는지 알 수가 없었다.

그런데 저 멀리 한 채의 집이 있었고, 그 집의 벽에 구멍이 뚫려 있는 것을 발견했다. 아마도 그 집에 살고 있는 누군가가 그가 돈을 파묻는 것을 구멍으로 보고, 나중에 꺼내간 것이 틀림없다고 생각했다.

그는 그 집을 찾아가 그 곳에 살고 있는 늙은 영감을 만났다.

그가 물었다.

"당신은 도시에 살고 있으므로 대단히 현명할 것입니다. 당신의 지혜를 빌려주십시오. 실은 나는 이 도시에 물건을 장만하러 돈 지갑을 두 개 갖고 왔습니다. 하나에는 5백 개의 은화를 넣고, 또 하나에는 8백 개의 은화를 넣었습니다. 작은 지갑은 비밀리에 어떤 곳에 파묻었습니다. 지금이라도 큰 지갑을 마저 파묻는 것이 좋을까요, 그렇지 않으면 누군가 믿을 만한 사람에게 맡기는 것이 좋을까요?"

그 말을 듣고 늙은이가 얼른 대답했다.

"만약 내가 당신이라면 나는 누구도 믿지 않겠소. 나 같으면 맨 첫번 작은 지갑을 파묻은 장소에 큰 지갑도 마저 파묻겠소."

욕심쟁이 영감은 장사꾼이 집에서 나가자, 자기가 훔쳐온 지갑을 전에 파내었던 곳에 재빨리 도로 갖다 파묻었다.

장사꾼은 숨어서 그것을 보고 있다가 무사히 잃어버린 돈을 되찾았다.

✿ 솔로몬의 재판

안식일에 세 사람의 유대인이 예루살렘으로 갔다. 당시에는 은행이 없었기 때문에 세 사람은 갖고 있던 돈을 몽땅 땅에 파묻었다. 그런데 세 사람 중의 한 사람이 배반하여 혼자 은밀히 그 장소에 돌아가서 돈을 몽땅 훔쳐가 버렸다.

이튿날 세 사람은 현인으로 알려진 솔로몬 왕을 찾아가서 세 사람 중의 누가 훔쳤는가를 밝혀달라고 요청했다.

그러자 솔로몬 왕이 말했다.

"당신들 세 사람은 대단히 현명한 사람들 같으니 내가 지금 재판하기에 곤란한 문제를 먼저 거들어주오. 그러면 당신들 세 사람의 문제는 내가 해결해 주겠소."

그러고는 이렇게 이야기했다.

한 젊은 아가씨가 어떤 남자와 결혼하기로 약속했다. 그러나 얼마 후 아가씨는 다른 남자와 사랑에 빠져 처음의 약혼자에게 헤어지자고 요청했다. 그녀는 위자료를 줄 수도 있다고 말했다.

그러나 약혼자는 위자료는 필요 없다고 말하며, 그녀와의 약혼을 취소해 주었다.

그런데 돈이 많았던 그녀는 어떤 노인에게 유괴되었다. 그녀가 호소했다.

"나는 결혼하려고 약속했던 남자에게 약혼 취소를 요구했었는데, 그 남자는 위자료도 받지 않고 놓아주었습니다. 당신도 그 사람과 똑같은 일을 내게 베풀 수는 없습니까?"

그러자 노인은 돈도 뺏지 않고 그녀를 자유롭게 놓아주었다.

이야기를 끝낸 솔로몬 왕이 물었다.

"이 가운데서 누가 제일 칭찬받을 짓을 했겠는가? 그 사람을 대보라."

첫째 사나이가 말했다.

"제일 처음 그녀와 약혼은 했지만 약혼을 취소해 주고 위자료도 받지 않은 사나이가 칭찬받아야 합니다. 그녀의 의사를 받아들여 결혼하려 하지도 않았으며 돈도 받지 않았습니다."

다음 사나이가 단호히 말했다.

"아닙니다. 아가씨야말로 칭찬받아야 합니다. 그녀는 용기를 내어 약혼자에게 약혼 취소를 청하고 진정으로 사랑하고 있는 사나이와 결혼했습니다. 아가씨야말로 칭찬받아야 합니다."

세 번째 사나이가 말했다.

"이 이야기는 뒤죽박죽이어서 나는 알 수가 없습니다. 첫째 돈 때문에 유괴한 사람이 돈도 빼앗지 않고 자유롭게 해 주다니, 도무지 이야기가 되지 않습니다."

솔로몬 왕은 이 사나이를 향해 일갈(一喝)하여 말했다.

"네가 돈을 훔친 범인이다! 다른 두 사람은 애정이나, 아가씨와 약혼자 사이에 존재하고 있던 인간 관계, 그 사이에 있던 긴장된 기분 같은 것을 곧 생각하였지만, 너는 돈밖에 생각하고 있지 않았다. 네가 틀림없는 범인이다!"

‡ 중용

어떤 군대가 길을 행진하고 있었다. 길 오른쪽에는 눈이 내려 있고, 얼음이 얼어 있었다.

그러나 왼쪽은 불바다였다. 이 군대는 오른쪽으로 가면 얼고, 왼쪽으로 가면 불에 타 죽는다.

그 가운데는 따뜻함과 시원함이 적당히 섞여 있는 길이다.

‡ 답례

나치 수용소에서 유대인은 6백여만 명이나 학살되고 아주 소수만이 구출되었다. 살아남은 사람들이 트루먼 대통령에게 답례를 하려고 《탈무드》를 선사했다. 그것은 전후 독일에서 인쇄된 것이었다. 유대인의 전멸을 꾀한 나라에서도 역시 《탈무드》를 인쇄 발행하고 있었다는 것은 《탈무드》의 위대함을 나타내는 증거이다.

‡ 비즈니스

유대의 역사는 매우 길다. 성서 시대의 유대인 사회는 농경 사회였다. 따라서 교역은 별로 행해지지 않고 상인이라는 말은 비유대인이라는 말과 거의 같이 쓰였었다. 따라서 유대인은 거의 자신들이 있는 곳에서는 물건을 팔거나 사지 않았다. 다만 유대인이 비즈니스에 종사할 때에는 '계량을 정직하게 하라', '속이지 말라' 고 하는 도덕률이 있었을 뿐이다.

그러나 《탈무드》 시대가 되자 교역 또는 비즈니스가 상당히 발달하였으므로, 《탈무드》에 있어서도 비즈니스에 대하여 매우 큰 관심을 기울이고 있다. 《탈무드》를 쓴 사람들은 세계가 점점 진보한다는 전제하에 미래세계의 모습을 교역이 대단히 발달한 세계로 그리고 있다. 그래서 '비즈니스를 행함에 있어서 어떠한 도덕률을 지킬 것인가'라는 문제에 많은 지면을 할애하고 있다.

나는 《탈무드》를 편찬한 사람들이 비즈니스가 장차 세계에서 가장 중요한 기능을 하리라고 예견한 것은 선견지명이 있었기 때문이라고 생각한다. 그들은 장차 그와 같은 세계가 도래할 것을 예견하여 여러 가지로 준비하려고 생각했던 것이다.

그래서 '비즈니스는 비즈니스다'라는 생각이 원칙이 되고, 그 비즈니스의 규칙에는 일반생활 테두리 밖의 특별한 규칙이 적용되어야 한다고 생각되었다. 따라서 비즈니스라는 것은 결코 탈무드적인 세계만은 아니다. 그 까닭은 경건한 사람이라도 비즈니스는 비즈니스로서 행해도 좋다는 것을 말해 주는 것이다.

그러나 《탈무드》는 어떤 방법으로 도덕적인 비즈니스맨이 될 수 있는가를 가르치고 있었던 것이지, 결코 돈만 아는 비즈니스맨이 되라고 함은 결코 아니다. 그것은 《탈무드》에서 자유방임주의적인 비즈니스에 대해 반대하고 있는 것으로도 알 수 있다.

예를 들면 구매자의 첫째 권리로서 그 어떤 보증이 없어도 산 물건이 좋은 품질이기를 요구할 권리가 있다. 만약 그 상품에 반품할 수 없다는 조건을 붙여 팔았을 경우에는 결함이 있어도 바꿀 수가 없다. 그러나 산 사람은 그 상품에 결함이 있을 경우는 그 상품을 되물릴 수 있는 권리가 있다.

단 한 가지 예외는, 상대가 먼저 물건을 알고 샀을 경우이다.

예를 들면 자동차를 팔았을 때에 아예 처음부터 이 차에 엔진이 없다고 알리고서 팔면 상대는 되물리지 못한다. 《탈무드》에서는 결함이 있는 상품을 팔게 될 경우 그 결함을 구체적으로 상대에게 설명하지 않으면 안 된다고 적혀 있다. 따라서 사는 사람은 우선 결함과 사기성, 그리고 파는 사람이 몰랐던 착오에서 보호되어야 한다.

물건을 판다는 것은 두 가지 요소에서 성립된다. 하나는 그 물건의 대가를 지불하는 것, 또 하나는 그 물건이 구매자 쪽으로 간다는 것이다. 그것은 구매자의 손에 그 물건이 안전하게 넘어가도록 해야 할 의무가 있다는 말이다. 그 까닭은 《탈무드》에서는 어디까지나 사는 사람을 보호해 주고 있기 때문이다. 파는 사람 쪽은 그 물건에 대해 정확하게 알고 있지 않으면 안 된다. 그것은 딴사람의 물건을 팔거나, 있지도 않은 물건을 팔아서는 안 된다는 뜻이다.

‡ 매매

《탈무드》 시대에 이미 계량을 감독하는 관리가 있었다. 토지의 크기를 재는 줄자는 여름과 겨울에 각각 다른 것을 사용했다. 왜냐 하면 줄자 자체가 온도에 따라 늘고 줄기 때문이다. 또 계량 컵에 액체를 담을 경우는, 특히 그 컵 밑바닥에 전에 들어 있던 것이 굳어서 남아 있을 수 있기 때문에 컵 밑바닥을 언제나 깨끗이 하도록 엄하게 감독하고 있었다.

물건마다 다르겠지만 물건을 사서 하루 내지 1주일 동안 사람들에게 보여 의견을 들을 권리가 사는 사람에게 주어져 있었다. 왜냐 하면 생소한 물건을 샀을 경우, 산 사람은 그것이 어떤지

옳게 판단할 수 없기 때문이다.

《탈무드》의 시대에는 가격이 일정하지 않았다. 오늘날에는 어떤 자동차는 얼마라는 가격이 정확히 정해져 있지만, 옛날에는 물건을 파는 사람이 마음대로 값을 매겼다. 만약 상식적인 값보다 6분의 1 이상 비싼 값으로 사게 될 경우, 예를 들면 보통 6백 원으로 팔고 있는 것을 8백 원으로 사게 된 경우, 이 매매는 무효가 된다는 것이 《탈무드》의 통례이다.

또 파는 사람이 계량을 잘못 쟀을 경우는, 올바른 계량으로 보상해 줄 것을 요구할 권리가 사는 사람 쪽에 있었다.

파는 사람을 보호하기 위해서는 살 사람이 별로 살 의사가 없는데도 상담(商談)을 해서는 안 된다. 또 만약 다른 사람이 이미 사겠다고 약속한 물건을 사서도 안 된다는 것이 《탈무드》의 통례로 되어 있었다.

‡ 토지

두 사람의 랍비가 어떤 토지를 서로 사려고 했다. 처음의 랍비가 먼저 그 토지에 대해 흥정을 했다. 그러자 다른 랍비가 와서 당장에 그것을 사버렸다.

그래서 처음의 랍비가 나중에 온 랍비에게 가서 말했다.

"어떤 사람이 과자를 사려고 마음먹고는 과자점에 가보니 이미 다른 사람이 와서 그 과자를 먼저 사 버렸다면, 그 사람은 무어라고 하겠소?"

나중의 랍비가 얼른 대답했다.

"그것은 나중에 온 사람이 나쁜 사람이군요."

그러자 처음의 랍비가 다시 물었다.

"마찬가지로 지금 이 토지를 산 당신이 나중에 과자를 사러 온 사람과 같은 입장이오. 어떤 사람이 먼저 값을 붙여서 흥정하고 있던 때였소. 당신은 그런 엉터리 같은 짓을 해도 좋다는 말이오?"

한 가지 해결책으로 제안된 것은 나중의 랍비가 앞의 랍비에게 그 토지를 다시 파는 것이었다.

그러자 나중의 랍비가 말했다.

"아니되오! 물건을 사자마자 다시 판다는 것은 재수가 없는 일이니 싫소!"

두 번째 해결책은, 앞의 랍비에게 선물로 그 토지를 주는 것이었는데, 앞의 랍비가 도저히 받을 수 없다는 이유로 거절했다. 결과적으로 토지를 산 랍비는 그것을 학교에 기부했다.

탈무드의 눈

‡ 인간

★ 인간은 마음 가까이에 유방을 갖고 있다. 동물은 마음 멀리에 유방이 있다. 이것은 신의 깊은 배려이다.

★ 반성하는 자가 서 있는 땅은 가장 훌륭한 랍비가 서 있는 땅보다 거룩하다.

★ 세계는 진실·법·평화라는 세 토대 위에 서 있다.

★ 휴일이 인간에게 주어진 것이지, 인간이 휴일에게 주어진 것은 아니다.

★ 백성의 소리는 하느님의 소리.

★ 하느님이 말씀하셨다. "나에게는 네 아이가 있다. 너희에게도 네 아이가 있다. 너의 네 아이는 아들·딸·남자 하인·여자 하인, 나의 아이는 미망인·고아·이방인·승려이다. 나는 너의 아이를 보살핀다. 너희들은 내 아이의 뒤를 보살펴라."

★ 인간은 타인의 사소한 피부병은 걱정해도, 자신의 중병은 외면하기 쉽다.

★ 인간은 20년 걸려서 배운 것을 단 2년 만에 잊을 수가 있다.

★ 사람은 세 가지 이름을 갖는다. 태어났을 때 부모님이 붙여주는 이름, 친구들이 우애의 정을 담아 부르는 이름, 그리고 자기 생애가 끝났을 때 획득하는 명성, 이 세 가지이다.

‡ 인생

★ 인간은 어떤 상황에 의해서 명예가 높여지는 것이 아니라, 인간이 그 상황의 명예를 높이는 것이다.

★ 전인류는 오직 하나의 조상으로부터 시작되었다. 그러므로 한 인간이 어느 인간보다도 뛰어난 일은 없다. 만약 당신이 한 인간을 죽였다고 한다면, 그것은 전인류를 죽인 것과 같다. 마찬가지로 한 사람의 목숨을 구하면, 그것은 전인류의 목숨을 구한 것과 같은 것이다. 왜냐 하면 세계는 한 인간에 의해서 시작되었고, 그 최초의 인간을 누군가가 죽였다고 한다면 오늘의 인류는 존재하지 않을 것이기 때문이다.

★ 요령이 좋은 사람과 현명한 사람의 차이——요령이 좋은 사람은 현명한 사람이었더라면 절대로 빠지지 않을 곤란한 상황에서 잘 빠져나갈 사람이다.

★ 어떤 사람은 젊고도 늙었고, 어떤 사람은 늙어도 젊다.

★ 자기의 결점만을 걱정하고 있는 사람은, 인간이 갖는 결점은 깨닫지 못한다.

★ 음식을 하찮게 생각하는 사람은 진정으로 배가 고프지 않은 것이다.

★ 수치스러움을 모르는 것과 자부심은 형제지간이다.

★ 하루 공부하지 않으면 그것을 되찾기 위해서 이틀이 걸린다. 이틀 공부하지 않으면 그것을 되찾기 위해서 나흘이 걸린다. 1년 공부하지 않으면 그것을 되찾기 위해서는 2년이 걸린다.

★ 성품이 나쁜 사람은 이웃 사람의 수입에는 신경을 쓰면서도 자신의 낭비에는 마음을 쓰지 않는다.

★ 눈으로 볼 수 없는 것보다는 마음으로 볼 수 없는 것이 더욱 두려운 일이다.

★ 어떤 사람을 만나든 그에게서 무언가를 배울 수 있는 사람이 세상에서 가장 현명하다.

★ 강한 사람 — 자기 자신을 억제할 수 있는 사람.

★ 강한 사람 — 적을 벗으로 바꿀 수 있는 사람.

★ 풍족한 사람이란 자기가 현재 갖고 있는 것으로도 만족할 수 있는 사람이다.

★ 누군가를 찬미할 수 있는 사람이야말로 참되고 존경스런 사람이다.

‡ 평가

★ 유대인이 인간을 평가하는 세 가지 기준.
　　1. 키소 : 지갑을 넣는 주머니
　　2. 코소 : 술을 마시는 술잔
　　3. 카소 : 인간의 분노
이것은 돈을 어떻게 쓰는가, 술 마시는 법은 깨끗한가 더러운가, 또 인내심이 강한 인간인가 어떤가를 평가하는 기준을 말한다.

★ 인간의 유형은 네 가지로 나뉜다.
1. 내 것은 내 것이고, 당신 것은 당신 것이라는 타입
   — 일반적인 타입.
2. 내 것은 당신 것이고, 당신 것은 내 것이라는 타입
   — 별난 타입.
3. 내 것은 당신 것이고, 당신 것도 당신 것이라는 타입
   — 정의감이 강한 사람.
4 . 내 것은 내 것이고, 당신 것도 내 것이라는 타입
   — 나쁜 인간.

★ 현인 앞에 앉아 있는 사람은 세 유형으로 나뉘어진다.
1. 스폰지형 — 무엇이든지 흡수한다.
2. 터널형 — 오른쪽 귀에서 왼쪽 귀로 지나갈 뿐.
3. 체형 — 중요한 것과 그렇지 않은 것을 체로 거른다.

★ 현인이 되는 일곱 가지 조건
1. 자기보다 현명한 사람이 있을 때에는 침묵을 지킨다.
2. 상대방의 이야기를 가로막지 않는다.
3. 대답할 때에는 당황하지 않는다.
4. 항상 합당한 질문을 하고, 조리 있게 대답을 한다.
5. 먼저 해야 할 일과 나중에 할 일을 구분한다.
6. 자기가 알지 못할 때에는 그것을 인정한다.
7. 진실을 인정한다.

★ 인간은 세 가지 벗을 가지고 있다.
   — 아이 · 부(富) · 선행.

‡ 친구

★ 아내를 고를 때에는 계단을 한 걸음 내려가고, 벗을 고를 때에는 계단을 한 걸음 올라가라.

★ 벗이 화가 나 있을 때에는 달래려고 하지 말라, 그가 슬퍼하고 있을 때에도 위로하지 말라.

‡ 우정

★ 만약 친구가 야채를 갖고 있으면 고기를 주어라.

★ 당신의 친구가 당신에게 있어서 벌꿀처럼 달더라도 그것을 전부 핥아먹어서는 안 된다.

‡ 여자

★ 어떤 남자라도 여자의 야릇한 아름다움에는 저항할 수 없다.

★ 여자의 질투심은 하나의 이유밖에 없다.

★ 여자는 자기의 외모를 가장 소중히 여긴다.

★ 여자는 남자보다 육감이 예민하다.

★ 여자는 남자보다 정이 많다.

★ 여자는 불합리한 신앙에 빠져들기 쉽다.

★ 불순한 동기에서 싹트는 애정은, 그 동기가 사라졌을 때에 같이 없어져 버린다.

★ 사랑에 빠져 있는 사람은 타인의 충고에 귀를 기울이지 않는다.

★ 여성이 술을 한 잔 마시는 것은 퍽 좋은 일이다. 두 잔 마시면 그녀는 품위가 떨어진다. 세 잔째는 부도덕하게 되고, 네 잔째에는 자멸한다.

★ 정열로 인해 결혼해도, 정열은 결혼보다 오래 지속되지 않는다.

★ 맨처음에 하느님이 만든 남자는 양성(兩性)을 겸하고 있었다. 그러므로 남자에게도 여성 호르몬이 있고, 여성에게도 남성 호르몬이 있다.

★ 남자가 여자에게 끌리는 것은, 남자로부터 갈비뼈를 빼앗아 여자를 만들었으므로 남자는 자기가 잃은 것을 되찾으려고 하기 때문이다.

★ 하느님이 최초의 여자를 남자의 머리로 만들지 않았던 것은 여자가 남자를 지배해서는 안 되기 때문이다. 그리고 발로 만들지 않았던 것은 남자의 노예가 되어서도 안 되기 때문이다. 갈비뼈로 만든 것은, 그녀가 언제나 그의 가슴 가까이에 있을 수 있도록 하기 위해서이다.

‡ 술

★ 술이 머리에 들어가면, 비밀이 밖으로 새어나온다.

★ 접대를 잘 하면 어떤 술이라도 미주(美酒)가 된다.

★ 악마가 사람을 방문하기에 너무나 바쁠 때에는 그 대리로 술을 보낸다.

★ 새 포도주는 신 포도와 같은 맛이 난다. 그러나 오래 되면 오래될수록 맛이 좋아진다. 지혜도 똑같은 것이다. 해를 거듭함에 따라 지혜는 연마된다.

★ 아침 늦게 일어나고, 낮에는 술을 마시며, 저녁에는 쓸데없는 이야기를 하고 있으면 인간은 일생을 간단히, 그리고 헛되이 보낼 수 있다.

★ 포도주는 금이나 은그릇으로는 양조되지 않으나, 지혜로 만든 그릇이라면 잘 양조된다.

✟ 가정

★ 부부가 진정 서로 사랑하고 있으면 칼날 폭만큼의 침대에서도 잠잘 수 있지만, 서로 미워하기 시작하면 10미터 폭의 넓은 침대로도 너무 좁다.

★ 세상에서 가장 행복한 사람은 좋은 아내를 얻은 남자다.

★ 남자는 결혼하면 죄가 늘어난다.

★ 아내를 이유 없이 학대하지 말라. 하느님은 그녀의 눈물방울 수를 늘 헤아리고 계시니까.

★ 모든 병 중에서 마음의 병만큼 괴로운 것은 없다. 모든 악 중에서 악처만큼 나쁜 것은 없다.

★ 세상 무엇과도 바꿀 수 없는 것 ── 젊었을 때 결혼하여 평생을 같이 살아온 늙은 마누라.

★ 남자의 가정은 아내이다.

★ 아내를 고를 때에는 겁쟁이가 되라.

★ 여자와 만나보지 않고 결혼해서는 안 된다.

★ 아이를 키울 때 차별하지 말라.

★ 아이는 어릴 때 엄하게 꾸짖고, 성장하면 꾸짖지 말라.

★ 어린아이는 엄하게 가르쳐야 하나, 아이가 두려워하는 일이 있어서는 안 된다.

★ 아이를 꾸짖을 때는 한 번만 따끔하게 꾸짖어야 한다. 잔소리로 계속 꾸짖어서는 안 된다.

★ 어린이는 부모가 이야기하는 모양을 흉내낸다. 성격은 그 이야기하는 모양으로 알 수 있다.

★ 아이에게 무언가 약속했으면 반드시 지켜라. 지키지 않으면, 당신은 아이에게 거짓말을 가르치는 것이 된다.

★ 가정에서 부도덕한 일을 하는 것은 과일에 벌레가 붙은 것과 같다. 알지 못하는 사이에 퍼져 가기 때문이다.

★ 아이는 아버지를 존경해야 한다.

★ 아버지의 자리에 자식이 앉아서는 안 된다.

★ 아버지에게 말대꾸를 해서는 안 된다.

★ 아버지가 만약 다른 사람과 논쟁하고 있을 때에는 다른 사람의 편을 들어서는 안 된다.

★ 아버지를 존중하고 그에 순종하는 이유는, 아버지는 가족을 위해 평생 일하기 때문이다.

✢ 돈

★ 사람을 상처 입히는 것이 세 개 있다. 번민·말다툼·텅 빈 지갑. 그 중에서 사람을 가장 크게 상처 입히는 것은 텅 빈 지갑이다.

★ 몸의 모든 부분은 마음에 의존하고 있다.

★ 돈은 사업을 위해 쓰여야 하며, 술을 위해 쓰여서는 안 된다.

★ 돈은 악도 아니며, 저주도 아니다. 돈은 사람을 축복하는 것이다.

★ 돈은 하느님으로부터 선물을 살 기회를 준다.

★ 돈을 빌려준 사람에게는 화를 내지 말아야 한다.

★ 부귀는 요새(要塞)이며, 빈곤은 폐허이다.

★ 돈이나 물건은 그냥 주는 것보다도 빌려주는 쪽이 낫다. 그냥 얻으면, 얻은 쪽은 준 사람보다 밑에 있어야 하지만, 빌려주고 빌린다면 대등하게 대할 수 있다.

‡ 섹스

★ 야다(YADA)라는 말은 헤브라이어로 섹스라는 뜻인 동시에 '상대를 안다'는 뜻이기도 하다. 예를 들면 성서에서는 아담은 이브를 알고 아이가 생겼다고 되어 있는데, '안다'는 말은 섹스를 했다는 의미도 겸하고 있기 때문이다. '사랑하는 것은 아는 것이다'라고 말하는데, 즉 사랑하는 것은 함께 자는 것이라고 해석될 수 있는 것이다.

★ 야다는 창조의 행위이다. 이것 없이는 자기 완성이 이루어지지 않는다.

★ 섹스는 사람의 일생에 있어서 단 한 사람만 상대하여 쓰여져야 한다.

★ 섹스는 자연의 일부이다. 그러므로 섹스할 때에 부자연스런 것은 본래 필요가 없다.

★ 섹스는 매우 개인적인 관계로 이루어지고, 친근한 분위기 속에서 이루어져야 한다. 그리고 자기를 억제할 수 없을 경우에는 섹스를 행해서는 안 된다.

★ 아내의 동의 없이 아내와 관계를 가질 수는 없다. 아내가 승낙하지 않는데도 남편이 손대는 것은 《탈무드》에선 금하고 있다.

‡ 교육

★ 향수 가게에 들어가면 향수를 사지 않아도 나올 때에는 향내가 난다.

★ 가죽 상점에 들어가면, 가죽을 사지 않아도 가죽 냄새가 몸에 밴다.

★ 칼을 갖고 있는 자는 책을 가질 수 없다. 책을 갖고 서 있는 사람 또한 칼을 갖고 설 수 없다.

★ 자기를 아는 것이 최대의 지혜이다.

★ 의사의 충고만 듣고 있으려면, 의사에게 돈을 지불할 필요가 없다.

★ 값비싼 보석을 잃어버렸을 때, 이것을 찾기 위해선 별 다른 가치도 없는 촛불이 사용된다.

★ 가난한 집안의 아들은 축복받으리라. 인류에게 예지를 가져다주는 것은 그들이므로.

★ 기억을 증진시키는 가장 좋은 약은 감탄하는 것이다.

★ 학교가 없는 도시에서는 사람이 살 수 없다.

★ 고양이에게서는 겸허함을 배울 수가 있으며, 개미에게선 정직함을 배울 수가 있고, 비둘기에게선 정절을 배울 수가 있으며, 수탉에게서는 재산의 권리를 배울 수가 있다.

★ 이름이 팔리면 곧 잊혀진다.

★ 지식이 얕으면 곧 잃게 된다.

★ 아이들을 가르친다는 것은 백지에 무엇인가를 그리는 것과 같다. 노인을 가르친다는 것은 이미 가득하게 씌어진 종이에 어딘가의 여백을 찾아서 써넣으려고 하는 것과 같다.

✝ 악

★ 악의 충동은 구리와 같아서, 불 속에 있을 때에는 어떤 모양으로도 만들 수 있다.

★ 만약 인간에게 악의 충동이 없으면 집도 짓지 않고, 아내도 얻지 않고, 자식들도 낳지 않고, 일도 하지 않을 것이다.

★ 만약 당신이 악의 충동에 사로잡혔을 때 그것을 내쫓기 위해서 무엇인가를 배우기 시작하라.

★ 다른 사람들보다 뛰어난 사람은 악에의 충동도 그만큼 강하다.

★ 세계에는 올바른 일만 하는 사람은 있을 수 없다. 반드시 나쁜 일을 하는 사람도 있다.

★ 악의 충동은 처음엔 대단히 달콤하지만, 그러나 끝났을 때는 대단히 쓰다.

★ 13세 때부터 인간 속에 있는 나쁜 충동은 선에의 충동보다 점점 강하게 된다.

★ 죄는 미워하되, 사람은 미워하지 말라.

★ 죄는 처음에는 여자처럼 약하나, 내버려두면 남자처럼 강해진다.

★ 죄는 처음에는 거미줄처럼 가늘다. 그러나 마지막에는 배를 잇는 밧줄처럼 굵어진다.

★ 죄는 처음에는 손님이다. 그러나 그대로 두면 손님이 그 집 주인이 되어버린다.

‡ 중상(中傷)

★ 남을 헐뜯는 것은 살인보다도 그 죄가 무겁다. 살인은 한 사람밖에 죽이지 않으나, 중상모략은 반드시 세 사람을 죽인다. 즉, 퍼뜨리는 사람, 그것을 그대로 듣고 있는 사람, 그 화제가 되고 있는 사람.

★ 중상자는 무기를 사용해서 사람을 상처 입히는 것보다 죄가 더 무겁다. 무기는 가까이 가지 않으면 상대를 상처 입힐 수 없으나, 중상은 멀리서도 사람을 상처 입힐 수가 있다.

★ 불타고 있는 장작에 물을 뿌리면 속까지 차갑게 되지만, 중상을 받아 분노하고 있는 사람에게는 사죄해도 마음 속의 불을 끌 수가 없다.

★ 아무리 선인이라도 입이 나쁜 사람은, 훌륭한 궁전 옆의 악취가 심하게 풍기는 가죽 공장과 같은 것이다.

★ 인간은 입이 하나, 귀가 둘 있다. 이것은 듣는 것을 두 배로 하라는 뜻이다.

★ 손가락이 자유롭게 움직이는 것은 중상을 듣지 않기 위해서이다. 중상이 들리면 얼른 손가락으로 귀를 막아라.

★ 물고기는 언제나 입으로 낚인다. 인간도 역시 마찬가지이다.

‡ 판사의 자격

★ 판사의 자격은 겸허하고, 언제나 선행을 거듭하고, 무언가 결정을 내릴 만큼의 용기를 가져야 하며, 지금까지의 경력이 모든 깨끗한 사람이라야 한다.

★ 극형을 언도하기 전의 판사는 자기 목이 매달려지는 것 같은

심정이어야 한다.

★ 판사는 반드시 진실과 평화의 양쪽을 구하지 않으면 안 된다. 그렇지만 진실을 구하면 평화는 혼란에 빠지기 마련이다. 그래서 진실도 파괴하지 않고 평화도 지킬 수 있는 길을 발견해내야 한다. 그것은 바로 타협인 것이다.

‡ 동물

★ 고양이와 쥐는 먹이가 된 동물을 함께 먹고 있을 때에는 다투지 않는다.

★ 여우의 머리가 되기보다는 사자의 꼬리가 되라.

★ 한 마리의 개가 짖기 시작하면, 동네 개가 모두 짖어댄다.

★ 동물은 자기와 같은 종류의 동물들끼리만 생활한다. 늑대가 양과 섞일 리 없고, 하이에나가 개와 섞일 수 없다. 부자와 가난뱅이도 역시 마찬가지이다.

‡ 처세

★ 선행을 하지 않는 사람은, 언젠가 의사를 위하여 문을 열지 않으면 안 된다.

★ 좋은 항아리를 갖고 있으면 그날 안에 사용하라. 내일이 되면 깨어질지도 모르니까.

★ 정직한 자는 자기의 욕망을 조절하지만, 정직하지 못한 자는 욕망에 의해 조종된다.

★ 남의 자선으로 사는 것보다는 가난한 생활을 하는 편이 낫다.

★ 남 앞에서 부끄러워하는 사람과 자기 앞에서 부끄러워하는 사람에는 커다란 차이가 있다.

★ 세상에는 도를 벗어나면 안 되는 것이 여러 가지 있다. 여행·여자·부귀·일·술·잠·약·향료이다.

★ 세상에는 너무 지나치게 쓰면 안 되는 것이 세 가지 있다. 그것은 빵의 이스트·소금·망설임이다.

★ 한 개의 동전이 든 항아리는 시끄럽게 소리를 내지만, 동전이 가득 찬 항아리는 조용하다.

★ 전당포는 미망인의 소유물을 받아서는 안 된다.

★ 명성을 얻기 위해 달리는 자는 명성을 잡을 수 없다. 그러나 명성으로부터 도망쳐 달리는 자는 명성에 붙잡힌다.

★ 물건을 훔치지 않은 도둑은 자기를 정직하다고 생각한다.

★ 결혼의 목적은 기쁨, 장례식 참석자의 목적은 침묵. 강의의 목적은 듣는 것. 사람을 방문할 때의 목적은 빨리 도착하는 것. 가르치는 목적은 집중. 단식의 목적은 돈으로 자선하는 것.

★ 인간에게는 여섯 개의 소용되는 부분이 있다. 그 중에서 세 개는 스스로 억제할 수 없지만, 세 개는 인간의 힘으로 가능하다. 눈·귀·코가 전자이고, 입·손·발이 후자이다.

★ 당신의 혀에게 '나는 잘 모릅니다'라는 말을 열심히 가르쳐라.

★ 장미꽃은 가시 사이에서 피어난다.

★ 공짜로 처방전을 써주는 의사의 충고는 듣지 말라.

★ 껍질만 보지 말고 안에 들어 있는 것을 보라.

★ 나무는 그 열매에 의해서 알려지고, 사람은 일에 의해서 평가된다.

★ 갓 열리기 시작한 오이는 그 오이가 장차 맛있게 될지 어떨지 모른다.

★ 행동은 말보다 그 소리가 크다.

★ 남에게 자기를 칭찬하게 하는 것은 좋으나, 자기 입으로 자기를 칭찬하지 말라.

★ 훌륭한 사람이 아랫사람의 말을 듣고, 노인이 젊은이가 말하는 것에 귀를 기울이는 세상은 축복받은 것이다.

★ 노화를 재촉하는 네 가지 원인 — 공포, 분노, 아이들, 악처.

★ 사람의 마음을 안정시키는 세 가지 — 명곡, 조용한 풍경, 깨끗한 향기.

★ 사람에게 자신감을 갖게 하는 세 가지 — 좋은 가정, 좋은 아내, 좋은 의복.

★ 아무리 큰 부자일지라도 자선을 행하지 않는 인간은 맛있는 요리가 즐비한 식탁에 소금이 없는 것과 마찬가지이다.

① 스스로 자선을 베풀지만, 남도 똑같이 자선을 베푸는 것은 기뻐하지 않는다 — 질투가 많은 타입.

② 남이 자선을 행하는 것을 바라면서도, 자기는 자선 따위를 베풀고 싶지 않다 — 자기를 낮추는 타입.

③ 자기도 기꺼이 자선을 하고, 남도 자선을 베풀 것을 바란다 — 착한 타입.

④ 자기도 자선을 베푸는 것을 싫어하고, 남이 자선을 베푸는 것도 싫어한다 — 악한 타입.

★ 한 개의 촛불로써 많은 촛불에 불을 붙여도 처음 촛불의 빛은 약해지지 않는다.

★ 하느님이 칭찬하시는 세 가지 일.

① 가난한 사람이 물건을 주워 그것을 주인에게 되돌려주는 일.

② 부자가 남몰래 자기 수입의 10분의 1을 가난한 사람에게 주는 일.

③ 도시에 살고 있는 독신자로서 죄를 짓지 않은 사람.

★ 세상에 살고 있어도 쓸모없는 남자란 식사를 할 수 있는 내 집을 갖지 못하고, 여편네의 엉덩이에 깔려 지내면서 몸의 여기저기가 아프다고 언제나 앓고 있는 사람이다.

★ 오늘 한 번 닭고기를 실컷 먹고, 다른 날에는 종일 굶주리고 있기보다는 일생 동안 양파만을 먹는 편이 낫다.

★ 자기 보존은 다음 세 가지 경우를 빼고 모든 것에 우선한다. 단지 다음 세 가지 경우에는 자기를 버리고 목숨을 버리는 편이 낫다.

① 남을 죽였을 때.

② 불륜한 성관계를 가졌을 때.

③ 근친 상간을 했을 때.

★ 상인이 해서는 안 되는 것

1. 과대 선전.

2. 매점 매석.

3. 계량을 속이는 것.

★ 달콤한 과일에는 그만큼 벌레가 많이 모이듯,

재산이 많으면 걱정도 많고,

여자가 많으면 잔소리도 많고,

하녀가 많으면 그만큼 풍기도 문란해지고,

남자 하인이 많으면 물건을 많이 도둑맞고,

스승보다 깊이 배우면 인생은 보다 풍부하게 되고,

명상에 의해 긴 시간을 보내면 지혜는 더욱 증가하고,

사람과 만나서 유익한 이야기를 들으면 좋은 길이 열리고,

자선을 많이 베풀면 빨리 평화가 찾아온다.

★ 다른 사람들이 모두 옷을 입고 있을 때에는 벌거숭이가 되지 말라. 사람들이 모두 벌거숭이일 때에는 옷을 입지 말라. 다른 사람들이 모두 앉아 있을 때에는 일어서지 말라. 다른 사람들이 모두 서 있을 때에는 앉지 말라. 다른 사람들이 모두 울고 있을 때에는 웃지 말라. 다른 사람들이 모두 웃고 있을 때에는 울지 말라.

탈무드의 머리

✿ 애정

이 세상에는 열두 개의 강한 것이 있다. 첫째는 돌이다. 그러나 돌은 쇠로써 부서진다. 쇠는 불에 녹아 버린다. 불은 물로 꺼져 버린다. 물은 구름 속에 흡수된다. 그 구름은 바람으로 날려간다.

그러나 바람은 인간을 날려 버리는 일은 절대로 할 수가 없다.

그 인간도 공포에 의해서 비참하게 일그러져 버린다. 공포는 술로 제거된다. 술은 잠에 의해서 깨게 된다. 그 잠은 죽음만큼 강하지 못하다.

그러나 이 죽음조차 애정에는 승리하지 못하는 것이다.

‡ 죽음

화물을 가득 실은 배가 항구에 두 척 떠 있다. 한 척은 출항할 배이고, 한 척은 막 입항한 배이다. 사람들은 대부분 배가 떠날 때에는 성대하게 전송하면서도, 돌아온 배는 별로 환영하지 않는다.

《탈무드》에 의하면, 이것은 대단히 어리석은 관습이다. 떠나가는 배의 미래는 알 수 없다. 폭풍을 만나 배가 가라앉을지도 모르는데 무엇 때문에 성대하게 전송하는 것일까?

긴 항해를 끝내고 배가 무사히 항구에 도착했을 때야말로 커다란 기쁨이 있는 것이다. 그것은 한 가지 임무를 완수했기 때문이다.

인생에 대해서도 마찬가지라고 말할 수 있다. 아이가 태어났을 때에는 모두가 축복한다. 이것은 아이가 마치 인생이라는 바다에 처음 배를 띄운 것과 같은 것으로 그 미래에 어떤 일이 일어날지 모른다. 병으로 죽을지도 모르며, 그 아이가 무서운 살인범이 될지도 모른다.

그러나 사람이 영원의 잠에 들어갈 때는 그가 인생에서 무엇을 해왔는가를 모두 알고 있으므로, 이때야말로 축복해야 하는 것이다.

‡ 진실이라는 말

유대인들은 헤브라이어의 알파벳을 아이들에게 가르칠 때에 하나하나의 알파벳에 의미를 부여하고 있다. 헤브라이어에서 '진실'이라는 말은 최초의 헤브라이어의 알파벳과 최후의 알파벳의 중간 문자로도 쓰고 있다.

　왜냐 하면 유대인에게 있어서 진실이라는 것은 왼쪽 것도 올바르고 오른쪽 것도 올바르며, 한가운데도 역시 올바르다는 것을 아이들에게 가르치기 위해서이다.

‡ 맥주

　《탈무드》에서는 하인이나 노예도 주인과 똑같은 것을 먹어야 한다고 가르치고 있다. 주인이 안락의자에 앉으면, 하인도 똑같이 안락의자에 앉을 수 있다. 훌륭한 사람이라 해서 유독 높은 데에 앉아서는 안 된다.

　내가 이스라엘에 갔을 때, 전선의 부대장에게 초대되어 함께 식사를 한 일이 있었다. 사병이 맥주를 날라왔다.

　그러자 사령관이 물었다.

　"사병들도 마시는가?"

　사병이 대답했다.

　"오늘은 맥주가 남은 것이 적어서 여기에 낸 것뿐입니다."

　이 말을 들은 사령관이 말했다.

　"그렇다면 오늘은 마시지 않기로 하지."

　이것은 유대인의 전통적인 사고방법이다.

‡ 죄

　인간은 누구나 죄를 짓는다. 유대의 가르침은 동양의 도덕처럼 엄격하지는 않다. 유대인은 죄를 범해도 역시 유대인이다. 유대의 죄의 관념은, 예를 들면 화살을 표적에 맞추는 능력이 있음에도 맞추지 못하는 것과 마찬가지로, 본래는 죄를 범할 리가 없는 데도 어쩔 수 없이 범했다고 말할 뿐이다.

유대인이 죄의 용서를 빌 때에는 '나'라고 하지 않는다. 반드시 '우리들'이라고 말한다. 자기 혼자서 범한 죄라 할지라도 반드시 사람들이 같이 죄를 범했다는 투로 말한다. 그 까닭은 유대인 전체가 하나의 큰 가족이라고 생각하고 있기 때문에, 자기가 죄를 범해도 유대인 전부가 죄를 범한 것이 되기 때문이다.

아무리 자기가 물건을 훔치지 않았더라도, 훔친다는 행위 자체가 행해진 데 대하여 하느님에게 용서를 빌어야 한다. 그것은 자기의 자선이 모자라 누군가 다른 사람이 훔쳤다고 보기 때문이다.

‡ 손

인간은 태어날 때에는 손을 오무려 꼭 쥐고 있으나, 죽을 때는 손을 펴고 있다. 왜 그럴까?

태어날 때는 세상의 모든 것을 붙잡으려고 하기 때문이며, 죽을 때는 뒤에 남은 사람에게 모두 주어서 아무것도 가지고 가지 않는다는 뜻이다.

‡ 교사

유대인의 가정에서는 반드시 아버지가 아이들에게 《탈무드》를 가르친다. 아버지가 지나치게 화를 내거나 너무 엄격하면 아이들은 아버지를 무서워한 나머지 배울 마음이 없어져 버린다. '아버지'는 헤브라이어로는 '교사'라는 뜻도 있다. 카톨릭교의 신부를 영어로 '파더(father)'라고 부르는 것은 헤브라이어의 개념을 따왔기 때문이다.

유대에서는 자기의 아버지보다도 교사 쪽이 중요하다. 아버지와 교사가 같이 감옥에 들어가 있을 때 한 사람만 구할 수 있다면, 아이는 먼저 교사를 구한다. 그 이유는, 유대에서는 지식을 전해 주는 교사가 어느 누구보다도 중요시되기 때문이다.

‡ 거룩한 것

인간은 본래 동물에서부터 천사에 이르기까지 그 폭이 넓기 때문에, 천사에 가까워짐에 따라 거룩하다는 관념이 있다.

한 랍비가 학생들에게 물었다.

"거룩한 것을 무엇으로 알 수 있겠는가?"

대부분의 학생들은 하느님을 위해 목숨을 버리는 것이라고 말하고, 또 어떤 학생들은 항상 기도하는 것이라고 하며 갖가지 답을 말했다.

그러자 랍비가 대답했다.

"답은 무엇을 먹을 것인가와 어떻게 야다(성)를 행하는가에 있다."

학생들은 떠들기 시작했다.

"돼지고기를 먹지 않는다든가, 어떤 때에 섹스를 하지 않는다든가, 그러한 일이 거룩한 것입니까?"

그 이유는 이러하다. 안식일을 지키고 있다는 것은 누구나 알 수 있는 일이다. 하느님을 위해 죽는다는 것도 쉽게 알 수 있는 것이다.

그러나 당신이 자기 집에서 무엇을 먹고 있는가는 다른 사람이 알 수가 없다. 남의 집을 방문하거나 시내로 나갔을 때 유대인 친구가 자기가 지키고 있는 계율에 어긋나지 않는 식사를 한다 해도, 자기 집에 돌아가면 다른 것을 먹을지도 모른다.

또 성적인 행위도 남이 볼 수 있는 것이 아니다. 그러므로 집에서 식사를 하고 있을 때와 성적 행위를 하고 있을 때에는, 인간이 동물과 천사 사이의 어디에나 있을 수가 있다. 이 때 자기를 높일 수 있는 사람이 진정 거룩한 것이다.

✠ 증오

유대인은 오랫동안 박해받고 죽임을 당한 역사를 갖고 있으나, 그 증오를 이야기한 문학서나 문헌은 하나도 없다. 그 까닭은 유대인이 격한 증오 자체를 품지 못하는 인간이기 때문이다.

나치에 의해서 몇 백만이라는 사람들이 살해되었으나, 반독일 또는 독일인을 저주하는 내용의 책은 하나도 찾아볼 수 없다. 이스라엘인은 아랍인과 전쟁은 하지만, 증오하지는 않는다. 그리스도 교도로부터 박해를 받고는 있으나, 그리스도 교도를 증오하는 일은 없다.

따라서 샤일록이 증오에 불타서, '만약 당신이 돈을 갚지 않으면 1파운드의 살을, 특히 심장을 도려내어 갚으라!'라고 한 이야기(셰익스피어의 〈베니스의 상인〉)는 가공적인 것이어서 현실의 유대인에게는 전혀 일어날 수 없는 일이다.

베드로가 바울에 대해서 이야기하는 것은, 바울이 어떠한 인물인가 하는 것보다 베드로가 어떤 인물인가 하는 것을 나타내는 것이다. 그와 마찬가지로 셰익스피어는 그리스도 교도였으므로,

이것은 그리스도 교도의 사고 방식을 잘 나타내고 있는 것이지, 유대인과는 전혀 관계가 없다.

만약 유대인이 교활하고 잔인하며 욕심 많고 정직하지 못한 데다 사람에 대한 증오심으로 불타고 있다면, 왜 카톨릭 교단에서 자금을 필요로 했을 때 같은 그리스도 교도에게로 가지 않고 유대인을 찾아갔겠는가? 이것은 유대인이 가장 동정심 많고 가장 정직하며, 가장 신뢰할 수 있는 사람이라는 증거이다. 유대인은 항상 마음이 따뜻한 사람으로 알려져 있다. 유대인에게 슬픈 이야기를 들려주면 틀림없이 동정해 줄 것이다.

유대인은 돈을 빼앗겨도 절대로 사람을 벌하려고 하지 않는다. 유대인은 어디까지나 상대를 벌하기보다는 돈을 되찾는 것을 중시한다. 그러므로 돈 대신 자동차를 잡거나 시계를 잡거나 하지, 팔이나 심장 따위를 잡지는 않는다. 그것은 아무 쓸모가 없다는 것을 잘 알고 있기 때문이다.

《탈무드》에서 인간은 모두 한 가족이며 하나의 커다란 부분이므로, 예컨대 자기가 오른손을 써서 무엇을 만들다가 왼손을 잘라냈다고 해서, 왼손의 앙갚음으로 오른손을 잘라내는 일은 하지 말라고 씌어 있다.

《탈무드》시대에 대금업자(貸金業者)라는 것은 유대인 사이에서는 존재하지 않았다. 그 당시의 유대 사회는 농경 사회였으며 대단히 가난한 사회였기 때문이다. 그러므로 셰익스피어의 작품을 읽을 때에는 먼저 그리스도 교도가 얼마나 유대인을 증오하고 멸시했는가를 알지 않으면 안 된다.

그리스도 교도들 사이에는 돈에 대한 멸시가 있다. 특히 신약성서에서는, 예루살렘의 환전상(換錢商)은 유대인들이 거의 독점하고 있다고 되어 있다. 그러나 만약 외국의 비행장에 도착해서 환전소가 없다면 외국인은 결코 그 나라에서 한순간도 생활하지 못할 것이다.

유대인은 예루살렘에 1년에 3번쯤 오게 되어 있었으므로, 거기서 자기가 갖고 있던 시리아의 돈이라든가, 바빌로니아의 돈이라든가, 그리스의 돈을 바꿔 사용하지 않으면 안 되었다. 《신약성서》에서는 돈이라는 것은 악이라고 말하고 있는데, 유대인은 한 번도 돈이 나쁘다고 생각한 일이 없다.

만약 누군가가 어떤 사람에게 돈을 빌렸을 경우, 돈을 빌려준 쪽은 자기가 빌려준 돈이 돌아올 것을 보장받지 않으면 안 된다. 그런데 《탈무드》에 의하면 돈을 빌려주고 담보를 잡았을 경우, 채권자에게 담보로 잡힌 물건과 같은 종류의 것이 또 하나 없으면 돈을 돌려받지 못한다 해도 그것을 자기 것으로 할 수 없다. 예를 들면 의복을 담보로 했을 경우, 그가 그것밖에 입고 있지 않다면 소유권을 바꿀 수가 없다. 또 집을 담보로 했을 때, 살고 있는 사람이 바깥에서 살지 않으면 안 될 형편이라면 역시 그 집을 자기 것으로 할 수 없다.

다만 예외의 경우는, 단 한 가지라도 그것이 사치성 물건이라면 문제가 달라진다. 그러나 생계를 유지하기 위해서 꼭 필요한 것이라면 돈을 떼이더라도 자기 소유로 하지 못한다. 예를 들면 생계를 유지하기 위해서 당나귀를 한 마리 갖고 있다면, 그가 쓰고 있지 않는 밤에 당나귀를 이용할 수는 있어도 그 당나귀를 완전히 소유할 수는 없다.

의복을 잡혔을 경우, 이스라엘의 밤은 대단히 춥기 때문에 밤이 되면 반드시 돌려주어야 한다. 왜냐 하면 그렇게 하지 않을 경우 인간의 존엄성에 상처를 입히는 일이 되기 때문이다.

‡ 담

유대인은 수도원이나 부인이 없는 승려의 존재는 믿지 않는다. 인간은 자연스럽게 사는 것이 좋다고 생각하기 때문이다. 《탈무드》에는 '1미터의 담이 100미터 높이의 담보다 낫다'라는 말이 있다. 즉, 1미터의 담은 끄떡없이 서 있지만, 100미터의 담은 간단히 쓰러져 버린다. 인간이 평생 동안 섹스를 하지 않고 산다는 것은 전혀 불가능한 일이어서 마치 100미터의 담과 같다는 것이다. 아내를 갖지 않은 유대인은 기쁨이 없고, 하느님으로부터 축복도 없고, 선행도 쌓지 못한다고 본다. 그래서 남자는 18세가 되면 결혼하는 것이 바람직하다고 되어 있다.

‡ 학자

딸을 학자에게 시집보내기 위해 모든 것을 팔아도 좋다. 혹은 학자의 딸을 얻기 위해서는 집안의 모든 재산을 잃어도 좋다.

‡ 숫자

유대인은 7이라는 숫자를 대단히 중요시한다. 7일째에 안식일이 오고, 7년째는 밭을 쉬게 한다. 49년째는 매우 경사스런 해가 되는데, 밭을 쉬게 하는 데다, 빌린 돈의 채무가 소멸되는 것만 봐도 알 수 있다.

1년에 두 번 있는 축제, 즉 패스오버(Passover : 출애굽 기념)와 스코트(수확제)는 각각 7일 동안 계속된다.

유대의 달력은 세계에서 가장 정확하다. 모두가 노예였던 유대인이 이집트에서 탈출하던 날, 이것은 유대의 역사에 있어서 대단히 중요한 날이니만큼 그 달을 1월로 하여 그로부터 7개월 후에 신년이 된다.

미국의 신년은 1월 1일이다. 그러나 미국에서 제일 중요한 최초의 첫 달은 독립한 7월이 된다. 예산 연도도, 학교의 학기도 모두 7월에서 시작된다. 그와 마찬가지로, 유대인들도 이집트를 탈출했을 때가 최초의 첫 달이 되는 것이다. 패스오버가 1월이고, 그리고 7개월째에 신년을 맞아 스코트의 축제를 갖는다.

‡ 먹을 수 없는 것

유대인이 고기를 먹을 때에는 그 고기의 피를 몽땅 빼낸다. 피는 생명인 것이다. 따라서 유대인이 먹는 물고기나 짐승고기는 매우 메말라 있다.

동물을 때려잡으면 피가 굳어 버리므로, 그렇게 죽이는 일은 없다. 전기로 죽인다 하더라도 피가 굳게 되므로 그렇게도 절대 하지 않는다.

유대인은 옛날부터 동물에 고통을 주지 않고 피를 전부 빼내는 방법을 쓰고 있다. 먼저 동물을 죽여서 30분간 물에 담그고 소금을 뿌려서 그 소금이 피를 빨아들이게 한다. 소금을 뿌리면 소금 둘레에 피가 빨려들어서, 보고 있는 사이에 붉은 피의 테가 만들어진다. 빨아들인 피는 물로 씻어 버린다. 간장이나 심장처럼 피가 많은 부분은 먼저 피를 전부 증발시키기 위해서 불에 굽는다. 중요한 사실은 이런 행위는 피가 더럽다는 관념에서가 아니다.

닭이나 소를 잡는 사람은 대단한 기술자여서 랍비와 같이 훈련을 받은 해부학의 권위자이며, 종교심도 대단히 두터워서 사람들로부터 존경을 받는다.

유대인은 4천 년 전부터 이미 해부학에 대해서는 조예가 깊었다. 《탈무드》중에도 랍비가 사람을 해부하는 이야기가 나온다. 아마도 당시 이미 인체 해부의 지식에 대해서는 완전히 알고 있었던 것으로 생각된다.

해부를 할 때에는 매우 잘 드는 칼이 사용된다. 칼은 쓸 때마다 매번 날을 갈며, 먼저 도살한 동물은 거꾸로 매달아서 목을 벤후 피를 펑펑 쏟게 한다.

동물을 죽인 사람은 그 동물을 자세히 살핀다. 이것은 어떤 나라의 식육 검사보다도 철저하다. 유대인의 검사 방법은 매우 엄격해서 미국의 농림성이 먹어도 좋다고 해도 랍비는 먹지 못하게 하는 경우가 있을 정도이다. 미국 농림성의 검사 방법의 역사는 2백 년밖에 안 되지만, 유대인들은 수천 년간 계속해 온 긴 역사를 가졌기 때문이다.

유대인들은 피를 기피하지 않는다. 제단에 양을 바칠 때에도 피를 더럽다고 생각하지 않는다.

또 《탈무드》에서는 다른 사람은 새우를 먹고, 자기는 먹지 않는다고 해서 자기가 더 건강하다고 말하지 않는다. 내가 새우를 먹지 않는다고 해서 새우가 건강에 좋지 않다고도 말할 수 없다. 이것은 개인적인 아무런 이유도 없으며, 단지 하느님이 유대인에게 새우를 먹지 말라고 해서 먹지 않을 뿐이다.

또 네 발 가진 동물을 먹을 때에는 두 개 이상의 위가 있고, 발굽이 두 개로 갈라져 있어야만 먹을 수가 있다. 돼지는 위가 하나밖에 없기 때문에 먹지 못한다. 말도 발굽이 갈라져 있지 않기 때문에 식용으로는 못 쓴다.

물고기는 반드시 지느러미와 비늘이 있어야만 먹을 수 있다. 그

러므로 미꾸라지를 먹어서는 안 되는 것이다. 또 육식을 하는 새
도 먹어서는 안 된다. 따라서 독수리나 매 따위도 먹을 수 없다.

‡ 거짓말

어떤 경우에 거짓말을 하면 용서받을 수 있을까? 《탈무드》에서
는 두 가지 경우에 거짓말을 하라고 가르치고 있다.
먼저, 이미 누군가가 사버린 물건에 대해서 의견을 구할 때는
설령 그것이 나쁘더라도 훌륭하다고 거짓말을 해도 좋다.
다음에 친구가 결혼했을 때에는 반드시 부인이 대단한 미인이며
행복하게 살 것이라고 거짓말을 하라.

‡ 착한 사람

세상에는 네 가지 필요한 것이 있는데 금·은·동·철이다. 그
러나 이 네 가지는 그 대용품을 찾아 대신 쓸 수가 있다. 참으로
바꿀 수 없이 필요한 것이란 바로 '착한 사람'이다.
《탈무드》에 의하면, '착한 사람'이란 야자나무처럼 무성하고,
큰 레바논 삼나무처럼 늠름하게 하늘 높이 솟아 있는 것이라고
말한다. 야자나무는 한 번 잘리면 다시 날 때까지 4년이 걸리며,
레바논 삼나무는 아주 멀리서 보아도 보일 정도로 크기 때문이다.

‡ 주즈

《탈무드》시대의 유대인 가정에서는 안식일 전날의 금요일 저녁에 어머니가 반드시 촛불에 불을 붙인다. 아버지는 아이들의 머리에 손을 얹고 축복을 내리기 시작한다.

유대인의 집에는 반드시 'JEWISHNZTIONAL FUND'라고 씌어진 상자가 있어서 그 촛불에 불을 켤 때, 아이들에게 주즈(헤브라이어로 '주즈'는 동전을 말한다. 화폐 단위이며, 동시에 '움직인다'는 의미도 있다)가 주어지고, 아이들은 자선을 위해 그 상자에 주즈를 넣는다. 이것은 아이들에게 어릴 때부터 자선 행위를 가르치고자 하는 이유에서이다.

금요일 오후가 되면 가난한 사람들이 부자들의 집을 방문한다. 그러면 그 집의 부모가 가난한 사람들에게 직접 돈을 주는 것이 아니라, 아이들로 하여금 그 상자 속에 돈을 넣게 한다. 이것 역시 아이들에게 자선하는 마음을 심어주기 위해서다. 지금도 유대인은 전세계에서 자선 활동을 가장 많이 하는 민족이다.

‡ 두 개의 머리

《탈무드》에는 사고법을 단련하기 위해 현실적인 방법은 아닐지 모르지만 어떤 원리를 설명하는 이야기가 많이 실려 있다. 그 일례를 소개하고자 한다. 다음과 같은 가설적인 설문이 있다.

"만일 갓난아기가 두 개의 머리를 가지고 태어났다면, 이 갓난아기는 두 사람으로서 가르쳐야 하는가, 그렇지 않으면 한 사람으로 가르쳐야 하는가?"

이 질문은 얼핏 듣기에 엉터리처럼 생각되지만, 그러나 예컨대 인간은 두 개의 머리가 있어도 몸통이 하나이면 한 사람이라든가, 한 개의 머리는 한 사람으로 인정해야 한다는 원칙을 확립하기 위해서는 필요한 가설이다.

유대교에서는 아이가 태어나면 1개월 동안 예배당에 데리고 가서 축복을 받는다. 그 경우, 머리가 두 개 있으니 두 번 축복을 받아야 하는가, 그렇지 않으면 몸이 하나이므로 한 번으로 족한가? 또 기도할 때에는 작은 주발(周鉢)을 머리에 얹는데 한 사람이므로 한 개만 얹는가, 그렇지 않으면 머리가 둘이니 두 개를 얹어야 하는가?

독자라면 이 가설에 대해서 어떻게 답하겠는가?

《탈무드》의 답은 간단 명료하다. 한쪽 머리에 뜨거운 물을 부었을 때 다른 머리가 비명을 지르면 한 사람이고, 다른 머리가 아무렇지도 않은 얼굴을 하고 있으면 두 사람인 것이다.

나는 유대인이란 어떤 민족인가 하는 이야기를 할 경우, 특히 이 이야기를 인용한다. 즉, 이스라엘에 있는 유대인이 박해를 받거나, 러시아에 있는 유대인이 박해를 받았다는 이야기를 듣고 자기도 그 고통을 느끼고 괴로워한다면 그 사람은 유대인이며, 만약 아무런 고통도 느끼지 않는다면 유대인이 아닌 것이다.

이와 같이 응용 범위가 넓은 이야기는 《탈무드》에 아주 많이 나온다. 왜 랍비들은 설교할 때에 이렇게 많은 우화를 사용했던 것일까? 그것은 사람들이 설교라는 것은 곧 잊어버리기 쉬우나, 우화로서의 교훈은 오래도록 잊지 않고 기억하기 때문이다.

‡ 간음

《탈무드》시대에 만약 아내가 다른 남자와 성관계를 가졌을 경우, 이것은 물론 남편에 대한 죄이며, 남편이 아내 또는 아내의 정부에 대하여 어떠한 제재를 가해도 당연하게 받아들였다. 타민족의 남편이라면 아내 또는 정부를 처벌할 수도 있고 용서할 수도 있다.

그러나 그것은 다른 민족의 경우이고, 유대인에게 있어서 이것은 신에 대한 모독이며, 따라서 남편은 용서할 권리가 없었다. 유대인의 세계가 규범으로 정하고 있는 법에 대한 죄인 것이다. 말하자면 이것은 인간에 대한 죄가 아니고, 신에 대한 죄라고 생각하고 있었다.

‡ 자백

유대인의 법에서는 자기에게 불리한 쪽으로 증언하면 무효가 된다. 따라서 자백이란 인정되지 않는다. 왜냐 하면 오랜 경험에 의해서 자백은 대체적으로 고문을 행하여 얻어지는 경우가 많다는 것을 알고 있기 때문이다. 그러므로 이스라엘에서 자백은 지금도 무효가 된다.

‡ 성(性)

성행위를 올바르고 깨끗하게 행하면 즐겁다. 성적 교섭에 있어서 추하다는 말이 쓰이는 일이 있어서는 안 된다.

《탈무드》에는 '모든 교사는 아내를 가져야 하며, 모든 랍비는 결혼한 사람이어야 한다'라는 말이 있는데, 이것은 아내가 없는 사람은 인간이 아니라는 생각 때문이다.

《탈무드》에서는 성을 '생명의 강'이라고 부른다. 강은 간혹 넘쳐서 홍수를 이루고 여러 가지 것을 파괴하는 일도 있으나, 대개는 땅을 풍성하게 하고 온갖 열매를 맺게 하는, 이 세상에선 꼭 필요한 것이기 때문이다.

남자의 성적 흥분은 눈을 통해 얻어지고, 여성은 피부 감각에 의해서 흥분한다. 《탈무드》에서는 남자에게 '여자와 닿을 때는 주의하라!' 했고, 여자에 대해서는 '옷을 입는 법에 주의하라!'고 가르치고 있다.

계율이 엄격한 유대 사회에서는 상인이 거스름돈을 줄 때에도 여성일 때에는 절대 손으로 직접 건네지 않는다. 반드시 어딘가에 놓고 가져가게 한다. 또 계율을 중히 여기는 이스라엘의 여성은 미니 스커트 같은 것은 절대로 입지 않는다. 즉, 팔·다리를 전부 가린 옷을 입고 있다.

랍비는 성교시 남자와 여자가 절정에 이를 때에는 각기 시간적인 차이가 있음을 알고 있다. 여성이 절정에 이르기 전에 남자는 끝낼 수가 있는 것이다.

아내의 동의 없이 아내를 끌어안는 것은 강간과 같으므로, 남편이 아내와 성행위를 시작할 때에는 먼저 설득할 필요가 있다. 상냥하게 말을 걸고 부드럽게 애무하는 시간을 충분히 갖도록 해야 한다.

그리고 월경 때에는 아내를 품어서는 안 된다. 월경 후에도 7일간은 금해져 있다. 부부라 하더라도 한 달에 12~13일 동안은 절대로 손을 댈 수가 없으므로, 그동안에 남편과 아내에 대한 그리움이 깊어져 계율의 날짜가 끝났을 때는, 부부가 언제나 신혼과 같은 관계를 되풀이할 수가 있다.

또 결혼한 여자는 다른 남자와 절대로 잠자리를 같이해서는 안 된다. 그러나 남자는 허용된다.

《탈무드》시대에는 두 사람 이상의 아내를 갖는 것이 허용되었지만, 일부일처제가 확립되고부터는 아무도 여러 명의 아내를 갖지 못하게 되었다. 그래서 아내 이외의 여자를 갖는 것은 성실성이 결여된 남편으로 인식되었다.

그러나 《탈무드》 가운데에는 매춘부를 사는 이야기가 몇 군데 나와 있다. 자위 행위보다는 매춘부에게로 가는 쪽이 낫기 때문에 아내가 계속 거부할 때에는 결혼한 남자가 그러한 곳에 가는 것이 부득이하다고 생각되었다.

유대 사회는 학문과 계율을 매우 중히 여기며, 종교를 중요시했기 때문에 매춘부가 번성할 요소는 그만큼 적었다.

당시의 랍비는 피임법에 대해서 정통하였다. 그렇기 때문에 어떻게 피임을 하면 좋은가는 모든 랍비가 지도하고 있었다. 더구나 이것은 여자만이 행했던 것이다.

《탈무드》에서는 피임을 해도 좋은 세 가지 경우가 있다. 임신한 여자, 어린아기를 키우고 있는 여자, 소녀이다.

임산부를 이 속에 포함시킨 것은 당시의 랍비의 지식으로는 임신하고 있는 동안에도 또다시 임신할 수 있지 않을까 하고 생각되었기 때문이다.

아이들을 키우고 있는 여자는 태어난 아이를 네 살까지는 보살펴주는 것이 당연하다고 해서, 4년간은 아이를 낳는 것을 장려하지 않았다.

어린 소녀의 경우는 약혼이나 결혼을 했더라도, 어리기 때문에 몸에 해롭다고 생각했기 때문이다.

기근이 들었을 때도, 민족적인 위기일 때도, 유행병이 퍼지고 있을 때도 역시 여성이 피임을 행하는 것은 장려되었다.

✝ 동성애

랍비들에게 있어서 동성애는 용서할 수 없는 행위였다. 유대인에게는 동성애가 극히 드물었다. 그 까닭은 강한 아버지와 상냥한 어머니라는 것이 유대인에 있어 남녀의 이상이었기 때문이다.

✝ 사형

사형의 판결이 내려질 경우, 재판소에서 판사들이 전원 일치로 사형이라고 판결한 경우는 무효가 된다. 왜냐하면 재판에 대해서는 언제나 두 가지 견해가 있어야지, 한쪽의 의견밖에 나타나지 않는 것은 공정한 재판이 아니라는 생각에서이다.

그래서 사형이라는 극형을 결정할 때만은 전원이 일치해도 사형이 되지 않는다고 정해져 있었다.

✝ 판결

A와 B라는 두 사람이 있다. A가 B에게 물레방아를 빌려주었다. 사용료는 B가 A의 곡물을 모두 갈아주는 것으로 계약이 되어 있었다.

그 동안에 A는 부자가 되어서 다른 물레방아를 몇 개 더 샀다. 그래서 이제는 자기의 밀가루를 만들기 위해 B에게 부탁할 필요가 없어졌다. 그래서 B한테로 가서 사용료를 돈으로 지불해 달라고 말했다. 그런데 B는 사용료로 곡물을 갈아주고 싶어한다.

이 경우 어떻게 하면 좋은가?

《탈무드》의 판결에 의하면 이러하다. 만약 B가 A의 곡물을 갈지 않고는 도저히 돈으로 지불할 수가 없다면 계약대로 A의 곡물을 계속 갈아주는 것으로써 사용료를 지불해야 하며, 만약 A의 곡물을 갈지 않고 다른 사람의 곡물을 갈아서 돈을 받을 수 있다면 돈으로 지불해야 한다.

‡ 계약

고용주와 종업원이 있었다. 종업원은 일한 대가로 1주일마다 임금을 받기로 되어 있었는데, 그것은 현금이 아니라 가까운 슈퍼마켓에서 그것에 상당하는 물건을 사고, 슈퍼의 주인이 그의 고용주로부터 현금을 받는다는 계약이 되어 있었다.

1주일이 지났다. 종업원은 불만스런 얼굴로 고용주에게 와서 말했다.

"슈퍼에서는 현금을 갖고 오지 않으면 물건을 주지 않겠다고 하니 현금으로 지불해 주십시오."

그런데 갑자기 슈퍼의 주인이 와서 말했다.

"댁의 종업원이 이만큼의 물건을 가지고 갔으므로, 대금을 받으러 왔습니다."

이 경우 고용주는 어떻게 하면 좋은가?

먼저 사실을 확인할 필요가 있으므로 충분히 조사해 보았지만, 종업원도 슈퍼마켓의 주인도 사실을 증명할 길이 없었다. 그래서 《탈무드》로도 어찌하면 좋을지 몰랐다. 그러나 양자는 신의 이름으로 선서했음에도 불구하고 자기 주장을 굽히지 않았으므로, 《탈무드》는 고용주에 대하여 양쪽 모두에 지불하라는 명령을 내렸다.

그 까닭은, 종업원은 슈퍼마켓의 청구와는 직접적인 관계가 없으며, 슈퍼마켓 쪽도 종업원과는 직접 관계가 없기 때문이다. 그런데 고용주는 양쪽에 모두 관계가 있으므로, 그러한 관계를 가진 이상, 고용주는 그 어느 쪽에도 책임이 있기 때문에 두 배를 지불하라고 한 것이다.

이것은 《탈무드》중에서 오랫동안 여러 가지 토론이 행해졌던 항목인데, 이 의견이 가장 올바르다. 어느 쪽에서 거짓말을 하고 있는지 모르지만 선서를 했고, 경영자는 양쪽에 계약하고 있었으므로 어쩔 수 없다. 요컨대 섣불리 계약해서는 안 된다는 교훈이다.

‡ 광고

오늘날의 사회에서는 광고를 할 때에 거짓말을 해서는 안 되게 되어 있다. 그럼에도 불구하고 자동차·맥주 또는 담배 등, 오늘날 범람하고 있는 광고를 보면 반드시 올바른 정보만 전하고 있다고는 볼 수 없다. 예를 들어 한 상품이 다른 상품보다 더 좋다고 광고하고 있지만, 반대로 다른 상품을 보면 역시 똑같은 말을 하고 있다.

그리고 상품과 관계가 없는 고장이나 디자인도 상당한 영향을 주고 있다. 그러나 오늘날 이러한 것은 관습상 효과적인 판매 방법이라고 말해지고 있다. 예를 들어 미국 담배의 광고를 보면, 아름다운 아가씨가 차 앞에서 담배를 피우고 있는 장면이 나온다. 물론 여기서는 거짓말을 하고 있는 것은 아니지만, 실제로 담배를 피우는 사람과 그 아가씨와는 아무런 관계도 없는 것이다.

《탈무드》에서는 이와 같은 판매 방법을 금하고 있다. 이것은 엄밀한 의미에서 사람을 속이는 행위라고 말할 수 있기 때문이다.

《탈무드》에서는 소를 팔 때 털에 다른 색을 칠하는 것을 금하고 있고, 또 여러 가지 도구에 색을 칠해서 새것처럼 보이게 하는 것도 금하고 있다. 즉, 속이기 위해 그 상품에 색을 칠하는 것은 금지되어 있다.

예를 들면 어떤 노예를 팔 때 그 노예에게 머리를 물들이고 얼굴에 화장을 시켜 그를 젊게 보이도록 하여 사는 사람을 속였다는 예가 실려 있긴 하지만, 그것은 금기 사항이다. 또 채소 장수가 신선한 과일을 오래 된 과일 위에 얹어 파는 것도 금지되어 있다.

또 《탈무드》에서는 건물의 안전 규칙에 대해서 말하고 있는데, 예를 들면 차양 길이의 제한, 발코니 기둥의 굵기에 이르기까지 대단히 상세하게 말하고 있다.

노동 시간에 대해서는 그 지방의 상식적인 관례의 노동 시간을 초과해서 사람을 일하게 해서는 안 된다고 되어 있다. 그리고 과일을 따는 노동자를 고용했을 경우, 그 노동자가 과일을 슬쩍해서 먹는 것을 금할 수가 없다고 말하고 있다.

또 《탈무드》에서는 상품을 팔 때 그 물건과 성질이 관계 없는 이름을 붙이는 것을 금하고 있다. 오늘날 미국 광고에서 킹사이즈 (king size)니, 풀 야드(fool yard)니 하는 과장된 말이 사용되고 있다. 풀 야드라는 말은 사실 1야드에 지나지 않으므로, 《탈무드》에서는 이런 것은 일찍부터 금해져 있다.

✽ 소유권

동물의 소유권은 낙인으로 증명할 수 있다. 시계 따위에는 이름을 새길 수가 있다. 양복에도 이름을 새겨넣을 수가 있다. 자동차나 집 등은 각기 관청에 가서 등기할 수 있다.

그러나 물건에 따라서는 이름을 쓰거나 등기하기가 곤란한 것도 있다. 그와 같은 경우에는 어떻게 소유권을 증명해야 하는가?

처음에는 여러 가지 예를 생각하고 그 다음 원칙을 세운다는 것이 《탈무드》의 진행 방법이다. 그 까닭은, 이러한 예는 거액이 상관되는 것이므로 원칙을 세워두지 않으면 판단을 내리지 못하기 때문이다.

두 사람이 극장에 갔다. 서로 다른 문으로 들어갔는데도 한가운데에 두 개의 좌석이 비어 있어서 거기에 각각 앉으려고 했다. 그 때 주인 없는 물건이 그 자리에 놓여 있었다. 두 사람은 동시에 그것을 발견했다. 그래서 서로 자기 것이라고 우겼다. 이럴 경우 어떻게 하면 해결할 수 있을까?

《탈무드》에서는 여러 가지 의견이 나와 있다. 첫째, 나누면 된다는 의견이 있으나 이것을 원칙으로 할 수는 없다. 그 까닭은 재판소에 가서 나누게 되면 뒤에 앉아 있던 사람도 자기의 권리를 내세울지 모르며, 모두가 자기 것이라고 할 경우도 있을 것이기 때문이다. 발견한 사람에게 권리가 있다는 것을 전제로 한다면, 발견하지도 않은 주제에 뒤에서 나서는 사람까지 권리가 생겨서는 곤란해진다.

《탈무드》는 여기에서 '성서에 손을 얹고 선서하라! 양심에 비추어서 틀림없는 자기 것이라고 생각한다면 나누어 가져라!'라고 했으나, 그러나 이것은 《탈무드》의 경우에는 언제나 누가 뭐라고 이견을 제시하면, 그것을 반박할 의견이 나오기 마련이다. 그래서 다음에는 '선서도 쓸데없지 않은가?'라는 의견을 누군가 말했다. 즉, 자기 것이라고 선서했는데도 그것을 반밖에 갖지 못한다는 것은 선서 자체를 모독하는 행위라고 보기 때문이다.

그래서 '반은 자기 것이라고 선서하면 되지 않는가'라고 주장하는 경우에 A가 100퍼센트, B가 50퍼센트를 주장해서 재판소에 가면, 먼저 A로서는 반은 인정된다. 그러나 50퍼센트라고 한 B는 반의 반밖에 인정되지 않는다.

그러나 이 논의는 어떻게 하든 자기에게 권리가 있다고 우겨서 선서하는 것이 최후의 낙찰이 되고 있다.

그런데 주운 것이 금화나 물건이 아니고 살아 있는 고양이였다면 어떻게 되는가? 이것은 반으로 나눌 수도 없다. 그러므로 그 경우는 두 사람이 고양이를 팔면 된다. 고양이 값의 반을 상대에게 주고, 한 사람이 고양이를 데리고 가면 된다.

단지 고양이의 경우는 주인이 나설 때까지 일정 기간 기다려야 하는 절차가 필요하나, 일정 액수로 매길 수 있으면 소유주가 찾지 못하는 것으로 쳐서 처음부터 나눈다.

돈을 길에 떨어뜨리고 누군가가 이미 주운 뒤에 돌아와서, '내가 조금 전에 여기에 돈을 떨어뜨려서 지금 찾으러 온 것이오'라고 말해도, 그 사람이 정말 떨어뜨렸는가 하는 사실은 증명할 수 없다. 지폐에 자기 것이라는 표시를 하기 위해 자기 손에 일단 들어오는 것마다 전부 이름을 적어둔다면 그것이 다른 사람에게 건너간 후 볼 때마다 자기 것이라고 우기는 문제가 생길 것이다. 그러나 아주 특별한 편지와 함께 들어 있어서, 그것이 그 사람의 필적이라고 증명되면 그것은 인정된다.

결국 극장의 경우, 결론은 '먼저 가진 사람이 이긴다'라고 되어 있다. 그 까닭은, 보았다는 것은 아무도 입증할 수 없지만 먼저 가졌다는 것은 입증하기 쉬우므로, 그것이 하나의 원칙이 되는 것이다.

탈무드의 손

✡ 형제애

형제가 어머니의 유언 때문에 다투고 있었다. 유언의 해석에 제각기 의견이 달랐기 때문이다.

이 두 사람은 어릴 때부터 독일·러시아·시베리아·만주 등지를 떠돌면서 전쟁 중에는 이리저리 도망쳐 다녔으므로 대단히 의가 좋은 형제였다. 그러나 이 유언을 둘러싼 싸움으로 서로에게 상처를 입히고 형은 동생을, 동생은 형을 외면하게 되었다. 서로 말도 하지 않고, 같은 방에는 절대 들어가지도 않게 되었다.

어느 날 제각기 나를 찾아와서 형은 동생을 잃고, 동생은 형을 잃은 것을 한탄했다. 들어보니 두 사람 모두 계속 다툴 마음은 전혀 없었다.

나는 마침 미국의 한 클럽의 회합에서 강연을 하게 되었는데, 주최자에게 두 형제를 서로 알지 못하게 파티에 초대하도록 부탁했다. 평상시에 두 사람은 얼굴만 마주치면 이내 돌아서 버렸지만, 그 날은 초대자의 체면도 있고 해서 두 사람 다 돌아갈 수가 없어 그 자리에 앉아 있었다.

나는 인사를 끝내고 《탈무드》중의 이런 이야기를 했다.

이스라엘에 두 형제가 살고 있었다. 형은 결혼해서 아내와 아이들이 있었으나, 동생은 독신이었다. 두 사람 모두 부지런한 농사꾼이었는데, 부친이 죽으면서 재산을 형제에게 똑같이 나누어 주었다.

수확한 사과와 곡식도 서로 공평하게 나누어 제각기 헛간에다 저장했다. 형에겐 형수와 아이들이 있어 고생이 더 많을 것이라 생각한 동생은 자기 몫을 얼마간 보태주려고 밤이 되자 형님의 곳간에 상당한 양의 곡식을 옮겨놓았다.

형은 반대로 자기는 자식이 있어 늙게 되면 잘 보살펴 줄 것이나, 동생은 독신이므로 노후를 위해서 스스로 준비를 하지 않으면 안 된다는 생각으로 역시 곡식과 사과를 동생의 곳간으로 날랐다.

아침이 되어 형제가 각기 자기의 곳간에 가보았더니, 어제와 똑같은 양의 수확물이 거기에 그대로 있었다.

다음 날 밤도, 또 다음 날 밤도 똑같은 일이 되풀이되어 사흘 밤이나 계속되었다. 그 다음 날 형제가 서로 상대방의 곳간으로 곡식을 나르는 도중, 중간에서 그만 마주치고 말았다. 그래서 두 사람 다 서로를 얼마나 생각했던가를 깨닫게 되었다. 두 사람은 들고 있던 농작물을 떨어뜨린 채 부둥켜안고 울었다.

오늘날에도 이 두 사람이 부둥켜안고 운 장소가 예루살렘의 가장 고귀한 장소라고 전해지고 있다.

나는 이 강연에서 가족의 애정이 얼마나 중요한 것인가를 강조했다. 그 결과 두 형제의 오랫동안에 걸친 반목도 눈 녹 듯이 사라졌다.

‡ 개와 우유

어떤 가정에서 개를 키우고 있었다. 그 개는 가족들과 함께 오랫동안 생활하여 가족들은 모두 개를 귀여워했다. 특히 아들 중의 하나가 더 그러했다. 그는 잠잘 때에도 자기 침대 곁에 개를 재우곤 하는 등 형제 같은 생활을 하고 있었다.

그러던 어느 날 그 개가 죽었다. 아버지는, 개는 언젠가 죽는 것이므로 어쩔 수 없는 일이라고 위로했다. 그러나 아들은 소중하게 여겼던 충실한 친구를 잃은 것을 매우 슬퍼한 나머지, 그 개를 자기 집 뒤뜰에 매장하겠다고 말했다. 물론 그 소년도 개와 인간이 다르다는 것은 알고 있었지만, 개의 시체를 아무데나 내버리는 일은 견딜 수 없었던 것이다.

아버지가 뒤뜰에 개를 파묻는 것에 반대하여 가족 사이에서는 논쟁이 일어났다. 마침내 아버지가 나에게 의논하러 와서, 유대의 전통에 개를 매장하는 의식이 있느냐고 물었다.

나는 그 이야기를 들었을 때, 어떻게 해야 좋을지 알 수가 없었다. 지금까지 여러 가지 질문을 받았지만 개에 관한 것은 처음이었다. 그러나 문제는, 슬퍼하고 있는 아들이었다. 나는 어떻든 그 집을 한번 방문하겠다고 약속했다. 랍비는 관례상 전화로 그런 이야기는 하지 않는다. 본인과 직접 만나서 이야기하는 것이 하나의 습관으로 되어 있기 때문이다.

나는 그 집에 가기 전에 《탈무드》를 펼쳐놓고 개에 대한 전례가 있었는가를 찾아보았다. 그런데 마침 《탈무드》중에 적절한 이야기가 있었다.

집 안에 우유통이 놓여 있었다. 아무도 없는 사이에 뱀이 그 우유통 속으로 들어가 버렸다. 고대 이스라엘의 농촌에는 뱀이 무척 많았다. 그런데 그 뱀은 독사였기 때문에 우유 속에 독이 녹아들기 시작했다. 개가 그것을 알아차렸다.

가족이 우유통을 꺼내려고 할 때, 개가 맹렬히 짖기 시작했다. 그러나 모두 개가 왜 그렇게 소란을 떠는지 이해할 수 없었다. 식구 중의 하나가 우유를 마시려고 하자 개가 뛰어들어 우유를 쏟아 버렸다. 그 때야 비로소 가족들은 우유 속에 독사가 들어 있음을 알게 되었다. 그 후 이 개는 당시의 랍비에 의해서 대단한 경의가 표해지고 칭찬되었다.

나는 그 집에 가서 《탈무드》의 이 이야기를 했다. 부친의 반대는 점차 약해지고, 결국 아들의 소원대로 그의 애견은 뒤뜰에 묻혀졌다.

‡ 당나귀와 다이아몬드

어떤 유대인 여성이 백화점에 물건을 사러 갔다. 돌아와서 물건을 펴보자, 상자 속에서 자기가 사지 않은 물건이 나왔다. 그녀는 양복과 외투를 샀을 뿐이었는데, 거기엔 값비싼 보석 반지가 들어 있었다.

아들과 단둘이 살고 있는 그녀는 생활이 그렇게 여유롭지 않았다. 그녀는 어린 아들에게 그것을 이야기하고 랍비한테로 의논하러 왔다. 그래서 나는 《탈무드》의 이야기를 했다.

어느 랍비가 나무꾼을 하면서 생계를 유지하고 있었다. 그는 산에서 도시로 언제나 나무를 나르고 있었다. 그는 될 수 있는 한 왕복 시간을 단축하여 《탈무드》공부에 열중하겠다고 다짐하여 당나귀를 사기로 했다.

그는 시내에 있는 아랍인으로부터 당나귀를 샀다. 제자들은 랍비가 당나귀를 샀으므로, 더 빠르게 산과 도시 사이를 왕복할 수 있게 된 것을 기뻐하며 냇물에서 당나귀를 목욕시켰다. 그러자 당나귀의 목에서 다이아몬드가 나왔다. 제자들은 이것을 가지고 랍비가 가난한 나무꾼의 생활에서 벗어나, 공부를 하거나 자기들을 가르칠 시간이 더 많아지게 되었다고 기뻐했다.

그런데 랍비는 제자에게, 시내로 돌아가서 아랍인 상인에게 그 다이아몬드를 되돌려주라고 명했다.

그러자 제자가 말했다.

"선생님이 사오신 당나귀가 아닙니까?"

랍비가 말했다.

"나는 당나귀를 산 일은 있지만 다이아몬드를 산 적은 없다. 내가 산 것만을 갖는 것이 정당하지 않느냐?"

그가 아랍인한테 이 다이아몬드를 되돌려주자, 그 아랍인이 말했다.

"당신은 이 당나귀를 샀고, 다이아몬드는 그것에 붙어 있던 것인데, 어째서 되돌려줄 필요가 있습니까?"

그러자 랍비가 말했다.

"유대의 전통으로는 산 물건 이외에는 가져서는 안 됩니다. 그러니 이것은 당연히 당신에게 되돌려주어야 합니다."

이 말을 듣고 아랍인 상인이 말했다.

"당신들의 신은 정말 훌륭한 신임에 틀림없군요."

이 이야기를 듣고 있던 그녀는 깨달은 바가 있어 반지를 즉시 되돌려주러 가겠지만, 무어라고 말하며 돌려줄 것인가를 물었다.

"그 반지는 백화점의 것인지 백화점 판매원의 것인지 알 수 없지만, 만약 왜 되돌려 주는가 물으면, 내가 유대인이기 때문이라고만 대답하십시오. 동시에 되돌려주러 갈 때에는 반드시 아들을 데리고 가십시오. 아들은 어머니가 정직한 사람이라는 것을 평생 동안 잊지 않을 것입니다."

‡ 벌금의 규칙

어떤 유대인 회사에서 유대인 사원을 고용하고 있었다. 그런데 사원이 회사의 공금을 갖고 도망쳐 버렸다. 유대인 사장은 노하여 경찰에 신고하려고 했다.

그런데 회사의 간부가 내게로 와서 물었다.

"어떡하면 좋을까요?"

그래서 나는 말했다.

"정말로 돈을 갖고 도망쳤는지 확인해 보는 것이 좋을 겁니다. 만약 그가 정말 돈을 갖고 도망쳤다 하더라도 경찰에 고발하여 기소가 되면 틀림없이 형무소에 들어가게 될 것입니다. 그러나 이것은 유대인이 취할 방법이 아닙니다."

왜냐 하면 그가 감옥에 들어가 버리면 회사는 돈을 도로 찾을 수가 없다. 유대의 법률로서는 누군가가 돈을 훔쳐갔다고 한다면, 그 사람은 감옥으로 가기보다 돈을 돌려주어야만 한다. 그래서 그를 찾아내어 감옥에 넣기보다는 먼저 돈을 돌려주게 하여, 그것에 덧붙여 벌금을 내게 해야 할 것이라고 말했다.

그런데 돈을 갖고 도망친 유대인 사원을 찾아내어 이야기를 하자, 자기에게는 이미 돈이 없다고 말했다. 그는 경찰에 가지 않고 내 방에서 재판을 받게 되었다. 그래서 감옥에 가기보다는 일을 해서 분할 상환해 주기로 합의가 되었고, 내가 재판장이 되어서 사원은 횡령한 돈을 노동으로 갚음과 동시에 벌금을 물도록 결정하고, 그 벌금은 자선기관으로 보내기로 합의했다.

유대인 사회에서는, 예컨대 A라는 사람이 얼마간의 돈을 훔쳐서 랍비의 재판에 회부되어 유죄가 선고되고 벌금형의 판결을 받게 되었을 경우, 그 사람이 훔친 돈과 벌금을 다 갚고 나면 자연히 아무런 전과가 없게 되고 결백한 사람과 똑같이 된다. 도난당한 쪽에서 저놈은 남의 돈을 훔쳤던 놈이라고 말한다면, 욕을 한 쪽이 나쁜 것이 된다.

벌금은 대체로 20퍼센트 이상인데, 이것에는 엄밀한 규칙이 있다. 예를 들면 무엇을 훔쳤는가 하는 것에도 관계되며, 그것을 써서 돈을 벌었다든가, 밤에 훔쳤는가, 낮에 훔쳤는가, 아침에 훔쳤는가 등 여러 가지 경우에 의해서 상황이 달라진다.

《탈무드》에서는 말을 훔쳤을 경우에는 벌금이 매우 많다. 왜냐하면 말을 이용하면 돈을 벌 수 있으며, 도둑맞은 쪽은 아주 곤란을 받기 때문이다. 일반적으로 당나귀 쪽이 말보다 벌금이 적다. 왜냐하면 말 쪽이 온순하고 훔치기가 더 쉽기 때문이다.

훔친 사람의 입장도 감안되어, 굶주리고 있는 사람이라면 20퍼센트 정도의 적은 벌금이 가해진다.

이렇게 고대 이스라엘에서는 반드시 벌금이나 돈을 물지 않으면 안 되었다. 그리고 물론 최악의 경우는 감옥에 가게 되는데, 근본적으로는 감옥에 넣어서는 문제가 해결되지 않는다는 것이 유대인의 사고법이다.

‡ 아기냐, 어머니냐

어떤 유대인 산모가 난산으로 인해 위독한 상태에 빠지게 되자, 나는 남편에게 불리어 한밤중에 병원으로 가게 되었다.

산모는 출혈이 매우 심해서 괴로워하고 있었다. 그들에겐 첫 아기였다. 의사가 와서 산모의 목숨을 살리기 어렵다고 말했다. 그래서 나는 아기의 상태를 물었으나 의사는 잘 알 수가 없다고 말했다.

결국 최후에는 아기를 구하느냐, 산모를 구하느냐 하는 입장에서 서게 되었다. 남편이나 산모도 아기를 매우 바라고 있었다. 산모는 자기가 죽더라도 아기를 살리고 싶다고 말했다. 여러 가지로 의논한 결과 나에게 결정권이 맡겨졌다.

나는 먼저 내가 결정하면 그것은 나 개인의 결정이 아니고 《탈무드》, 즉 유대인의 전통이 내리는 결정이므로 반드시 그것에 따르겠는가를 다짐받았다. 그러자 부부는 그것이 유대인의 전통이라면 받아들이겠다고 말했다.

그래서 나는 산모의 목숨을 살리고 아기를 희생시키기로 결정했다. 그러나 산모는 그것을 살인이라고 반대했다. 그러나 유대의 전통에 따르면, 아기는 태어나기까지는 생명이 없다고 생각하여, 따라서 태아는 산모의 일부분에 지나지 않는다고 여긴다.

목숨을 살리기 위해서는 몸의 일부분, 예컨대 팔을 잘라내는 일도 있을 수 있다. 유대의 전통에서는 그러한 때에는 반드시 어머니를 살리게 되어 있다.

그곳에 마침 카톨릭 신부가 있었는데, 그는 아기를 살리고 산모를 죽여야 한다고 말했다. 카톨릭에서는 임신했을 때에 이미 생명이 생겼다고 생각하므로, 카톨릭의 사고법에 따르면 산모는 이미 세례를 받고 구원되어 있으나, 아기는 아직 세례를 받지 못했다는 것이다. 그는 유대의 결정이 이상하다고 말했다.

결국 나의 결정에 따라서 산모는 목숨을 건졌다. 그 뒤 얼마 지나지 않아서 두 번째 귀여운 아이가 태어났다.

‡ 불공정한 거래

어떤 남자가 내게 와서 옆 상점에서 값을 터무니없이 싸게 내려 자기네 손님을 빼앗아가고 있다고 호소했다. 《탈무드》에서는 부당 경쟁에 대해서 대단히 많은 지면이 할애되고 있는데, 그 때까지 나는 《탈무드》에 그러한 것이 씌어 있다는 것을 잘 모르고 있었다. 어쨌든 1주일의 시간을 얻어서 《탈무드》를 공부하여 결정을 내리기로 했다.

《탈무드》에서는 다음과 같이 가르치고 있었다.

어떤 상품을 팔고 있는 바로 이웃에 똑같은 상점을 열고 똑같은 상품을 팔아서는 안 된다. 그런데 두 개의 상점이 있어서 한 상점 쪽에서 아이들에게 경품을 붙였다. 옥수수로 튀긴 팝콘과 같은 하찮은 것이지만, 아이들이 그것을 좋아하여 어머니도 함께 와서 그 집에서 물건을 사게 될 경우엔 의견이 여러 가지로 나누어진다.

값을 내려 경쟁하는 것은 손님의 이익이 되므로 좋지 않겠는가 하는 랍비도 있었다. 또 어떤 랍비는 손님을 유혹하기 위해서 값을 내리거나 경품을 붙이거나 하는 것은 부당한 경쟁이라고 말했다.

그런데 대다수의 랍비의 결정으로 볼 때 그 경쟁은 불공정한 것이 아니다. 사는 손님이 이득을 얻으면 그것으로 정당하지 않은가 하는 것으로 되어 있다.

이튿날 찾아온 남자에게 나는 이렇게 말했다.

"훔친다는 행위는 분명히 금해져 있지만, 어떠한 사정으로 인해 값을 얼마 동안 내리는 것은 정당한 행위입니다."

자유 경쟁의 원리에서 소비자의 이득을 따질 때 그것은 바람직한 것이라고 생각된다. 내 아내는 언제나 물가가 비싸다고 불평하고 있다.

‡ 위기를 벗어난 부부

결혼한 지 10년이 지난 부부가 있었다. 매우 금술이 좋은 부부여서 겉으로는 퍽 행복하게 보였다. 그런데 어느 날 남편이 내게 이혼 허가를 요구해 왔다. 나는 그 부부를 전부터 잘 알고 있었으므로 설마 결혼 생활이 잘못되었으리라고는 생각할 수 없었다.

그는 자기 친척들로부터 두 사람 사이에 아이가 없으니 헤어지라고 강요받았다고 말했다. 유대의 전통에 따르면, 결혼하여 10년이 지나도록 아이가 없으면 이혼할 권리가 있다.

그러나 남편도 아내도 서로 사랑하고 있었다. 그들은 이 일을 심각하게 생각했다. 그러나 그의 가족 쪽에서 매우 강경하게 나와 어찌할 수도 없게 되어 내게 의논하러 온 것이다.

다음에 두 사람이 함께 찾아왔을 때, 나는 이 부부의 애정을 직접 보고 확인할 수 있었다. 일반적으로 말해서 랍비는 이혼에는 언제나 반대하게 되어 있다.

그는 사랑하는 아내와 이혼하는 과정에서 아내에게 굴욕감을 느끼게 하고 싶지 않았으므로, 될 수 있는 한 평온하게 헤어지기를 바라고 있었다. 그래서 나는 탈무드적 발상법을 썼다.

아내를 위해 성대한 파티를 열고, 그 자리에서 10여 년 간이나 자기와 함께 살아온 아내가 얼마나 훌륭했던가를 모든 사람 앞에서 말하도록 권유했다. 그는 이 충고를 매우 기뻐했다.

그 까닭은, 서로 싫어서 헤어지는 것이 아니라는 것을 어떻게든 명백히 하고 싶다고 생각했기 때문이다.

나는 그것으로 그에게 덫을 걸었다. 그가 헤어지는 아내에게 무언가 선물을 하고 싶다고 해서 무엇을 선물하겠느냐고 묻자, 그녀가 진심으로 귀중하게 계속 지닐 수 있는 것을 주고 싶다고 대답했다. 그래서 나는 그에게 파티가 끝났을 때 그 부인에게, '내가 갖고 있는 것 중에서 갖고 싶은 것을 말하면 무엇이든지 주겠소'라고 말하도록 권했다.

그녀에게도 똑같은 말을 했다.

파티가 끝난 뒤, 내가 충고한 대로 남편이 말했다.

"당신이 원하는 것이면 무엇이든지 주겠소."

이튿날 내가 입회한 가운데 그녀는 헤어진 남편에게 무엇을 갖고 싶은가를 대답했다.

그녀는 단 하나 남편을 선택했다. 그리하여 두 사람은 이혼을 취소하고 다시 결합했고, 그 후 아이가 둘이나 생겼다.

‡ 한 개의 구멍

한 남자가 자기가 근무하는 회사에서 부당한 대우를 받고 있으니, 회사에 대한 불만을 말할 권리가 있다고 생각하게 되었다.

"나는 경영자로부터 명예에 상처를 입었으므로 그를 위해서 일할 필요가 없게 되었다. 퇴직금이나 듬뿍 받고 그만두어야겠다."

그러나 경영자 쪽은 달랐다.

"그는 별로 일도 하지 않았을 뿐더러 마침 퇴사시키려 하고 있던 참인데, 퇴직금이라니 당치도 않다."

그러자 어느 날 그는 회사 금고에서 돈과 서류를 갖고 외국으로 도망쳐 버렸다. 어디에 갔는지 전혀 알 수가 없었다.

그런 지 1개월 후에 그가 외국 어떤 도시의 거리를 걷고 있는 것을 회사 사람이 목격하게 되었다. 경영자는 비행기표를 내게로 갖고 와서 부탁했다.

"그에게 가서 설득 좀 해 주십시오."

그 곳은 매우 먼 곳이었으나, 나는 그를 만나기 위해 가기로 했다.

도착한 후 이틀이 지나서야 겨우 그를 찾아낼 수가 있었다. 그는 깜짝 놀랐다. 돈을 갖고 도망쳤으며, 매우 중요한 것은 아닐지라도 그 회사에 있어서는 귀중한 서류를 훔쳐 갔던 것이다.

나는 그와 3일 동안 서로 이야기를 나누고, 내가 왜 거기에 왔는가를 설명했다. 자질구레한 일은 별도로 치고 문제의 본질이 무엇인가 생각했다. 자잘한 것은 내겐 관심 밖이었다. 그것은 법률 문제로 처리할 수 있다. 나로서는 두 사람의 유대인의 일을 상대로 하고 있었다. 두 사람의 유대인이 서로 다투는 것과 같은 충돌은 허용되지 않는다.

나는 《탈무드》를 인용하여 이야기했다.

"유대인은 서로 가족이며 형제지간입니다. 우리들은 이방인과 상대하고 있으므로, 유대인끼리는 일을 평화롭게 해결하지 않으면 안 됩니다."

그는 자기의 행동이 옳다는 것을 증명하려고 소리쳤다.

"내가 무슨 일을 하든 그건 내 자유입니다!"

그래서 나는 말했다.

"아마 당신도 옳을 것입니다. 나로서는 알 수 없지만, 혹시 당신의 변명이 옳을지도 모릅니다. 그러나 자기 마음대로 행동하는 것은 허용할 수 없습니다."

그러고 나서 《탈무드》의 이야기를 들려주었다.

많은 사람이 배를 타고 항해하고 있었다. 어떤 사나이가 자기가 앉아 있는 배 바닥에 끌로 구멍을 뚫고 있었다. 사람들이 놀라서 아우성을 쳤을 때 그는 '여기는 내 자리이므로 내가 무엇을 하든 자유이다'라고 태연하게 말했다. 얼마 지나지 않아 모두 물에 가라앉고 말았다.

한 사람의 유대인이 회사의 돈과 서류를 가지고 사라져 버렸다. 주위 사람들이 무엇이라 평가할 것인가? 유대인은 훌륭한 사람들이라고 말할 것인가? 이것은 유대인의 오점이 된다.

그는 마침내 납득했다.

"당신이 올바르다고 결정하는 것이라면, 그것에 따르겠습니다."

나는 돌아가서 경영자와 만나 이야기하고 최종적인 해결을 보게 되었다. 물론 그의 변명이 옳다면, 맡아서 가지고 왔던 돈과 서류를 그에게 돌려주려고 생각하고 있었다. 그래서 여러 가지로 이야기한 결과, 사원이 바라고 있던 만큼은 되지 않았지만 어느 정도의 퇴직금도 받게 되어, 일은 원만하게 해결되었다.

‡ 군집 사회

JCC(유대 코뮤니티 센터)는 유대인 사회로서는 대단히 진귀한 사회이다. 그 까닭은 단일한 유대 인종의 사회가 아니기 때문이다. 러시아계·영국계·프랑스계·이스라엘계·미국계 등 여러 계통의 유대인이 모인 작은 그룹이 합쳐져서 집합체를 이루고 있기 때문이다.

따라서 계율을 철저하게 지키는 사람도, 지키지 않는 사람도 있고, 또 자선심이 깊은 사람, 깊지 않은 사람 등 갖가지 사람들이 있어서 제각기 출신지의 국민성을 반영하고 있어서 지극히 일률성이 없는 코뮤니티가 되어 있었다.

이러한 군집 사회에서는 어쩔 수 없이 일련의 긴장 상태가 존재하게 된다. 어느 지방의 코뮤니티가 두 개의 반목하는 그룹으로 분열되려 하고 있었다. 나는 이 두 개의 그룹에게 다음과 같은 《탈무드》의 이야기를 했다.

한 개의 갈대는 쉽게 부러지지만, 백 개의 갈대를 한데 묶어 다발로 하면 매우 튼튼하다. 개들만 있으면 자기들끼리 서로 싸움을 하지만, 늑대가 나타나면 서로 힘을 합한다.

유대인은 오늘날에도 안전이 보장되지 않고 아랍인이나 러시아인, 반유대주의자들에게 둘러싸여 있으므로, 서로 싸움을 피하는 것이 좋을 것이라고 이야기했다. 이 기본적인 양해 아래, 오늘날에는 별로 큰 말썽 없이 서로 생활하고 있다.

‡ 부부 싸움

미군이 주둔하고 있는 곳에는 군목(軍牧)으로서 랍비가 있다. 대부분의 경우 그들은 학교를 갓 나온 젊은 사람들이다. 따라서 그들에게 있어 나는 장로와 같은 입장이어서, 어떤 문제가 생기면 내게로 의견을 물으러 오거나 전화를 걸어온다.

어느 날 젊은 랍비가 지방에서 나를 찾아왔는데, 마침 그 때 한

쌍의 부부가 문제점을 갖고 찾아왔다. 그래서 그 부부에게 또 한 사람의 랍비와 함께 이야기를 들어도 좋으냐고 묻고 승낙을 받았다. 부부간의 문제를 들을 때에는 두 사람 얘기를 함께 들으면 서로 다투기만 한다.

그러므로 두 사람을 따로 만나야 한다. 한 사람 한 사람 따로 만나 들으면 결국 서로 배우자를 중히 여기고 상대방을 사랑하고 있다는 것을 알 수 있다. 인내심을 갖고 이야기를 듣고 있노라면 결국 부부간의 문제는 해결된다.

이 때에도 나는 먼저 남편 이야기를 듣고 그가 말한 것을 무조건 인정해 주었다. 그러고는 그의 아내 차례가 되었다. 나는 그녀의 주장도 인내심 깊게 들은 후 모두 수긍해 주며 그녀의 주장이 정말 옳다고 찬성했다.

두 사람이 나간 뒤, 나는 그 랍비에게 물었다.

"당신이라면 어떻게 결정하겠는가?"

그러자 그 랍비가 말했다.

"나는 당신을 전혀 납득할 수 없습니다. 당신은 남편의 이야기를 들었을 때에는 남편이 전부 옳다고 하고, 아내가 얘기하자 아내의 이야기가 옳다고 인정했습니다. 두 사람이 각기 전혀 다른 주장을 했는데도 어째서 두 사람의 주장이 다 옳다고 말할 수 있습니까?"

그래서 나는 이번에는 그 랍비에게 당신의 주장이 가장 옳다고 말했다. 그러면 이 결정을 보고 독자들은 어떻게 느낄 것인가?

나는 여러 사람들이 어떤 문제에 각기 다른 의견을 보일 경우, 당신이 옳다든가 당신은 틀렸다든가 하고 잘라서 단정해서는 안 된다고 생각한다. 그것은 쓸데없는 마찰만 생기게 할 뿐이다.

이 때 중요한 것은 양자의 열전(熱戰) 상태를 냉각시키는 것이다. 그러기 위해서는 양자의 주장을 인정해 주는 것이고, 그리고 나면 서로가 냉정해져서 서서히 화해를 해나갈 수 있다. 그러므로 이런 종류의 문제에는 먼저 어떠한 의견이라도 상대방의 주장을 인정해 주는 것이 필요하다.

‡ 진실과 거짓을 가려내는 법

많은 사람들이 나에게 여러 가지 문제를 갖고 와서 그것을 해결해 달라고 부탁한다. 그러나 그 많은 문제들 중에는 단 한 가지도 같은 것이 없다. 단 공통된 한 가지 점은 '누가 거짓말을 하고 있는가, 아니면 그것이 거짓말이라는 것을 어떻게 가려야 하는가'라는 문제이다.

무엇이 진실이며 무엇이 거짓이라는 것을 가려내는 일은 대단히 어렵다. 《탈무드》에서는 이 두 가지를 가려내는 법을 가르치고 있다.

솔로몬 왕은 매우 현명한 사람으로 알려져 있었다. 어느 날 두 여자가 한 아이를 서로 자기 아이라고 다투던 끝에, 결국 솔로몬 왕에게 재판을 받으러 왔다.

유대 사회에서는 어느 쪽의 소유인지 알 수가 없을 때에는 공평하게 둘로 나누는 것이 관례이다. 솔로몬 왕도 여러 가지로 사실을 조사해 봤지만 누구의 아이인지 가려낼 수가 없었다. 그래서 솔로몬 왕은 그 아기를 칼로 잘라 두 토막으로 나누어 가지도록 명했다.

그러자 한쪽 어머니가 갑자기 미친 듯이 울부짖으며, '그렇게 하려거든 그 아이를 저쪽 여자에게 넘겨주라'고 외쳤다. 이 광경을 본 솔로몬 왕이 말했다.

"당신이야말로 진짜 어머니다!"
결국 아이는 무사히 진짜 어머니에게로 넘겨졌다.

부부에게 두 아이가 있었다. 둘 다 사내아이였는데, 한 아이는 여자가 딴 남자와 불륜의 관계를 맺어서 태어난 아이였다. 어느 날 남편은 아내가 두 아이 중 하나는 남편의 아이가 아니라고 어떤 사람에게 이야기를 하는 것을 엿듣게 되었다. 그러나 남편은 어느 쪽이 자기 아이인지 가려낼 수가 없었다.

그 뒤 남편이 중병에 걸렸다. 그는 죽음을 예측하고 유서를 써서 진짜 자기의 피를 이어받은 아들에게 전재산을 주겠다고 말했다.

그가 죽자, 그 유서는 랍비의 손에 넘어가게 되었다. 랍비는 죽은 부친의 피를 이은 아이를 가려내지 않으면 안 되게 되었다. 랍비는 두 아들을 불러 막대기를 건네주며 부친이 자기의 무덤을 치는 자식에게 유산을 준다고 유언하였다고 말했다.

그러자 한쪽 아들이 울며 말했다.

"나는 도저히 부친의 무덤을 모욕할 수 없습니다."

랍비는 드디어 그 무덤을 치지 못하겠다고 한 쪽이 진짜 아들이라는 판결을 내렸다.

‡ 선택

나의 친구가 중병에 걸려서 어떤 새로운 약을 복용하지 않으면 죽게 되었다. 그런데 그 약은 좀처럼 구하기 힘든 것이었다. 왜냐하면 수요가 너무 많아 생산이 따르지 못하기 때문이었다.

그래서 그 가족이 내게로 와서, '당신은 교수라든가 훌륭한 의

사들을 많이 알고 있으니 어떻게든 그 약을 구해 줄 수 없겠느냐?'고 부탁했다. 나는 친구 되는 몇 사람의 의사에게 이야기해서 병든 친구를 살려줄 수 없겠느냐고 부탁했다. 한 의사가 말했다.

"만약 그 약을 당신 친구에게 주게 되면 그 대신 약을 구하지 못한 사람이 죽게 됩니다. 그렇게 해서라도 당신은 내게 그 약을 부탁하겠습니까?"

그래서 나는 잠깐 생각할 여유를 달라고 해서 《탈무드》를 펼쳐 보았다.

어떤 사람을 죽여야만 자기 목숨이 살아날 경우 어떻게 해야 하는가? 만약 그 사람을 죽이지 않으면 자기가 죽게 될 경우 어떻게 하는가?

어떤 경우에도 자기가 살기 위해 다른 사람을 죽여서는 안 된다. 과연 자기의 피가 상대방의 피보다 붉다고 말할 수 있을 것인가? 어떤 인간의 피도 다른 인간의 피보다 더 붉다고는 할 수 없다.

이 경우를 적용시키면, 누군가 그 약을 얻지 못해 죽을지도 모를 어떤 사람의 피보다 내 친구의 피가 더 붉다고는 말할 수 없는 것이다.

그래서 나는 그것을 친구의 가족에게 어떻게 설명할까 고민했다. 내 교구 사람의 목숨이 위태하게 되어 그 가족이 일부러 내게 도움을 구하러 왔는데도, 《탈무드》에 따르면 나는 그 친구가 죽는 것을 그냥 보고 있어야만 했다. 마침내 나는 그 약을 얻지 않기로 했다. 결국 나의 친구는 죽었다.

‡ 공동 경영자

두 사람의 공동 경영자가 있었다. 무에서 출발하여 작은 임대

빌딩을 짓고, 현재는 누구나 인정하는 사업가로서 크게 성공을 했다. 두 사람 모두 경험은 없었지만 매우 성실했기 때문에, 사업은 점차 번창하여 대단한 성공을 거두게 된 것이다.

어느 날 그들은 놀랍도록 성장한 자신들의 현재 위치를 새삼스레 느끼게 되었다. 그러나 두 사람의 공동 경영자 사이에는 아무런 계약도 없었기 때문에, 두 사람이 건강할 때는 상관 없지만 다음 대(代)에는 문제점이 발생하지 않도록 계약서를 작성해 두기로 했다.

그런데 일단 계약이 끝나자, 이 두 사람은 사이가 나빠지기 시작했다. 사실 계약서를 만들 때부터 의견 충돌이 있었다. 너는 공장의 책임자이고, 나는 본사의 책임자라는 따위의 사소한 것까지 규정하려고 했으므로, 서로 상대가 자기보다 유리한 조건을 취하려 한다고 생각한 것이다.

사업이 시작되어 성공하기까지 두 사람 사이에는 아무런 다툼도 없었던 만큼, 두 사람은 이 문제를 가지고 나에게 의논하러 왔다.

이것은 어느 쪽이 옳고 그름의 문제가 아닌, 나로서도 간단히 결론을 내리지 못할 어려운 문제였다. 한 사람은 영업, 또 한 사람은 생산면을 강조해 서로 '내가 만들지 않았더라면 이 회사는 없었을 것이다', '내가 팔지 않았더라면 이 회사는 없었을 것이다'라고 다투고 있었다.

나는 자신은 없었지만 이렇게 대답을 했다.

"두 사람이 다투기 전까지는 사업이 아주 잘 되었습니다. 이제 와서 두 사람이 서로 다투어 회사가 무너지게 된다면 어리석은 짓입니다."

이대로는 순조로이 사업을 계속해 갈 수 없을 것이며, 무언가 대책이 필요했다. 그래서 나는 《탈무드》를 펼쳐보고 다음과 같은 얘기를 찾아냈다.

아이가 태어날 때에 그 아이는 아버지와 어머니와 하느님에 의해서 생명이 주어졌다. 성장함에 따라서 그 아이에게는 또 한 사람 생명을 주는 자가 생긴다. 그것은 교사이다.

내가 두 사람에게 물었다.

"당신 회사의 경영자는 누구입니까?"

두 사람은 서로 자신이라고 말했다. 그래서 내가 말했다.

"그렇다면 하느님도 경영진에 참가시키면 어떨까요? 어떻든 하느님은 전우주의 사업에 참가하고 있습니다. 서로 자기 쪽이 잘했다고 주장하지 말고, 모든 우주의 활동은 하느님의 행위이므로 하느님을 사장으로 앉히면 되지 않겠소?"

그 때까지는 두 사람이 공동 대표자여서, 이 회사에는 사장이 없었으므로 서로 사장이 되고 싶어했던 것이다.

"당신들의 회사인 것은 물론이지만, 동시에 하느님의 회사이기도 하지요. 당신들은 유대인을 위해 일하고 있고, 당신들의 회사는 이 나라를 위해서도 일하고 있으므로 자기의 것이라는 생각에 너무 집착하지 말고, 당신들이 하나의 의무를 다하고 있는 것으로 생각한다면 어느 쪽이 사장이 된다는 따위는 하찮은 일이라는 것을 깨닫게 될 것입니다. 영업담당자는 영업을 하고, 생산담당자는 생산을 맡으면 됩니다."

내 이야기를 듣고나자 그들은 그제서야 수긍을 했다.

그로부터 그 회사는 더욱 번창했다. 이익의 일부를 자선 사업에 희사하기도 하고, 두 사람의 의기가 투합되어 구태여 사장 자리에 연연해하지 않고 회사일에만 열중한 결과 나날이 번창하는 회사가 되었다.

‡ 보트의 구멍

어느 회사에서나 가끔 종업원을 해고시키는 경우가 있는데 이것 만큼 언짢은 일은 없으며, 이것이 때로는 큰 사회 문제로 대두되는 일조차 있다.

어떤 유대인 회사에서 유대인 종업원을 많이 쓰고 있었다. 이 경우 그 유대인 종업원을 해고시키기는 매우 어렵다. 그 이유는, 그 종업원에게는 아내와 아이들이 딸려 있을 뿐더러, 특히 유대인의 경우에는 좀처럼 다른 직업을 얻기가 힘들기 때문이다. 외국인으로서 타국에서 살기는 매우 힘들다. 외국인이 구할 수 있는 직장은 적고, 또 다른 나라로 옮겨가거나 모국에 돌아가려 해도 역시 돈이 많이 든다. 그러므로 어떤 이유가 있든 유대인 종업원을 해고시키는 일은 극히 어렵다.

그래서 나는 언제나 종업원이 해고되지 않도록 애쓰고 있다. 만약 어떤 남자가 직업을 잃으면, 자기 가족으로부터 위신을 잃게 되고 비참하게 될 뿐만 아니라, 그러한 경우에는 유대인 사회가 공동으로 그를 부양하게 되므로 유대인 사회 모두의 부담이 되기 때문이다. 게다가 본래부터 유대인은 동정심이 많으므로 실제로 사람을 해고시키는 일은 극히 드물다.

어느 날 그 드문 예가 생겨 어떤 고용주가 내게 의논을 하러 왔다.

"나는 한 종업원을 해고시키지 않으면 안 되겠습니다. 어떻든 누가 하든지 해고시키지 않을 수 없는 바보 같은 녀석입니다. 그대로 일을 계속시켜도 아무것도 할 수 없을 뿐더러, 다른 직장에 가더라도 마찬가지일 것입니다. 그러나 내가 말은 이렇게 해도 사실은 그를 해고시키고 싶지 않습니다. 내 스스로 무언가 그를 해고시키지 않아도 될 구실이 없는지, 랍비인 당신에게 듣고 싶습니다."

그래서 나는 《탈무드》에 나오는 어떤 이야기를 인용했다.

어떤 사나이가 작은 보트를 갖고 있었다. 그는 여름이 되면 가족을 태우고 호수로 나가 낚시를 하면서 휴식을 취하곤 했다.

여름이 지나서 보트를 간수하려고 육지로 끌어올렸을 때, 그는 배 바닥에 작은 구멍이 나 있는 것을 발견했다. 그러나 그것은 아주 작은 구멍이었기 때문에, 그는 겨울 동안은 육지에 올려두니까 내년에 보트를 사용할 때에 고치면 되리라 생각하고 그대로 두었다. 그리고 겨울 동안에 그 보트에 페인트칠을 다시 하도록 사람을 시켰다.

이듬해 봄은 일찍 찾아왔다. 그의 두 아이들은 즉시 보트를 타러 호수로 나가려고 했다. 그는 보트에 구멍이 뚫려 있는 것을 깜박 잊어버린 채 아이들이 보트를 타러 가는 것을 허락했다.

두 시간 가량 지난 후, 그는 보트에 구멍이 뚫려 있었음을 뒤늦게 깨달았다. 그는 아이들이 헤엄을 치지 못하는 것을 잘 알고 있었다.

그가 당황하여 누군가에게 도움을 청하려고 뛰쳐나갔을 때, 두 아이가 보트를 끌고 돌아오는 것이 보였다. 그는 감격하여 두 아이를 끌어안았다. 잠시 후 보트를 살펴보았더니, 누군가가 보트의 구멍을 막아놓은 것을 발견했다.

그는 지난 겨울 페인트칠을 한 사람이 두 아들의 목숨을 구해주었다는 것을 알고, 선물을 갖고서 그를 찾아갔다.

그러자 그가 말했다.

"내가 보트에 칠을 한 뒤에 이미 대금을 받았는데 어째서 또 선물을 주십니까?"

그래서 그가 그동안의 일을 자세히 설명했다.

"보트에 작은 구멍이 뚫려 있는 것을 당신이 고쳐주지 않았습니까? 나도 물론 올해 보트를 다시 사용하기 전에 이것을 고치려고 생각은 했지만 깜박 잊고 있었습니다. 그런데 당신은 내가 구멍을 막아달라고 부탁하지 않았는데도 말끔히 고쳐주었습니다. 당신이 그것을 고쳐준 덕택으로 아이들의 생명을 살릴 수 있었습니다."

아무리 하찮은 일이라도 그것이 어떤 사람에게는 대단히 중요하게 작용될 수 있음을 안다는 것은 보통사람들로서는 좀처럼 깨닫기 힘든 일이다.

나는 고용주에게 이렇게 이야기하고, 다시 한 번 그에게 기회를 주도록 부탁을 했다.

✠ 축복의 말

어떤 병실에 나와 의사와 환자, 세 사람이 함께 있었다. 환자는 내출혈로 의식 불명인 채 누워 있었다. 주위에는 지독한 냄새가 풍겼고, 의사는 그의 목숨을 살리려고 무척 애를 쓰고 있었다.

수혈이 계속되었다. 수혈을 멈추면 그는 죽게 될 상태여서 의사는 절망적인 표정을 짓고 있었다.

의사가 나에게 물었다.

"지금 당신은 무엇을 생각하고 있습니까?"

그래서 내가 대답했다.

"지금 나는 이 사람의 생사에 대해서는 생각하고 있지 않습니다. 가느다란 혈관이 귀중한 붉은 액체를 흘려냄으로써 한 사람이 위태롭다는 것을 생각하고 있습니다."

마침내 수혈이 멈춰지고 그는 죽었다. 의사는 매우 지쳐 내게 구원을 요청했다.

그래서 나는 의사에게 《탈무드》에 있는 이런 이야기를 했다. 즉, 유대인은 임금님과 만나거나 식사를 하거나 해돋이를 보거나, 언제든지 항상 주변 사람에게 축복의 말을 한다. 하물며 화장실에 갈 때에도 축복의 말을 한다고 들려주었다.

그러자 의사가 물었다.

"당신은 화장실에 갈 때 뭐라고 말합니까?"

내가 대답했다.

"몸은 뼈나 살 이외에도 여러 가지 기관으로 이루어져 있습니다. 그러나 몸 속에 갇혀 있어야 할 것은 갇혀 있고, 열려져 있어야 할 것은 열려져 있어야 합니다. 이것이 반대가 되면 아주 곤란하지요. 언제나 열린 곳은 열리고 닫힐 곳은 닫히게 해달라고 기도합니다."

그러자 의사가 말했다.

"그 기도의 문구는 해부학에 정통한 사람의 말과 똑같군요."

‡ 위생 관념

《탈무드》의 가르침에 의하면, 유대인은 위생 관념이 대단히 엄하다. 다음은 그 몇 가지 가르침이다.

1. 컵에 물을 따라 마실 때에는 사용하기 전에 반드시 헹구고, 사용한 뒤에도 다시 헹구어라.

2. 자기가 사용한 컵을 씻지 않은 채 남에게 건네서는 안 된다.

3. 눈약을 넣는 것보다 아침저녁 눈을 깨끗한 물로 씻는 편이 좋다.

4. 의사가 없는 곳에는 살지 말라.

5. 화장실에 가고 싶을 때에는 한순간이라도 참지 말라.

‡ 우는 이유

어느 외국의 도시에 살고 있는 유대인으로서 자선을 많이 하며, 매우 예의바르고 평판이 좋은 남자가 있었다. 그러나 그는 유대인 사회에서는 조금도 활동을 하고 있지 않았다.

나는 어느 날 호텔에서 그와 함께 식사를 하게 되었다. 유대인 사이에서는 장사를 하고 있는 사람과 만나면, "당신 일은 어떻습니까? 잘 돼 갑니까?"라는 질문을 하고, 랍비에 대해서는 "무언가 재미있는 책을 읽었습니까?"라든가, "요즘 무언가 재미있는 일을 생각해내셨습니까?"라는 식으로 묻는 습관이 있다.

배우는 것을 직업으로 하는 랍비는 항상 무언가 이야기를 할 수 있도록 주머니 속에 여러 가지 이야기를 넣고 있는 법이다.

과연 그는 최근에 재미있는 책을 읽었느냐고 물었다. 그래서 내가 대답했다.

"최근 《탈무드》에서 아주 재미있는 이야기를 찾아냈습니다. 당신도 《탈무드》를 배울 때에는 그 부분을 읽어보시지요."

그리고 나는 다음과 같은 이야기를 해 주었다.

매우 뛰어난 랍비가 한 사람 있었다. 그는 사람들로부터 존경받고, 행동도 고결하며 친절하고, 자애심도 깊었다. 게다가 심성이 자애롭고 동시에 하느님을 대단히 공경하고 있었다. 즉, 개미 한 마리라도 밟지 않도록 걸었고, 하느님이 만든 물건을 깨뜨리지 않도록 신중하게 생활하고 있었다. 또한 그는 제자들에게 존경을 받고 있었다.

80세가 지나면서 몸이 별안간 쇠약해져 갔다. 자기에게 죽을 때가 다가왔음을 알았다. 많은 제자들이 머리맡에 모였을 때, 그가 울기 시작했다.

제자들이 의아하여 물었다.

"왜 우십니까? 선생님은 공부한 것을 한시라도 잊은 날이 있었습니까? 성의 없이 가르친 적이 한 번이라도 있었습니까? 자선을 베풀지 않았던 날이 하루라도 있었습니까? 선생님은 이 나라에서 가장 존경받고 있는 사람입니다. 하느님을 가장 깊이 공경하고 있었던 분도 선생님입니다. 게다가 선생님은 정치와 같은 더러운 세계에는 한 번도 발을 디딘 일이 없지 않습니까? 선생님이 울 만한 일은 아무것도 없습니다."

그러자 랍비가 말했다.

"그렇기 때문에 나는 울고 있는 거라네. 나는 죽는 순간에 자신에게, '너는 공부했는가? 너는 하느님에게 기도했는가? 너는 자선을 베풀었는가? 너는 올바른 행동을 해왔는가?'라고 물으면 전부 '네'라 대답할 수 있지. 그러나 '일반적인 인간 생활에 어울려 본 적이 있는가?'라고 물으면 '아니오'라고밖에는 대답 못 하지. 그래서 나는 울고 있는 걸세."

나는 자기만의 일로는 성공하고 있음에도 유대인 사회에는 얼굴을 내밀지 않으려는 이 유대인에게, 이 《탈무드》의 이야기를 함으로써 '당신도 유대인 사회의 생활에 참여하는 것이 좋지 않은가' 하고 권유한 셈이다.

‡ 어떤 농부

자선행위로서 돈을 어딘가에 기부하면, 사람들은 일반적으로 자기의 돈을 잃었다고 생각하기 쉬운데, 실제로는 다르다. 실은 돈을 주게 되면 그만큼 들어오게 되는 것이다. 당신들이 자선사업에 돈을 쓰면 쓸수록 돈이 다시 당신 쪽으로 돌아온다는 이야기를 할 때에, 나는 다음과 같은 《탈무드》의 이야기를 인용한다.

어느 곳에 큰 농장이 있었다. 그 주인은 예루살렘 근처에서 가장 자선심이 많은 농부라고 알려져 있었다. 매년 랍비들이 그의 집을 방문할 때면, 그는 랍비들에게 아낌없이 자선을 베풀었다.

그는 큰 농장을 경영하고 있었는데, 어느 해엔가 폭풍우로 과수원이 모조리 파괴되고 전염병이 퍼져 그가 키우고 있던 양이나 소나 말들이 모두 죽었다.

이것을 본 채권자들이 그에게로 몰려와 재산을 전부 차압해 버렸으므로, 그에게는 조그만 땅밖에 남지 않았다.

그러나 그는 태연자약하게 말했다.

"하느님이 주시고, 하느님이 다시 거둬 가신 것이니 할수없지 않은가!"

그 해에도 다른 해와 같이 랍비들이 찾아왔다. 랍비들은 모든 걸 빼앗기고 몰락해 버린 그를 불쌍히 여겼다.

농장주의 아내가 남편에게 말했다.

"우리는 언제나 랍비들을 위해 학교를 세우거나, 예배당을 유지하거나, 가난한 사람이나 노인들을 위해서 얼마라도 헌금했는데, 올해에는 아무것도 드리지 못하게 되어 대단히 부끄러운 일입니다."

그 부부는 랍비들을 빈손으로 돌아가게 할 수는 없다고 생각했다. 그래서 마지막으로 남아 있는 작은 땅의 반을 팔아서 그것을 랍비들에게 헌금하고, 그대신 남은 땅으로 더욱 부지런히 일했다. 랍비들은 뜻밖의 헌금을 얻고는 매우 놀랐다.

반만 남은 땅을 일구고 있을 때, 농사에 사용하고 있던 소가 쓰러져 버렸다. 그런데 흙탕에 빠져 있던 소를 끌어내다 보니, 소의 발 밑에서 보물이 나왔다. 그 보물을 내다팔아 그들은 다시 옛날처럼 커다란 농장을 되찾을 수가 있었다.

이듬해 다시 랍비들이 찾아왔다. 랍비들은 아직도 그 농부가 가난한 생활을 계속하고 있을 것으로 생각하여, 조그만 옛날의 땅으로 찾아갔다. 그러자 그의 이웃사람들이 말했다.

"그는 이제 여기에 살고 있지 않습니다. 저쪽의 큰 집에서 살고 있습니다."

랍비들이 그 곳을 찾아가자, 농장주는 1년 동안에 자기에게 일어났던 일을 설명하고, 아낌없이 베풀면 그것이 반드시 되돌아온다는 것을 말했다.

나는 헌금을 모으기 위해서 이 이야기를 더 자세히 몇 번이나 인용했다. 그 결과 언제나 성공했다.

✡ 살아 있는 바다

유대인은 세계의 민족 중에서 가장 자선을 잘 하는 민족이다. 그럼에도 불구하고 오늘날에도 소수의 유대인은 자선행위를 하라고 타인에게 권유받지 않는 한 자선을 하지 않는 사람도 있다. 그 때에 나는 다음과 같은 이야기를 한다.

이스라엘에는 요르단 강 가까이에 두 개의 큰 호수가 있다. 하나는 '사해(死海)'이고, 또 하나는 헤브라이어로 '살아 있는 바다'라고 불리우는 갈릴리 해(海)이다. '사해'는 다른 곳에서 물이 들어오지만 아무 곳으로도 나갈 수 없지만, '살아 있는 바다' 쪽은 물이 들어옴과 동시에 물이 나간다.

자선을 베풀지 않는 사람은 '사해'와 같아서 돈을 끌어들이기만 할 뿐 내보내지는 않는다. 그리고 자선을 하는 사람은 '살아 있는 바다'와 같아서 끊임없이 많은 돈이 들어오고, 그 돈은 다시 좋은 일을 위해 나간다. 우리들은 '살아 있는 바다'가 되지 않으면 안 된다.

‡ 중국과 사자

언젠가 나는 중국에서 일본으로 온 유대인과 이야기를 나눈 적이 있다. 대개 이러한 유대인들은 일본을 싫어한다든가, 중국을 싫어한다든가, 중국이나 일본을 다 싫어한다든가, 두 나라를 다 좋아한다든가 하는 여러 가지 타입이 있게 마련인데, 이 유대인은 전시 중에 일본이 상해를 점령했을 때 유대인을 학대했다고 해서 일본을 좋게 생각하지 않았다.

일본이 상해를 점령하고 있을 때, 유대인은 특별 거주구역이 지정되어 모두 갇혀서 일본의 경비병에 의해서 감시받고 있었다. 유대인은 자주 구타당하고, 전염병이 발생하여 많은 사람이 죽거나, 식량 사정이 나빴기 때문에 전시 중 상당히 괴로움을 겪었다.

"유럽에서는 근 6백만 명의 유대인들이 학살되었습니다. 전시 중에 유럽에 있었던 유대인만큼 비참한 사람들도 없었죠. 지금 당신은 일본에서 나에게 상해 시절의 괴로웠던 이야기를 하고 있는데, 이것은 당신이 살아 있다는 증거가 아닙니까? 《탈무드》에는 이런 이야기가 있습니다."

나는 그렇게 말하곤 목구멍에 뼈가 걸린 사자 이야기를 해 주었다.

사자의 목구멍에 뼈가 걸렸다. 사자는 누구라도 자기 목구멍에서 뼈를 꺼내주는 자에게 큰상을 주겠다고 말했다. 한 마리의 황새가 날아와서 그 사자에게 뼈를 빼주겠다고 말하며, 사자의 입을 크게 벌리게 했다. 황새는 사자의 입 속으로 머리를 밀어넣고 긴 주둥이를 이용하여 뼈를 쉽게 꺼냈다

그리고 난 뒤 물었다.

"사자님! 뼈를 빼주었으니 이젠 상을 주십시오."

사자는 황새의 말에 화가 났다. 사자가 말했다.

"내 입 안에 머리를 들이밀고도 살아나올 수 있었다는 것이 바로 상이다. 그렇게 위험한 지경이 되어서도 살아서 돌아간다는 것은 대단한 자랑이 될 것이니, 너에게 그 이상의 상은 없다."

중국에서 혹독한 고통을 받았다고 해서, 그런 것으로 불만을 말해서는 안 된다는 결론이다.

탈무드의 발

✡ 수난의 책

《탈무드》는 바빌로니아에서 기원후 500년에 편찬되기 시작했다.

1334년에 손으로 쓰여진 《탈무드》가 현존하고 있는 것 중 가장 오래 된 것이다. 처음으로 인쇄된 것은 1520년, 장소는 베네치아였다.

1244년 파리에 있었던 모든 《탈무드》는 그리스도 교도에 의해서 몰수되고, 금서로 지적되어 24대의 짐수레에 실린 채 불태워졌다.

1263년에는 그리스도교 교회의 대표자와 유대측의 대표자가 모인 공개 석상에서, 《탈무드》가 그리스도교에 반대하는 책인지 아닌지 토론이 행해졌다.

1415년에는 유대인이 《탈무드》를 읽는 것이 법령으로 금지되었다.

1520년에는 로마에서 모든 《탈무드》가 압수되어 불태워졌다. 그러나 이와 같은 짓을 한 사람들은 《탈무드》를 전혀 읽어보지도 않았다. 《탈무드》를 모르는 사람일수록 그것을 싫어했던 것이다.

1562년에는 교회가 검열을 하여 《탈무드》를 도려내거나 찢어내거나 했기 때문에 오늘날 남아 있는 것은 완전하지 않다.

언젠가 《탈무드》를 마이크로필름으로 찍고 있는데, 페이지와 페이지 사이에서 다른 페이지가 나왔다. 그와 같이 몇 백 년 동안이나 잊혀져 있었던 《탈무드》가 발견되는 일도 있었다. 따라서 《탈무드》를 읽고 있을 때 갑자기 중도에서 이야기가 연결되지 않는 곳이 있다. 그것은 5분의 1인가 6분의 1을 그리스도 교도들이 빼버렸기 때문이다. 왜냐 하면 그리스도를 비판했다고 생각되는 부분, 혹은 비(非)유대인에 대해 쓰어진 부분을 모두 삭제했기 때문이다.

현재 《탈무드》는 수개 국어로 번역되어 널리 퍼져 있으며, 《탈무드》에 대한 관심은 세계적으로 대단히 높아지고 있다.

《탈무드》는 연구서이다. 유대인에게 있어 공부한다는 것은 인생에 있어 최대 목표이다. 유대인을 조금이라도 이해하려 한다면, 《탈무드》가 유대인에게 있어서 얼마나 중요한 것인가를 알지 않으면 안 된다. 신의 뜻을 행하는 것은 유대인에게 가장 중요한 것이었으므로, 《탈무드》를 공부하지 않으면 살아갈 수가 없었다.

그러나 《탈무드》의 공부는 지적인 연구가 아니라 종교적인 연구인 것이다. 유대인으로서 신을 찬미하는 최대의 행위는 공부하는 것이다. '공부는 올바른 행동을 만든다'고 하는 것이 유대의 오랜 격언으로 남아 있다.

고대 유대에서는 도시나 마을은 그 곳에 있는 학교의 이름에 의해 알려져 있다. 예배당은 공부하는 장소였다. 로마인은 유대화를 막기 위해서 《탈무드》의 연구를 금했다.

하지만 유대인에게서 배우는 것을 빼앗아 버리면 유대인은 더이상 유대인이 될 수 없었다. 이 연구를 계속하기 위해 많은 유대인들이 죽어 갔다. 그러나 지식은 모든 것에 승리한다.

나는 유대인으로서 아침에 일하러 나가기 전에 새벽 5시에 일어나서 《탈무드》를 공부하는 사람들을 많이 알고 있다. 점심식사 때, 저녁식사 후에, 또 버스나 지하철을 타도 유대인은 항상 공부한다. 또 안식일에는 몇 시간이고 《탈무드》를 공부한다. 《탈무드》는 총 20권이 있는데, 그 중 1권을 끝냈다는 것은 유대인에게 있어서 대단한 경사이며, 그런 때에는 친척이나 친한 친구를 불러서 성대한 잔치를 베푼다.

유대인은 그리스도교처럼 로마 교황과 같은 최고 권위자를 갖고 있지 않다. 유대인에 있어서 최고의 권위자는 다름아닌 《탈무드》이다. 《탈무드》를 얼마만큼 공부했는가 하는 것만이 권위를 매기는 척도가 된다.

그 《탈무드》의 지식을 가장 많이 지니고 있는 사람은 랍비이며, 그 때문에 랍비의 권위가 인정되고 있는 것이다.

✢ 탈무드의 내용

《탈무드》는 ①농업 ②제사 ③여자 ④민법과 형법 ⑤사원 ⑥순결과 불순의 6부로 이루어져 있다.

《탈무드》의 연구에는 원칙이 있다. 그것은 반드시 미시나(Mishina)라는 부분에서 시작한다. 미시나는 유대의 오랜 가르침, 오랜 약속 등이 구전으로 전해진 부분이다. 이 미시나는 500그램 정도의 아주 가벼운 책인데, 기원후 200년에야 모아졌다. 여기에는 다른 의견이란 아무것도 없다. 이 미시나를 둘러싼 방대한 의견이나 토론이 《탈무드》인 것이다. 이 토론은 반드시 둘로 나뉜다. 하나는 '하라카'라는 토론이며, 또 하나는 '아가타'라는 토론이다.

유대인의 종교는 세계에서 가장 계율이 엄하고, 종교에 심취해 있는 사람들이 많다고 전해진다. 그런데 유대인의 언어 중에 종교라는 말은 존재하지 않는다. 그 까닭은 유대인의 생활 자체가 종교이기 때문이다. 특별히 종교만을 빼내어 종교라는 말을 사용하지 않는다.

'하라카'는 유대적인 생활 양식에 대한 것이다. 인간의 모든 행동을 거룩한 것으로 높이려는 것이다. 제사·건강·예술·식사·회화·언어·대인 관계 등 생활을 다스리는 모든 것을 이 하라카에 의하지 않으면 안 된다. 그리스도 교도는 그리스도를 믿음으로써 그리스도 교도가 되지만, 유대인에게는 그러한 일이 없다. 즉, 행동만이 유대인을 유대인으로 만드는 것이다.

'아가타'는 《탈무드》의 3분의 1을 차지하고 있다. 이것은 철학·신학·역사·도덕·시·속담·성서·해설·과학·의학·수학·천문학·심리학·형이상학 등 인간이 가진 모든 지혜를 포함하고 있다.

‡ 랍비라는 직업

지난날 로마인이 유대인을 지배하고 있던 무렵, 그들은 유대인을 멸망시키려고 갖가지 방법을 생각해 냈다. 어떤 때에는 유대인의 학교를 폐쇄시키고, 예배를 금하고, 책을 불태우고, 유대인의 축제일을 금지하고, 랍비를 교육하는 것을 금지한 일도 있었다.

랍비가 교육을 마치면 학교의 졸업식에 해당하는 '랍비 임명식'이 있는데, 로마는 만약 유대인으로 랍비의 임명식에 나온 자는 임명한 쪽이나 임명받는 쪽도 사형에 처하고, 그런 일이 일어난 도시는 멸망시킨다고 포고했다. 이것은 로마가 그때 까지 행한 탄압 중에서 가장 현명한 조치였다.

왜냐 하면 도시를 불태우거나 멸망시켜 버리는 위험을 범한 랍비에게는 책임이 돌아갈 뿐 아니라, 유대 사회에서 랍비가 사라진다는 것은 유대의 사회가 완전히 그 기능을 잃게 되는 것이기 때문이었다.

랍비는 정신적 지도자이며, 변호사인 동시에 의사로서 유대인의 모든 권위를 대표하고 있었다. 로마인도 그것을 알고 있었기 때문에 그와 같은 조치를 취했던 것이다.

어떤 랍비가 로마인의 책략을 꿰뚫어보고, 그가 가장 사랑하는 다섯 명의 제자를 데리고 도시를 빠져나가 사람이 살지 않는 협곡 지대로 들어갔다. 그것은 만약 그 곳에서 붙들려서 처벌을 받게 되더라도 그 대신 도시가 불태워지는 일은 없으리라는 생각에서였다.

그 곳은 가장 가까운 도시로부터 2마일 가량 떨어진 장소에 있었다. 거기에서 그는 다섯 명의 제자를 랍비로 임명했다. 그러나 그들은 로마인에게 발각되고 말았다.

제자들이 물었다.

"랍비여 ! 당신은 어떻게 하시겠습니까?"

그러자 랍비가 명령했다.

"나는 이만큼 나이를 먹었으니 괜찮지만, 너희들은 랍비의 직분을 계속해야 하니 빨리 도망쳐라!"

다섯 명의 제자들은 재빨리 도망쳤다. 늙은 랍비는 붙잡혀서, 3백 번 칼로 찔린 채 죽었다.

이 이야기는, 랍비가 유대 사회에서 얼마나 중요한가를 말해주는 것이다. 즉, 랍비는 유대인의 상징이라고 생각해도 좋다.

《탈무드》가 얼마나 중요한 위치를 차지하는지를 이해하지 않고서는 유대 문화를 이해할 수 없다. 원칙적으로 모든 유대인은 《탈무드》의 모든 것에 능통하고, 거기에 담겨진 가르침과 이치를 깨닫고 조화를 이루지 않으면 안 된다. 유대인은 매일 일정한 시간을 《탈무드》를 공부하는 데 할애해야 하는데, 이것의 의미는 단순히 학문을 연구한다기보다는 종교적인 의무에 해당되는 것이다.

왜냐 하면 유대인에 있어서 신을 공경하고 신을 경배한다는 것은, 곧 공부를 한다는 의미이다. 그것은 유대인이 《탈무드》를 매일 공부하면 깨달음과 같은 경지에 도달한다는 것이다.

랍비들 사이에는 상하 관계나 서열이라는 것이 없다. 랍비끼리는 아무런 단체도 만들지 않는다. 물론 어떤 랍비는 다른 랍비보다도 현명하다고 인정되어, 어려운 문제를 해결하거나 또 복잡한 의식 때에는 그 랍비가 맡게 된다.

오늘날 이스라엘의 종교 학교에서는 9세부터 《탈무드》의 공부를 시작한다. 그리하여 고등학교 과정을 거치게 되는데, 이러한 종교 학교에서는 《탈무드》 이외의 다른 것은 전혀 가르치지 않는다. 따라서 이곳의 학생은 10년에서 15년 동안 《탈무드》 연구에만 전념하게 되는 것이다.

미국에서는 랍비를 양성하는 학교에 가려면 먼저 일반 대학에 들어가서 학사 학위를 받아야 한다. 랍비를 양성하는 학교는 대학원에 해당되기 때문이다. 랍비가 되기 위해서는 매우 엄격한 입학 시험을 거쳐, 4년에서 6년 동안 《탈무드》를 공부하게 되는데, 대학에서는 그전에 이미 많은 것을 배워왔다고 인정하여 《탈무드》의 중간에서부터 가르친다.

따라서 입학 시험도 매우 까다롭다. 입시과목은 먼저 성서・헤브라이어·아랍어·역사 — 유대는 자그만치 4천 년의 역사이므로, 역사가 짧은 나라와는 비교도 안 되는 것이다 — 유대문학·법률 및 《탈무드》의 심리학·설교학·교육학·처세학·철학이 있고, 그 밖에 몇 가지 논문도 써야 한다. 어느 것이나 대단히 어려운 시험이다. 더구나 졸업 때에는 4년에서 6년 간 배운 것에 대해서 총체적인 시험이 치러진다.

이들 과목 중에서 가장 기본이 되고 중심이 되는 학문은 《탈무드》이다. 반 이상의 시간이 《탈무드》에 배당되고, 그 이외의 과목 수업은 교수의 강의에 의해서 행해지는데, 《탈무드》의 강사는 일반 강사나 교사가 아니라 뛰어난 인격자가 선택된다.

왜냐 하면 이러한 학교에서 《탈무드》를 가르친다는 것은 뛰어난 현자(賢者)가 아니면 안 되며, 흔히 주위에서 볼 수 없는 가장 위대한 인물이어야 한다고 판단되기 때문이다. 《탈무드》의 교사는 유대문화가 배출할 수 있는 가장 뛰어나고 현명한 인격자라야 한다. 이것을 《탈무드》의 말을 빌려서 말한다면, 왼손으로는 학생을 차갑게 떠밀고, 오른손으로는 학생을 따뜻하게 끌어안을 수 있는 능력의 소유자인 것이다.

학생 쪽도 《탈무드》의 교사에 대해서는 아주 특별한 반응을 보인다. 《탈무드》는 한 개인이 따로따로 공부하지 않고, 두 사람이 한 조가 되어서 큰 소리로 공부한다. 낭독하고 함께 모여서 외우기도 한다. 두 사람의 조가 모여서 그룹을 만들어서 3년 동안 공부를 계속한다. 《탈무드》의 교사는 결코 어떻게 공부하라고 지시를 하지 않으므로 학생 스스로 판단해야 한다. 자기 스스로 《탈무드》를 생각하고, 《탈무드》를 읽고, 여러 가지 문제를 풀고 난 뒤 학급에 나온다.

《탈무드》는 단지 읽는 것만이 아니고, 그 참다운 의미를 마음 밑바닥에서 파악해내야 한다. 대략 1시간의 수업을 받기 위해서는 4시간 가량 공부해야 하는데, 고학년이 되어 갈수록 1시간의 《탈무드》수업을 받기 위해서는 20시간이나 예습을 해야 할 때도 있다.

《탈무드》의 수업은 하나하나 가르치는 것이 아니라, 대략의 줄거리를 이야기하고 어떻게 공부하면 좋은가 하는 방향을 제시해 줄 뿐이다. 저학년에서는 학생들이 한 테이블에 빙 둘러앉아 있는데, 교사는 방의 한쪽 구석에서 학생들의 얘기를 듣고만 있다. 물론 수업을 위해 준비하고 있는 단계에서는 그 교사에게 여러 가지 모르는 부분을 질문할 수도 있다.

《탈무드》의 학급은 반드시 그리스어와 라틴어를 말하고, 그리고 그리스나 로마의 문화적인 생활에 정통해 있어야 한다.

랍비가 되기 전의 학생은 독신이라면 기숙사에 들어간다. 대략 100명 가량의 학생이 함께 살기 때문에 거기에서도 하나의 사회가 형성된다. 학생들은 함께 식사하고 서로 대화를 나눈다. 그러나 거기에는 수도원과 같은 엄숙한 분위기는 전혀 없다. 저녁이면 농구 같은 경기를 하면서 즐긴다. 따라서 일반 사회에서 격리된 수도원과는 전혀 다르다.

성공적으로 졸업할 수 있게 된 사람은 먼저 2년 동안 학교를 위해 일해야 한다. 이 학교를 위한 일이란, 종군(從軍) 랍비가 되어도 좋고, 혹은 랍비가 없는 마을에 가서 봉사하는 것이다. 나는 종군 랍비로서 2년 간 공군에 봉사했다.

각 교구는 다른 교구와 독립되어 있으므로, 카톨릭처럼 랍비가 어디로 파견된다는 식의 일은 없다. 그 대신에 여러 유대인의 지역 사회로부터 랍비의 양성 학교에 편지를 보내, 우리에겐 랍비가 없으니 한 달에 얼마만큼의 보수로 랍비가 될 사람을 구해달라는 신청을 하게 된다. 그러면 졸업이 가까워진 랍비는 자기가 그 곳에 가고 싶다고 학교의 사무국에 신청하고, 그 랍비가 그 지역 사회에 가서 면담을 받게 된다.

지역 사회가 어떤 랍비를 선택하는가는 자유이며, 랍비 쪽도 맡든지 안 맡든지는 자유이다. 그러므로 지역 사회 쪽에서도 여러 명의 랍비 후보자와 만날 수 있고, 랍비 쪽에서도 여러 곳을 가보아서 자기가 있고 싶은 지역을 선택할 수가 있다.

쌍방간에 이야기가 잘 되면 그 지역 사회의 예배당에 소속되는 랍비가 될 수 있는데, 일반적으로는 2년의 기간으로 되어 있다. 보수와 그 밖의 조건은 지역 사회와 랍비 사이에서 계약에 의해 맺어진다.

예배당이나 교구 혹은 지역사회는 우연히 생기게 된다. 어떤 도시의 경우, 이 곳에 모인 유대인이 어느 정도의 수에 이르면 거기에 예배당을 짓기 시작한다. 반대로 예배당이 없는 곳에는 유대인이 살지 못한다.

유대인에겐 아침 일찍 일어나서 세수를 하고 아침밥을 먹는 일과 같이 예배소가 필요하며, 아이들의 교육을 위해 유대인 학교, 즉 예배당을 만드는 것이 반드시 필요한 것이다. 그래서 대체로 유대인이 20가구 정도가 되면, 예배당을 만들어 랍비를 초빙한다. 하나의 지역 사회에 많은 랍비가 있어도 좋지만, 그것은 몇 명 정도의 유대인이 그 지역에 살고 있는가에 따라 달라진다.

지역 사회의 재원은 기본적으로는 그 사회에서 한 가족 단위의 분담금으로 조달되는데, 재산이 풍부한 사람은 1년에 한 번 특별 기부를 한다.

오늘날의 랍비는 유대 학교의 책임자이고, 예배당의 관리자이며 또한 설교자이다. 그는 유대의 전통을 공부하고, 요람에서 무덤까지 유대인 사회에 있어서 모든 문제의 해결사인 것이다. 인간이 태어나면 맞아들이고, 죽으면 장례식은 물론 결혼할 때나 이혼할 때도 입회한다. 좋을 때나 기쁠 때나 항상 얼굴을 내민다. 따라서 랍비는 학자인 동시에 상담자이기도 하다.

15세기까지 랍비에겐 보수가 없었다. 그래서 대개는 랍비들이 다른 직업을 갖고 있었다. 그러나 15세기 이후부터 랍비의 보수를 지역 사회가 지불하게 되었다.

'랍비'라는 말은 1세기 경부터 쓰여지기 시작했는데, 헤브라이어로는 '교사'라는 뜻이며, 영어로는 '래바이(rabbi : 율법학자)'라고 말해진다.

유대교에서 시간이라는 것은 대단히 중요한 개념이므로 매우 중요시되고 있는 데 반해, 장소라든가 지역이라는 공간의 개념은 과히 중요하지 않다. 따라서 그리스도교에서와 같은 성역·성지라는 말이 없는 대신, 랍비는 일반인들에게 성인(聖人)이라고 일컬어진다.

‡ 유대인의 생활

유대인은 해돋이와 함께 일어나서 먼저 손을 씻고, 식사하기 전 30분 동안 기도를 하는 것으로 하루를 시작한다. 기도할 때에는 팔과 머리에 성스런 상자를 매달고 몸에 목띠를 감는다.

물론 집에서 기도를 해도 되지만 대개는 가까운 예배당에 가서 한다. 예배당에서나 집에서나 기도는 똑같지만, 예배당에 가면 다른 사람들과 함께 모여서 기도를 하게 되므로 더 엄숙한 분위기에서 할 수 있다. 그리고 심리적으로도 자기 혼자 기도하면 기도가 이기적으로 되기 쉽지만, 집단으로 기도하면 공동 의식이 강해진다.

그러고 나서 아침 식사를 하는데, 그전에 손을 씻고 짧은 기도를 한다. 만약 친구나 가족과 함께 식사할 때에는 반드시 《탈무드》에 대한 화제를 택해야 한다. 그리고 식후에도 기도해야 하는데, 그 때 친구나 다른 사람이 있으면 함께 목소리를 맞추어 기도한다. 그 다음에 각자 일을 하러 나간다.

오후에는 정오에서 일몰까지의 사이, 대체로 5분쯤의 짧은 기도를 해야 한다.

그리고 밤에는 가까운 학교에 가서 공부한다. 그 까닭은 유대인은 하루 중에 어떻게 시간을 만들든지 반드시 얼마간의 공부를 해야 하기 때문이다.

‡ 유대인의 장례

유대 사회에서는 죽은 이에게는 경의를 표하지 않으면 안 된다. 죽은 이는 항상 깨끗이 지켜지지 않으면 안 된다.

그래서 먼저 몸을 깨끗이 씻기는데, 그 때는 지역 사회에서 가장 덕망이 높고 존경을 받는 사람이 몸을 씻긴다. 이 행위는 유대인 사회에서 대단한 명예로 여겨지고 있다.

그리고 될 수 있는 대로 빨리 매장해야 하는데, 화장은 하지 않고 반드시 매장한다. 원칙으로는 죽은 다음 날에 매장하게 되어 있다.

죽은 자를 조금이라도 알고 있는 사람은 반드시 장례식에 참석해야 한다. 그 중에 한 사람, 즉 랍비가 조사(弔辭)를 읽고, 상주가 기도문을 읽는다. 그들은 같은 예배당에서 같은 기도문을 1년간 매일 외우게 된다.

장례식이 끝나면 가족은 집으로 돌아온다. 그리고 1주일 동안 다음과 같은 일을 집에서 되풀이한다. 즉 마루에 앉아 한 개의 촛불을 켜고, 거울에는 모두 덮개를 씌워 항상 10명 이상의 친구가 모여서 기도문을 외게 된다.

상주는 1주일 동안 밖에 나가지 않는다. 예배당에도 그 1주일이 지나야 갈 수 있다. 1주일 동안에 그 가족을 알고 있는 사람은 그 집에 조문을 간다. 1주일간이 끝나면 가족은 집 밖에 나가서 집 둘레를 한 바퀴 돈다.

1개월 동안 세수를 해서는 안 되며, 1년 동안은 화려하고 즐거운 장소에 나가서도 안 된다. 그 후에는 해마다 기일이 돌아올 때마다 상복을 입는다.

장례식에서 돌아온 가족은 달걀을 먹어야 한다. 유대인의 죽은 이에 대한 사고법은, 사람은 누구나 가족이 죽으면 슬프지만 1주일간 상을 치른 뒤에 밖으로 나가도록 하는데, 이것은 곧 슬픔에 너무 얽매여서는 안 된다는 뜻으로서, 슬픔이 너무 깊어도 건강하지 못하다고 생각하기 때문이다. 그래서 1주일 후에 밖에 나가서 집 둘레를 한 바퀴 도는 것이다.

달걀을 먹거나 집 둘레를 원을 그리면서 걷는 것은, 원은 시작도 끝도 없으므로 생명도 원과 같이 끝이 없으며 항상 돌고 있다는 것을 상징한다.

가장 슬픔에 잠기는 것은 1주일 간이다. 그 다음 1개월 간은 초상 기간이긴 하지만, 이 기간은 앞의 1주일 간만큼 슬픔이 깊지 않다. 다음의 1년 간은 차차 슬픔이 엷어진다. 1년 후에는 기일을 제외하고는 상복을 입지 않는다. 이 1년 간 상복을 입는 것은 상주 되는 내외의 경우뿐이고, 다른 사람은 1주일에다 1개월을 합친 기간으로 상을 끝낸다.

나의 아버지가 돌아가셨을 때 나는 너무 슬퍼서 식사를 할 수 없었다. 그러나 달걀은 먹지 않으면 안 되었다. 그 때의 식사는 의무적이었기 때문에 꼭 먹어야 한다는 데에 의미가 있었다. 죽은 이가 살아 있는 인간을 지배하면 안 된다는 원칙으로 유대인은 삶의 중요성을 가르치고 있으므로, 자살은 큰 죄악이 된다.

장례식은 부자건, 가난뱅이건, 학자건, 교육이 없는 자이건간에 유대에서는 전부 똑같은 관을 쓰고 똑같은 수의를 입는다. 장례식의 형태는 인간의 지위나 부귀를 구별하지 않는다. 왜냐 하면 인간은 모두 평등하다는 의식 때문이다. 예배당에서 같은 옷을 입고 같은 모자를 쓰고 기도하는 것도 그 때문이다.

탈무드적 인간

탈무드적 인간

탈무드와 유대인

‡ 자기창조에 투철한 유대인

유대인이라고 하면 일반적으로 '상술이 뛰어나다'고 인식되어 있다. 그러나 유대인은 이 세상에서 가장 지적 생산력이 뛰어난 민족이다. 그러므로 아직도 유대인이 학대를 받고 있는 국가와 같은 사회를 제외한다면, 유대인은 지적인 노력을 통하여 거의 모든 분야에서 상류나 중류 이상의 지위를 획득하여 생활을 풍요롭게 즐기고 있는 것이다.

또한 유대인은 적응력이 빠르고 창조력이 뛰어나다. 거기다가 유대인이 줄곧 이민족 속에서 박해를 받으며 살아온 사실을 상기한다면, 그 얼마나 불확실성의 시대를 살면서도 개인적인 충실을 기하고 스스로를 단련하고 성장시켜 왔는가를 충분히 알 수가 있다.

왜 유대인은 개인적인 충실을 기해야만 했을까? 그 이유는 간단하다. 유대인은 수적으로 매우 적고, 또한 세계 도처에 흩어져 살고 있었기 때문에 집단 행동을 취할 수가 없었다. 때문에 자신이 혼자 익힌 힘에 의지하여 오늘날까지 살아왔고 개척해 왔다.

유대인은 결코 풍요로운 환경 속에 태어난 것이 아니다. 실제로 유대인이 해방을 맞게 된 것은 19세기 중반에 접어들어서이다. 유대인은 긴긴 세월 동안 물질적인 풍요를 누려보지 못한 채 살아왔다. 그럼에도 불구하고 유대인의 성공율은 매우 높다. 그것은 무엇 때문일까?

새삼 말할 필요도 없이, 그 이유는 유대인들 스스로가 자신을 창조해 나가기 때문이다. 유대인에게 있어 자신을 완성한다는 것은 가장 큰 재산이다. 그리하여 이와 같은 독자적인 창조력은 유대적인 사물의 관찰법이나 생활 방식에서 얻어진 것이다.

만약 유대인이 없었다면 오늘날의 '현대 세계'는 존재할 수 없었다고 말해도 과언이 아니다. 근대에 접어들면서 유대인은 세계를 개혁하는 한편, 과학·정치·예술 등 모든 방면에서 새로운 세계를 낳게 하는 원동력이 되었다.

오늘날 세계를 만든 네 사람의 위대한 인물을 들라고 한다면, 마르크스·뉴톤·프로이트·아인슈타인의 이름이 떠오를 것이다. 이 중에서 유대인이 아닌 사람은 뉴톤뿐이다. 마르크스는 유물론을 발상했다. 프로이트는 근대심리학의 기초를 다졌다. 그리고 아인슈타인은 상대성 원리를 발견해 냄으로써 근대 물리학의 장을 열었던 것이다.

유대인을 성공으로 인도한 비결은 자신을 만들어냈다는 것이며, 그것을 지탱하고 있는 것은 유대인의 5천 년에 걸친 전통인 것이다. 오랜 역사를 통해 배양된 유대인의 독특한 전통이 높은 성공률을 가진 민족을 낳게 한 것이라고 하겠다.

물론 세계에는 유대인과 마찬가지로 오랜 역사를 가진 민족이 적지 않다. 즉 중국·그리스·이집트·인도 등이 그러하다.

그러나 중국인·그리스인·이집트인·인도인의 경우를 살펴보면 세계적으로 명성을 떨친 사람이 많다고는 볼 수 없다. 이것이 유대인과의 차이점이다.

대체 이 차이는 어디서 나온 것일까?

중국·그리스·이집트·인도 같은 나라들은 그 오랜 역사나 전통이 아무리 자랑스러운 것이라 할지라도 그것은 한낱 과거의 기록에 지나지 않는 것으로 보았다.

그러나 유대인은 자신들의 역사나 전통을 살아 있는 교훈으로 받아들여, 단순한 기록으로 서가에 꽂아놓는 것이 아니라, 더욱 발전하기 위한 발판으로 삼은 것이다.

✡ 지혜의 샘

유대인은 과거의 전통을 오늘날의 과제로 받아들여 항상 공부를 한다. 이 전통이 기록되어 있는 것이 유대인의 성전인《탈무드》이다.

《탈무드》는 거대한 역작이다. 헤브라이어로 씌어진 20권, 1만 2천 페이지, 205만 단어에 달하는 이《탈무드》는 유대인의 지적 원천을 이룬다. 향상심이 있는 유대인이라면 대다수가 하루에 한 번은 반드시《탈무드》를 공부한다.

《탈무드》는 여러 가지 의미에서 기묘한 책이다. 이것이 한 권의 책으로 엮어진 지는 겨우 150년밖에 되지 않는다. 유대민족의 기원은 5천 년 이상으로 거슬러올라가지만,《탈무드》는 기원전 5백 년부터 기원후 5백 년까지의 구전을 당시 2천여 명 이상의 랍비가 모여 10년 동안 편찬한 것이다.

《탈무드》는 두 가지가 있다. 하나는 기원전 3세기에 팔레스티나에서, 또 하나는 기원전 5세기에 바빌로니아에서 당시 세계의 유대인 현자들이 모여 그 때까지의 지혜를 집대성했다. 전자는 《팔레스티나 탈무드》라고 일컬어지고, 후자는 《바빌로니아 탈무드》로 호칭된다. 그러나 일반적으로 《탈무드》라고 하면 《바빌로니아 탈무드》를 말하는 것이다.

기원전 70년 유대 왕국이 로마 제국에 의해 멸망된 후, 유대인은 팔레스티나에서 로마의 가혹한 지배를 받게 된다. 따라서 비밀리에 만들어진 《팔레스티나 탈무드》는 얄팍한 한 권의 책이며, 《바빌로니아 탈무드》는 1만 2천 페이지에 달하는 방대한 것이다.

이 《탈무드》의 특징은 끝이 없다는 것이다. 그래서 《탈무드》의 마지막 페이지는 언제나 여백으로 남아 있다.

이것은 기원전 5세기에 《바빌로니아 탈무드》가 만들어진 이래 오늘날까지 유대인의 새로운 지식이 거기에 기재되어 왔음을 뜻한다. 일반 서적은 종말이 있는 책이라고 하겠으나, 《탈무드》는 끝이 없는 책이다.

'탈무드'는 아랍어로는 '깊이 배운다'는 뜻이다. 이것으로 미루어 보아, 책을 읽을 때 독자는 언제나 여백에 자신의 생각을 반드시 첨가할 의무가 있다는 것을 염두에 두어야 할 것이다.

╬ 성(姓)에 깃들인 유대 민족의 역사

유대인은 그리스도 교도에 의해 종교적으로도 많은 박해를 받았다. 로마 교황은 유대인의 의상에 유대인임을 나타내는 기장(記章)을 달거나 정해진 복장을 착용하도록 여러 차례 명령을 내렸다. 또한 지방에 따라서는 유대인 거리가 불에 타고 영주에 의해

재산을 몰수당하고 추방되었다. 영국이나 스페인은 거국적으로 유대인을 추방했다.

이와 같은 박해가 완화된 것은 18세기에 접어들면서부터이다. 그래서 유대인은 대부분 18세기에 접어들어서야 비로소 자기의 성(姓)을 갖게 되었다.

유대인 성이라고 쉽게 단정되는 경우가 있다. 스나이더 · 라나 · 도이치 · 골드슈타인 · 아인슈타인 등이 그런 성들이다. 또한 세계의 거의 모든 사람들의 성이 그렇듯이 유대인의 성에도 의미가 있다. 스나이더는 양복점, 라나는 학자, 도이치는 독일이라는 뜻이다. 또한 거기에는 유대인 특유의 역사가 담겨 있다.

유럽의 유대인이 성을 갖게 된 것은 불과 2백여 년 전의 일이다. 그 때까지는 '이자야 벤 다산'의 경우처럼 누구의 아들 모(某)라는 이름으로 불리고 있었다. 이 경우는 '다산의 아들 이자야'라는 뜻이다. 이스라엘의 초대 수상인 데비드 벤 글리온은 '글리온의 아들 데비드'라는 뜻이다

또한 유대인이 종사하고 있던 직업에 따라 스나이더 · 칸터(가수) · 라비노비츠(랍비) · 슈피겔(거울 장수) · 산드러(구두방) · 골드슈미트(금은 세공)라든가, 살고 있는 장소에 따라 바르샤프스키(바르샤바) · 토케이어(헝가리의 토케이), 그리고 크라인(꼬마) · 글로스(거인) · 슈발츠(검은 얼굴) 등 외견상의 특색이 성 대신으로 쓰이기도 했다. 또한 아버지의 이름 끝에다 son을 붙인 사무엘슨 · 멘델스존 · 야콥슨이란 성도 있다.

그러나 18세기로 접어들자 정부는 유대인 등록부를 작성하기 위해 유대인에게 성(姓)을 갖도록 강요했다. 오스트리아의 요셉 황제는 1787년에, 나폴레옹 1세는 1808년에, 프러시아 정부는 1819년에 이와 같은 명령을 내렸다.

그렇다고 누구나 함부로 자신이 좋아하는 성을 마음대로 가질

수는 없었다. 각국 정부는 유대인으로부터 수탈하기를 좋아했기 때문에 성을 팔아먹었던 것이다. 좋은 성은 비싸게 팔고 나쁜 성은 싸게 팔았다. 값비싼 성에는 꽃이나 귀금속성이 붙었다. 로젠탈(장미)·골드슈타인·골드버그(황금)·실버그(은)·슈타르(강철)·아이젠버그(철) 등의 성이 비싼 것이었다.

그러나 유대인 가에 사는 유대인들은 거의 모두가 가난했다. 그래서 싸구려 성밖엔 살 수 없었는데, 동물명이 붙은 것으로서 울프(늑대)·울프손 등이 그것이다. 또한 성을 가지고 싶지만 돈이 없는 사람도 있었다.

유대인으로서 돈을 지불할 수 없는 자에게는 에젤코프(나귀의 머리)·프레서(지방덩어리)·힌터게시트(엉덩이) 등의 성이 주어졌다. '나귀'는 유럽 각국이나 영어에서는 '바보'라는 의미를 갖는다. 그런데 이런 성을 가진 사람은 오늘날에 와서는 모두 개명해 버렸다.

✡ 웃음의 민족

유대인은 '웃음의 민족'으로 알려져 왔다. 그만큼 유대인들 사이에서 웃음은 가치 있는 것으로 평가되고 있다. 유대인이 모이면 언제 어디서나 항상 조크를 주고받는다. 유대인에게 있어서 조크는 지적인 것이지만, 기독교도나 동양인들 사이에서 조크는 천시되고 있다.

헤브라이어에서 조크에 해당하는 말은 '호프마'인데, 이것은 또한 '지혜'나 '예지'를 뜻하기도 한다. 예지와 조크가 같은 말이라고 하는 것은 유대인들의 사고 방식에 잘 나타나 있다.

유대인의 대부호로 알려진 로스차일드는 18세기에 영국에서 성공한 사람이다. 로스차일드는 금융업자였는데, 영국의 궁궐이나 런던의 유력자에게 조크를 효과적으로 사용하여 그 사회에 파고 든 것으로 유명하다.

당시는 나폴레옹 시대였다. 그리고 대부분의 유대인은 유럽에서 살고 있었으며, 아직 전신(電信)이 없었다. 그래서 로스차일드는 언제나 사람을 시켜 유럽에서 유행하는 조크를 런던으로 옮겨와, 그것을 사교계에 퍼뜨려서 인기 있는 사람이 되었다.

유대인이 낳은 가장 위대한 학자인 아인슈타인이나 프로이트 는 동시에 뛰어난 코미디언이기도 했다. 그들은 언제나 사람들 을 웃기고 즐겁게 했다. 유대인에게는 학자이며 동시에 코미디 언이라고 부르는 것에 아무런 모순이 없다. 아인슈타인이나 프 로이트를 키운 유대인의 두뇌는 조크에 의해서 단련을 받았다고 할 수 있다.

조크는 흔히 '지성의 초석'이라고도 불리운다. 유대인 아이들은 성장하면서 부모들로부터 여러 가지 수수께끼나 조크를 듣고 지 성을 단련시킨다.

실제로 조크만큼 폭넓은 상상력과 기지가 필요한 것도 없다. 조크 는 감정을 예민하게 하고 연상력을 단련시킨다. 그리고 조크는 두뇌 의 재빠른 회전을 요구한다. 게다가 조크만큼 권위를 파괴시키는 힘을 갖고 있는 것도 없다. 조크는 영감을 비장하고 있는데, 이 영감은 굳어 버린 머릿속에서는 생기지 않는다.

유대인들은 고지식하다든가 폭이 좁은 사고를 배척하고 있다. 왜냐 하면 이렇게 굳어 버린 머리는 상상력이 결여되기 때문이다. 조크는 '강 건너편에서 지켜본다'고 하는 식의 일종의 여유이기도 하다. 고지식한 인간은 곧게 그은 선 위에서만 열심히 걷고 있는 것과 마찬가지이다. 그러나 웃음을 아는 인간은 넓은 들판을 자 유롭게 돌아 다니고 있는 것이다. 이것이야말로 여유이다. 자기의 입장이나 권위를 쓸데없이 내세우지 않고, 옆으로 뛰쳐나와 먼 곳에서도 바라볼 수 있는 유연한 사고의 소유자인 것이다.

아인슈타인은 이런 말을 남겼다.

"나의 가장 위대한 교사는 조크였다. 세상에서 믿고 있는 규칙을 이해하지도 못한 채 그대로 받아들여서는 안 된다. 그 규칙에 얽매여 있으면 그것을 번복시킬 만한 새로운 것을 만들어낼 수 없기 때문이다."

이러한 아인슈타인의 말은 무엇을 뜻하고 있는 것일까? 여기에서 조크의 예를 하나 들어 생각해 보기로 하자.

얼마간의 돈을 모은 한 유대인 노인이 마침내 죽음을 맞게 되었다. 그는 임종의 자리에서 아들에게 괴로운 듯이 말했다.

"랍비를 불러다오, 랍비를."

그리하여 랍비가 자기 집을 향해 지금 오고 있다는 말을 듣고서 그 노인은 아들에게 물었다.

"랍비가 나를 위해 기도를 하면 나는 틀림없이 천당에 갈 수 있을까?"

아들이 대답했다.

"물론 랍비가 기도를 해 주시면 틀림없이 천국에 가시게 될 것입니다."

노인은 괴로운 듯 숨을 몰아쉬면서 물었다.

"그래, 하지만 상당히 많은 돈이 필요하지 않을까?"

노인은 매우 괴로운 표정을 지으며 물었다.

아들이 말했다.

"아버님, 역시 천당에 가시기 위해서는 1만 달러쯤은 필요할 것입니다."

"하지만 정말 천당에 갈 수가 있을까?"

"물론 가실 수 있으리라고 생각합니다."

그러자 노인이 말했다.

"빨리 카톨릭교의 신부를 불러다오. 랍비와 함께 기도를 해달라고 하자. 그리고 신부에게도 1만 달러를 지불거라. 만약 유대교에 천당이 없다면 카톨릭의 천당에라도 갈 수 있을 것이 아니냐."

아들은 가장 사랑하는 아버지가 돌아가시게 되었으므로 카톨릭의 신부에게도 가서 기도를 해 주십사고 부탁하고 돌아왔다.

"아버님, 카톨릭의 신부도 곧 오실 것입니다."

노인은 여전히 불안한 표정을 지으면서 물었다.

"그렇지만 유대교도 카톨릭도 둘 다 안 된다면 어떻게 하지?"

아들이 말했다.

"글쎄요, 그렇다면 프로테스탄트(신교)의 목사도 초청하는 것이 좋겠군요."

"그렇지! 프로테스탄트의 목사도 빨리 불러다오. 그런데 천당에 가려면 돈이 얼마나 들까?"

아들이 대답했다.

"역시 1만 달러는 필요하겠지요."

노인은 더욱 괴로운 듯 숨을 몰아쉬면서 말했다.

"알았다."

이윽고 유대교의 랍비와 카톨릭교의 신부와 프로테스탄트의 목사가 병실에 들어와 각각 장시간의 기도를 했다. 노인은 평온한 미소를 띠면서 세 천당 중 어느 천당엔가에 조용히 오르려 하고 있었다.

그런데 마지막 순간에 그는 갑자기 눈을 번쩍 뜨며 말했다.

"랍비님! 신부님! 목사님!"

그는 마지막 힘을 다 해 말했다.

"나는 세 분께 드릴 3만 달러를 제외하고는 아들에게 재산을 몽땅 주어 버렸습니다. 그런데 천당에 가서도 돈이 필요할지도 모르겠습니다. 그러므로 내가 죽으면 여러분께서 각각 받으신 1만 달러 중에서 2천 달러씩만 관 속에 넣어주시지 않겠습니까?"

물론 랍비도 신부도 목사도 1만 달러씩 받았으므로 그 중에서 2천 달러를 관 속에 넣어주는 데 동의했다. 그리고 세 사람이 모두 입을 모아 말했다.

"당신은 틀림없이 천국에 갑니다."

그러자 노인은 곧 숨을 거두었다.

그런데 장례식을 치르는 날, 맨 먼저 카톨릭의 신부가 일어서서 관이 있는 곳까지 가서 현금 2천 달러를 관 속에 넣었다. 그리고 그 다음에 프로테스탄트의 목사도 관이 있는 곳으로 가서 또 현금 2천 달러를 넣었다.

그 다음 랍비가 관이 안치되어 있는 곳으로 나가더니 천천히 안주머니에서 수표책을 꺼내어 6천 달러라고 적어 관 속에 넣은 다음, 관 속에 있는 현금 4천 달러를 거스름돈으로 집어냈다.

유대의 조크에는 랍비와 카톨릭의 신부와 프로테스탄트의 목사, 이렇게 세 사람이 등장하는 이야기가 많다. 또 한 가지 이야기를 들어보자.

랍비와 신부와 목사 세 사람이 교회와 시나고그(유대교의 집회소)에서 모금한 기부금을 어떻게 배분할 것인가에 대해 의논하고 있었다. 기부금의 일부는 자선 사업에 쓰이고, 일부는 신부와 목사, 랍비의 생활비에 충당되는 것이다.

먼저 신부가 말했다.

"나는 땅 위에 둥근 원을 그려놓고 모아진 돈을 전부 공중을 향해 던집니다. 그리고 둥근 원 밖으로 떨어진 돈은 자선 사업에 쓰고, 원 안에 떨어진 돈은 생활비로 비축해 둡니다."

프로테스탄트의 목사가 맞장구를 쳤다.

"네, 그렇습니까? 저도 역시 그렇게 하고 있습니다. 다만 나는 땅 위에 선을 그어놓고 돈을 공중에 던져 왼쪽에 떨어진 돈은 자선 사업에 쓰고, 오른쪽에 떨어진 돈은 나 자신을 위해 쓰고 있습니다. 이것이 모두 하느님의 뜻이니까요."

그렇게 말하자 카톨릭의 신부는 머리를 끄덕였다.

그리고는 두 사람이 랍비에게 물었다.

"그런데 당신은 어떻게 하고 계십니까?"

그러자 랍비가 대답했다.

"나도 역시 여러분들과 마찬가지로 모인 돈은 전부 하늘을 향해 던집니다. 그렇게 하면 필요하신 돈은 하느님께서 스스로 취하시고, 나에게 주시는 돈은 전부 땅 위에 떨어뜨리시니까요."

이 일화로 알 수 있다시피 유머는 퍽 재미있다. 1974년판 《대영백과사전》의 유머 항목에는 다음과 같은 예가 나와 있다. 그것은 기독교의 조크이며, 프랑스의 성주와 카톨릭의 신부에 대한 재치 있는 이야기이다.

아직 신혼 초기인 성주가 아름다운 아내를 집에 두고 사냥을 나갔다.

사냥을 마치고 성으로 돌아와 침실에 들어가 보니, 아내와 카톨릭의 신부가 침실에 나란히 누워 있지 않은가. 그러나 성주는 침착하게 침대 옆을 지나 발코니로 나가서, 그 앞을 지나가고 있는 거리의 사람들을 향해 성호에 십자를 그으면서 축복의 기도를 시작하는 것이었다.

신부가 놀라며 뛰어나와 물었다.

"백작님, 어떻게 된 일입니까?"

성주는 축도의 동작을 계속하면서 말했다.

"아닙니다. 당신이 내가 할 일을 대신하고 있기에, 나는 당신이 할 일을 하고 있을 뿐입니다."

조크는 상식에서 벗어나기 때문에 의외성이 있고 자유 분방하다. 그러므로 조크는 사고에 가장 좋은 훈련이 된다. 이것은 마치 운동을 하는 사람의 몸이 유연한 것과 같다. 길을 걷고 있을 때, 뜻하지 않은 방향에서 자동차가 달려나온다. 혹은 차를 몰고 있을 때, 뜻하지 않은 방향에서 사람이 튀어나온다. 이러한 때, 평소에 운동을 하여 근육을 유연하게 만들고 반사신경을 단련해 둔 사람은 재빨리 대응할 수 있다. 지적 활동에서 단련하는 조크의 효용도 이와 마찬가지이다.

조크는 다른 사람에게 이야기하는 것만이 아니라, 자신의 지성에 유연성을 부여하고 지성을 풍부하게 하기 위해서도 크게 도움이 된다. 조크는 지성이라고 하는 기계에 기름을 치는 것과 같다. 고지식이라고 하는 밧줄로 자기 지성의 유연성을 묶어서는 안 된다. 웃음은 자유를 부여해 준다.

여러 번 언급했지만 인류의 역사를 통해 유대인만큼 박해를 받은 민족은 없다. 그래도 유대 민족은 살아남았다. 살아남기 위해서는 강인하고 늠름한 정신이 필요했다. 웃음이 유대인을 지켜온 것이다. 유대인들이 결코 절망하지 않았던 것은 《탈무드》가 가르쳐주는 정의의 세계를 의심 없이 믿어왔기 때문만은 아니다. 오로지 웃음이라고 하는 여유와 유연성을 가지고 있었기 때문이다.

웃음은 유대인에게 대나무와 같은 유연성을 부여해 왔다. 꺾여질 듯이 보여도 항상 힘차게 본래의 상태로 되돌아갈 수 있는 힘을 주었다. 유대인은 웃음으로 항상 용기를 가질 수 있었다. 웃을 여유를 가진 사람은 결코 좌절하는 법이 없다. 또한 웃음은 용기를 가져다주고 용기에서 웃음이 생긴다.

《탈무드》에는

"울어도 웃어도 눈물이 나온다. 그러나 웃어서 눈물을 흘려 눈이 붉게 충혈되는 사람은 없다."

고 하는 말이 나온다. 웃음은 또 역경에 처해도 자신감과 여유를 부여해 준다.

오늘날의 인간 사회는 복잡한 사회를 유지하기 위해 많은 규칙을 만들어 인간을 속박하고 있다. 프로이트는 '문명은 억압이다'라는 유명한 말을 남기고 있다. 문명 사회는 사람들의 행동을 억압하고 통제한다.

그러나 웃음이나 조크는 관리 사회로부터의 탈출을 의미한다. 말하자면 고도의 관리 사회에 대한 프로테스탄트이며, 평소에 억압을 받고 있는 데 대한 즐거운 보복이다. 또한 웃음은 폭력과는 달리 평화로운 활동이라고 할 수 있으며, 또는 인간의 독립 선언이라고도 할 수 있다.

유대인들은 인생에는 맑은 공기와 깨끗한 물과 푸르름, 그리고 웃음이 반드시 필요하다고 생각하고 있다. 웃음은 사람을 익살꾼으로 만든다. 이것은 웃음이 가지고 있는 중요한 기능으로서, 겸허함을 가르쳐주기도 한다.

오늘날의 고도로 발달한 문명 사회에서 사람들은 진심으로 마음껏 울고 웃고 외치는 것을 잃어버리고 말았다. 그런데 유대인들은 무엇이든지 웃음의 대상으로 삼아 버린다. 적에 대한 일도 웃고, 또 자기들의 일에 대해서도 웃는다. 그리고 하느님조차도 웃음의 대상이 된다.

예를 들면 다음과 같은 이야기가 있다.

모세는 아들 아브라함이 기독교의 세례를 받겠다고 한 말을 듣고 정신이 아찔했다. 그래서 그는 1주일간의 금식 기도를 시작했다. 시나고그에서 하느님의 도움을 구하여 온정성을 다 해 기도를 올렸더니 배가 고프고 어지러웠다. 그래도 더욱 힘을 내어 하늘에 통할 수 있도록 계속 기도를 했다.

그러자 눈앞에 이상한 빛이 나타나더니, 장엄한 빛의 원 가운데에 인간의 말로써는 도저히 표현할 수 없는 거룩한 형상이 나타났다.

모세의 눈은 빛났다. 마침내 하느님께서 기도에 응답해 주신 것이다.

"하느님이시여 전능하신 하느님이시여, 축복하소서, 당신께서는 마침내 당신의 모습을 세상에 나타내 주셨습니다. 하느님이시여, 나의 단 하나뿐인 아들 아브라함이 기독교의 세례를 받는다고 합니다. 구해 주시기를 간절히 기도합니다."

그러자 어디에선가 엄숙하고도 장엄한 소리가 들려왔다.

"나의 아들도 그러했었느니라."

그리스도는 기독교도가 된 최초의 유대인이었다.

웃음은 또 용서를 뜻하기도 한다. 모든 일에 대해서 웃을 수 있는 사람은 너그러운 사람이다. 사람은 냉혹함 속에서도 웃음을 잊어서는 안 된다.

현대는 고지식한 사람이 너무 많은 것 같다. 아마 다른 사람에게 영합하고 비위를 맞춰야만 무난히 생활을 할 수 있다고 하는 규칙이 오랫동안 우리 사회를 지배해 왔기 때문인 듯하다.

사람들은 흔히 웃음이 갖고 있는 힘을 과소 평가해 왔다. '웃으면 복이 찾아온다'라고 하는 격언이 있음에도 불구하고 웃음에는 정통적인 지위가 부여되지 않았다.

‡ 시간을 잘 활용하는 인간

1930년대 초 존 메이나드 케인즈(John Maynard Keynes)가 쓴 《수상록》가운데는 '누가 역사의 전위(前衛)이냐'라는 문제가 다루어져 있다. 케인즈는 케인즈 학파를 세운 영국의 경제학자이다. 그 당시 세계는 대공황의 충격에서 아직도 벗어나지 못하고 있었을 때이다.

물론 당시에 '전위'라고 하는 말은 정치적으로 공산주의자들이 자신을 부를 때 쓰고 있었다. 예술 분야에서는 제1차 세계대전 이후에 발생한 앱스트랙트(abstract : 추상적) 예술이나 쉬르리얼리즘(surrealism : 초현실주의)을 중심으로 하여 큐비즘(cubism : 입체파)·다다이즘(dadaism : 허무주의)·미래주의 등 일련의 운동을 그렇게 불렀다. '아방가르드(avantgarde : 전위파)'는 프랑스어로 '첨병(尖兵)'을 뜻하는데, 역사 발전의 선두에 서 있다든가 앞서서 미래에 발을 들여놓고 있는 사람을 의미한다.

케인즈는 "오늘날에는 공산주의자가 역사의 전위라고 말하고 있는데, 진정한 역사의 전위는 유럽의 귀족들이다"라고 말했다. 그에 의하면, 앞으로 인류에게 가장 심각한 문제는 마르크스가 19세기 중엽에 예언한 것처럼, 프롤레타리아라고 불리는 근로자 계급이 궁핍해지는 것이 아니라, 과학 기술의 발전과 함께 생활 수준이 향상되고 여가가 많아지는 것이었다. 그는 "이것은 대부분의 사람은 참아내기 어려운 일인데, 유럽의 귀족이야말로 일하지 않고 여가를 즐기는 방법을 터득하고 있다"라고 쓰고 있다.

여기에는 오늘날에도 통용되는 통찰력이 있다. 동양에서도 주휴(週休) 2일제를 채택한 기업이 점점 늘고, 또 다른 서방측 선진 공업국에서는 일일 교대 근무나 주휴 3일제가 거론되고 있다. 사람들은 막상 여가가 많아지는 것을 동경해 왔음에도, 현실적으로 여가가 많아지자 어떻게 그 여가를 보내면 좋을지를 모르고 있다.

아널드 토인비는 《미래를 살아가기 위해서》라는 저서에서 이렇게 설파하고 있다.

"현대인은 마음속으로부터 여가를 두려워하고 있다. 여가는 자기와 대결할 것을 강요하기 때문이다……. 그래서 사람들은 지적으로, 창조적으로, 그리고 종교적으로 기울지 않을 수 없게 될 것이다."

사실 기독교도나 동양인들은 오늘날까지 여가를 어떻게 보내야 할지 알지 못하고 있다. 지금까지 초등학교부터 대학, 또는 각급 교육 기관에서도 여가를 보내는 방법에 대해선 가르친 일이 전혀 없었다. 그것은 오늘날에 와서도 마찬가지다. 학교 교육은 일하는 것을 강조하는 데에 주안점을 두어 왔다. 근면한 시민을 만드는 것이 목적이었던 것이다.

이제까지의 시대는 그렇게 해도 되었는지 모른다. 1850년대의 미국 사람들은 1주일에 70시간씩 노동을 했다. 그만큼 세계는 가난했던 것이다. 그러던 것이 1900년대에는 60시간으로 줄었다. 1940년대에는 44시간이 되었고, 50년대에 들어서자 주휴 2일제인 40시간으로 바뀌었다. 오늘날에 와서는 평균적으로 미국인은 35시간에서 38시간 일하고 있다.

그리고 1990년대에는 노동 시간이 20시간 내지 24시간이 되리라고 추정된다. 그렇게 된다면 무서울 정도로 자유로운 시간이 많아지게 된다. 자기를 향상시켜야 될 문화적인 시대가 시작되는 것이다. 그러나 대부분의 사람들은 자기의 시간을 활용할 방법을 모르고 있다.

'레저(leisure)'라고 하는 영어의 어원은 라틴어의 licére이며, '허가증(licence)'을 뜻한다. 쉬기 위해서는 고용주의 허가가 필요했던 데서 유래된 말이다. 군대에서의 외출 허가증과 같은 것이라 하겠다. 요컨대 여가는 자신이 갖고 있는 것이 아니라, 외부에서 주는 것이다. 그래서 기분 전환을 위해서 여가를 이용하는 일이 많아졌다. 그러나 유대인에게는 휴일에 적극적으로 쉬는 일과 배우는 일은 그들의 의무였다.

인간이 자유롭게 되었을 때에 오히려 인간성이 충분히 발휘될 수 없다고 하는 것은 참으로 이상한 일이 아닐 수 없다. 예전에 사회가 가난했을 때에는 아무리 힘든 일이라도 가족들을 벌어 먹인다는 긍지가 있었다. 그러나 오늘날엔 일에 대한 긍지를 찾기가 어려워졌다. 샐러리맨의 삶의 보람에 대한 논의가 대두하게 된 이면에는 이와 같은 배경이 있는 것이다.

이것을 위해서도 자신의 인생을 가져야만 하게 되었다. 그리고 과거에는 일과 가족 사이에 조화를 이루기만 하면 되었지만, 오늘날에 와서는 일과 가정과 삶의 보람, 이 세 가지 사이에 조화를 이루지 않으면 안 되게끔 변했다. 삶의 보람은 취미라 해도 좋고, 자기 표현이라 불러도 좋다. 요컨대 개성의 형성이다.

빛나는 개성을 가진다는 것은 자기 자신의 인생을 풍요하게 하기 위해서도, 혹은 일을 하는 곳에서 크게 뻗어나가기 위해서도 바람직한 일이다.

자유는 무한한 가능성을 간직하고 있다는 의미에서도 다원적이다. 일원적인 시대는 끝나고 이제부터는 다원적인 시대이다. 따라서 일을 하는 곳에서도, 혹은 자유 시간을 보내는 곳에서도 다양화된 환경에 적응하기 위해 다원적인 가능성을 가진 사람이 되어야 하겠다.

✡ 자기 소생의 기회로 휴일을 활용하라

《탈무드》에는 '인간은 자주 손을 쉬게 함으로써 오히려 큰 것을 만들어낸다'고 하는 가르침이 있다. 이것은 유대인의 쉬는 방법이 뛰어남을 설명하고 있는 말이다. 또 화가가 그림을 그릴 때에는 '자주 그림에서 떨어져서 화폭을 바라보아야 한다'고 하는 가르침도 있다. 이것은 조각가나 다른 예술가는 물론 샐러리맨에 대해서도 해당되는 말이다.

예를 들어 화가가 화면에서 전혀 눈을 떼는 일 없이 화필을 들어 그림을 그린다면 좋은 그림을 그릴 수가 없다. 때때로 쉬면서 멀리에서 바라볼 필요가 있는 것이다. 이것은 여유와 유연성을 낳게 한다.

'나무는 보고 숲을 보지 못한다'고 하는 격언이 있듯, 완전히 일에 몰두하는 것만이 비즈니스맨의 성공 비결은 아니다.

휴일은 자기 소생의 시간이지, 결코 자기를 낭비하는 시간이 아니다. 하긴 이따금 자기를 낭비하는 것도 좋을 것이다. 그러나 휴일은 자신을 파악하기 위해서 있다. 특히 집단으로부터 개별화의 시대로 들어가려고 하는 시대에는 자기로부터 자기를 끌어내는 창조적인 휴일이 필요하다.

휴일을 유익하게 보내는 것은 실제로 효과적으로 일을 하는 것만큼이나 어려운 것이다. 일에서 벗어나는 시간을 여가라고 하는데, 사실은 결코 남은 시간을 말하는 것이 아니다. 휴일은 본래 자기의 시간이다.

'열성적 사원'은 휴일이 되면 얼빠진 인간이 되어 버린다. 그리고 그 공허함을 메우기 위해 일을 하고 있을 때와 같은 정열로 앞뒤 생각 없이 덮어놓고 놀거나, 휴일을 지내는 방법을 몰라 당황하여 시간을 낭비하기도 한다.

사바스(Sabbath)는 영어에 '사바티컬(sabbatical)'이라는 말을 남겨놓고 있다. 사바티컬을 영어 사전에서 찾아보면, sabb-atical year(안식년도 : 이스라엘인이 7년마다 밭갈이를 쉬는 해), sabbatical leave(휴가년도 : 7년마다 대학 교수에게 주는 1년 또는 반 년의 휴가)라는 것이 있다.

미국에서의 대학 교수는 근무하고 있는 대학에 따라 다르지만, 5년에 1번이라든가, 7년에 1번씩 1년간의 유급 휴가를 갖는다. 충전을 하고 창조력을 되찾는 기간이다. 그리고 대학뿐만 아니라 기업에서도 이와 같은 제도를 채택하고 있다.

물론 기업에도 이익이 된다. 이것은 '대학 무용론(無用論)'과도 상통한다. 하긴 '대학 무용론'이라고 하면 너무 표현이 과격할지도 모른다. 그러나 오늘날의 대학은 과거 20~30년 전까지의 대학과 같은 권위와 효용을 갖지 못하고 있다. 이것은 지금의 대학이 19세기에 설립한 고전적 대학의 후예이므로 시대적 요청에 부응하지 못하는 데서 비롯된 것이다.

미술의 흐름을 보자. 흐루시초프가 수상직에 있을 때, 어느 유명한 추상 화가의 그림을 보고 '당나귀의 꼬리로 그린 그림이다'라고 경멸한 일이 있다. 물론 소련에서는 추상 예술이 금지되어 있어서 모든 일에 대해 고지식해야 되는 사회인 것이다. 추상 예술에 손을 대는 예술가는 국립예술원인 아카데미의 단원이 될 수 없다.

미술은 그리스 시대로부터 르네상스에 이르기까지 지극히 사실적이었다. 감상하는 사람도, 대상이 되는 사물도 정지되어 있었다. 인간의 눈으로 침착하게 응시할 수가 있었던 것이다. 그리고 산업 혁명이 일어나고, 증기 기관차가 열차를 끌고 달리게 되자 인상파라든가 야수파가 등장하였다.

그 후 교통 기관의 속도가 점점 빨라졌다. 그리고 그에 발맞추어 회화도 추상적으로 변했다. 이 주장에 따르면, 회화의 변화는 교통수단의 창을 통하여 바깥을 보았을 때에 인간의 눈이 잡은 풍경과 결부된다고 한다. 제트기 시대에는 창의 바깥 풍경이 모두 재빨리 획획 지나가 버려 완전히 추상적인 것이 되어 버린다.

약간 이상한 주장이긴 하지만 그러나 한 가지의 교훈을 내포하고 있다. 바로 시대적 변화의 속도가 빨라진다는 것이다. 19세기에 옥스포드·케임브리지·예일 등의 명문 대학이 설립되고, 고전적 대학 교육이 확립된 시대에는 세상이 변하는 속도가 느렸다. 또 청춘 시절에 4년 동안의 일괄적인 교육을 받으면 그때 얻은 지식은 평생을 통하여 쓸모가 있었다.

그런데 오늘날에 와서는 그렇지 않다. 가장 알기 쉽게 의사의 경우를 예로 들어보자. 의학은 수년마다 크게 발전한다. 이미 대학에서 받은 의학 교육이 그대로 평생 통용될 리가 없다. 이 발전에 따라가기 위해서는 의사는 평생 동안 공부해야 한다. 그만큼 대학 교육이 지니고 있던 무게가 가벼워졌다.

이와 같이 거의 모든 분야에 있어서 고전적 교육의 일괄성은 무용지물이 되어버렸다. 그래서 평생 교육, 즉 라이프 스타일 에쥬케이션(Life style education) 혹은 퍼머넌트 에쥬케이션(Perme- rnent education)이라고 하는 개념이 생겨났다. 비즈니스맨이나 관리들도 때때로 학교로 되돌아가거나 심포지움·세미나 참가 등을 통해 교육을 받지 않으면 안 되게 되었다. 이런 의미에서 '사바티컬'은 의의가 크다.

미국에서 평생 교육을 가장 효과적으로 실시하고 있는 곳이 군대이다. 대학에 가면 흔히 중견 장교가 휴가를 받아 학교에 진학하는 것을 볼 수 있다. 대기업 중에도 이와 같은 제도를 채택하고 있는 곳이 많다. 이와 같은 교육은 포스트 익스피어리언스 에쥬케이션(Post-experience education), 즉 후실무교육이라고 불린다. 실무를 보면서 정기적으로 학교에 가서 수업을 받기 때문이다.

미국에서는 대학 4년, 혹은 대학원까지 포함하여 6~7년 동안 끝까지 공부하지 않는 사람의 비율이 점차 늘어나고 있다. 그들은 학업을 중단하고 취직을 한다. 그리고 대학은 성인 교육 혹은 평생 교육을 실시하는 곳으로서 일반 시민에게 개방되었다. 미국에서는 성인 수강생 수가 급속히 증가하고 있다.

이로 인해서 많은 대학이 야간반을 설치하게 되었다. 예전엔 성인 교육이라고 하면 생활이 어려워서 대학에 진학을 하지 못했던 사람이 나중에 자격을 얻기 위해서라든가, 예전에 받았던 교육을 보충하기 위해서라든가 하는 어두운 면이 있었다. 그러나 오늘날에는 그렇지 않다. 명문 대학을 졸업한 사람도 대학에서 받은 교육의 유효 연수가 훨씬 줄어들어서 항상 새로운 지식을 받아들이지 않으면 시대의 흐름에 뒤떨어지게 마련이다.

그리고 독학도 새로운 의미를 갖게 되었다. 흔히 독학은 가난 때문에 정규 교육을 받지 못한 사람이 등잔불 밑에서 책을 읽었다고 하는 얘기와 상통한다. 그러나 오늘날에는 그 의미가 완전히 바뀌었다. 각자가 자기 힘으로 시대의 흐름에 따라가지 않으면 안 되기 때문에 독학하는 시간이 대단히 많아졌다.

어떤 곳에서는 장기 휴가를 장려하고 있다. 예를 들어 어느 전기 화학회사에서는 사원 중에서 선정된 사람이 3개월 간의 휴가를 받고 자기 스스로 테마를 설정하여 업무 능력을 높일 수 있는 리포트를 쓰는 데 몰두하게 한다. 그 휴가 기간 동안에는 회사에도 오지 말라, 전화도 받지 말라, 동료와도 만나지 말라고 하여 리포트를 작성하는 일 외에는 완전히 자유로운 시간을 보내게 된다.

한편으론 이것을 '장·노년층을 쫓아내는 작전의 일환'이라고 보는 경향도 있다. 그러나 휴일의 역할이 높이 평가되게 되었다는 것은 '샐러리맨 혁명'이 진척되고 있음을 보여주는 것이다. '열성적 사원'과 같이 샐러리맨이 회사 운영을 위한 부품이었던 시대에는 휴일의 효용은 생각할 수조차 없었다. 기껏해야 방 안에서 뒹구는 것으로 육체적인 피로를 회복시키고 호연지기를 기르면 되었던 것이다.

그러나 독립개체의 시대가 오면 이야기가 좀 다르다. 회사를 그만두어도 통용될 수 있는 인간을 회사측이 구하고 있는 시대에는 개체의 충전이 중요해진다. 그만큼 휴식의 값어치가 높아진다는 것이다. 그래서 어떻게 쉬느냐하는 것이 어떻게 일을 해야 되는가 하는 것과 같은 비율로 중요해졌다. 휴일은 완전히 자기만의 시간이다. 휴일을 효용적으로 쓸 수 없는 사람은 외부적으로 호소할 수 있는 '개체'를 갖지 못한다.

이상, 개략적이긴 하지만 《탈무드》의 요약과, 《탈무드》와 유대인과의 연관성에 대해서 말했다.

차별·학살 등 유례를 볼 수 없는 박해를 받으면서도 유대인들은 끈질기게 살아남았다. 오히려 굴욕의 역사를 성공의 용수철로 삼았기 때문이다.

나는 이 놀라운 비밀을 푸는 열쇠는 두 가지가 있다고 생각한다. 그것은 성경과 《탈무드》이다. 성경이 유대인들의 마음의 지주라면, 《탈무드》는 유대인들의 지적 기반이라고 할 수 있다. 즉 유대인들의 활력의 원천인 셈이다.

《탈무드》를 유대인으로부터 제거해 버린다면 유대인들은 물을 잃은 물고기나, 날개를 잃은 새처럼 지적인 활력을 잃어버리고 만다는 것은 부정할 수 없는 일이다.

탈무드의 발상

‡ 21세기는 탈무드적 인간의 시대

중세의 신학자인 스피노자로부터 시작하여, 근대에 들어와서는 경제학자인 리카도, 그리고 다시 마르크스·프로이트·아인슈타인, 오늘날에 와서는 키신저 미국 전 국무장관에 이르기까지, 유대인이라면 누구나 다 매일 단 10분이든 15분이든 《탈무드》를 공부해 왔다.

《탈무드》는 유대인의 정신이며 두뇌이다. 그들은 여기에서 통찰력과 인생의 법칙, 그리고 새로운 의문을 찾아낸다. 유대인들은 탈무드적인 존재라는 말을 들어 왔다. 바꾸어 말하면 탈무드적 인간이었기에 유대인들은 성공을 거두고 살아남을 수 있었던 것이다.

키신저는 탈무드적 인간이다. 마르크스·프로이트·아인슈타인도 마찬가지다. 탈무드적인 인간이었다는 데 성공의 비결이 있었던 것이다. 그리고 21세기에도 탈무드적 인간은 분명 성공할 것이다.

영어로 'talmudic person'이라고 하면 대부분의 사람들은 '방대한 지식을 가진 사람'을 의미한다고 생각할 것이다. 그러나 그러한 뜻만을 나타내는 말은 아니다. 게다가 기독교도는 《탈무드》라고 하면 단지 방대한 지식이 담겨 있는 백과사전식의 책이라고밖에는 생각하지 않는다. 또 극히 일부의 학자를 제외하고는 거의 읽는 사람조차 없다. 그러나 《탈무드》는 단지 그런 정도의 책이 아니다.

물론 유대인은 구약성서의 백성이다. 그리고 성서가 유대인의 문화의 기초를 이루었다고 한다면, 《탈무드》는 흔히 한가운데 세워진 든든한 대들보라고 할 수 있다. 뭐라 해도 《탈무드》는 유대문화에 있어서 가장 중요한 책이며, 그리고 유대인들의 창조력의 중추를 이루고 있다. 《탈무드》라고 하는 책이 존재하는 한 유대인은 결코 멸망하지 않을 것이며, 발전을 계속해 나갈 것이다. 유대인은 탈무드적 사고 방식에 의해서 자라왔다. 그렇다면 그 발상의 비밀은 어디에 있는 것일까?

《탈무드》는 큰 숲에 비유할 수 있다. 이 숲에는 갖가지 나무가 있으며 여러 가지 수많은 생물이 살아숨쉬고 있다. 《탈무드》를 한마디로 표현한다는 것은 지극히 어려운 일이지만, 큰 숲과 같은 이 안에는 율법·문답·경구·우화·논쟁·공상·웃음 등 갖가지 요소가 서로 얽히고 설키어 담겨져 있다.

《탈무드》는 또한 유대인의 교육적 성과를 집대성한 역사의 책, 기록의 책이기도 하다. 5천 년 동안 살아온 수십 만의 유대의 현인(賢人)들이 진지하게 펼친 논쟁이 여기에 기록되어 있어서, 마치 역사상 존재해 온 수많은 학문 연구소의 강의가 담겨 있는 것과 같다.

그 가운데에는 '우주 전함 야마토'와 같은 '하늘을 나는 요새'라든가, 바다 밑을 '물고기처럼 헤엄칠 수 있는 배'의 이야기도 나온다. 이것을 보면 고대의 랍비들은 상상력 또한 풍부했다.

《탈무드》내용의 대부분은 논쟁으로 이루어져 있다. 이것은 유대인의 지적인 활동을 잘 나타내 주는 것이다. 그리고 몇 만, 몇십만의 현인들의 말이 기록되어 있다. 이러한 현인들의 말이 기록될 때에는 '아파이아는 말한다' 혹은 '랍비는 말한다'는 식으로 항상 현재형이 사용되고 있다. 이것은 후세에 읽는 사람들이 현재의 이야기로 받아들이도록 고려되어 있는 것이다.

유대인의 큰 특징은 과거를 과거로 묻어 버리지 않는다는 것이다. 과거는 현재와 같이 생생하게 존재하고 있는 것이다.

'탈무드'란 '깊이 배운다'는 뜻이다. 게다가 《탈무드》는 이른바 '고전'에 속하는 책은 결코 아니다. 오늘날 읽어도 현대생활에 도움이 되고 필요한 것들이 수록되어 있다. 근대에 와서 유대인이 게토(ghetto : 유대인 거주 제한 지역)에서 해방되고, 폭발적으로 성공하고 있다는 사실에도 《탈무드》의 현대적 지혜의 값어치를 증명해 주고 있다고 할 수 있을 것이다. 혹은 유대인들이 오랫동안 유랑 백성으로서 갖은 박해와 고난을 받으면서도 오늘날까지 그 전통과 활력을 잃지 않았던 이유도 이 《탈무드》에 숨겨져 있다.

또 《탈무드》를 읽는 사람이 깊은 감명을 받는 것은 모든 내용이 질문하는 형식으로 일관되어 있다는 점이다. 《탈무드》는 해답서인 동시에 열의에 찬 질문서인 것이다. 한 가지 질문에 해답이 나오면 또다른 새로운 질문이 제기된다. 이것은 바로 인간이 계속 질문을 해나가야만 한층 더 차원 높은 인간이 될 수 있음을 말해주는 것이다.

《탈무드》에 이런 말이 있다.

"모르는 것에 대해 질문을 하지 않는 것은 공허한 교만 이외에 아무것도 아니다."

이와 같이 《탈무드》에서는 질문을 하지 않는 사람들을 경멸하며, 아는 척하는 것을 제일 싫어한다. 아무리 하찮은 질문이라도 의문이 생기면 말해야만 되며, 한편 그 답을 알고 있는 사람은 질문에 성실하게 대답해야 할 의무가 있다.

《탈무드》는 흔히 유대인의 성전이라고 불린다. 《탈무드》를 세계의 다른 문화가 가지고 있는 성전과 비교해 보면 어느 것이나 다 위엄으로 과장되어 있어서 지극히 권위주의적으로 씌어져 있다. 그래서 하찮은 질문은 다른 민족의 성전에서는 허용되어 있지 않다.

"질문을 한다는 것은 배우는 일의 제일보이다."

이것 역시 《탈무드》에 나와 있는 말이다.

학문은 배우는 일만이 아니다. 배운다고 하는 것은 수동적인 것을 말하며, 질문을 한다는 것은 자기 스스로 적극성을 띠고 배우려는 의지를 의미한다. 호기심이 없는 사람은 성공하지 못한다. 호기심은 자신을 발전시키는 디딤돌이 된다. 그러므로 지적인 호기심을 잃었을 때, 그 사람은 타인의 관리 아래 놓이는 존재가 되어 버린다.

그 점은 《탈무드》에도 되풀이해서 기록되어 있다. 곧 《탈무드》를 읽을 때의 태도 자체가 호기심에 차 있어야 한다는 것이다.

"책은 읽는 것이 아니라 배워야 하는 것이다."

라고 또 《탈무드》는 말하고 있다.

《탈무드》는 독자에게 대등한 위치에 서 달라고 요구하고 있다. 《탈무드》를 읽고 단지 배우는 사람은 올바른 독자라고 할 수 없다. 진실과 지혜를 닦고 파헤치며 의문을 제기해야 한다.

'배운다'라고 하면 일방적으로 받는 입장인데, '닦는다·파헤친다'라고 하면 어디까지나 독자가 주인공이 된다. '탈무드적'이라고 하는 개념은 암기와는 전혀 상관이 없다.

또 다른 특징을 들면 《탈무드》는 성전이라고 불리우면서도 많은 모순을 안고 있는 책이라는 점이다. 이 방대한 양의 책 가운데에는 상반되고 모순된 답도 나온다. 그리고 《탈무드》에 등장하는 현인들은 항상 의문을 갖고 끊임없이 답을 찾는, 호기심 많은 사람들이다. 물론 고대의 유대인들은 현대의 유대인들보다도 훨씬 더 신앙심이 두터웠다. 유대인의 신앙심은 성서를 기초로 하고 있다. 그러나 의문이 많은 사람들이야말로 오히려 종교적이라고 유대 사람들은 생각했다.

《탈무드》에는 다음과 같은 이야기가 실려 있다.

어느 날, 젊고 명석한 학생이 한 랍비를 찾아왔다. 그리고 지난 6년 동안 얼마나 열심히 《탈무드》를 공부했는가에 대해 랍비에게 말하고 자기를 시험해 달라고 했다. 그래서 랍비는 《탈무드》의 책장을 넘기면서, 어떤 페이지에 실려 있는 내용에 대해서 물었다. 아주 어려운 논쟁을 하고 있는 부분이었다. 그러자 학생은 논쟁하는 그 부분에 대해서 정확하게 설명했다.

그러나 랍비는 "자네는 아직 안 되겠어"라고 대답했다. 그리고 또 다른 부분을 넘겨서 그 학생에게 페이지에 씌어 있는 것에 대해서 다시 문제를 냈다. 그것은 더욱 어려운 문제에 대해서 논쟁을 펴고 있는 대목이었다. 학생은 거침없이 그 페이지에 무엇이 씌어 있고, 어떤 것이 문제점이 되고, 어떤 의문이 제기되었으며, 어떤 대답이 나왔는가를 답했다.

그런데도 "자네는 아직도 틀렸네" 하고 그 고명하신 랍비는 대답했다. 그리고는 다음과 같이 설명했다.

"책을 아무리 많이 읽어도 단지 읽었다는 것만으로는, 마치 나귀가 많은 책을 등에 지고 있는 것과 크게 다를 바가 없다네. 나귀는 아무리 많은 책을 등에 지고 있어봤댔자 나귀 자신에게는 아무런 쓸모가 없으니까. 인간은 책에 의해서 가르침을 받는 것이 아니라, 책을 통하여 질문을 얻는 것이라네."

✿ 배움의 정신을 함양하라

우리들은 《탈무드》를 통하여 여러 가지 가르침을 받고 있으므로 현대적인 책이라고 하여 별로 놀랄 것은 없다.

우선 첫째로, 잘 배워야 된다. 배우기 위해서는 시간을 투자해야 된다. 그리고 유대인은 오래 전부터 배우는 것이 의무라고 생각해 왔다. 실제로 이것은 의무 중에서도 가장 신성한 의무이다. 유대교에서는 배우는 일과 기도하는 일은 같은 것으로 통한다. 배우는 일이 곧 하느님을 찬양하는 일이었다.

유대인이 '배우는 민족'이라는 말을 듣는 것도 바로 이 때문이다. 유대인들은 교육이 무엇보다도 중요하다고 생각해 왔다. 따라서 다른 민족처럼 단지 신의 이름을 찬양하고, 신을 두려워하며, 신 앞에 무릎을 꿇는 것만으로는 기도라고 인정되지 않았다.

헤브라이어로 '기도하다'라는 말은 '히트 파레루'라고 한다. '히트 파레루'는 '스스로 가치를 잰다'고 하는 뜻이다. 곧 하느님께 맹종하는 것이 아니라 신께서 하시는 위대한 일을 이해하는 것이 인간의 의무이며, 그리고 난 후에 신의 의지에 합당하도록 노력해야 한다고 생각했었다.

역사를 통하여 보면 유대인 남자라면 누구나 글자를 해독할 수 있었다. 그것은 《탈무드》를 읽는 것이 의무였기 때문이다. 유대인은 오늘날에도 만 13세의 생일 다음날을 맞으면, '버미츠바'라고 하는 성인식을 유대인 집회소에서 거행한다. 물론 키신저도 13세 1일이 되어 버미츠바의 의식을 지냈다. 이날부터 유대인 사회에서 한 사람의 성인으로 대접을 받게 된다.

'버미츠바'는 헤브라이어로 '신의 가르침의 아들'이라는 뜻이며, 성인이 되면 시나고그(유대인 성당)에서 요구하는 성서의 한 구절을 읽을 수 있는 능력이 있어야 되는데, 이것은 유대인 남자는 누구나 다 버미츠바를 맞을 때까지 성서를 읽을 수 있어야만 했음을 의미하는 것이다. 그리고 《탈무드》는 성서를 해석한 책이기도 하므로, 《탈무드》를 배우는 것은 신의 위대한 힘을 이해하는 일이기도 했다.

근대에 있어서 유대인의 배움의 정신은 이같은 전통 위에 구축된 것으로서, 잘 배운다고 하는 것은 유대인에게 있어서 하나의 중요한 관습이 되었다.

유대인 어머니는 아이가 어렸을 때부터 교육에 대단히 열성적이다. 물론 어머니에만 국한된 이야기는 아니다. 유대의 가정에서는 본래 아버지가 지도적인 교육자의 역할을 담당하고 있다. 이러한 환경 덕분인지 미국에서 고등학교 학생의 지능지수를 조사하는 IQ 테스트를 보면, 최근까지 유대인은 다른 민족보다도 11.8퍼센트나 높다. 미국 대학원생의 29퍼센트는 유대인이다. 미국에 있어서의 유대인의 인구 비율은 3.2퍼센트밖에 되지 않는데도 그런 높은 숫자를 보여주고 있는 것이다.

유대의 역사를 보면 학자가 제일 훌륭한 사람으로 대접받고 있다. 아무리 위대한 군인이나 정치가 혹은 상인이라 할지라도 유대인 사회에서의 사회적 지위는 학자보다도 아래였다.

그 예로, 예루살렘이 로마군에 포위당하여 함락 직전에 있었을 때 유대인이 성을 내어주는 조건으로 제안한 유일한 것이, 항복하더라도 학교만은 존속케 해 주기 바란다는 것이었다. 그 결과, 예루살렘 근교에 단 하나 있던 학교가 존속하는 것이 허용되었다.

‡ '여유 있는 유형'의 인간

앞으로 동양에서도 탈무드적 인재를 요구하는 시기가 올 것이다. 비단 동양뿐 아니라 선진 공업 사회에서는 탈무드적인 인재가 크게 성공하는 시대가 온다. 사회는 획기적으로 변하고 있다. 그리고 주위를 둘러보아도 무슨 일을 해야 할지 모르는 시대가 된다. 그만큼 확고한 투시안이 필요하게 되었다. 지금까지와 같은 일을 되풀이한다는 것은 허용되지 않을 것이다. 같은 길을 달릴 수는 없지 않은가.

그렇다고 해서 전쟁이나 빈곤에 허덕이게 될 위기의 시대가 기다리고 있다는 것은 아니다. 앞으로도 아마 평화는 지속될 것이고, 과학기술의 힘에 의해서 사회는 급속도로 풍요로워질 것이다. 그리고 위기는 사회적인 것으로부터 개인적인 것으로 옮겨갈 것이다.

풍요롭고 평화로운 시대에는, 더구나 오늘날처럼 문명이 급속하게 발달하면 사람들의 욕망은 그만큼 다양하게 된다. 그에 부응하여 선택할 여지가 많아지고 가능성이 많은 시대가 된다.

인류는 바야흐로 진정한 다양화의 시대를 맞이하고 있다. 이것은 일을 하는 사람에게는 가혹한 시대이다. 다양화되는 사회에 부응하기 위해서는 스스로를 다양화시키지 않으면 안되기 때문이다. 그러기 위해서는 수많은 질문을 시도할 필요가 있을 뿐더러 질문하는 버릇을 가질 필요가 있다.

이미 사회에는 권위라고 하는 것이 없어졌다. 지식이 풍부하고 유연하고 기지에 찬, 그리고 끈기 있고 강인한 인간이 성공하는 시대가 도래한 것이다.

동양도 이러한 시대가 오고 있다. 극동에서 보내오는 잡지를 보면 다가오는 시대의 변화의 징후가 많은 곳에 표현되어 있음을 알 수 있다. 특히 광고는 민감하다. 지금 갖고 있는 잡지의 광고만 보아도 알 수 있듯이 '셔츠는 남성의 얼굴'이라든가 '행동하는 비즈니스맨의 베스트 파트너', '개성을 살릴 수 있는 자유 설계', '최근에 술을 마시는 법이 변했다고 생각하지 않습니까' 하는 등의 광고는, 앞으로의 시대에는 상징적이며 개성적인 인간이 요구된다고 하는 것을 호소하고 있다.

샐러리맨 취향의 잡지를 읽어보아도 현대 사회에 밀어닥치는 변화의 고동을 느낄 수 있다. 최근에 본 어떤 잡지에는 '샐러리맨의 삶의 보람을 어떻게 파악할 것인가' 하는 테마가 특별 기획으로 표지에 크게 실려 있다.

이제까지는 회사를 떠나 자기의 삶의 보람을 가지는 것, 가령 요트를 자기 손으로 조립한다든가, 소형 비행기의 파일럿 자격을 취득한다든가, 혹은 옛날 왕조 시대의 역사에 관심을 갖고 자기 집에 큰 서고(書庫)를 설치한다는 등의 일은 거부 반응을 불러일으켰다. 자기 취미에 몰두하고 있는 샐러리맨은 어쩐지 집단 생활에서 낙오된 사람인 것처럼 여겨졌기 때문이다.

삶의 보람을 갖는다는 것은 집단 생활의 장소인 회사 생활에서는 성공할 수 없는 대상(代償) 행위로서, 제2의 인생을 그늘에서 좇고 있다고 하는 의미가 있었다. 가령 알기 쉬운 예로 요리를 좋아하여 너무 광적이 되어 있는 샐러리맨을 생각해 보자. 아마 10년 전만 해도 그는 패배자가 되었을 것이다. 왜냐 하면 샐러리맨이라면 무슨 일이 있어도 직장이라는 한 가지 일에만 충실해야 되고 절대로 양다리를 걸쳐서는 안 된다는 원칙이 있었기 때문이다.

그러나 현대 사회에서는 그렇지 않다. 자기만의 시간을 가져야만 개성과 독창성이 높아지고, 그러한 사원이야말로 회사에 공헌할 수 있는 사람이라고 생각하게 되었다. 바야흐로 개인적인 일에 정열을 쏟을 수 있는 인간이 평가를 받게 된 것이다. 이것은 성공의 법칙이 변했다는 것이다.

　얼마 전까지만 해도 단체 가운데서 동료들과 호흡을 맞추어 나갈 수 있는 사람이 입신 출세의 열쇠를 쥐고 있다고 생각했다. 따라서 자기가 속해 있는 그룹을 위해 희생하는 사람이 존경을 받았다. 그것은 회사라고 하는 그룹이 상대로 하는 사회도 또한 그룹화 되어 있었기 때문이다.

　예전에는 획일적인 사회를 상대로 하기 위해서 획일적인 생활을 하는 사람이 유리했었다. 그러나 앞으로는 아이디어 시대이다. 그리고 아이디어는 자기 좌표를 확고히 가지고 있는 사람이라야 얻어낼 수 있다. 개인적 삶의 보람을 자랑할 수 있는 시대는 개성이 필요한 시대이다.

　앞으로 찾아올 다양화의 시대에 있어서의 바람직한 인간형은 어떠한 사람을 말하는 것일까? 다양화의 시대는 일을 하는 사람에게는 격동기이다. 그리고 격동기에 요망되는 것은 개발형의 인간인 것이다. 《탈무드》가 말하고 있는 것은 바로 이 격동기에 있어서의 개발형 인간을 말한다.

　지금도 일부에서는 '열성적 사원'을 기대되는 샐러리맨상(像)으로 좋게 평가한다. 그러나 '열성적 인간'이란 도대체 어떤 사람을 가리키는 것일까?

　현대 사회에서는 더 이상 '열성적 인간'이 요구되지 않는다. 이제는 유연하고 여유가 있는 인간이 요구된다. 열성적 인간과 여유있는 인간 사이에는 큰 차이가 있다. 어째서일까?

　열성적 인간은 획일적인 시대에 하나의 정해진 규칙 위를 무턱대고 돌진하는 산업 노동자, 곧 근면형의 인간을 말한다. 이런 의미에서 이제까지 말해 온 이른바 '실력형 사원'과 같은 사람이다. 왜냐 하면 '열성적 인간' 또는 '열성적 사원'은 단체 내에서, 혹은 사내에 있어서만 실력을 발휘할 수 있는 사람을 가리키고 있기 때문이다. 이미 규칙이 정해져 있으므로 그 속에서만 '맹렬하게' 실력을 발휘할 수 있었던 것이다.

정년을 앞두고 제도에 의해 회사에서 쫓겨난 중년 샐러리맨의 경우처럼 '나의 경우는 단 한 번뿐인 인생을 오로지 회사에만 바쳤습니다'라고 하는 고백은 '열성적 인간'의 탄식이다. 충성심과 열성이라는 눈가리개를 하고 한 곳으로 계속 달려온 마차의 말 앞에는 이제 길이 없어져 버린 것이다.

여유 있는 인간은 '유연한 인간'을 뜻하는 것이다. 그런 사람은 회사에서 쫓겨나더라도 언제든지 다른 곳에서 활약할 수 있는 힘을 가지고 있으므로 회사 밖의 부분에 많은 지식을 가지고 있는 사람이라고 바꾸어 말해도 좋을 것이고, 무슨 일에도 대응할 수 있는 인간이라 해도 좋을 것이다. 그러므로 회사에서 쫓겨나기는커녕 자기 스스로 회사를 그만두는 일도 생겨날 수 있다.

오늘날의 기업은 이와 같은 유연한 인재를 원하고 있다. 회사가 직장 밖에서의 삶의 보람이나 취미를 가지고 있는 인간을 구하는 현실은, 회사 밖의 지식을 가지고 있는 인간이 회사에서도 환영을 받는다는 것을 뜻한다. 그러면 회사 밖의 부분을 많이 가지고 있다는 것은 무엇을 의미하는 것일까? 그것은 흔들리지 않는, 말하자면 확고부동한 개체가 확립되어 있다는 것이다. **독립된 개체를 확립한 인간이야말로 새로운 시대에 적응하기에 알맞는 인간형이다.**

'인생 중 가장 충실한 청장년기를 회사에 착취당한 것이나 마찬가지입니다'라고 말하는 것은 새로운 시대를 감지할 수 없었던 '열성적 인간'의 탄식이다. 독립된 개체를 확립하지 못하면 회사에서 쫓겨나도 바깥세계에서도 제대로 적응을 못 해 낙오되고 말 것이다.

그렇게 되지 않기 위해서는 무엇보다도 먼저 자기 개인의 활력성을 높여야 된다. 자기를 중심에 두어야지, 한 회사에 개인이 맞추어 나가는 시대는 이미 지나갔다. 회사에게 자기를 착취당하는 것이 아니라, 자기가 자기를 쥐어짜서 달콤한 과즙을 빨아야 한다.

‡ 권위 의식에서의 탈피

탈무드적 인간이 성공하는 첫째 요건이 '잘 배운다'는 것이라면, 두 번째는 '권위를 인정하지 않는다'고 하는 것이다.

《탈무드》에서는 아무리 사소한 질문이라도 결코 주저해서는 안 된다고 가르치고 있다. 이와 같은 세계에서는 절대적인 권위를 존중하는 권위주의자는 추방을 당하고 말 것이다. '열성적 인간'은 권위에 맹종하는 권위주의자이다. 그러나 탈무드적 인간은 외관뿐인 권위를 중요시하지 않는다. 권위를 의심하는 자유로운 인간으로서, 항상 의문을 가져야 한다고 말해도 좋을 것이다. 의문이라는 것은 기성의 권위에 대한 도전이기 때문이다. 하지만 그것을 두려워해서는 안 된다.

영어로 권위, 명성이라는 말은 Authority 혹은 Prestige이다. Authority에는 '당국(當國)'이라는 뜻도 있다. 어원을 조사하는 것은 재미있는 일로서 흔히 그 말의 참뜻에 빛을 낼 수도 있다. Prestige의 어원은 라틴어로 Praestringere, 즉 '속이다'라는 뜻이 있다. 유명 상표의 상품이 '프레스티지'라고 불리는 것과 비교해서 생각하면 재미있다. 권위는 대개 엄포일 때가 많으며, 거의 대부분의 권위는 먼저 의심부터 해야 된다.

이런 면에서도 유대인은 고대의 유대교로 거슬러올라가 설명할 수 있다. 예를 들어 기독교는 권위주의적인 종교이다. 어원으로 보아도 영어의 '종교(religion)'라는 말의 근원은 라틴어의 '묶다

(religare)'에서 유래된다.

교회에 가면 그리스도의 상이나 마리아상이 있다. 그리고 사람들은 그 앞에 무릎을 꿇고 기도를 하는데, 이것은 우상 숭배다. 스탈린의 동상, 황야의 철교 옆에 서 있는 모택동의 거대한 동상 혹은 평양의 혁명박물관 앞에 서 있는 김일성의 금제 동상 따위와 같다. 그것은 모두 권위를 나타내고 있다.

그러나 유대교에는 신의 우상이 없다. 유대교에서는 신의 모습이 그림으로 그려지는 일도 없다. 기독교에서의 신은 자비로운 노인의 이미지로 그려져 있다. 하지만 유대교에서는 우상을 혐오했으므로 신의 상(像)을 만든다든가, 혹은 신의 이미지를 그림으로 그리는 일은 없었다.

따라서 지금까지의 유대계 위인으로 전해져 내려오고 있는 사람들만 보더라도 그 사람의 사진이나 그림을 걸어둔다거나, 혹은 동상을 만들어 세우는 일은 전혀 없었다. 예를 들어 모세가 이집트의 노예로 있던 이스라엘 백성을 이끌고 이집트에서 도망쳐 나올 때, 성경에 의하면 모세는 사막에서 사람들과 함께 쉴 때에도 다른 사람들과 마찬가지로 돌 위에 앉았다고 씌어 있다.

이러한 사고방식은 유대인의 복장에도 나타나 있다. 유대인은 복장에 별로 신경쓰지 않는다. 오늘날 이스라엘에서는 각료들도 외국인을 만날 때가 아니면 거의 정장 차림을 하지 않는다.

유대인들은 꾸민 권위를 좋아하지 않는다. 《탈무드》 가운데에도
"가르침을 이해도 못 한 채 그대로 받아들이는 사람은 권력을 부패시킨다."
고 설파하고 있다. 마르크스·프로이트·아인슈타인을 비롯한 여러 개혁자는 권위를 인정하지 않는 데서 출발하고 있다.

기존의 것은 의심해야 한다. 바꾸어 말하면 자유로운 정신을 가져야 하고 늘 의문을 품는 인간이 되어야 한다. 이것은 스스로

엄격하게 책임을 진다는 것을 의미한다. 왜냐 하면 스스로 바깥쪽의 권위를 인정하는 편이 인간으로서 훨씬 자유롭게 살 수 있기 때문이다.

권위에 도전하고 그것을 부정했을 경우에는 자신이 그 공간을 메워야 하며, 자기밖에는 신뢰할 수 없게 된다. 그리고 위대한 용기가 뒤따르게 된다. 이와 같이 항상 무엇엔가 도전한다는 것은 고통스러운 일이긴 하지만, 이 고통을 극복하기만 하면 새로운 세계가 열리게 되는 것이다.

유대인에게 있어서 진정한 권위는 여호와, 곧 하느님밖에는 없다. 도대체가 권위라고 하는 것은 수상쩍은 것이다. 정말 올바른 것을 인정하고 그에 대해서 경의를 표하려 한다면, 권위 따위는 필요 없는 것이다. 오늘날에 이르기까지 세계의 발전을 저해한 것이 있다면, 그것은 아마 권위일 것이다.

성경과 《탈무드》에 의하면, 세계는 인간을 위해서 만들어진 것이며, 인간들 스스로가 그 세계를 지배하도록 하느님께서 명령을 내리셨다. 유대의 현인들은 고대에 하느님께서 종교적인 책임을 유대인에게 지웠다고 생각하였다. 그러나 그와 동시에 모든 인간은 민족을 초월하여 평등하며, 하느님의 이미지에 맞추어 창조되었다고 생각했다.

인류는 한 사람의 인간으로부터 시작되었다. 그러므로 어느 누구도 다른 사람에 대해서 '나의 아버지는 당신의 아버지보다 위대하다'라고 말해서는 안 된다고 《탈무드》에는 씌어 있다. 성경의 〈창세기〉에 의하면, 하느님께서 먼저 하나의 인간을 만들었고, 인류는 그 후예임을 가르치고 있다. 인간은 모두 아담으로부터 갈라져 나왔다고 생각하고 있는 것이다.

유대인은 어렸을 적부터 이러한 이야기를 듣고 배워 왔으므로, 이치를 불문하고 상식으로 알고 있다. 인간에게는 상하의 구분이 있을 수 없다. 그러므로 권위를 자랑하려는 인간의 존재는 유대인 사회에서는 인정되지 않는다.

‡ 붕괴된 집단주의 사회

자기를 좌표의 중심에 둔다고 하는 것은 동양인으로서는 생소하고 서툰 일일 것이다. 동양인은 '다른 사람이 있으므로 해서 존재하는 나'라든가, 상호 부조라고 하는 그룹의 일원으로서의 의식이 강하다. 어쨌든 자기중심이라는 말 자체에 비난의 소리가 내포되어 있다.

그러나 마침내 동양도 '개인'이 잠을 깨는 시대로 접어들었다. 앞으로는 독립된 개체를 가진 인간이 요구된다. 다양한 개체의 시대에는 집단으로는 대등할 수가 없다. 개체에는 개체로 대응해야 하며, 개인의 확립이 요구되고 있는 것이다.

타인에게 맞추기보다는 경쟁을 좋아하는 사람, 자신있는 '개체'를 닦는 사람, 지적 취미를 가진 사람이 크게 쓰인다. 하지만 그런 사람이 되기 위해서는 머리로만 이해하는, 임시 변통으로 꾸미거나 어정쩡하게 넘기려는 사람이어서는 안 된다. 자기의 자연스러운 본성이 되어야 한다. 그러기 위해서는 자신의 좌표를 확고히 정립해야 된다. 자신을 갈고 닦고, 자신을 귀중히 여기는 사람이라야만 다른 사람도 존중한다고 하는 의미에서의 개인주의를 확립할 수 있는 것이다.

이처럼 자기를 응시한다는 것은 중요한 일이다. 동양에서는 사람들이 다른 사람을 의식하면서 일을 하고 또한 생활을 하고 있다. 또 이제까지 동양인은 그룹으로 일을 해 왔기 때문에 타인 지향형이었다. 자기 내부에는 사회에 속해 있는 그룹만이 살고 있었다. 무슨 일을 할 때에도 우선 자기 속에 있는 그룹을 우선시켰고, 다른 사람과 융합하는 노력이 중요했었다.

그러나 이제는 시대가 변했음을 깨달아야 한다. 물론 주위와 화목하게 지내는 사교성과 동정심은 어느 시대를 막론하고 반드시 필요하다. 하지만 동양에서는 지금까지 그룹 안에서 힘을 합하여 일을 한다고 하는 '대의(大義)'로 인해 정작 자기 자신을 죽여왔다. 그리고 그 대신 그룹은 참가하는 사람에 대하여 지나치게 보호하는 태도를 취해 왔다.

현대 사회에 있어서의 인재에 대한 문제는 '어떤 사람이 필요한 사람일까'와 마찬가지로, 그 이면에는 '누가 불필요한 인간이 되는가' 하는 문제가 현실이었다. 그룹 중심으로부터 자기 중심의 시대에로 이행하고 있는 현실에서는 진정한 자기를 갖지 못하는 인간이 낙오되고 말 것이다.

이것은 동양에 밀어닥치는 최초의 철저한 변화이다. 이 변화에 대처해 나가기 위해서는 각자가 새로운 규칙을 터득해야 한다. '빛을 발하는 나'라는 자기 개체를 파는 시대가 오고 있는 것이다. 그러므로 자기를 똑바로 직시하는 일이 무엇보다 중요하다.

동양에서는 이제까지 주위 환경과 어떻게 융합하여 맞추어 나갈 것인가가 중요했지만, 앞으로는 주위를 응시하는 일뿐만 아니라 자기를 응시하는 일이 꼭 필요하다. 그러기 위해서는 자기와의 대화에 많은 시간을 소비해야 한다. 주위에 구애받지 않고 자기와 마주앉는 시간을 좀더 많이 가져야만 될 것이다. 즉 그룹의 둥지에서 떠나 자기만의 둥지를 만들어야 한다.

지금까지의 동양은 외국의 관찰자로부터 자주 지적을 받은 바와 같이 지극히 균질적(均質的)인 사회였다. 그러나 앞으로 동양은 이질적인 것이 모여들어 성립하는 서구형의 불균질적인 사회가 되어 갈 것이며, 서로 부딪치며 갈등하는 사회가 될 것이다. 광고의 캐치프레이즈에 '차이를 아는 남자'라는 말이 있는데, 퍽이나 암시적이다. 이제까지는 동질(同質)의 정도가 너무 심해서 이질(異質)의 것에 대한 거부 반응이 강했는데, 새로운 시대에는 그렇게 할 수 없다는 것이다. 앞으로는 다양한 가치가 공존하며 경쟁하는 시대가 될 것이 확실하다.

이제까지의 동양 사회에서는 사람들이 각자 동질적인 인간이 되려고 하는 힘이 크게 작용해 왔다. 기업에 있어서도 자기가 속하는 그룹의 색깔에 맞추어 자기를 염색하는 일이 제일 중요했다. 그리고 그 대신 그룹으로부터 보호를 받아왔었다. 샐러리맨은 되도록 자기 개성을 없애려고 노력했다. 권위를 중시할 것과 주위에 자기를 맞추는 일이 요구되어 왔던 것이다. 더구나 이러한 일에 대해서 별로 의문을 품는 일도 없이 자기를 주위에 적응시켜 왔다고 할 수 있다.

바야흐로 자기 중심의 시대가 도래했다고 하는 현상은 결코 기업에만 한정되어 있는 것이 아니다. 동양 전체를 보아도 제품 제조와 생존을 위한 소비의 시대는 끝났다. 새로운 기호의 시대, 혹은 취미의 시대가 시작되고 있는 것이다.

얼마 전까지만 해도 핵가족에 의한 새로운 가족 제도는 환상이라고 말했었다. 그러나 어느 큰 그룹에도 속하지 않고, 자기들의 취향에 맞는 생활을 해나가는 젊은 부부 중심의 가정을 흔히 볼 수 있게 되었다.

대도시 근교에 있는 지방 도시도 차츰 개성을 갖게 되었다. 그것도 갖가지 기능을 복합적으로 가지는 뉴타운으로 탈바꿈하고 있다. 이것은 바꾸어 말하면 대도시가 그룹으로서의 흡인력을 잃게 되는 것이다.

이와 같이 자기를 좌표의 중심에 정립하는 일은 개인뿐만 아니라 지역사회에서도 나타나고 있다. 지금까지 동양에서는 자기를 강조하는 것은 그룹에 대한 배반이라고 생각해 왔다. '배반'이라는 말이 너무 강한 표현일지도 모른다. 그러나 융합되지 않고 자기 자신만의 시간을 가지려고 할 때는 적어도 꺼림칙한 생각이 떠나지 않았다.

'저 녀석은 글렀어'라고 하는 말을 듣는 것은 사회로부터 소외당한 계급으로서의 낙인이 찍히는 일이었다. 금전이건, 시간이건, 다른 사람을 위해서 자기를 희생시키는 인간만이 바람직한 인간상으로서 정립되어 왔다. 따라서 그룹의 입장에서 보면 어떤 일을 해결하는 사람이 중요시되어 왔지만, 앞으로는 개인 입장에서 해결할 수 있는 사람을 높이 사게 될 것이다.

이러한 새로운 세계를 가져온 것은 무어라 해도 생활 수준의 향상이다. 풍요는 사람을 자유롭게 한다. 각자에게 자기의 성(城)을 쌓을 자유와 힘이 부여되기 때문이다. 그리고 사회는 다양화되고 눈부시게 변화한다. **다양화와 불확실성은 같은 의미이다. 앞으로는 문화적인 가치가 경제적인 가치의 척도가 된다.** 그리하여 경제와 문화의 경계선이 애매하게 될 것이다.

《탈무드》에는 '자기에게 가장 좋은 선생은 자신이다. 자기 자신만큼 학생을 잘 알고 있고, 자신만큼 깊이 학생을 동정하고, 자신만큼 강력하게 학생을 격려하는 선생은 어디에도 없다'라는 말이 있다.

이것은 자기와의 대화를 두고 하는 말이다. 물론 고집스럽게 자신을 붙잡고 있어서는 안 된다. 즉 스스로 자기의 껍질에 갇혀서도 안 된다. 자기 중심이라고 하는 것은 자기가 전부라고 하는 뜻이 아니라, 자기 자신에 대해서도 유연성을 가져야 함을 뜻한다. 다른 사람에게 마음을 쓴 나머지 자기를 잊어서는 안 되는 것처럼, 자기 안에서는 자기를 잃어서는 안 된다.

‡ 연상력을 발휘하는 요령

'탈무드적'이라고 하면 다양하고 때로는 모순되기조차 한 많은 지식과 지혜를 가지고 있음을 의미한다. 오늘날의 세계는 한 가지 견해만으로는 설명할 수 없음을 누구나 다 잘 알고 있을 것이다. 현대는 다양화의 시대이므로 한 가지의 좁은 전문 지식만 가지고 있는 것만으로는 부족하다. 쓸데없는 것처럼 보이는 것도 자기 지식으로 만들어야 한다. 그러므로 **어떠한 지식이라도 될 수 있는 대로 많이 알고 있는 것이 좋으며, 호기심이 생기면 해답을 찾아내어 자기 것으로 흡수하는 것이 좋다.**

학계에서는 '공동 학술 연구'라는 말이 있다. 이것은 어떤 문제를 한 가지 전문 분야뿐만 아니라 여러 분야의 학자들이 모여 상관 관계 속에서 문제를 해결해야 된다고 하는 입장에서 검토를 거듭하는 것을 말한다.

금세기 초에 활약한 미국의 경제학자 토스타인 베블렌은 '교육에 의한 불능화(不能化)'라는 개념을 설파한 바 있다. 이것은 한 분야에 대해서 교육을 받았을 경우, 전문화가 깊어질수록 시야가 좁아지고 오히려 사물의 본질을 잘못 알기 쉽다는 것을 지적한 말이다. 간단하게 표현하면 '전문 분야밖에 모르는 어리석은 자' 또는 '학문만을 아는 어리석은 자'라고 할 수 있을 것이다.

이러한 학문만 아는 어리석은 자를 《탈무드》는 될 수 있는 대로 물리치려고 한다. 물론 '전문적인' 지식도 필요하다. 그러나 동시에 '전반적인' 지식도 두루 갖춰야 한다.

피라미드의 정상은 넓은 사각의 받침에서부터 시작된다. 밑면이 좁아서는 큰 피라미드을 쌓을 수 없다. 이와 마찬가지로 학문이나 지식의 분야에서도 마찬가지이다.

'헤브라이'라고 하는 말은 원래 '대안(對岸)'에 서서 건너편 강가를 바라본다'는 뜻이다. 따라서 여러 가지 정보나 견해를 아는 것이 곧 '대안에 서서 바라본다'는 뜻이라 하겠다. 이것이 유대인의 기본적인 태도다. 될 수 있는 대로 많은 지식을 갖는 것이 어떤 문제와 부딪쳤을 때 도움이 된다. 해답은 뜻밖의 곳에 숨어 있는 경우가 많기 때문이다.

《탈무드》는 사고술(思考術)의 하나로서 연상(聯想)이 지니는 힘을 크게 평가하고 있다. 인간이 가지고 있는 사고력이라고 하는 것은 요컨대 연상하는 힘이다. 하나의 생각이 실마리가 되어 다음 생각으로 이어진다. 연상력과 감성(感性)의 예민함은 같은 것이다.

실제로 연상력만큼 훌륭한 것은 없다. 흔히 '저 사람은 머리가 좋다'고 하는 말은 곧 연상력이 풍부하다는 것을 뜻한다. 프로그래밍이 잘된 컴퓨터를 생각해 보자. 이 컴퓨터를 움직이는 힘은 바로 연상력인 것이다.

탈무드적 인간은 연상력이 풍부해야 된다. 그러기 위해서는 자기의 관심을 한정시키지 말고, 될 수 있는 대로 전반적인 지식을 가지고 있는 편이 유리하다. 이것은 온갖 학문에 대한 풍부한 지식을 갖도록 하라는 권장이기도 하다.

연상은 영어로는 'association'이라고 한다. 이것은 '결합시킨다'는 뜻도 된다. 개인적 지식이 풍부할수록 지식이 서로 어울리어 자극하므로 직관력이 더욱 날카로워진다. 인간이 지닌 지력(知力)은 궁극적으로 직관력이다. 단지 지식을 갖고 있는 것만으로는 갖가지 상황에 적응할 수가 없는 것이다.

두뇌는 기억을 저장해 두는 단순한 창고가 아니다. 다양한 지식이 각각 상호간에 화학 반응을 일으켜서 창조적인 발상이 생긴다. 연상력은 그것을 발상한 주인공까지도 놀라게 하기가 일쑤다. 이러한 일은 독자 자신도 때때로 경험한 일이 있을 것이다.

"내가 어떻게 해서 이런 일을 생각해 냈을까!"

내심 감탄의 소리를 외친 일이 한 번쯤 틀림없이 있었을 것이다. 그것은 연상의 마술이다. 가능한 한 지식을 많이 흡수한다는 것은 주입식 교육과는 완전히 다른 것이다.

지식을 구하는 일은 어디까지나 왕성한 호기심에 의해서 뒷받침되어야 한다. 그러므로 《탈무드》에서도 가르치고 있듯이 학문은 좋아하는 자세부터 갖추어야 한다.

《탈무드》는 '불손한 호기심은 신이 인간계에 보낸 훌륭한 안내자다'라고 가르쳐 주고 있다. 당신도 그 안내자를 갖고 있다. 그러므로 지식을 더 할 때마다 호기심은 더욱 새로운 영역을 확장해 나간다.

《탈무드》를 읽는 사람은 《탈무드》로부터 배워서는 안 된다고 엄하게 경고받고 있다. 물론 유대인이라 할지라도 《탈무드》를 배우는 일로 일생을 마치는 사람도 적지 않다.

이러한 말이 있다.

"단지 《탈무드》를 암기만 하는 것은 또 한 권의 《탈무드》를 증가시킬 뿐이지, 한 사람의 인간을 만들지는 못한다."

이 얼마나 멋지고 훌륭한 말인가! 이것은 내가 가장 좋아하는 경구 중의 하나다. 암기만 한다면 인쇄소에서 책을 한 권 더 인쇄하면 그것으로 충분하다.

《탈무드》의 독자는 요컨대 책의 복사판이 되어서는 안 된다. 무엇보다 읽은 것 전부를 자기 나름대로 '해석하는' 작업이 필요하며 나름대로 생각할 줄도 알아야 한다. 이것은 독서술의 기본이다. 《탈무드》의 마지막 페이지가 상징적으로 여백임을 다시 한 번 상기해 주기 바란다.

이런 데에서 오늘날 일부 국가에 '입시 지옥'이란 큰 함정이 생긴다. 그것은 치명적인 결함이다. 이런 나라들의 교육은 시험 문제집의 복사판을 대량으로 만들어내고 있는 것과 같다. 이런 방법으로는 사회에 아무런 쓸모도 없고 도움도 되지 않는다. 하긴 이러한 '입시 지옥'의 배경에는 그룹에 맞추어 나가려고 하는 '영합 문화(迎合文化)'의 몰개성적인 토양이 있을 것이다.

연상력은 자유 분방한 것이다. 사고가 고정화되어 버리면 모처럼 하늘로부터 받은 연상력의 불가사의한 힘도 발휘할 수 없다. 지식에 접할 때에 단순히 습득한다는 태도를 취하면 지식은 머릿속에 박혀 머릿속을 자유롭게 돌아다니고 상호간에 자극하는 일이 없다. 그러므로 유연한 태도로 지식을 자유롭게 움직이게 할 필요가 있다.

탈무드적 인간은 결코 고지식해서는 안 된다. 권위를 비웃을 수 있는 억센 기질이 있어야 하고, 동시에 권위에 대한 도전과 완고한 정의감을 가지고 있어야 한다. 저장된 지식이 어울려서 뛰어다닐 수 있는 운동장을 만들어 주어야 한다. 그렇게 하여야만 비로소 연상력에 의한 놀라운 기습을 받게 된다.

《탈무드》에 의하면, 연상력이라고 하는 불가사의한 힘을 작동시키기 위해서는 세 개의 방아쇠가 필요하다. 그것은 곧 자기 혹은 타인과의 대화·독서·집필이다. 요컨대 연상력은 게으름뱅이이다. 그러므로 이 방아쇠를 수시로 당기지 않으면 연상력은 작동되지 않는 것이다.

연상력은 자기 스스로 만드는 것이다. 우선 호기심의 인도를 받아서 지식을 축적하면 그것이 잠재 의식 속에 저장된다. 인간의 의식 중 90퍼센트 이상이 잠재 의식이다. 잠재 의식에 저장된 지식이 풍부해지면 이윽고 상호 반응을 일으키게 된다. 연상력을 폭발시키기 위해서는 역시 세 개의 방아쇠를 활용할 필요가 있다. 단지 지식을 긁어모으는 단순한 서고(書庫)의 파수꾼이 되어서는 안 된다.

‡ 인간은 평등하다

평등이라고 하면 흔히 대부분의 사람이 자기 권리를 주장하기에 알맞은 구실 정도로밖에는 생각지 않는다. 그러나 분명히 말해서 그것은 비참한 일이다. 아랫사람이 윗사람으로부터 많은 것을 받고 싶을 때의 근거로 사용되는 것만으로는 평등이라는 개념을 알았다고 할 수 없다. '평등'이라고 하는 것은 그런 것과는 차원이 다른, 자기에 대한 이해인 것이다.

평등하다는 것을 믿는 일은 자기 확립의 첫걸음이다. 독립된 개체를 갖기 위해서는 우선 자신감부터 가져야 한다. **자기 스스로를 귀중하게 여기기 위해서는 자기에게 가치가 있음을 믿어야 한다.** 넓은 하늘 아래에서 인간은 누구나 다 평등하다. 벌거벗으면 누구나 다 똑같지 않은가.

자기를 과소 평가해서는 안 된다. 지나치게 자기를 비하한다든가, 자기를 혐오하는 것은 일종의 방심이다. 또 자기만이 특별한 존재라고 생각하는 것도 방심의 시초이다. 누구든 똑같이 괴로워하고 기뻐하고 웃고 운다. 자기만이 위대하다거나, 또는 자기만이 쓸모없는 존재가 아니다.

탈무드적 인간은 인간의 강함과 약함을 동시에 갖고 있다. 인간을 인간 자체로서 받아들이는 것이다. 그러므로 유대인은 금욕적이 아니며, 또 초인의 존재도 믿지 않는다. 지극히 자연스럽게 하느님이 주신 대로 모든 일에 무리하지 않는 것이다. 이것은 아주 중요한 문제이다. 인간이 간직하고 있는 가능성과 선천적으로 가지고 있는 한계를 이해하면 균형을 취할 수 있다. 그러면 성격도 밝아지고 그늘이 없어지고 활력이 넘치게 된다. 유대인은 실패를 외면하지 않으며 있는 그대로를 인정하고, 성공만을 쫓아다니지 않는다.

인생을 자연스럽게 받아들일 수 있다면 달관(達觀)이 생긴다. 달관이라고 하면 극히 소수의 사람만이 성취할 수 있는 것이라고 생각하기 쉽다. 그러나 유대인은 청년층까지도 다른 민족이라면 소수의 사람들만이 터득하고 있는 이 달관에 도달하고 있다. 이 것은 유대인이 역사적으로 고통을 받아왔다는 데에도 그 하나의 이유가 있지만, 그러한 체험은 보강적 역할을 해 주었을 뿐 역시 그 근원은 유대의 지적인 전통에 있다.

요컨대 유대인은 균형 잡힌 인간관을 가지고 있다. 인간은 누구 나 큰 차이가 없음을 알고, 그리고 자기도 그와 같은 인간이라고 생각할 때 자신감이 생기는 것이다.

그러면 대화에서도 막힘이 없고 항상 쾌활한 표정을 지을 수 있 게 되어 사람들이 좋아하게 된다. 건전하고 늠름한 평등관은 건강 한 화장품이 되어 정신분만 아니라 표정으로도 나타나게 된다. 평등 이라고 하는 것은 약한 자가 입는 갑옷이 아니다. 그와 같은 외 적인 도구가 아니라 내적인 균형을 갖추는 것이며, 인간이 지닌 아름다움의 바탕을 이루며, 또한 그것을 자기의 존엄으로 이끈다. 자기가 올바르지 못하다는 것을 판단할 수 있도록 이 평등으로부 터 항상 가르침을 받아 그것이 몸에 배여 있는 것이다.

《탈무드》에 의하면, 자연은 법칙에 따라 움직이고 천사들은 하 느님으로부터 주어진 사명을 다 하기 위해서 일하지만, 인간은 인간 자신이 주인이라는 것이다.

유대교에서의 인간은 이중의 성질을 지니고 있다. 이것은 두 천 사에 의해 상징되고 있는데 하나는 '이에쓰아 하토프'라는 선(善) 의 천사이며, 또 하나는 '이에쓰아 하라'라는 악(惡)의 천사이다.

인간이 평등하다는 것을 확신하고 있으면 위장된 권위의 도금은 벗겨진다. 유대인 이외의 사회에서는 사람들에게 권위라고 하는 도금을 도가 지나치게 입힌다. 유동적인 사회에서는 권위라고 하는 것은 흔히 시대에 뒤떨어지기 쉽다. 유대인은 전통에 의해서 무엇이 올바른가, 무엇이 '이에쓰아 하토프'라고 불리는 선한 성향을 가진 천사이며, 반대로 무엇이 '이에쓰아 하라'라고 불리는 악의 성향을 가진 천사인가를 따진다. 이 선과 악의 천사가 인간 안에 공존하고 있다는 것이다.

인간은 두 가지 충동을 느끼면서 살아가고 있다. 인간은 태어나면서부터 이 충동을 가지고 있으며, 살아 있는 한 나쁜 충동은 극복하지 않으면 안 된다. 그리고 극복한 자에게는 큰 보상이 따른다.

〈창세기〉를 보면, 첫째날에 하느님께서는 세계를 하늘과 땅으로 나누셨다. 그리고 《탈무드》에 의하면, 인간은 하늘과 땅 양쪽에 속해 있는 생물이다. 곧 정상적인 면과 짐승과 같은 면을 가지고 있다고 한다. 이것은 결코 전자가 선이고, 후자가 악이라고 단정짓는 것은 아니다. 따라서 유대인의 현실성이라는 것은 유대인의 수치심에 의한 본질적인 자세와도 관계가 있으며, 인간을 자연스러운 것으로 인정한다는 데서 이것은 권위의 부정과도 관계되는 것이다.

도대체 어째서 짐승 같은 측면을 가지고 있는 인간이 같은 인간 위에 권위를 구축할 수 있겠는가? 권위를 무조건 인정한다면 자유로운 정신도 없고, 나아가서는 자유로운 지적 창조도 사라져 버린다. 즉 제약이 있으면 진정한 창조물은 있을 수 없기 때문이다.

인간에게는 편의적으로 받아들이는 권위와 운명적으로 받아들이는 권위가 있다. 운명적으로 권위를 받아들이면 지적인 창조물에 제약이 생기고 만다. 자기 혼자 있을 때에 창조적이 되기 위해서는 권위를 음미할 필요가 있는 것이다.

유대인은 인간이 인간임을 부끄러워하지 않는다. 그들은 인간에게 짐승과 같은 면이 있음을 인정하고 있다. 예를 들어 유대인은 아무리 중요한 손님과 같이 있다가도 용변이 보고 싶으면 화장실에 가는 것을 조금도 수치스럽게 생각하지 않는다. 그런데 서양인이나 동양인은 중요한 손님과 마주앉았다가 용변이 보고 싶어 자리에서 일어나야 할 때에는 수치스럽게 생각한다.

그러한 기묘한 권위주의는 유대인들과는 거리가 멀다. 《탈무드》에도 '용변이 보고 싶으면 화장실에 가야 된다'라고 씌어 있다. 유대인은 꾸미는 것을 싫어한다. 자기를 꾸미기 위해 돈과 시간을 허비해서 어쩌겠다는 것이며, 도대체 무엇을 얻겠단 말인가.

유대인은 돈이나, 혹은 기독교도들이 부끄러워하는 성(性)에 대해서도 전혀 이상하게 여기지 않는다. 섹스는 있는 편이 좋다는 것을 솔직이 표현하는 것이 훨씬 더 인간답지 않을까? 하기야 유대인이라 할지라도 다른 사람 앞에서 옷을 벗는 것은 금기시되어 있다. 그렇지만 기독교도들처럼 육체나 돈이나 성이 죄악이라고 하는 사고 방식은 갖고 있지 않다.

인생에 대해서 현실화한다는 것은 곧 합리화한다는 말이다. 인간이 인간임을 감추는 일이 권위나 위신에 관계된다면 이것은 정말 불합리한 일이다. '자기가 모르는 것은 질문한다. 자기가 원하고 있는 것은 말한다. 그리고 상대편도 그것을 당연한 일이라고 받아들이는 것이 자연스러운 사회이다'라는 논리가 유대인들의 보편적인 생각이다.

《탈무드》에는 '최초의 인간은 혼자였다는 것을 상기하시오. 인간이 혼자일 때에는 뽐낼 상대가 없었다'고 씌어 있다. 권위를 인정한다는 것은 위험한 일이다. 일단 권위를 인정해 버리면 자기도 그 권위에 따라야 할 뿐만 아니라, 그 권위를 흉내내야 하기 때문이다. 이런 것은 개인의 존엄성에 위배되는 일이기도 하다.

《탈무드》를 만든 현자들은 성경을 신이 지은 것이라고 생각하였고, 나아가서는 거기에서 될 수 있는 대로 많은 교훈을 찾아내려고 했다. 아담은 헤브라이어로 '인간'이라는 의미가 있는 동시에 '흙'이라는 의미도 있다. 인간은 모두 아담으로부터 나온 자손이다.

그래서 《탈무드》에서는 사람을 죽이는 것을 경고하기 위해 '한 사람 한 사람의 인간이 아담이다'라고 가르치고 있다. 이 말은 인간의 생명이 얼마나 소중한가 하는 것을 일깨워준다. 만약 에덴 동산에 있었던 단 한 사람의 아담이 살해되었더라면 오늘날의 인류는 존재하지 않았을 것이다. 그러므로 지금 세계에 사는 인간 한 사람 한 사람은 아담과 똑같은 존엄성을 가지고 있는 것이다.

‡ 자신의 개성을 살려라

오늘날의 사회에서는 개성과 독창성을 가진 인간이 요구되고 있다. 다시 말해서 일 이외에도 취미를 가지고 있다거나 여유 있게 즐기는 사람이 그렇지 못한 사람보다도 오히려 호감이 간다고 생각되는 것이다.

과거의 사회에서는 일이 첫째였고, 개인적인 일은 종속적인 제2의 생활이었다. 이것은 일터야말로 귀중한 집단 생활이며, 그에 비해 개인 생활은 단순하게 생각되어 왔기 때문이다.

그러나 기업 내부에서 개성과 독창성을 추구하게 되자, 과거와 같이 일과 생활을 분리해서 생각할 수 없게 되었다. 대체로 제2의 생활을 잘 해나가는 사람은 제1의 일을 하는 곳에서도 재능을 충분히 발휘할 수 있는 것이다. 게다가 고도의 경제 성장을 이룩함으로써 풍요로움이 급속히 확대된 결과, 사람들은 자기 자신의 생활에 더욱 충실하고 싶다는 욕망을 갖게 되었다. 이렇게 해서

제1의 일이 제2의 생활에 우선하고 있었던 이제까지의 도식이 깨어진 것이다.

이제까지의 동양에서는 다른 사람을 위해 희생하는 것이 미덕이라고 생각해 왔다. 빈곤의 극복이라고 하는 하나의 큰 목표를 향한 경제 성장 아래에서는, 주어진 목표를 향해 집단적으로 그 총화의 힘을 발휘하라고 요구해 왔기 때문이다. 그래서 자기 생활을 소중히 여기는 사람이나 혹은 개성이 강한 사람을 무시하고 배척해 왔다.

그러나 오늘날의 사회는 분기점에 서 있으며 크게 변하려 하고 있다. 예를 들어 대기업에서는 정년제를 낮춘다든가, 혹은 '지당족'이 탄생되고 있는 것이 그 징후이다. '지당족(至當族)'이란, 그룹을 위해 개인의 개성을 희생시켜 온 사람들이라고 할 수 있다. 개성을 희생시킨다고 하는 것은 집단에 의해 보호를 받고 있다는 교환 조건 속에 성립되어 왔던 셈인데, 이와 같은 보호는 급속히 사라지고 있다. 자기의 개성을 죽이고 집단을 살려가는 시대로부터, 한 사람의 인간으로서 자기를 창조하는 시대로 바뀌어 가고 있는 것이다.

어떤 기관에서 행한 '21세기에 제언'이라는 조사 결과에 의하면, '기업은 무엇을 해야 되는가?'라는 질문에 '종업원이 삶에 대한 보람을 갖도록 해야 한다'는 답이 가장 많았다고 한다. 이 조사는 경영자·노동조합·학계 등 각계의 지도자를 대상으로 한 것이다. 그리고 '앞으로 사회 정세의 동향에 대해서'라는 항목에서는 앞으로의 큰 문제로서 '사회병의 발생'이라는 답이 가장 많았다. 여기에서 사회병이라고 하는 것은 삶의 보람을 찾지 못하는 사람들의 고뇌가 점점 더 해 간다는 뜻이다.

그러나 이러한 조사나 여러 가지 신문·잡지에서 다루는 봉급 생활자의 삶의 보람이라든가, 취미론 같은 것을 읽으면 이제까지 일부 국가에서 얼마나 개인적인 생활이 묵살되어 왔는가를 알 수가 있다. 이제야 겨우 이런 일에 대한 논의가 대두된다는 것은 이제까지 얼마나 개인이 자기를 귀중하게 여기지 않았나 하는 것을 그대로 드러낸 것이라 하겠다.

어쨌든 삶의 보람이라든가, 진정 자기가 몰두할 수 있는 취미라든가 하는 것은 잔재주만으로는 발견할 수 없다. 그것을 발견하기 위해서는 인간이 가지고 있는 개인의 철학을 근본적으로 바꾸지 않으면 안 된다. 그리고 생활 전체를 새롭게 해야 할 필요가 있다. 지금 유행이 되고 있다고 해서 근처 가게에 가서 손쉽게 살 수 있는 그런 유행 상품 따위는 결코 아니다. 자기 자신을 창조해야 하는 새로운 인간 혁명이라고 해도 좋을 것이다.

일부 국가에서는 자기 중심이라는 말을 지극히 싫어한다. 가령 개인주의가 범람하는 서양에서는 지켜야 할 가치가 있는 것으로 생각되는 말도, 그런 나라에서 '저 사람은 개인주의자다'라고 하면 거기에는 비난의 뜻이 담겨져 있다. 이와 같이 개인주의와 이기주의가 같은 말이라고 생각되어 왔다. 이것은 그들이 개인 경시의 사회에 살고 있었음을 증명해 주는 것이다.

그러나 요즘의 베스트셀러를 보아도 지적 생활이라든가, '라이프 워크(Life Work)'라든가 하는 제목의 작품이 잘 팔리고 있다. 예전과 같이 단순한 출세법을 쓴 책은 별로 팔리지 않는다. 이것도 앞으로 다가올 새시대의 상징이라고 할 수 있다.

‡ 세계를 자기중심으로 조립하라

탈무드적인 인간의 세 번째 요건은 자기중심으로 세계를 조립한다는 것이다. 그런 의미에서는 에덴 동산의 아담에 대한 이야기가 크게 도움이 된다. 이러한 낙원 전설이나 낙원 신화라는 것은 결코 유대인만이 가지고 있는 것이 아니다. 이 세상 거의 대부분의 민족이 자기들의 조상은 낙원에 살았다고 하는 낙원 신앙을 가지고 있다. 아랍 세계에서도 유토피아와 같은 낙원 이야기는 결코 드문 이야기가 아니다.

그러나 유대인은 특별했다. 다른 민족의 낙원 전설이나 낙원 신앙은 영원한 생명을 얻으려면 어떻게 해야 하는가, 어떻게 하면 낙원에서 살 수 있는가 하는 것이 전설이나 신화의 주제이다. 중국의 도원경(桃源境)도 그 하나의 예이다. 그 곳에서는 모든 사람들이 영원히 행복하게 살고 있다. 또 어떤 물을 마신다든가, 어떤 과실을 따 먹으면 영원한 생명을 얻을 수 있다고 하는 이야기도 많이 있다. 그러나 〈창세기〉에 있는 유대인의 이야기는 불멸의 생명을 말하고 있는 것은 아니다.

〈창세기〉에서는 태초에 아담과 이브가 에덴의 동산에서 행복한 생활을 영위하고 있었음을 얘기한다. 이것은 원죄를 짓기 이전의 생활이었다. 그러나 두 사람은 하느님과의 약속을 어겼기 때문에 낙원에서 쫓겨나고 만다. 이 이야기의 최대의 교훈은 어떻게 해야 인간이 보다 좋은 생활을 할 수 있는가 하는 것이다. 좋은 생활을 찾기 위해서 인간은 자기 마음에 생기는 나쁜 충동을 극복하지 않으면 안 된다. 게다가 아름답고 살기 좋은 세계를 만든다는 것은 모든 사람에게 주어진 책임이다.

《탈무드》는 자신감을 갖는 것이 중요하다고 가르친다. 인간은 누구를 막론하고 불완전하다. 그러므로 완전한 인간은 없는 것이다. 단지 향상하려고 노력을 기울이는 사람과, 노력을 포기한 사람이 있을 뿐이다.

인류가 시작되었을 때의 인간은 아무런 죄도 범하고 있지 않았으므로 그때의 인간은 완전했다. 그리고 이 세상에 종말이 올 때

구세주가 와서 사람들은 다시 완전함을 되찾을 것이다. 그러나 그 중간에 자기 혼자만 완전해진다는 일은 있을 수 없고, 또 이웃이 완전하게 될 리도 없다.

그러므로 완전하지 않다고 해서 자신감을 잃어서는 안 된다. 또 이웃이 완전하지 않다고 해서 무시해서도 안 된다. 물론 **지나치게 자신감을 갖는 것도, 또한 아예 자신감을 잃는 것도 모두 위험한 일이다.**

랍비 에피에쓰아는 이렇게 말한다.

"자신의 마음이 수천 개의 파편으로 부수어지고, 좌절감에 빠져서 재기불능이 될까 염려될 때에는 소리를 내어 자기 자신을 칭찬하시오. 그러나 만약 자신이 너무나도 자랑스럽고, 그리고 자기만족이 자기를 지나치게 압도할 것 같을 때에는 소리를 내어 자기를 욕하시오."

또 《탈무드》에는 다음과 같은 이야기가 실려 있다.

어느 날 한 랍비가 주위 사람들이 더 이상 자기를 존경하고 있지 않는다고 생각했다. 그 일로 해서 그는 몹시 괴로워했지만, 어떻게 해야 될지를 몰랐다. 그런데 얼마 후 그는, 주위 사람들이 그를 존경하지 않는 것이 아니라, 바로 자기 자신이 자기에게 경의를 품고 있지 않다는 것을 깨닫게 되었다.

만약 자기 자신에 대해서 경의를 품지 않는 사람이 있다면, 다른 누구도 자기에 대해서 경의를 표하지 않는 법이다. 그래서 그는 자기의 좋은 점, 자기가 노력을 하고 있는 점을 헤아려 자신감을 회복했다. 그러자 그의 가족·이웃·학생들, 그리고 사회 전체가 그에 대해서 보다 큰 경의를 표하게 되었다.

어느 날 그 랍비는 '천주 십계'를 읽다가 '도둑질하지 말라'는 계명을 읽으며 생각했다. 다른 사람의 물건을 도둑질하는 것도 물론 나쁘지만. '자기 스스로를 훔치는 일'도 나쁘다는 것을 깨달았다.

자신감을 잃는다는 것은 자신 속에 있는 것을 자기가 도둑질하는 것과 마찬가지다. 인간에 대한 존엄은 먼저 자기 자신에서부터 출발해야 한다. 그렇지 않고서 다른 사람의 존엄성을 어떻게 인정해 줄 수 있겠는가. 사회에 기여하려 해도 자기에게 그만한 능력이 있다는 것을 스스로가 인정할 수 없다면 그것은 불가능한 일이다.

인간은 혼자서 전우주와 대결하고 있는 것이다. 개인이 뛰어나지 않으면 좋은 사회를 건설할 수도 없다. 일부 지역은 지금까지 자기를 타인의 희생으로 바친 '화(和)'의 사회였다. 기업체나 공공건물 등을 보면 '총화'라는 휘호가 걸려 있거나, 혹은 사시(社是)로 '인화'를 강조하고 있는 곳이 많다.

이제까지 동양에서는 개인의 개성을 그대로 노출시키는 것은 좋지 않은 일이라고 간주되어 왔다. 따라서 동양인은 자기 자신을 경시하는 경향이 많다. '무사(無死)'라든가, '멸사(滅私)'라는 말을 지금도 미덕으로 알고 있는 실정이며, 사적인 일은 공적인 일보다도 항상 경시되어 왔다. 여기에서 '공적'이라고 하는 것은 단체라고 바꾸어 이해해도 좋을 것이다.

그러나 자아를 확립하는 일은 단순히 머릿속에서만 이루어지는 일이 아니다. 이치로 납득하는 것만으로는 아무런 힘도 안 된다. 우선 자기의 존재를 크게 보는 일부터 시작하여, 그 다음에는 자기의 것을 소중히 여기는 것이 습관화되어야 한다.

자기의 것이란 자기 가족을 비롯하여 자기의 물질적인 소유물, 그리고 자기의 시간에 이르기까지 여러 가지가 있다. 이러한 모든 것들을 소중하게 여겨야 비로소 자기의 사고 방식도 귀중하게 여길 수 있게 된다. 자기 세계를 만들지 않고 어떻게 자기를 소중히 여길 수 있으며, 어떻게 자기의 견해, 자기의 생각이 생길 수 있겠는가, 하지만 여기에서 사회보다 자기 쪽이 더 훌륭하다고 생각해서는 안 된다. 그렇다고 해서 자기를 낮추어 생각해서도 안 된다. 자기와 주의 사람들을 대등하게 보는 안목이 중요하다.

어떤 면에서 동양인은 뚜렷한 상하 관계로 이뤄져 있다. 하지만 또 어떤 면에서는 대통령도 거지도 태어날 때는 모두 벌거숭이였다는 식의 평등주의가 나타난다. 유대인 사회에서는 모든 인간은 평등하다고 생각되어진다.

개인 혹은 개성이라고 하면 다른 것과는 반드시 달라야 된다. 그리고 그 다른 면에서 가치를 발견하는 것이다. 그래서 개인주의가 좋다고 하는 반면, 이기주의는 좋지 않다고 하는 구별을 할 수 있다. 개인주의와 이기주의는 전혀 다른 것이다. 개인주의는 서양에서는 생활의 기본처럼 되어 있다. 개인주의는 개인을 존중하지 않는 데서는 생겨나지 않는다. 그리고 개인을 소중히 여기면 각각 사람마다의 차이를 인정하게 된다.

그리고 그 차이를 인정할 뿐만 아니라 그 차이가 있기 때문에 사회가 발전한다는 전제를 중요시한다. 각기 이질적인 것이 서로 경쟁을 하여 그 중 뛰어난 것이 이기게 된다. 이러한 세계에서는 권위가 생기기 어렵고, 혹 생겼다 해도 빈번히 교체된다. 권위는 정체하고 있는 상태에서 힘을 갖게 된다.

‡ 당당하게 대립하라

탈무드적 인간의 네 번째 특징은 대립하는 것을 두려워해서는 안 된다는 것이다. 의문을 갖는다든가, 권위를 인정하지 않는다는 것은 곧 대립을 두려워하지 않는 태도에서 생긴다.

이것은 일부 동양인으로서는 이해되지 않을지도 모른다. 그 까닭은 '나'라는 것이 지극히 위태로운 것이기 때문이다. 그리고 그곳에서는 '나'라는 것이 박해를 당하고 있다. 예를 들어 공분(公憤)은 좋은데 사분(私憤)은 좋지 않은 것으로 되어 있다. 혹은 공익은 좋지만 사욕은 좋지 않은 것으로 되어 있다. 물론 사욕도 정도 문제겠지만, 서양에서도 극단적인 이기주의는 경멸을 당한다.

그러나 **동양에서도 서서히 '나'의 시대가 오고 있다. '나'를 지키기 위해서는 자기의 사고 방식을 지킬 필요가 있다.** 자기 생각을 지키려면 어쩔 수 없이 대립을 초래하게 된다.

동양에서는 화합을 중히 여기며 대립하는 것을 싫어한다. 대부분의 경우 상대에게 맞추어 나가는 것이 예의바른 행동이라고 생각하고 있다. 그러나 《탈무드》의 세계에서는 대립을 좋은 것으로 간주한다. 《탈무드》안에는 많은 논쟁이 있는데, 논쟁은 대립이 있어야 비로소 성립될 수 있기 때문이다. 그러나 대립이 건전한 것임을 전제로 해야만 진정한 논쟁이 성립된다.

그런 의미에서 동양인만큼 대립하는 것에 서툰 민족도 없다. 일단 대립하게 되면 알 수 없는 진흙탕 속에 빠져 버리고 만다. 나라 살림인 국정의 경우에도 정치 단체끼리 대립을 한다. 그러나 일단 대립이 생기면 그 때에는 원칙 같은 것이 통용되지 않는다. 대립으로부터 오히려 풍성한 수확을 얻는 방법을 알지 못하는 것이다.

그러나 동양에서도 개인의 시대가 다가오고 있다는 것을 감안한다면, 앞으로는 대립이라고 하는 것을 솜씨 있게 다루어 나가는 법을 배워야 될 것이다. 대립이라고 하면 흔히 영구히 화해할 수 없는 것이라는 인상을 갖기가 일쑤다. 하지만 뛰어난 것들이 서로 경쟁하여 상호간에 연마해 나가는 것이 진정한 대립이며, 이것은 곧 사회의 발전에로 직결되는 원동력이다.

《탈무드》에 '철을 단련시킬 때에는 철을 사용하고, 인간을 단련시킬 때는 인간을 쓴다'라든가, '칼을 갈 때는 또 하나의 칼을 쓴다'고 하는 것 등이 자주 나온다. 철을 써서 철을 단련시키고, 칼을 써서 칼을 갈 수 있는 것은 양쪽이 다 단단하기 때문이다. 양쪽이 다 부드러우면 단련시키거나, 혹은 갈 수가 없는 것과 마찬가지로, 때로 인간에겐 격렬한 대립도 필요하다는 것을 가르치고 있다. 그러나 이 경우에는 어디까지나 대립은 보다 나은 것을 낳고 그 효용적 가치가 있음을 인정한 후가 아니면 아무 쓸모 없는 것으로 끝나고 만다.

대립을 보다 효율적으로 이용하기 위해서는 어떻게 하면 좋을까? 그것은 상대의 입장을 존중하는 것이다. 다시 말해 상대의 의견을 존중한다고 하는 편이 옳을지도 모른다. 《탈무드》는 '좋은 의견에는 의견이 없다'고 말하고 있다. 좋은 의견은 모든 사람의 소유가 되어야 하며, 그 의견을 낸 인간을 보고 평가해서는 안 된다는 것을 의미하고 있다.

서양인들과는 달라서 동양인은 여간해서는 자기 주장을 철회하려고 하지 않는다. 좀처럼 과오를 인정하려 하지 않는다는 것이다. 이것은 역시 아이디어와 그 창출자를 강력하게 결부시켜 생각하기 때문일 것이다. 그러나 설령 설복 당하였다 하더라도 그것은 상대에게 진 것이 아니라, 상대의 아이디어가 이긴 것뿐이니 절대로 수치스러운 일이 아닌 것이다.

따라서 대립할 때는 상대편이 훨씬 더 훌륭한 의견을 가지고있을 가능성이 있으므로, 그것을 인정하고 받아들일 준비를 해두지 않는 한 풍성한 열매를 기대할 수가 없다. 요컨대 대립이라고 하는 것은 차이를 인정하는 데서부터 출발하는 것이다.

《탈무드》에는 아무리 치졸한 질문이라 할지라도 필요하다면 해야 된다고 되어 있다. 물론 치졸한 질문을 한다는 것은 질문을 받은 입장에서 본다면 짜증 나는 것이며, 시간이 낭비되는 것이다. 그렇다고 해서 못 하게 거부해서는 안 된다. 치졸한 질문을 봉해 버리면 좋은 질문도 없애는 결과가 되기 때문에, 질문을 할 수 있는 분위기 자체가 그만큼 중요함을 역설하고 있다.

탈무드적 인간이라고 하는 것은 지적으로 지극히 자유로운 인간을 말한다. 질문을 두려워해서는 자유로워질 수가 없다. 새롭고 훌륭한 아이디어를 발견하게 될지도 모르는데, 스스로 눈을 감고 귀를 막아 버리게 되기 때문이다. 그러므로 항상 지적 호기심이라는 문을 활짝 열어놓아 둘 필요가 있다.

이것은 자기 혼자 있을 때에도 마찬가지다. 늘 자문 자답을 되풀이해야 하고, 자기 안에도 갖가지의 대립이 있어야만 된다. 고정 관념만큼 무서운 것도 없다. 자기 머릿속에 권위를 만들어서는 안 된다. 왜냐 하면 권위를 만들면 그 이면에는 부작용이 생기기 때문이다.

‡ 아니 마민

유대인은 매우 낙관적인 민족이다. 그들은 결코 희망을 버리는 일이 없으며, 세계는 반드시 발전한다는 것을 굳게 믿고 있다. 그래서 유대인은 실패까지도 귀중히 여긴다. 대부분의 민족은 실패라고 하는, 회상하고 싶지 않은 기억을 자기의 과거에서 지워 버리려고 노력한다.

예를 들어 대부분의 민족에 있어서 축제일이라고 하면, 그 민족이 과거에 영광을 쟁취한 날, 승리를 거둔 날, 성공한 날들을 축하하는 날로 되어 있다. 우리들도 일상 생활에 있어서 과거의 꺼림칙한 실패는 될 수 있는 한 잊으려고 노력한다.

프로이트가 말한 것처럼, 인간에게는 싫은 일은 기억하려 하지 않는 본능이 있는 것이다. 그러나 사실은 **실패 이상으로 좋은 스승은 없으며, 성공은 결코 좋은 스승이 될 수 없다.**

《탈무드》에는, 랍비들이 인간의 눈은 흰자위가 검은 자위보다도 더 큰데, 어째서 인간은 검은 곳을 통하여 사물을 보는 것일까 하는 주제를 놓고 논쟁을 벌이는 이야기가 실려 있다. 그리고 다음과 같은 결론이 나와 있다.

"인간의 눈은 대부분이 희고, 검은 것은 작다. 그러나 인간은 희고 밝은 곳을 통하여 사물을 보는 것이 아니라, 검고 어두운 곳을 통하여 본다. 이것은 과거의 성공을 통하여 사물을 보아서는 안 된다고 하는 교훈이다."

유대에서 최대의 축제일은 '샤바트'라고 불리는 기념일이다. 이 날 유대인들은 각기 모여서 2천 년 전부터 내려온 음식물을 먹는다. 그것은 상징적인 음식물이다. 그 중 하나로 쓴 잎이 있다. 과거에 있었던 패배의 쓴맛을 되씹기 위해서이다. 또 '마츠오'라는 밀가루로 만든 건빵처럼 딱딱한 빵을 먹는다. 이것은 민족이 패배한 날을 상기하도록 하기 위해서이다. 그리고 접시 위에는 삶은 달걀이 놓여 있다. 어째서 단단하게 삶은 달걀이 나오는가 하면 달걀은 다른 음식과는 달리 삶을수록 단단해진다. 이것은 유대 민족이 곤경에 처하면 처할수록 미래에의 신념이 견고해짐을 상징한다.

이 축제일은 2천여 년 전에 이집트의 노예로 잡혀 있었던 유대 민족이 해방된 것을 축하하는 날이다. 유대 사람들은 예전에 선조들이 이집트 파라오의 노예였던 것을 지금까지 잊지 않는다. 결코 자랑스러운 일은 아니지만, 그러나 이와 같은 좌절이나 패배야말로 내일에의 희망을 가져다주는 마음의 양식이 된다고 믿고 있는 것이다.

이와 같이 과거의 실패나 좌절을 직시할 수 있다는 것은 미래에 대한 깊은 낙관이 뒷받침하고 있기 때문이다. 유대인이 예루살렘이 멸망당한 후 세계를 유랑하고, 수많은 박해를 받으면서도 고난을 이겨내고 살아남을 수 있었던 것은 역시 내일이라는 희망이 있었기 때문이다. 낙관에서 얻어지는 힘은 대단히 큰 것이다.

역사적으로 유대인을 엄습한 가장 큰 비극은 나치에 의한 대량 학살이었다. 이 나치에 의한 대량 학살로 인해 얼마만큼의 유대인이 죽어갔는지는 지금도 그 정확한 숫자를 모르고 있다. 일설에 의하면 5백만 명이라고도 하고, 다른 설에 의하면 6백만 이상이라고도 한다. 추정으로도 1백만 명 이상의 차이가 난다는 데에 이 비극의 규모가 여실히 나타난다.

나치에 의한 유대인 대량 학살의 대표적인 장소는 아우슈비츠 강제수용소를 들 수 있다. 그리고 오늘날에 와서도 시나고그에서는 명절의 만찬 때에는 흔히 〈아니 마민〉이라는 노래를 경건하게 부른다. 〈아니 마민〉이란 '나는 믿는다'라는 뜻이다. 이 노래를 어째서 명절날 밤에 부르게 되었느냐 하면, 아우슈비츠에 수용되어 있었던 유대인들이 지어 불렀던 노래이기 때문이다.

그들은 나치에 의해서 짐승보다 못 한 생활과 가혹한 노동, 그리고 마지막에는 죽음을 강요당하며 지구상에서 사라져 갔다. 그런데 연합군이 이 수용소를 해방시켰을 때에는 소수이긴 하지만 살아남은 사람들도 있었다. 바로 그 사람들이 이 노래를 전해 준 것이다. 이 〈아니 마민〉이라는 노래만 보더라도 유대인이 얼마나 훌륭한 민족인가를 알 수 있다. 〈아니 마민〉의 노랫말은 '나는 믿는다. 구세주가 반드시 오시리라는 것을, 그러나 구세주가 오시는 시간이 조금 늦었구나' 하는 것이다.

그와 같은 생지옥 속에서도 언젠가는 반드시 구세주가 온다는 것을 확신하고 있었다. 이것은 유대인의 '위대한 낙관'을 잘 나타내주고 있는 것이다. 그리고 동시에 위대한 낙관이라고 하는 것이 얼마나 강인한 것인가를 보여주고 있다. 《탈무드》에도 '비관은 가장 약한 바위도 부순다'고 했는데, 낙관은 더없이 견고한 갑옷이 된다.

유대인의 강인함은 무(無)에서 출발하고 있다. 세계 각지로 흩어져 살고 있는 동안에 몇 번이나 집을 빼앗기고 재산을 몰수당했으며, 추방되는 등 혹독한 처사를 당해온 유대인은 언제나 빈손으로 도망다녀야만 했다. 이와 같은 가혹한 체험은 유대인들에게 유연한 머리를 갖게 했다. 그와 동시에 모든 것을 잃어도 비관하지 않는다는 강인함을 부여해 주었다. 목숨만 붙어 있다면 어떻게든 된다고 하는 위대한 낙관이다.

‡ 건전한 성생활

기독교나 혹은 동방의 몇몇 종교는 결혼을 필요악이라고 생각하고 있다. 하지만 유대교에서는 절대로 그렇게 보지 않는다. 《탈무드》의 현인들은 성의 충동을 극히 자연스러운 것으로 보았고, 게다가 그 충동이 악이라고는 생각조차 하지 않았다.

예를 들면 현인 히스다가 자기 딸들에게 성교육을 시킨 것도 기록되어 있다. 유대교에서는 성년이 되어도 결혼을 하지 않는 남자는 의무를 다 하지 못한 사람으로 간주한다. 왜냐 하면 하느님은 '생육하고 번성하여 땅에 충만하라'고 인류에게 명령을 내렸기 때문이다. 그러므로 독신자는 하느님의 가르침을 배반한 자라고 생각한 것이다. 《탈무드》는 '아내가 없는 자는 남자라고 부를 수 없다'고까지 말했다.

《탈무드》에 기록된 성에 관한 일곱 가지 가르침은 다음과 같다.

① 성적 의무를 소홀히 하는 자는 죄를 범하는 것이다.

② 남편은 아내의 성적 욕망을 충족시켜 주어야 한다.

③ 여자 쪽에서 먼저 성적 욕망을 밝히는 것은 좋은 일이다.

④ 성적인 욕구는 여자쪽이 더 강하다. 여자는 편한 생활 속에서 성적으로 불만족을 느끼기보다는 가난한 생활일망정 성적 만족을 누리고자 한다.

⑤ 성행위를 가질 경우, 여자가 먼저 절정에 이르러야 한다.

⑥ 여자가 깨끗한 날(월경을 하지 않는 날)에는 언제든지 성행위를 가져도 좋다. 몸의 어느 부분에 입을 대도 좋고, 어떤 체위라도 좋다.

⑦ 욕망을 느껴도 며칠 동안은 참는 편이 좋다.

이밖에도 《탈무드》에는 성에 대해서 쓴 것이 많다. 좀 길지만 인용해 보기로 하자.

남편과 아내 사이에 이루어지는 성행위는 성스러운 것이며, 좋은 일이라는 것을 알아야 한다. 그 누구도 성행위를 추하다거나 기피해야 할 일이라고 생각해서는 안 된다. 올바른 성행위는 〈창세기〉에는 '안다'라고 씌어 있다. 왜냐 하면 성행위는 성스러운 것과 깨끗한 것이 깃들어야 될 지혜의 주머니, 즉 뇌수에서 출발하는 것이기 때문이다. 그래서 〈창세기〉에서는 성관계를 맺는 것을 '안다'라는 말로 표현하고 있는 것이다.

성스러운 《토라》를 이어받았으므로 신이 위대한 지혜로 세계를 만든 것을 알고 있으므로 전혀 추하거나 수치스러운 것을 만들 리가 없음을 믿어야 한다. 만약 성행위가 꺼려해야 될 것이라면 성기도 마찬가지로 혐오해야 될 것이다. 그러나 성기도 신께서 만드신 것이다. 만약 성기가 수치스러운 것이라면 신의 행위가 불완전했다는 말이 된다.

에덴 동산은 완전한 세계였다. 그 안에서 아담과 이브는 '두 사람 다 벌거벗었지만 서로 부끄럽게 생각하지 않았다'고 성경에 씌어 있다. 그들에게 성기는 눈이나 손과 같은 몸의 다른 기관과 똑같다. 그러나 두 사람이 성적인 충동을 알았을 때에 '그들은 자기들이 벌거벗은 것을 비로소 알았다.'

하긴 이 말은 손에 대해서도 마찬가지다. 손이 성경을 베낄 때는 칭송을 받고 명예를 부여받았다. 그러나 손이 무엇인가 나쁜 짓을 했을 때에는 미움을 받아야 된다. 아담과 이브의 성기도 마찬가지다. 따라서 몸의 어느 기관이라도 인간이 좋은 행위를 했을 때에는 칭찬을 해야 하고, 나쁜 짓을 했을 때에는 벌을 받아야 한다.

그런데 남자는 지혜를 지배하고 여성은 이해하는 마음을 지배한다. 그래서 완전한 성교는 두 사람의 정신의 고양을 일으키게 되는 것이다. 여기에 남자와 여자의 몸을 결합시키는 비밀이 있다. 그러나 이와 같은 두 사람의 정신의 고양을 구하지 않는 성교는 피해야 된다. 그렇기 때문에 남편은 아내를 중히 여겨야 하는 이유가 있다.

남편이 아내와 성교를 하는 가장 권장할 만한 시간은 금요일 밤이다. 금요일 밤, 식사가 끝나고 난 후 적어도 몇 시간이 지난 후가 좋다. 왜냐 하면 식후 바로는 섭취한 음식물의 소화 때문에 몸의 열이 높은 상태이므로 정자가 깨끗하지 않기 때문이다. 또 평소에 남편은 아내를 너무 가까이하여 수탉이 암탉을 쫓듯이 해서는 안 된다. 너무 아내를 자주 가까이하면 힘이 약해지고 성욕도 감퇴된다.

여기에서 현인들이 굳이 금요일 밤을 택하고 있는 것은, 이 날은 성스러운 안식일로서 성행위는 정신적인 고양을 수반하지 않

으면 안 된다는 것을 의미한다. 그리고 성행위는 휴식을 겸해야
한다. 이때 남편은 아내에게 부드러운 목소리로 상냥하게 이야기
해야 한다.

아내에게 정신적·육체적인 기쁨을 안겨주는 것은 남편의 의무이
다. 이러한 기쁨을 끌어내기 위해선 언어와 몸 양쪽 다 부드럽고 상
냥하게 이끌어가야 된다. 사랑과 자유 의사를 왜곡시킨 형태로 하
는 성행위는 성스러운 신의 뜻에 위배되는 행동이다.

남편은 아내가 잠자고 있을 때에 성행위를 가지려고 해서는 안
된다. 그리고 성행위를 갖는 동안에 신에 대해서 경건해야 함이
얼마나 칭찬받을 일이며, 얼마나 명예로운 일인지, 또 《토라》의
가르침을 받드는 것이 얼마나 바람직한 일인지 알아야 하며, 두
사람은 신을 찬양하는 일에 대해서 이야기를 나누어야 한다.

여기에서 보는 바와 같이 만약 성을 더러운 것, 혹은 필요악이
라고 보았다면 여자를 기쁘게 하는 일, 하물며 두 사람이 성행위
에 들어가려고 할 때라든가, 그것이 끝난 후에 신을 찬양하는 대
화를 나눌 것을 권할 리가 없을 것이다.

물론 정자가 뇌수에서 만들어지는 것이 아님을 우리들은 잘 알
고 있다. 그러나 남녀가 성관계를 맺는 일에 '안다'고 하는 말을
쓴 것은 참으로 훌륭한 일이다.

‡ 극단을 배제하는 지혜

《탈무드》에 나타나는 유대인의 사고 방식은 현실의 시점에서
보아도 지극히 개화된 것이다. 여자의 권리를 충분히 보호하고
있는 점을 보아도 이미 옛날부터 여권 신장을 옹호하고 있었음을

알 수 있다. 《탈무드》는 아내가 성행위를 갖고 싶지 않을 때에 남편이 억지로 성교를 강요하는 것도 강간의 범위에 포함시키고 있다. 동시에 성의 남용도 경고하고 있다. 《탈무드》에는 '성은 강과 같은 것이다. 말라 버려도 안 되고, 범람해서도 안 된다'고 하는 경구가 있다.

성은 금전과 비슷한 데가 있는 듯하다. 누구나 그것을 원하고 있지만 노골적으로는 말하지 못한다. 조크를 좋아하는 유대인에게 있어 금전은 흔히 화장지에 비유된다. 전혀 없으면 정말 곤란하고, 그렇다고 너무 지나치게 많으면 처치 곤란이다. 또 금전도 강과 비슷하다. 물이 전혀 흐르지 않으면 사람은 살 수가 없고, 그렇다고 해서 너무 많이 흐르면 홍수가 된다. 따라서 유대인은 인간에게 부여된 충동을 부자연스럽게 억압하지 않았음을 알 수가 있다.

유대인과 금욕주의는 전혀 상관이 없다. 천주교에서의 신부는 평생 독신을 지켜야 되지만, 유대교의 랍비는 아내를 맞는 것이 보통이다. 유대인은 성을 추잡한 것이라 하여 억제한다든가, 혹은 돈을 더러운 것이라고 멀리하는 일도 없었으므로, 소위 청빈이라고 하는 말은 애당초 존재하지 않는다. 그러기는커녕 가난한 것은 수치스러운 일이라는 생각이 더 깊었다. 육체적인 욕망이나 혹은 물질적인 욕망을 필요 이상으로 회피하는 것은 어리석은 짓이라 간주하고 있었던 것이다.

하지만 금전이나 물질 혹은 성을 결코 목적이라고는 생각지 않고 있었고, 그것은 수단이라고 보고 있다. 《탈무드》는 '돈은 기회를 늘려준다'고 말하고 있다. 따라서 돈이나 성의 지배를 받고 사는 유대인은 아주 드물다.

술도 마찬가지다. 《탈무드》에는 '술은 인간의 뇌수를 활동적으로 만든다. 술을 한 방울도 입에 대지 않는 사람은 지혜의 문을 열 수 없다'고 하는 말이 있다.

유대인은 극단적인 것을 매우 싫어한다. 이런 사상은 유대인의 결혼관에도 나타나 있다. 유대인 가운데서 열렬한 연애 결혼을 하는 사람은 극히 드물다. 《탈무드》에는 연애나 결혼에 대한 훈계의 말이 많다. '정열 때문에 결혼하여도 정열은 결혼만큼 오래 가지 못한다'고 한 경구는 그 전형적인 예이다. 또는 '연애는 잼과 같은 것이다. 잼만 먹고서는 살아갈 수 없다'고 하는 말도 있다.

어떤 의미에서 유대인의 결혼관은 동양인의 결혼관과 비슷할지도 모른다. 결혼은 연애의 종착역이라기보다는 두 사람이 결혼을 한 후에 사랑을 가꾸고 지켜나가는 것이라고 생각하고 있다.

여기에서 탈무드적 인간의 또 하나의 특징을 들어보자. 그것은 '분수를 안다'라고 하는 것이다. 좀더 어렵게 말하면 '중용'을 중시한다는 것이다. 《탈무드》에는 도를 넘어서는 안 된다고 하는 경계의 말이 있다. 예를 들어 세상엔 도를 넘으면 안 되는 것이 여덟 가지 있는데, 그것은 여행·성·부(富)·일·술·잠·약·향료라고 꼽는다. 또 '평생에 단 한 번 오리고기와 닭고기를 배불리 먹고 다른 날은 굶주리는 것보다는, 평생을 양파만 먹고 사는 편이 낫다'는 말도 있다.

인간은 도를 지나치면 안 된다. 일시적으로 무리를 해서 좋은 것을 만들기보다는 오랜 시간에 걸쳐서 만드는 편이 훌륭한 것을 만들 수 있다. 이것은 유대인이 현실적이라고 하는 특징을 말해 주는 것이다. 유대인은 필요 없이 참는 것을 배척한다.

앞에서 말한 바와 같이, 중요한 손님을 앞에 두고 갑자기 용변이 보고 싶어졌을 때 유대인은 개의치 않고 화장실로 간다. 요컨대 무리를 하지 않는 것이다. 더구나 그 이면에는 건강한 육체를 유지하는 것이 신에 대한 의무라고 하는 훌륭한 해명도 준비되어 있다.

‡ 가정의 중요성

다음으로 탈무드적 인간의 조건은 가정을 귀중하게 여긴다는 것이다. 《탈무드》에는 악처의 무서움을 설명한 것이 많다. 또 유대인은 결혼하면 반드시 독립하여 살게 되어 있다. 그것은 고부간의 갈등이 언젠가는 가정 생활을 파괴하게 되리라는 것을 잘 알고 있기 때문이다.

성경이나 《탈무드》에 의하면, **남성의 첫째 가는 책임은 가정에 있다. 남성의 생애는 가정에서 시작한다고 해도 지나치지 않다.** 인간은 먼저 자기의 건강을 유지하는 데 유의하고, 그리고 결혼하고 자식을 낳고, 자식들을 교육시키고, 부모를 봉양하고, 벗들과 친교를 맺고, 그리고 선배에게 경의를 표하는 것이 책임이라고 말하고 있다. 거기에다 사회에 대한 책임을 더 한다. 즉 일을 가져야 한다는 말이다.

위대한 랍비라고 하는 사람들도 거의 대부분이 직업을 가지고 있었다. 《탈무드》에 나오는 현인들로서는 아키바·조슈어·마이어·호세펜차라프타·조카난·유다·아바사울 등의 랍비들이 유명하다. 아키바는 장작을 모아서 파는 나무꾼이었다. 조슈어는 숯장수였다. 마이어는 서기였다. 호세펜차라프타는 피혁 상이었고, 조카난은 신발 장수였다. 유다는 빵집을 했고, 아바사울은 밀가루 장수였다. 《탈무드》는 대가를 받고 일하는 노동의 가치를 강조하고 있는 것이다.

아내나 어린이를 중요시함은 어느 세계에도 공통적인 것이지만, 특히 신으로부터 '생육하고 번성하라'고 하는 명령을 받은 유대인으로서는 결혼하고 자식을 낳고 아이를 교육시키는 일이 무엇보다 중요하다는 것은 두말할 나위도 없다. 더구나 고명한 랍비들이 모두 자기 생업을 가지고 있었다는 것은 경제적인 자립이 인간의 존엄에 꼭 필요하며, 개인의 존엄을 확립하기 위해서는 필요불 가결하다는 것을 뜻하고 있다.

가정이라는 확고한 성(城)을 가지고 있지 않으면 자기를 충분히 표현할 수 없다. '가정은 가장 작은 사회의 단위이다. 그곳에서 낙오되는 사람은 큰 사회에서도 제대로 일을 할 수 없고, 큰 사회의 진정한 일부가 될 수도 없다'고 《탈무드》는 가르치고 있다.

동양에서는 어정쩡한 외국어를 빌려 표현하는 것이 많다. 이것은 미국도 마찬가지다. 미국에서는 섹스에 대해서 프랑스어를 많이 사용한다. 동양에서도 성(性)을 섹스라고 표현하고, 자위 행위를 '마스터베이션'이라고 표현하는 것처럼 외국어를 사용하여 얼버무리려는 듯 사용한다. 이와 마찬가지로 자기 가정을 중시하는 사람을 '마이홈(my home)주의자'라고 둘러댄다. 역시 동양에서도 자기 가정을 사업보다도 중히 여기는 것에 대해 어쩐지 낯간지러운 생각을 갖고 있는 것 같다.

그러나 개인의 확립은 자기가 가지고 있는 것을 설령 그것이 작다 하더라도 중요시하는 데서부터 시작된다. 그 가운데에서 가정은 가장 큰 것이다.

대부분의 동양인은 표면적으로는 가정을 경시하지만, 사실은 가정을 지극히 아끼고 아내와 자식을 귀중하게 여긴다는 점에서 다른 민족에 결코 뒤지지 않을 것이다.

그런데도 동양인에게는 자기가 정말 아끼는 것을 아끼고 있다고 솔직이 드러내는 것을 꺼려하는 일종의 부끄럼증이 있다. 이래서는 자기가 정말로 중요시하는 것도 표현할 수 없다. 동양인에게는 지나치게 외부에 맞추려고 하는 성격이 있다. 그러나 앞으로는 가정을 중히 여기고, 그리고 표면적으로 공공연하게 가슴을 펴고 그것을 말할 수 있는 사람이 힘을 발휘하는 시대가 올 것이다.

탈무드적 인간의 조건

‡ 탈무드적 인간의 승리

두 사람의 유대인 망명자가 있었다. 두 사람 다 주머니에 동전한 푼 없는 빈털터리로 고향에서 쫓겨나 미국으로 건너갔다. 그후 두 사람은 미국에서 최고의 각료가 되었다.

한 사람은 재무과장을 지낸 마이켈 브루맨솔이다. 그는 나치 독일에 쫓기어 배 편으로 중국 상해로 도망쳐 갔다가 당시의 일본관헌의 보호를 받아 미국으로 건너갈 수 있었다.

또 한 사람은 헨리 키신저이다. 키신저 일가도 나치에 의해 독일에서 쫓겨나 무일푼으로 미국에 도착했다. 그리고 누구나 다잘 알고 있는 것처럼 하버드 대학의 교수가 되었고, 대통령 특별보좌관을 거쳐 국무장관으로까지 승진하였다.

망명자로서 미국의 각료가 됐다는 것은 대단한 일이 아닐 수 없는데, 그 성공의 이유는 그들 두 사람에게는 모두 탈무드적 발상의 철학이 있었기 때문이다. 이 탈무드적 발상이야말로 두사람의 성공을 가능하게 했다고 할 수 있다.

그런데 이 탈무드적 발상의 기저에 흐르고 있는 착상은, 동전에는 반드시 표리의 두 면이 있는 것과 마찬가지로, 현재라는 이면에는 과거가 있으며, 미래는 현재와 표리의 관계에 있다는 것이다. 아무리 어두운 경우라도 밝은 면이 있으며, 밝은 경우에도 부분적으로 어두움이 있다고 보는 것이다.

요컨대 모든 사물 그리고 모든 문제에는 언제나 두 가지 면이 있다. 《탈무드》의 금전에 대한 항목 가운데에는 '돈은 사람들 사이를 굴러다니니까 둥글다'고 하는 격언도 있는데, 동시에 '모든 사물은 동전과 같이 두 면(표리)이 있다'고 하는 말도 있다. 이 표리라는 사고 방식을 시간의 문제에 적용시키면 어떻게 될까? 그것은 과거와 현재, 그리고 미래라고 하는 것이다.

또한 《탈무드》의 다른 페이지를 넘겨보면 '보트의 노를 저어 앞으로 나가기 위해서는 보트의 뒤를 보고 앉아야만 된다'고 하는 말도 있다. 이것도 또한 전진하기 위해서는 과거가 소중하다는 것을 일깨워주는 말이다.

이 탈무드적 발상을 몸소 실천한 사나이를 소개하겠다.

영국에서 하층 계급에 속하는 생활을 하고 있던 유대인 일가가 있었다. 이 일가는 동유럽의 포그롬에서 박해를 피하여 이주해 왔었다. 양친은 손수레에 잡화를 싣고 끌고 다니면서 행상으로 생계를 이어가고 있었다.

그에겐 아이가 모두 열한 명이나 있었는데, 그 열 번째 아들은 머리가 아주 좋고 활력에 넘쳐 있었다. 그러나 학교 성적이 너무 나빴고 다른 학교로 옮겨도 늘 성적이 뒤졌다. 그렇다고 해서 그 아이의 머리가 나쁜 것은 아니었으며, 단지 학교의 수업 방식에 적응하지 못했기 때문이었다.

이와 관련한 비슷한 예로 아인슈타인이 있다. 그 또한 유대인이다. 천재의 대명사처럼 되어 있는 그도 학교에서는 항상 낙제점에 가까운 점수만 받았다. 아마도 틀에 박힌 학교 규칙에 적응하지 못한 사람 중의 한 사람이었을 것이다. 만약 아인슈타인이 평범하고 성실한 학생이었더라면 나중에 대성하지 못했을지도 모른다.

아인슈타인이 초등학교 1학년 때 담임인 여교사는 성적표에 다음과 같이 기입하였다. '이 아이가 장래에 성공한다는 것은 절대 있을 수 없는 일이다.' 세계의 교육사상 이처럼 평가를 잘못한 사람도 드물 것이다.

이 에피소드는 모든 고정화된 개념으로는 결코 위대한 것이 생길 수 없다는 것을 말해 주고 있다.

그러면 여기에서 그 런던의 유대인 일가의 아들 이야기로 돌아가자. 그 아이가 고등학교를 졸업했을 때 부친은 그 아들에게 선물을 주었다. 유대인은 한 시기를 매듭지을 때마다 반드시 선물을 하는 습관이 있었다. 그 부친은 아들에게 극동(極東)으로 가는 배의 3등실 편도 승선권 한 장을 축하 선물로 주었던 것이다.

그 때 부친은 아들에게 두 가지 조건을 붙였다. 하나는 금요일의 샤바트가 시작되기 전에 반드시 어머니에게 편지를 쓰라는 것이었다. 그것은 어머니를 안심시키기 위해서였다. 두 번째는 부친 자신이 나이도 먹었고, 또 열 명의 형제 자매가 있으므로 집안 살림에 도움이 될 만한 일을 여행 중에 생각해 주기 바란다는 것이었다.

이 아들은 18세의 나이로 런던에서 혼자 배를 타고 인도·말레이시아·싱가포르를 거쳐 극동으로 향했다. 그는 도중에 아무 데에서도 내리지 않고 배의 행선지 종점인 일본의 요코하마까지 곧

바로 갔다. 그것이 1880년대의 일이었다.

그는 주머니 속에 넣어둔 5파운드의 돈 이외에는 아무것도 가지고 있지 않았다. 일본에는 물론 아는 이라고는 한 사람도 없었고, 기거할 집도 없었다. 또 그 시대에는 일본에 있는 외국인이라야 기껏 요코하마와 도쿄 등지에 사는 수백 명에 지나지 않았다.

그는 소난(湘南)의 해안에 도착하여 금방 주저앉을 것 같은 무인 판잣집으로 기어들어가 처음 며칠을 지냈다. 거기에서 그가 이상하게 여긴 것은 매일 일본의 어부들이 물가의 모래를 파고 있는 모습이었다. 그것을 눈여겨보았더니 그들은 모래 속에서 조개를 캐고 있었다. 손에 들고 보니 매우 아름다운 조개였다. 이것을 여러 가지로 가공하거나 다듬으면 단추라든가 담배 케이스 등 아름다운 상품이 되지 않을까 하고 생각하였다.

그래서 그는 자기도 열심히 조개를 줍기 시작했다. 그 후 조개를 가공해서 부친에게 보내면 부친은 그것을 손수레에 싣고 런던 거리에 팔러 다녔다. 당시의 런던에서는 이것을 진기하게 여겨 조개는 날개돋친 듯이 팔렸다.

얼마 후 부친은 손수레를 끌고 다니면서 팔던 장사를 그만두고 조그마한 가게 하나를 얻을 수 있게 되었다. 이 가게가 이층집이 되었고, 다음에는 삼층집이 되었고, 나아가서는 처음에 런던의 빈민가인 이스트엔드에 있었던 점포를 웨스트엔드로 옮기는 등 이 조개껍질을 밑천으로 한 장사는 나날이 번창해 나갔다.

그 사이에도 일본에 있었던 그의 아들은 상당한 돈을 저축할 수 있었다. 이 청년의 이름은 마커스 사무엘, 헤브라이 이름으로는 모르데카였다.

그 무렵 온세계의 비즈니스맨 사이에서 가장 큰 화제가 되었던 것이 석유였다. 때마침 내연 기관이 등장하였고, 석유의 수요가 급증해 가고 있었다. 록펠러가 석유왕이 된 것도 이 시대였으며,

러시아 황제도 시베리아에서 석유를 탐사케 하고 있었다.

조개껍질 장사로 큰 성공한 사무엘은 이 석유의 채굴에 눈을 돌려 1만 파운드를 자본금으로 해서 계획을 세웠다. 그 자신은 석유에 대한 지식이 전혀 없었지만, 다른 사람들과 상의하며 인도네시아 근처라면 석유가 나오지 않을까 생각하고, 인도네시아에서 석유 탐사를 시작했다. 육감이 들어맞았든지, 아니면 행운이었든지, 어쨌든 제대로 들어맞아 석유를 채굴할 수 있게 되었다.

당시의 인도네시아는 석유를 난방용으로 쓸 필요가 없었고, 또 어두워지면 활동을 계속하지 않았기 때문에 석유의 판매처를 어딘가 다른 데에서 구해야만 했다.

그래서 그는 '라이딩선(船) 석유주식회사'를 설립하여 일본에 석유를 판매하기 시작했다. 그 무렵 일본에서는 석유로 난방을 하기도 하고, 혹은 조명을 한다든가 하는 혁명적인 일이 일어났다. 그래서 이 장사도 역시 대성공을 거두었다.

그러나 석유를 인도네시아에서 일본까지 어떻게 운반할 것인가 하는 문제가 큰 골칫거리였다. 처음에는 2갤런 들이 깡통으로 운반했는데, 원유를 운반하면 선박이 더러워지므로 운반 후 청소하는 일이 문제였다. 그리고 또 화재 위험도 크다는 이유로 선박회사에서 원유 운반을 꺼려했고, 운반한다 해도 운반비가 엄청나게 비쌌다. 그래서 사무엘은 자기 스스로 연구한 끝에 세계 최초의 유조선을 고안해냈다. 이렇게 해서 그는 세계에서 첫번째로 유조선의 선주가 되었다.

그는 자기 소유의 유조선마다 일본의 해안에서 자기가 캐냈던 조개 이름을 붙였다. 이 일에 대해서는 그 자신이 다음과 같이 기록하고 있다.

"나는 가난한 유대인 소년으로서 일본의 해안에서 혼자 조개를 줍고 있었던 과거를 결코 잊지 못한다. 그 덕분에 나는 오늘날

백만 장자가 될 수 있었다."

그러나 그의 석유 사업이 성공하면 할수록 영국인 사이에서는 유대인이 석유업계에서 군림하고 있는 데 대해 반발이 강해져, 마침내 이 회사를 팔지 않을 수 없게 되었다. 그것은 당시 영국은 대(大) 해군을 가지고 있었는데, 그 함대에 사무엘이 석유를 공급하고 있었기 때문이다.

사무엘이 회사를 팔게 되었을 때 다음과 같은 조건을 내세웠다. 그 하나는 소수 주주라 할지라도 반드시 유대인이 간부로 회사에 들어갈 것, 그리고 이 회사가 존속하는 한 조개 이름을 상표로 할 것이었다.

그것으로 그는 항상 자기의 과거를 기념하고 싶었기 때문이다. 이 조개 마크를 붙인 석유회사가 바로 지금 세계 각국 어디에서나 볼 수 있는 '셸 석유'이다.

사무엘도, 브루맨솔도, 키신저도 《탈무드》에서 배워 인생을 참되게 사는 지혜와 용기를 자기의 것으로 만들었으며, 탈무드적 발상을 실행했던 사람들이다. 특히 사무엘의 인생을 사는 방법에는 오늘날 동양의 셀러리맨이 배워야 할 시사적인 교훈이 많이 내포되어 있다.

오늘날 세계는 불확실성의 시대라고 하는데, 이 '불확실성'의 큰 원인은 과거와 현재 사이에 올바른 균형이 잡히지 않고 있는 데서 기인한다.

사무엘뿐만 아니라 누구에게나 자기의 과거는 큰 자산이 된다. 그리고 미래에 대해서는 누구나 잘 모르고 있으므로 자기의 과거에 대해서 자신감을 갖는 것은 절대 필요한 일이다. 자기가 굉장히 고독하고, 자기 눈앞에 열려 있는 상황이 어떤 처지라 해도 자기가 이제까지 걸어온 과거 속에서 자신감과 긍지를 발견하고, 그것을 의지하며 살아나갈 수 있기 때문이다.

이것은 다수의 의견이 반드시 올바르다고는 결코 볼 수 없으며, 설사 단 한 사람이라도 자기가 옳다고 생각하면 자신감을 가져야 한다는 뜻이다. 여기에서 개체로서의 신선한 발상이 생긴다.

유대인에게는 많은 적이 있다. 그러나 그것은 유대인 개개인의 탓이 아니다. 따라서 유대인은 만약 주위 사람이 자기 적이 된다고 해도 그것은 자기 탓이 아니라고 생각한다. 그들이 그러한 태도를 취하는 것은 그들의 문제이지, 자기 문제가 아니라고 명쾌하게 결론을 내려버린다. 그리고 자기가 언제나 옳고, 자기 외에는 신뢰할 자가 없다고 판단하여 자기중심적인 생활을 한다.

거기에 비하면 동양인은 고독에 빠져 있다. 집단으로 일을 하고 있는 것처럼 보이면서도 사실은 자신감이 없고 고독하며 언제나 초조하다. 예를 들어 동양인이 담배를 피우는 모습, 술 마시는 법, 혹은 노래 부르는 모습을 보면 그로써 고독이나 초조감을 해소시키기보다는 균형을 잃고 비틀거리고 있는 것처럼 느껴진다. 이것은 동양인이 자기 중심의 생활을 보내고 있지 않음으로써 생활 안에 단층이 생기고 있기 때문이라 하겠다.

이런 방식으로 살아나가면 긍지와 맞서는 용기, 혹은 기회를 잡고 과감하게 자기를 주장하고, 그것을 내 것으로 만든다고 하는 대담성을 잃게 된다. 유대인은 역시 유대 민족은 위대하다는 것을 기술한 《탈무드》를 열심히 탐독함으로써 자신감을 갖는 것이다.

훌륭한 고전이나 문학은 단지 비즈니스 면에서의 기지를 신장시키는 데만 도움이 되는 것은 아니다. 비즈니스라고 하는 것은 원래 인간 사회에 있어서의 승부이므로 개체로서의 자기를 확립시킬 필요가 있다.

조용한 자신감은 언젠가는 겉으로 드러나는 법이다. 그러기 위해서는 한 민족으로서의 전통을 올바로 배우고, 거기에서 민족의 긍지를 이해하여 자기 자신이 자랑할 만한 인간이라고 하는 자신감을 확립하는 일이다. 그것이 저절로 비즈니스의 재치와 결부될 것이다.

‡ 풍부한 아이디어의 산실

여기에서 탈무드적 인간이란 어떤 형의 인간을 말하는 것인지 다시 한 번 열두 가지 항목으로 정리해 보자.

① 늘 배워라 — 그렇다고 수동적으로 습득하는 자세를 취해서는 안 된다.

② 자주 질문하라 — 이것은 결코 다른 사람에 대해서 질문하는 것만을 권장하고 있는 것이 아니다. 늘 모든 일에 호기심을 가지고, 책을 읽을 때나 혼자 눈을 감고 생각에 잠겨 있을 때에도 질문을 계속하는 습관을 가지라는 것이다.

③ 권위를 인정하지 말라 — 사물에 대해서 항상 의심하라. 모든 발전은 기존의 권위를 부정하는 데서부터 출발한다. 인간에게는 모든 것을 곧 인정해 버리지 않는 오만한 데가 있어야 한다.

④ 자기를 세계의 중심에 두어라 — 이것은 타인을 경멸하라는 말이 아니다. 자기를 소중하게 여기는 사람은 다른 사람도 소중하게 대한다. 그리고 이제까지의 세계의 모든 발전은 자신을 존중하는 사람에 의해서 출발되었다.

⑤ 폭넓은 지식을 가져라 — 자기가 받아들인 갖가지 지식은 저절로 상호간에 작용하여 풍성한 연상력을 길러내고 육감을 날카롭게 한다.

⑥ 실패를 두려워하지 말라 — 실패를 좌절이라고 생각해서는 안 된다. 그 이면에는 성공이 숨어 있다. 성공과 실패는 표리의 관계에 있다. 그만큼 성공에 가까워졌다고 생각해야 된다.

⑦ 현실적이어야 한다 ─ 될 수 있는 대로 자연스럽게 살아야 된다. 가능성과 함께 한계를 알아야 된다. 인간은 하늘과 땅에 동시에 속해 있는 존재이다. 어느 한쪽에 속하려고 해서는 안 된다.

⑧ 낙관적이어야 한다 ─ 내일이란 발전을 써넣어야 할 백지와 같은 것이다. 자기 내부에도 언제나 흰 종이가 마련되어 있다. 여유를 갖고 그 백지를 메워 나가라.

⑨ 풍부한 유머를 가져라 ─ 웃음은 의외성에 의해 기인한다. 사물에는 항상 뜻밖의 견해가 있다.

⑩ 대립을 두려워하지 말라 ─ 발전은 대립에서부터 생긴다. 자기 견해에 찬성하지 않는 사람도 소중히 해야 된다.

⑪ 창조적인 휴일을 보내라 ─ 인간의 진가는 어떻게 휴일을 보내느냐 하는 것으로 판가름할 수 있다.

⑫ 가정을 소중히 하라 ─ 집은 자기를 키우는 성역이다. 자기를 중심으로 하는 생활을 영위하기 위해서는 자기의 성을 소중히 해야 된다.

그런데 이제까지의 동양에 있어서도 탈무드적 인간이 성공한 예는 많았으리라고 여겨진다. 다만 탈무드적 인간은 자기 자신의 진가를 교묘하게 숨기고 있으며, 종래에는 한 조직의 부품이 될 수 있는 인간만을 환영했기 때문이다.

이제까지의 모든 기업은 군대와 비슷했다고 생각된다. 군대에서는 지성적인 인간을 싫어한다. 주어진 부서에만 정통한 인간이 높이 인정받아 왔다. 불필요한 지식을 갖고 있거나 비판적인 인간은 제재를 당해 왔으며, 말하자면 '단세포' 인간이 환영을 받았던 것이다.

그러나 탈무드적 인간은 자기 자신이 하나의 조직으로 되어 있다. 여러 가지 다양하고 이질적인 생각을 많은 서랍에 넣어두고,

상황이 변하면 그 상황에 맞추어 서랍을 연다. 열 개의 서랍을 가지고 있는 사람이 종래의 조직적 인간이라면, 탈무드적 인간은 수천 개의 서랍을 갖고 있는 셈이다.

자기 안에 많은 아이디어를 가지고 있으면 그 아이디어가 서로 경쟁을 하게 된다. 무의식 중에 서로 경쟁을 하고 서로 부딪쳐서, 그 결과로 하나의 발상이 되어 겉으로 드러난다. **탈무드적 인간에게는 지식이 많으면 많을수록 좋다. 지식은 무엇이든지 사용하기에 따라 대단히 중요한 것이다.**

또 탈무드적 인간은 자기의 전문 분야를 가지고 있다 하더라도 그것이 유일한 분야는 아니며, 모든 방면에 호기심을 가져야 한다. 하나의 분야라고 하는 것은 대학이나 연구소에서 편의적으로 그 분야의 선을 긋는 것이지, 현실의 세계는 결코 단순한 것이 아니기 때문이다. 현실은 좀더 많은 분야와 상호 관련을 갖는 복잡한 세계이다.

동시에 두 가지 이상의 일에 관심을 갖는다고 하는 것은 단지 지식의 양만을 증가시킨다는 뜻이 아니고, 호기심을 한층 더 왕성하게 하고 날카롭게 하는 데에 도움이 된다. 이 경우 두 가지 분야가 이질적일수록 상호 자극하는 효과가 크며 두 가지보다는 세 가지, 세 가지보다는 네 가지가 더 좋다. 자기 안에 두 사람 이상의 자기를 육성해야 한다.

탈무드적 인간은 다양하고 다채로운 인간이다. 특히 오늘날처럼 사회가 역사상 유례 없는 풍요에 의해서 다양화되고 모든 사상(事象)이 상관관계로 파악되고 종합적인 지식이 요구되고 있는 시대에는, 설령 지금까지는 자기가 관심을 갖지 않았던 분야까지도 음미해 볼 필요가 있게 되었다. 그러다 보면 의외의 호기심 때문에 자기 분야가 또하나 늘어나게 될지도 모를 일이다. 그리하여 새로운 분야를 경험해 보는 것이다.

'두 마리의 토끼를 잡으려다 한 마리도 잡지 못한다'라는 속담이 있으나, 오늘날에는 '토끼 한 마리를 쫓는 사람보다는 두 마리, 세 마리를 쫓는 사람이 한 마리의 토끼라도 얻을 수 있는 확률이 높다'고 바꾸어 말해야 될 것이다. 탈무드적 인간은 언제나 동시에 두 마리 이상의 토끼를 쫓아왔다.

그러나 얄팍한 지식의 소유자로 그쳐서는 안 된다. 무엇이든 넓게 알고 있다는 데에 안주해서는 안 된다. 역시 몇 가지 분야에 대해서 꽤 깊은 관심을 갖고, 거기에 따르는 상당한 지식이 뒤따라야 된다. 수동적으로 흡수한 지식은 아무리 많이 알고 있다 하더라도 재치는 생기지 않는다. 자기 스스로 구하고, 자기 나름대로 해석하는 것이 중요하다.

폭넓게 많은 지식을 갖고 있는 것을 팔방 미인이라고 하여 경멸해 온 것은 지금까지 대학을 지켜온, 머리가 굳어 버린 학자들이었다. 그들은 자기를 지키기 위해서 그렇게 해 온 것이다. 그런데 역사상 뛰어난 학자를 보면 모두 한결같이 다방면의 대가들이다. 그들은 육감 또한 뛰어나다.

또 탈무드적 인간에게서 빼놓을 수 없는 것은 날카로운 직감이다. 그러나 직감이란 선천적으로 갖추어져 있는 것이 아니라, 자기 안에 축적해 놓은 풍부하고도 이질적인 지식이나 아이디어가 무의식 중에 서로 부딪치고 경쟁을 하여 훌륭한 발상을 낳게 되는 것이다. 하긴 개중에는 전혀 글자를 읽지 못하는 문맹자라도 직감이 아주 날카로운 사람이 있다.

이러한 사람들은 사실상 지적인 직감이 날카로운 탈무드적 인간과 공통점이 있다. 그것은 가지고 있는 서랍이 많다는 것이다. 학교 교육을 전혀 받지 않은 사람이 생활의 각 방면에서 직감이 좋다고 한다면, 그 사람은 나름대로 풍부한 인생의 체험을 쌓았기 때문이다. 체험이 없는데도 불구하고 직감이 뛰어나다는 것은 있을 수 없다.

그와 마찬가지로 많은 지식이나 아이디어를 갖고 있는 사람이 날카롭게 갈고 닦은 직감을 갖추게 되는 것이다. 그리고 새로운 문제가 일어나도 그에 대한 해결의 실마리를 곧 자기 안에서 끌어낼 수 있는 사람은 자기 안에 세금 없는 자유 시장을 설치하고 있는 것과 마찬가지이다.

지식이나 아이디어는 상품과 같은 것이어서 서로 경쟁을 한다. 그 결과, 좋은 것이 나쁜 것을 쫓아내 버린다. 또한 지식이나 아이디어를 조금밖에 갖고 있지 않은 사람은 빈약한 시장을 형성하고 있는 것과 같다. 경쟁 대상이 미약하므로 당연히 활동이 저조해지지 않을 수 없다.

이런 경우, 유연한 정신을 가지고 있느냐 없느냐 하는 것도 중요한 열쇠가 된다. 나는 이 책에서 유대인은 고지식한 것을 배척한다고 강조해 왔다. 고지식하다는 것은 뒤집으면 편협과 통한다. 따라서 경직화되어 버리는 것이다. 아무리 지식이 자기 안에 축적되어 있다 하더라도 고지식하다면 이것은 통제 경제를 자신 속에서 실시하고 있는 것과 같다. 그리고 자기 안에서 지식이나 아이디어가 자유 경쟁을 하는 일이 없어져, 마침내 고지식함은 맹신의 길로 이어지는 것이다.

‡ '4월의 마음'을 가지고 있는 탈무드적 인간

탈무드적 인간은 어디서나 중요시된다. 회의석상에서도 반드시 발언해 주기를 바랄 것이고, 혹은 사람들이 그 발언을 기대하고 있을지도 모른다. 이런 사람은 직감이 좋고 머리 회전이 빠르며 지혜가 있는 사람들이기 때문이다.

탈무드적 인간은 사람들이 모두 좋아한다. 위트가 있고 고지식하지 않으며, 그렇다고 해서 불성실하지도 않다. 또한 해박한 지식을 가지고 있을 뿐만 아니라, 항상 호기심에 차 있으므로 이야기를 나누는 상대방이 즐거워한다. 그리고 상대방의 입장을 존중하므로 좋은 상담역 내지는 이야기 상대가 될 수도 있으며, 결코 자기의 지식이나 재능을 자랑하고 상대를 압도하려고 하지 않는다.

경건한 유대교도의 남성이라면 모두 머리에 '키파'라고 하는 작고 둥근 모자를 쓰고 있다. 쓰고 있다기보다는 얹어놓고 있다고 하는 편이 좋을 것이다. 카톨릭교의 로마 교황이나 추기경이 쓰고 있는 것과 같은 모양의 것으로서, 이스라엘에 가면 이 모자를 쓰고 있는 사람이 많이 있다.

개중에는 이것을 쓴 채 오토바이나 스쿠터를 타고 다니는 사람도 적지 않다. 바람에 날려가지 않는 것이 신기하게 느껴지지만, 실은 머리핀을 꽂은 것이다. 이 키파를 머리에 얹어놓고 있는 이유는 자기보다도 높은 사람이 있다는 것을 언제나 상기하기 위해서이다. 항상 겸허하라고 하는 것을 가르쳐주고 있는 것이다.

탈무드적 인간은 설사 키파를 쓰고 있지 않더라도 언제나 머리 위에 보이지 않는 키파를 얹어놓고 있어야 한다. 겸허함은 자기 부정과는 전혀 다르다. 자신감을 확고히 가지고 있지만, 자기의 부족함을 늘 자각하고 타인의 지혜로 자기의 부족을 보완하려고 애쓰는 사람을 말한다.

절대로 자기를 낮추거나 비굴해지지 않으면서도 자기를 귀중하게 여기기 때문에 상대방도 존중한다. 겸허함은 인간 관계의 윤활유가 된다. 자기보다도 큰 것이 존재하고 있다는 것을 항상 잊어서는 안 된다.

어떤 천재라도 인간은 일생 동안 어딘가에 결함이 있는 존재로서 완전함이란 있을 수 없다. 그러나 완전하다는 일이 없음을 알면서도 완전한 것에 흘려 거기에 접근하려고 노력한다. 그렇게 함으로써 인간은 향상되는 것이다.

랍비 사캐야는 다음과 같은 아름다운 말을 남기고 있다.

"사막을 여행하는 자는 별의 인도를 받아 앞으로 나아간다. 곧바로 별을 향해서 걸어 나간다. 별에 도달할 수는 없지만, 별에 가까워짐으로써 목적지에 닿게 된다. 사람들이 각자 내세우는 이상은 별과 같은 것이다."

인간은 불완전함을 알고 있으므로 향상하기를 원한다. 탈무드적 인간이 사람들로부터 신뢰를 받는 것도 확고한 자신감을 가지고 있기 때문이다. 좋은 조건에 영합하려 들지 않으며, 부탁을 받는다고 아무 일이나 떠맡지 않는다. 어떤 일을 떠맡는다는 것은 '예'와 '아니오'를 확실히 잘라말할 수 있는 사람이다. 물론 자기가 소용된다면 적극적으로 도와준다.

'무엇을 보아도 웃지 않는 인간과 무엇을 보든 웃는 인간은 경계해야 된다'라고 《탈무드》에서 말하듯 '아니오'만 해도 안 되고, 또 '예'만 해서도 안 된다.

동양에서는 주위 사람들과 영합해 가려고 하는 충동이 매우 강한 듯하다. 부탁을 받으면 여간해서는 거절하기 어려운 분위기가 짙다. 그리고 서양인들처럼 '예'와 '아니오'를 확실히 잘라말하는 사람은 사귀기 어렵다고 하는 평가를 받게 된다.

그러나 앞으로는 동양도 '영합하는' 시대로부터 '자기 중심'의 시대로 변해 갈 것이다. 그리고 할 수 없는 일은 할 수 없다고 말하는 편이 오히려 동정심이 많은 것이라고 할 수 있다. 동정심은 동서를 불문하고 상대에게 통하는 법이다.

탈무드적인 인간을 사람들이 좋아하는 것은 엄격한 면과 함께 살아 있는 것을 즐기기 때문이다. 명랑함은 우울함과 마찬가지로 전염되는 것이다. 신이 만든 세계는 본래 좋은 세계이다. 그러므로 좋은 것을 즐기는 것은 일종의 의무이다.

좋은 경치·음악·술·요리와 같은 것에도 세련된 기호를 가지고 있어야 한다. 그러한 일에도 수동적이어서는 안 된다. 지적인 호기심은 모든 것에 대해서 작용을 한다. 즐거움을 구하려는 마음을 잃어서는 안 된다.

탈무드적 인간은 젊음을 잃지 않으며, 계절로 말한다면 항상 4월에 살고 있는 것과 같다. 4월의 세계는 향긋한 푸르름으로 충만하다. 이것은 '가시오'의 푸른색 신호이기도 하다. 인생은 언제나 청춘인 것이다. 나이에 관계 없이 어딘가 봄을 느끼게 하는 것이다.

이 글을 쓰고 있는 사이에도 창 밖은 비에 젖어 정원이 흐릿하게 빛나고 있다. 하지만 어느 날엔가 또 개일 것이다. 그러면 창밖은 밝게 빛나리라. 밝은 날도 있고 어두운 날도 있으니까.

모든 일에는 두 가지 면이 있으므로 자기의 성공에 도취되는 일도, 다른 사람의 성공을 시기하는 일도, 혹은 타인의 실패를 기뻐하고, 자기의 실패에 좌절되는 일이 있어서도 안 된다고 《탈무드》는 가르치고 있다.

탈무드적 인간은 포용력을 가지고 있으며 너그럽다. 이러한 인간이야말로 호감을 얻는다. 그리고 항상 유머로 괴로움을 감쌀 수 있다. 인생은 '생각하는 사람'에게는 희극이며, '느끼는 사람'에게는 비극인 듯이 비친다. 웃음의 정신과 포용력은 하나이다.

그리고 무엇보다도 탈무드적 인간은 자기와 공존할 수 있다. 자기와 사이좋게 지낸다는 것은 누구에게나 상당히 어려운 일이다. 그러나 자기와 화해해야만 비로소 외부에 대하여 효율적으로 대할 수가 있는 것이다. 그러기 위해서는 자신과 잘 어울려야 된다.

그리고 내부적인 자기를 가볍게 보아서는 안 된다. 아마 독자가 상상하는 것 이상으로 내재하는 자기는 탈무드적인 지적 생활을 기꺼이 받아들일 것이다. 각자 시험해 보기 바란다.

제 4 장

유대인의 예지

‡ 자기 책임

말〔言〕의 힘은 참으로 크다. 만약 당신이 악몽을 꾸었더라도 그 꿈 이야기를 다른 사람에게 말하면 된다. 그러면 그 꿈 이야기를 들은 사람은 '당신은 참 좋은 꿈을 꾸었군요'라고 말할는지도 모른다. 이와 같이 말은 나쁜 꿈도 좋은 꿈으로 바꾸는 힘을 가지고 있다.

말이 지니는 또 하나의 힘은 말을 하는 사람 자신에 대해서 작용한다는 것이다. 인간은 같은 일에 대해서 자꾸 이야기를 반복하면 자기 스스로 그것을 확실히 기억하게 된다. 그러므로 사람은 항상 올바른 말만 해야 될 것이다. 그렇게 함으로 해서 그 사람의 올바름이 강화되니까.

《탈무드》에는 다음과 같은 말이 있다.

"지혜는 이미 지식을 가지고 있는 자에게 주신다. 무지한 자에게는 주시지 않는다."

그러자 한 사나이가 랍비 호세에게 이 점에 대해서 질문을 했다. 신이 무지한 사람에게 지혜를 주는 것보다 현명한 사람에게 주는 것이 어째서 도리에 합당한가 하는 것이었다.

랍비 호세는 이렇게 되물었다.

"만약 두 사람이 당신 앞에 나타나서 돈을 꾸어달라고 한다면, 어느 사람한테 빌려주겠소? 한 사람은 이미 부자가 되어 있는 사람이고, 또 한 사람은 몹시 가난하여 허덕이고 있는 경우에 말이오."

사나이가 대답했다.

"물론 부자 쪽이죠."

"하느님은 지혜가 얼마나 중요한가를 이해하는 능력을 갖춘 사람에 지혜를 주십니다. 모처럼 선물을 주어도 그 선물의 가치를 모르는 사람에게는 주지 않는 법이죠."

올바른 행위는 결국은 자기에게 이익이 된다. 《탈무드》에서는 '기도하지 말고 실행하시오'라고 가르치고 있다.

어떤 사나이가 랍비에게로 와서 '아들이 《토라》의 공부를 열심히 하도록 기도해 주십사'고 부탁했다.

그러자 랍비가 대답했다.

"만약 당신 자신이 매일 《토라》를 진지하게, 그리고 오랜 시간 공부한다면 당신 아들은 저절로 타인을 뒤따르게 될 것이오. 그러나 만약 당신이 자기 자신의 공부를 게을리한다면 당신 아들도 그렇게 될 것이오."

자기가 올바른 행위를 하면 주위 사람들도 그것을 모방하게 된다. 그리고 그 결과 자기가 배신당하는 일도 없게 된다.

✝ 돈은 도구에 불과하다

누구든지 많은 재산을 갖고 싶어한다. 그런데 기독교도나 동양인은 그것을 입 밖에 내지 않는다. 그러나 유대인은 돈에 관한 이야기를 하는 것을 수치스럽게 생각지 않는다. 어느 쪽이 자연스러울까? 기독교도나 동양인이 되는 것은 고된 일이다.

유대인들은 돈을 도구라고 생각하고 있다. 도구에 지배를 받는 사람은 없다. 그러나 도구는 될 수 있는 대로 많이 가지고 있는 편이 좋다.

이것은 유대인의 돈에 대한 태도를 말해 주는 것이라기보다는 유대인의 자연스럽고 무리 없는 사고 방식 중의 하나라고 하는 편이 좋을 것이다.

돈이 많다는 것은 누구에게나 유쾌한 일이다. 유대인은 기독교도와 같이 돈을 더러운 것이라고 멸시하지 않는다. 돈은 역시 좋은 것이라고 생각하고 있다.

그러나 동시에 돈의 위험성에 대해서 깊이 생각하지 않으면 안 된다. 《탈무드》에 기술되어 있는 돈에 관한 경구를 몇 가지 들어 보자.

★ 돈이 없으면 오관(五官)이 잘 작용하지 않는다.
★ 정의(正義)가 결여된 돈벌이는 질병과 같은 것이다.
★ 자만심과 돈은 인간을 압박하고 부패시킨다.
★ 인생은 인내와 돈이다.
★ 잘 쓰고, 잘 저축하라.

요컨대 돈이 필요하다는 것을 강조하는 한편, 돈은 인생의 함정이 된다는 것을 경고하고 있다. 아마도 이 세상에서 돈을 싫어하는 사람은 한 사람도 없을 것이다. 그러나 탈무드적 인간은 균형 잡힌 금전 감각을 갖고 있어야 한다. 돈쓰는 것이 너무 헤퍼도, 절제가 없어도, 또 너무 인색해서도 안 된다.

동양에서는 돈 잘 쓰는 사람이 환영을 받는 듯하다. 청빈하여 돈에 대해서 전혀 집착하지 않는 인간이 미화되는 일이 많다. 그러나 탈무드적 인간은 그래서는 안 된다. 유대의 전통 가운데에는 청빈이라고 하는 사고 방식은 전혀 없다. 가난은 멸시의 대상이 되지 않지만, 그렇다고 자랑거리도 아니다.

그러나 동시에 돈을 쓰지 않고 모으기만 하는 사람은 멸시를 받는다. 《탈무드》에 '**돈은 비료와 같은 것이다. 쓰지 않고 쌓아만 두면 냄새가 고약하다**'고 하는 말이 있는데, 수전노가 된다는 것은 돈이 붙지 않는 것과 마찬가지로 위험한 일이다.

유대인에게는 자선을 베푸는 것이 의무로 되어 있다. 유대인은 생활에 어려움을 주지 않는 한 수입의 최저 10퍼센트를 자선으로 써야 된다는 것이 의무화되어 있다.

유대인들에게는 예부터 돈은 벌어도 자기 것이 아니라 사회에 속해 있는 것이라는 생각이 있다. 유대인에게 있어서 자선이란 다른 세계에서 말하는 의미와는 달라서, 하느님이 자기에게 준 돈 가운데서 10퍼센트 정도를 되돌려준다는 것이다.

유대인은 선행을 할 때마다 '브라하'라고 외치게 되어 있다. '브라하'는 선행을 축복한다는 말이다. 그런데 자선을 베풀 때에는 '브라하'라고 말하지 않는다. 자선은 선행이 아니라 의무라고 생각하고 있기 때문이다.

유대인에게 있어서 돈은 어디까지나 수단이지 목적은 아니다. 돈이 차지하고 있는 지위가 가장 높다고 하는 생각은 허용되지 않는다. 《탈무드》에는

"돈은 인간에게 진정한 명예를 가져다주지 않는다. 돈은 아무리

많이 벌어도 그것만으로는 인간의 진정한 명예를 살 수 없다."
고 하는 말이 나온다.

우리들의 주위에는 돈을 벌기 위해 모든 시간을 소비해 버리는 사람들이 더러 있다. 요컨대 돈을 최고의 목적으로 삼고 있는 사람들이다. 확실히 돈에는 매력이 있다. 아마 대부분의 동양인에게도 '근로 정신'이라고 하는 것은 돈에 대한 욕망과 생활에 대한 불만을 달리 표현한 것에 지나지 않을 것이다. 그와 같은 듣기 좋은 말로 위장하고 있을 뿐인 경우가 적지 않다. 그래서 휴일에도 가족과의 생활을 희생시켜서까지 돈벌이를 위해서만 일하게 되어버린다.

그러나 유대인은 안전핀을 가지고 있다. 그것은 앞에서도 말한 바가 있는 휴일, 곧 안식일 때문이다. 여기에 돈의 노예가 되기 어려운 제동 장치가 있다. 그리고 또 이 1주일에 하루 있는 휴일이 탈무드적 발상의 원천으로 되어 있다.

동양에서는 돈에 대해서 자기를 주장하는 것은 좋지 않다고 한다. 그런데 그와 같은 사회적인 불문율이 있어도, 자기 기업을 위해서 이만한 돈은 있어야 되겠다고 주장하는 것은 상관 없는 것으로 되어 있다. 그러나 '나는 이 정도의 수입을 원한다'고 하는 것을 명백하고 공공연하게 요구할 수 없는 분위기가 지배적이다. 이것은 동양에서는 일종의 금기로 되어 있다고도 할 수 있다.

하긴 이런 일은 비단 돈에 관한 것만은 아니다. 대체로 동양에서는 자기를 주장하는 일 자체가 좋지 않은 것으로 되어 있다. 예를 들어 서양인이라면 회사의 퇴근 시간에 동료나 거래처 사람이 '오늘 저녁 식사나 같이하자'든가, 혹은 '오늘 한잔 하지 않겠나?' 하고 권하면 곧 '아니야, 오늘은 집에서 식사를 하게 되어 있소' 하고 딱 잘라 거절할 수가 있는데, 동양인의 경우는 가정 생활을 공적인 바깥 생활보다 우선시하는 것은 어쩐지 버젓하지 못한 일로 되어 있다. 그래서 돈이든 시간이든, 자기 세계를 만들려고 하지 않는다.

본래 '축재를 한다, 자기 돈을 갖는다, 자기 돈을 요구한다, 자기 시간을 요구한다'고 하는 것은 자기를 존중하는 일이므로 당연한 일이다. 동양인은 돈이나 시간을 지나칠 정도로 시원스럽게 써 버리는 경우가 많다. 대부분의 동양인은 돈에 대해서, 혹은 자기 시간에 대해서 균형 감각을 잃어버리고 있다. 이렇게 해서는 도저히 자기를 소중히 할 수 없을 것이다.

또 자기를 부정하는 것은 뒤집어보면 다른 사람도 부정해 버리는 일로 통한다. 자기를 소중히 여기지 않는 사람은 타인도 소중히 대할 수 없다.

동양에서는 흔히 유대인을 교활한 장사치라고 한다. 그러나 이것은 동양에서 깊이 뿌리박고 있는 편견에 지나지 않는다. 유대 상인들은 어디를 가나 마찰 없이 싸게 사간다. 이것은 동양인과 유대인의 비즈니스에 있어서의 정직성 혹은 정당성을 둘러싼 사고 방식의 차이가 원인이다.

상인이 될 수 있는 대로 싼 값으로 구입해서 가능하면 비싼 값에 팔려고 하는 것은 당연한 일이다. 이것은 비단 유대인에게만 한정된 일은 아닐 것이다. 동양인 회사에서도 영리 사업인 이상 별로 다를 바가 없다. 사실 동양의 대기업은 하청 기업의 납품을 무자비하게 값을 내려 사들인다고 알려져 있다.

또 어떤 상사가 해외에서 값을 부당하게 깎아내리는 경우도 있을 것이다. 이것은 어느 민족이든 상인이라면 공통된 생리이다. 그런데도 유독 유대 상인만을 교활하다는 이미지로 표현한다는 것은 잘못된 해석이라 하겠다.

하긴 동양의 대기업이 하청하는 영세 기업으로부터 부당하게 싼 값으로 물건을 사들이는 것은 계열 관계로 맺어져 있으니까 상관 없다고 판단할지도 모른다. 요컨대 소위 보살피고 있다는 것이다. 그리고 보살핌을 받고 있는 관계에 있으므로 부당하게 싼 값으로 사도 어쩔 수 없다고 변명할 것이다.

그러나 유대인은 물건을 되도록 비싸게 팔고, 그리고 살 때에는 될 수 있는 대로 싸게 산다고 하는 것을 조금도 나쁘게 생각하지 않는다. 만약 상대편이 비싸게 사는 것이 싫으면, 혹은 싼 값으로 팔고 싶지 않다면 그 의견을 주장하면 된다.

동양에서는 가족주의적인 인간 관계로 모든 일이 애매하게 되어 버린다. 그러나 쌍방의 합의에 의해서 상담이 성립되는 한은 유대인의 비즈니스 행위를 비난할 수는 없을 것이다.

《탈무드》는 비즈니스의 도덕에 대해서 상당한 분량을 할애하여 쓰고 있다. 예를 들어 랍비 디바는 다음과 같이 기술하고 있다.

"사람이 죽어서 천국에 가면, 천국의 문에서 우선 첫째로 묻는 것이 '너는 상행위에서 정직했는가?' 하는 것이다."

신은 '얼마나 기도를 했느냐?'라든가, '얼마나 자선을 베풀었느냐?, 얼마나 많은 사람을 구했는가?' 하는 질문은 그 다음에 묻는다.

또 유대교의 세계에서는, 랍비가 소나 양을 도살할 때 쓰는 칼을 점검하는 일을 하고 있다. 그리고 상인이 정직하게 장사를 하고 있는가 어떤가를 조사해야 된다. 그리고 또 랍비는 유대인 가(街)에 있는 상점을 돌아다니면서 물건의 중량·크기·품질·값 등을 조사하는 것이 임무로 되어 있다.

고명한 랍비 중의 한 사람인 모세 이삭은 주문 복을 만들고 남은 천은 손님에게 주는 양복점, 품질이 좋은 가죽을 사용하여 구두를 만드는 구둣방, 무게나 품질을 속이지 않는 정육점은 랍비보다도 더 행복한 천국에서의 생활이 약속된다고 《탈무드》에 쓰고 있다.

또 13세기의 위대한 랍비였던 모세 벤 야곱은 고객의 피부색이나 종교를 불문하고, 파는 상품에 결함이 있다면 그 결함을 말해야 하는 것이 유대의 계율이라고 쓰고 있다.

하기야 이처럼 되풀이해서 비즈니스의 부정 행위를 경계하는 말이 나온 것은 어쩌면 악덕 상인이 꽤 많았다고 하는 증거도 될 수 있다. 그러나 어느 사회에나 악덕 상인은 있는 법이다. 어쨌든 유대교에서는 정직한 비즈니스를 해야 된다는 데 대해서 다른 어느 종교보다도 강력하게 반복하여 경고하고 있다.

그러나 유대의 전통 가운데에는 돈을 더럽다고 생각하는 사고 방식은 전혀 존재하지 않는다. 돈에 대해 건전하게 생각하고 있다는 것은 유대인의 현실주의에도 타당한 것이다. 탈무드적 인간은 현실주의가 아니면 안 된다.

‡ 논쟁은 사회를 향상시킨다

《탈무드》는 독단을 경계하고 있다. 여기에서 올바르고 정당한 판단과 독선적인 독단이 엄연히 구분되고, 타인의 의견이나 견해에 대해서는 귀를 기울이도록 강조하고 있다.

《탈무드》에서는 '어째서 인간은 귀를 두 개 가지고 있는데 입은 하나밖에 없는가?' 하는 질문에 대한 답이 있다. 이것은 이야기를 나눌 때 다른 사람의 이야기를 두 배로 들어야 하기 때문이다.

예를 들어 《탈무드》 속에 정해져 있는 재판 법을 읽으면 징역 혹은 극형에 의해서 벌을 받게 될 범죄가 대상이 될 경우에 상황 추측이나 자백은 증거로 채용해서는 안 된다고 정해져 있다. 또 범죄의 목적자가 한 사람일 경우에는 그 증인이 말한 증언은 증거로서 채택되지 않으며, 두 사람 이상이 있어야 인정된다.

그리고 판사가 형량을 결정함에 있어 의견을 말하거나 투표를 할 때에는 가장 젊은 판사부터 시작하도록 정해져 있다. 왜냐 하면 그것은 연장자의 영향을 받아서는 안 된다고 하는 배려 때문이다.

무죄로 석방될 때에는 한 표 차라도 되지만, 유죄가 될 때에는 다수결은 두 표 차가 있어야 된다고 되어 있다. 단 극형에 처해질 경우에는 판사가 전원 일치했을 때는 무효가 되고, 다시 한 번 증거 조사를 한 후 재투표를 하는 것으로 정해져 있다. 이것은 의견이 완전히 일치하는 것은 있을 수 없다고 하는 유대인의 현실주의에서 온 것이다.

그리고 사형의 판결을 내릴 때에는 판사단은 한 사람씩 그 피고의 무죄의 가능성에 대해서 변론해야 하는 것이 의무로 되어 있다. 이것도 여러 가지 견해가 필요하다고 하는 유대인의 사고 방식을 반영한 것이다.

《탈무드》에는 재판을 할 때 피고와 원고의 옷이 정해져 있다. 어느 쪽이든 좋은 옷을 입어서는 안 된다.

또 혈연은 증인도 판사도 될 수 없다. 그밖에 범인이 정신병자일 경우, 피고는 고소당하지 않는다.

《탈무드》에 정해져 있는 재판법에 의하면, 서기 70년대에 예루살렘이 멸망당할 때까지는 신전에 '대(大)산헤드린'이라고 불리던 최고 재판소가 있었다. 그리고 71명의 판사가 위원회를 구성하고 판정을 내렸다.

덧붙여 말한다면, 신전이라 해도 예루살렘에 있었던 신전이 이스라엘 전토에서 단 하나뿐인 신전이었다. 그 아래에는 '소(小)산헤드린'이라고 불리는 재판소가 인구 120명 이상인 마을마다 하나씩 있었다. 여기에서는 23명의 판사가 위원회를 구성하였다. 어느 산헤드린에서도 이것을 구성하는 멤버는 유대인이며, 신을 경외하며 건전한 정신과 건강한 육체와 폭넓은 탈무드적 지식을 가지고 있어야만 했다. 너무 고령이라든가, 자식이 없는 남자는 이 구성원이 될 자격이 없었다.

이 산헤드린 아래에는 하급 재판소가 있고, 여기에서는 경미한 사건을 취급하였다. 그리고 판사가 세 사람 있었다. 이와 같은 재판법은 탈무드적 발상을 그대로 반영하고 있다. 전원 일치로 판결을 내리는 것을 싫어했다는 이면에는 현실주의를 감안한 것이지만, 진리에 도달하기 위해서는 의견의 대립이 필요하다고 생각했기 때문이다.

《탈무드》를 일관하고 있는 것은 토론이며, 또한 탈무드적 발상을 지탱하고 있는 것은 논쟁이다. 이것은 '화(和)'를 존중하는 사회에서는 이해하기 어려운 일인지도 모른다. 그러나 건전한 대립이야말로 사회를 전진시키는 데 필요 불가결하다고 생각하고 있는 것이다. 유대인은 끝없는 논의를 중시한다.

따라서 《탈무드》를 보면 결정적인 결론이라는 것은 나오지 않는다. 말하자면 《탈무드》는 학자들이 벌이는 토론회의 속기록과 같은 것이다. 《탈무드》에는 정리되어 있지 않은 문제에 대해 어떤 결정을 내려 버리는 교의나 해석 같은 것은 실려 있지 않다.

그래서 흔히 '랍비인 벤 요셉은 이렇게 말하는데, 벤 시온은 이렇게 말한다'라는 식으로 한 사람 한 사람의 의견이 소개되고 있다. 이것은 논리 정연한 일반적인 저술과는 다르다. 그리고 시종일관하여 새로운 주석이 첨가되고 있다.

‡ 인간을 인도하는 지식

《탈무드》에서는 많이 배운 사람에게 책임이 부여된다. 그리고 당연한 일이지만 이상을 가져야 한다. 우선 지적인 자유를 존중하는 것을 비롯하여 《탈무드》에 기술되어 있는 것처럼 정신을 중요시 해야 한다. 거기에다 한 걸음 더 나아가 자기보다도 아랫사람을 인도할 책임이 부과된다.

헤브라이어에서 '가르친다'에 해당하는 말은 '야 로우'라고 한다. '야 로우'는 실제로는 가르친다고 하는 의미가 아니고 '인도한다'는 뜻이다. 그러나 이 말은 다른 사회에서는 사람들을 가르친다고 하는 의미로만 쓰이고 있다.

가르친다고 하는 것에는 상대편이 배운다고 하는 전제가 있다. 말하자면 수동적인 상태에 대한 강요라는 성격이 강하다. 그러나 인도한다고 할 때에는 상대편이 자기 스스로 생각하여 자기 나름 대로 이해하여 따른다는 것을 의미하고 있다. 유대인은 후자의 태도를 존중했기 때문이다.

많은 지식을 자기 것으로 삼고 판단력을 갖춘 사람의 책임이 크다는 것은 다음의 이야기에 담겨져 있다.

큰 장사를 하고 있는 한 상인이 여러 대의 마차에 짐을 가득 싣고 여행을 하고 있었다. 눈이 내리기 시작하더니 광야는 얼마 후 많은 양이 눈으로 덮였다. 그래서 이 마차꾼은 달리다가 그만 길을 잃고 말았다. 그는 거리로 나가야 되는데 길을 잃어 숲 속으로 들어가고 말았다.

그러다가 고생 끝에 겨우 거리로 가는 길을 발견했다. 그 때 상인은 깊은 한숨을 내쉬면서 탄식했다.

그러자 상인이 옆에 앉아 있던 마부가 물었다.

"고생 끝에 겨우 길을 찾아냈는데 왜 그렇게 탄식을 합니까?"

상인이 대답했다.

"나는 지금까지 몇 번이나 길을 잃은 일이 있고. 그리고 또 길을 제대로 찾아서 돌아와야 할 적이 많았소, 마부로서 언제나 한 대의 마차밖에 움직이지 않고 있는 당신은 아마 모를 것이오. 한 대의 마차가 남기는 수레바퀴의 자국은 바람이나 눈으로 곧 지워져 버리지만 이렇게 무거운 짐을 실은 여러 대의 마차가 길을 잃고 지나가면 수레바퀴의 자국이 깊이 남게 되죠. 그리고 앞으로 얼마나 많은 마차가 그것이 거리로 가는 바른 길이라고 생각하여 내 마차의 바퀴자국을 따라 전진해서 길을 잘못 들게 될 것인가 생각해 보시오."

이 이야기와 마찬가지로 뛰어난 지식인이 과오를 범하면 많은 무지한 사람들이 그 뒤를 따라가고 만다.

《탈무드》에는 또 이런 이야기도 나온다.

어떤 거리에 한 상인이 있었다. 그 상인은 자주 랍비를 찾아다녔는데, 최근에는 찾지 않게 되었다. 상인이 거리를 걷고 있을 때 아는 사람을 만났다. 그래서 그 사람은 상인에게 어째서 요즘에는 랍비에게 가지 않느냐고 물었다.

그러자 상인은 다음주에는 랍비를 찾아가겠다고 대답했다.

다음 주에 상인이 랍비를 찾아가자, 랍비는 반갑게 맞으면서.

"어째서 당신은 최근에 나한테 오지 않았느냐?"

고 그 이유를 물었다. 그러자 상인은 랍비를 찾아오려고 생각은 했지만, 최근에 자기가 취급하고 있는 상품인 벌꿀이 질이 떨어졌는데도 종전의 값으로 팔고 있으므로 부끄러워서 올 수가 없었다고 말하였다.

랍비는 솔직한 말에 이렇게 대답했다.

"당신이 벌꿀의 질을 일단 떨어뜨렸으니까 내가 질을 높이라고 해도 아마 할 수 없을 것이오. 그것은 당신도 생활을 하기 위해

선 필요하니까 말이오. 그러나 나에게는 한 가지 해결 방법이 있소. 당신은 다음과 같은 것을 약속해 주기 바라오. 지금 취급하고 있는 벌꿀이 1파운드에 6코페크밖에 남지 않는다고 한다면 7코페크 남을 수 있게 하시오."

상인은 그렇게 하겠다고 약속한 후 돌아갔다.

그리고 그 다음에 랍비를 찾아왔을 때 랍비는 또 새로운 약속을 시켰다. 이번에는 1파운드당 8코페크가 남도록 하는 일이었다. 그리고 상인이 랍비를 찾아올 때마다 이익률을 높이게 했다.

몇 주일인가 지나자 벌꿀의 질이 차차 좋아졌다. 높은 이윤을 붙여서 팔기 위해서는 그만큼 벌꿀의 질을 높이지 않을 수 없었기 때문이다. 그의 고객들도 비싼 값을 지불하게 되었지만 그 때마다 품질이 좋아졌으므로 만족했다. 마지막에는 그 상인은 순수한 벌꿀 이외에는 취급하지 않게 되었다. 결국 그 상인은 크게 성공하였다.

어느 날 상인은 랍비를 찾아와 말했다.

"선생님 덕분에 정말 크게 성공했습니다."

랍비는 그 상인의 말에 기뻐하면서 대답했다.

"정직하다는 것이 가장 좋은 판매책이죠."

‡ 메시아

그리스도도 마르크스나 아인슈타인과 마찬가지로 유대인이었다. 그러나 기독교가 로마에 받아들여진 이후 종교와 일상 생활이 둘로 나눠져 버렸다. 요컨대 성(聖)과 속(俗)으로 나누어졌다. 이것은 '하느님의 것이 하느님에게로, 가이사의 것은 가이사에게로'라고 하는 성경 말씀대로 권력이 분리되어 오늘날까지 계속되고 있다.

그러나 유대교는 성(聖)과 속(俗)을 나누지 않는다. 유대인의 모든 생활은 유대교 자체와 일체가 되어 있기 때문이다. 즉, 일상 생활과 종교적인 것을 굳이 구별하지 않는다.

서기 70년에 예루살렘에 있었던 신전이 파괴되어 버린 이후, 유대인의 유랑이 시작되는 동시에 유대교에서는 성직(聖職)이나 승려가 없어졌다. 그래서 세계로 유랑한 유대인은 각각 흩어져 각각 그 곳에서 시나고그를 지었다.

시나고그는 동양에서는 '유대인 교회'라고 번역되고 있는데, 이 것은 예배하는 장소임에는 틀림없지만 교회와는 조금 다르다. 그 저 집회소라고 하는 편이 좋겠다. 그것은 승려(신부)가 없기 때 문이다. 랍비는 승려가 아니다. 랍비는 유대인의 지역 사회의 지 도자이며, 재판관이며, 때로는 생활의 카운슬러이며, 그리고 학 자이다.

유대교에서는 종교를 지키는 것은 승려나 일부 전문가만의 일이라 고 생각하지 않는다. 모든 사람이 책임을 진다는 전제되어 있다. 그 러므로 기독교 가운데서도 카톨릭과 같이 신부가 사람들 위에 서 는 일은 없다. 여기에도 유대인의 평등주의가 작용하고 있다. 그 리고 유대인 개개인이 종교를 지키는 책임을 지고 있기 때문에, 13세가 되면 모든 사람이 성경을 읽는 능력을 갖추고 있어야만 한다.

기독교를 예로 들어 보면, 성경을 배우고 종교를 지키는 책임은 목사나 일부 전문가가 맡고 있다. 그리고 신도들은 그 사람의 가 르침에 따르기만 하면 된다. 그 때문인지 역사를 통해볼 때 기독 교도의 대다수는 문맹이다.

유대교의 또 한 분파라고 할 수 있는 이슬람교는, 당연한 일 이지만 유대교와 아주 흡사하다. 오늘날에도 회교국에는 종교와 일상 생활이 분리되어 있지 않다. 사우디아라비아를 비롯한 보수적인 회교국에서는 종교가 국민의 모든 생활을 다루고 있다. 성계(聖界)와 속계(俗界)의 구별이 없다. 이것은 유대교도 마찬가지다.

그러나 회교에서는 전교도가 《코란》을 반드시 읽어야 한다는 법은 없다. 유대인은 그리스도가 있기 전부터 《탈무드》를 읽어야만 했기 때문에 일반 대중까지도 글자를 읽을 줄 알았던 것은 물론, 종교적인 문제에 대해서 서로 논의도 했다. 이러한 일들이 유대인의 지적 수준을 높이게 된 커다란 요인이 되었다. 읽는 것을 강요한 종교는 유대교 외에는 없다. 《탈무드》의 전통은 이러한 토양에서 생긴 것이다.

또 빈부 차이나 사회적 지위의 고하를 불문하고 모든 사람에게 그와 같은 중대한 책임을 지워주었다는 것은 유대인이 오랫동안 지녀온 평등주의를 증명해 주고 있다. 이것은 역시 《탈무드》에도 있는 것처럼 최초에 이 세상에는 한 사람밖에 없었다는 데에 기초를 두고 있다.

"한 사람의 인간을 죽이는 것은 전인류를 멸망시키는 일이다."라는 경구가 《탈무드》에 있는 것처럼, 한 사람의 인간은 전세계와 동등한 가치를 가지는 것이다. 이것은 동양적인 사고 방식으로는 이해하기 어려울지도 모른다.

그러나 모든 것은 분명히 한 사람으로부터 출발하고 있다. 이것은 한 사람의 인간이 위대하다는 것이 아니라, 한 사람의 인간이 짊어져야 될 책임의 무게를 뜻한다. 세계는 한 사람의 인간에 의해 만들어졌고, 인류가 계속되는 한 그 원점은 변함 없을 것이다.

세계에서 처음으로 유일신이라고 하는 개념을 만들어 낸 것은 유대 민족이다. 이것을 흔히 '유대의 기적'이라고도 한다. 오직 하나이신 신의 개념이며, 일신교라고 불린다. 요컨대 그때까지 모든 사람들이 믿고 있었던 다신교에 맞서서 순수한 일신교를 만들어 냈다. 이것은 집단신(集團神)으로부터 유일신의 자립이라고 할 수도 있다. 실제로 집단신은 인간 집단에서 생겨난 것이다. 한 사람의 아담이라고 불리는 인간을 상대한 데서 유대교의 시작이 진행되었다.

그리고 탈무드적 인간은 자기 안에 강력한 긍지를 발견해야 한다. 그리고 자기가 없으면 세계는 구제될 수 없다고 생각한다. 그러므로 혼자서 세계의 일을 모두 생각해야만 된다.

《탈무드》가 하나의 백과사전이라고 할 수 있을 정도로 폭넓은 지식을 담고 있는 것처럼, 한 사람의 인간도 백과사전적인 많은 지식을 갖추고 있어야 한다. 영어에서 '탈무디크(Talmudik)'는 '방대한 지식을 쌓은 뛰어난 사람'이라는 의미가 있다. 그것도 단순히 지식만을 쌓은 사람이 아니라, 세상을 조금이라도 좋게 하기 위해서 지식을 이용해 전진하는 태도를 가진 사람을 말한다.

오랜 역사를 통하여 유대인은 언젠가 구세주가 온다고 믿어 왔다. 아우슈비츠의 수인들이 지은 '아니 마민'이라는 노래에도 있는 것처럼 '우리들은 메시아가 오리라는 것을 믿고 있다. 다만 도착하는 것이 조금 늦을 뿐이다'라고 하는 위대한 낙관과 강력한 신념에 지탱되어 살아왔다. 그러나 구세주가 오기를 멍청히 그저 기다리고만 있었던 것은 아니다. 자기들의 손으로 메시아를 불러들어야 한다는 정열에 불탔던 것이다.

보다 나은 세계가 올 것이라는 기대와 흥분을 유대인은 언제나 뼛속 깊이 느끼고 있었다. 그리고 그것이 자기를 전진시키는 정열이 되어 왔다. 언젠가는 지상의 낙원이 온다고 하는 종말관이 유대교를 일관하고 있는데, 이것은 어음을 결제하는 날이 반드시 온다고 하는 인식과 같다.

그러나 그렇다고 해서 누군가 인간을 대신하여 어음을 결제해 줄 테니까 처음부터 부도를 내도 된다는 뜻은 아니다. 어음을 결제하는 날, 인간은 자기 스스로 어음을 결제해야만 한다. 그날을 위해서 날마다 정진과 진보를 하는 것이다.

유대인에게 있어서 메시아는 여러 가지 형태로 나타날 것이다. 키신저에게는 안정된 세계 질서를 만드는 것이 메시아일 것이다. 또 한 사람의 상인에게는 자기 일에 성공하는 것이 메시아 신앙의 그 나름대로의 표현일 것이다.

요컨대 이 세상을 보다 개선하려는 생각은 그와 동시에 자기를 조금이라도 좋게 하자, 전진하자는 의욕과 직결되어 있다. 유대인은 어린 시절부터 일하도록 교육을 받고, 그리고 그렇게 염원해 왔다.

유대인의 머릿속에 가득 차 있는 것이 세계의 발전만은 아니라는 데에 주목해 주기 바란다. 요컨대 한 인간의 진보는 세계의 발전과 같은 것이다. 거기에는 강력한 개인 의식이 존재하고있는 것이다.

《탈무드》에는 '자기가 진보하지 않으면 세계는 발전하지 않는다'라는 말이 있다. 세계는 하나이며, 자기도 한 사람뿐이기 때문이다.

유
대
인
의

기
지

유 대 인 의 기 지

지식과 지혜

‡ 어느 랍비의 유서

아들이여!

책을 너의 벗으로 삼으라.

책장과 책꽂이를 너희 환희의 밭, 환희의 정원으로 삼으라.

책의 동산에서 체온을 만끽하라.

지식의 열매를, 그 향기도 너 자신의 것으로 삼으라.

만약 너의 영혼이 만족을 느끼거나, 아니면 피로에 지쳐 있다면

뜰에서 뜰로, 밭에서 밭으로,

또는·이곳저곳의 정취를 즐기는 것이 좋으리라.

그리하면 새 희망이 솟아나고,

너의 영혼은 환희로 가득 차게 되리라.

― 쥬다 이븐 티본(1120-1190년, 유대의 의사이자 철학자)

‡ 중요한 것을 배우고자 하는 자세

　나이가 들면 더이상 배운다는 게 힘들다고 말하는 것은 유대인에게는 통하지 않는 말이다. 인간은 아무리 나이를 먹어도 배워야 한다. 배우는 것만이 젊음을 되찾는 길이다. 청춘이란 나이만 가지고 따지는 것이 아니다. 그것은 태도에 따른 마음을 가리키는 말이다. 물론 이것은 근대 의학에 의해서도 증명되는 바이지만, 유대인이 2천 년 전에 기록한 것 가운데도 그렇게 씌어 있다.

　유대인은 살아 있는 날까지 배운다. 그들은 배우는 것을 거룩한 의무라고 생각한다. 인간은 천국에 갈 때까지 배움을 멈추지 말아야 한다고 생각했다. 아무리 훌륭한 교사일지라도 끊임없이 배우지 않으면 안 된다고 생각해 왔다. 배움에는 끝이 없는 것이다. 이디쉬어(독일어 · 슬라브어 · 헤브라이어의 혼성어)에서 학자란 헤브라이어의 '라무단'에서 유래한 말이다. '라무단'은 '알고 있는 사람'을 뜻하는 것이 아니고, '배우는 사람'이란 뜻이다.

　거창한 지식을 갖고 있는 사람보다도 배우고 있는 사람이 존귀하다고 생각되어 왔고, 지금도 유대인은 그렇게 생각하고 있다.

‡ 지식보다 지혜를 중시하라

　유대인은 인간에게 있어서 가장 중요한 것은 지성이라고 생각한다. 그 이유는 유대인의 종교적 전통에서 기인하고 있다.

　그러나 그 후 유대인은 긴 세월 동안 박해를 받으며 살아왔다. 많은 사람들이 집을 잃고 재산을 빼앗겼다. 그래서 유대인 어머니들은 자기 아이에게 다음과 같은 질문을 한다.

　"만약 집이 불타고 재산을 빼앗긴다면 너는 무엇을 가지고 도망가겠느냐?"

그러면 대개의 아이들은 돈이라든가 다이아몬드라고 대답한다.

"아니란다. 모르겠다면 힌트를 주지. 그것은 모양도 빛도 냄새도 없는 것이란다."

라고 말하곤 다시 한 번 묻는다.

그래도 대답을 못 하면, 갖고 가야 하는 것은 돈이나 다이아몬드가 아니고 '지성'이라고 어머니는 가르쳐준다. 지성은 그 누구도 빼앗을 수 없으며, 자신이 죽임을 당하지 않는 한 항상 몸에 지니고 도망칠 수가 있기 때문이다.

이와 관련된 격언이 유대에는 많이 있다.

★ 만일 생활이 너무 궁핍하여 가산을 팔아야만 될 경우라면, 금—→보석—→집—→토지 순으로 팔아라. 최후까지 팔아서는 안 될 것은 책이다.

★ 만일 두 아들이 있는데, 한 아들은 책을 남에게 빌려주기를 싫어하고, 또 한 아들은 책을 빌려주는 것을 좋아한다면 당신의 책을 후자의 아들에게 물려주어라.

★ 책은 설령 적이라 할지라도 빌려달라고 한다면 빌려주어라. 그렇지 않으면 당신은 지식의 적이 될 것이다.

★ 책을 읽던 곳을 표시하기 위해 사용하는 도구는 책에 상처를 내지 않는 것으로 사용하라.

★ 책을 당신의 벗으로 삼고 책꽂이를 당신의 뜰로 삼아라. 그리고 그 아름다움을 즐기고, 열매를 따먹으며, 꽃을 즐기도록 하라.

지식의 상징은 책이다. 1736년에 라트비아의 유대인 거리에서는 책을 빌려 달라는 데도 빌려주지 않는 사람에게는 벌금을 과

한다는 조례가 규정되었다. 또 유대인 가정에서는 침대의 발쪽에 책꽂이를 두어서는 안 되며, 언제나 머리 쪽에 놓아두어야 한다고 전해 오고 있다.

유대인 사회에서 지성이 얼마만큼 중시되어 왔는가 하는 증거로서, 학자를 왕보다도 훌륭하다고 하여 높은 존경의 대상이 된 것을 보아도 알 수 있다. 이것은 유대인만이 갖는 자랑할 만한 전통이다. 다른 민족들은 왕후·귀족·군인·부자 들을 학자보다 높이 생각했다.

유대인은 그만큼 학문을 중요시해 왔는데, 그러면서도 유대인은 지식보다 지혜를 더 중시해 왔다. 지식을 아무리 풍부히 지니고 있다 하더라도, 지혜가 없는 사람은 많은 책을 등에 짊어진 당나귀와 같다고 생각했기 때문이다.

지식은 제아무리 많이 모아도 그것이 좋은 목적에 사용되지 않으면 도리어 해가 되며, 또 단순히 지식을 쌓기만 하는 것은 책을 쌓아두는 것과 같은 이치이다. 지식은 지혜를 갈고 닦기 위해서 몸에 지니는 것이다.

무조건 배우기만 하는 것은 한낱 모방에 지나지 않으므로 바람직하지 못하다. 배운다는 것은 어디까지나 스스로 생각하는 힘을 기르기 위한 기초에 불과하다. 현자(賢者)를 의미하는 헤브라이어의 '홋헴'은 '호브마(知)'를 가지고 있으며, 그것을 사용할 수 있는 사람을 말한다. 그러나 반드시 인텔리를 말하는 것은 아니다. 예컨대 정육점이나 식료품점을 경영하는 사람 중에서도 '홋헴'으로 알려져 있는 사람들이 많으며, 또 옛날의 위대한 랍비들 중에는 양치기나 구두 수선공도 있었다.

그들 가운데서도 가장 지혜 있는 사람들은 '탈미트 홋헴(탈무드에 정통한 자)'이라 칭하고, 《토라》에 정통한 사람을 존중했다. 이런 사람들이 반드시 정규 교육을 잘 받은 결과라고는 볼 수 없으며, 본래 가진 신분 덕으로 '탈미트 홋헴'이란 호칭을 얻을 수도 없었다.

젊은 학생이 지식을 쌓고 지성을 발휘해 가는 동안에 통찰력을 얻고, 또 겸허함을 몸에 익히면 '홋헴'이라 불리게 된다. 이와 같이 학식과 마찬가지로 겸허함도 중요시 여겼다. 자신이 행복하다고 느끼는 사람은 행복하지만, 자신이 현명하다고 생각하는 사람은 어리석은 자이다. 곡식은 열매가 굵어질수록 아래로 내려가는 법이다. 이것은 현자가 된 증거이다. '탈미트 홋헴'은 평생 배우는 것을 잊지 않고 부지런하며 지혜가 풍부하다고 생각되는 사람을 호칭하는 말이다.

고대의 유대 사회에서는 '탈미트 홋헴'은 모든 세금을 면제받았었다. 이것은 현명한 사람이 있기 때문에 사회 전체가 도움을 받는다고 보고, 따라서 사회 전체가 이런 사람을 도와주어야 하는 것으로 생각했기 때문이다.

유대인이 '홋헴'을 얼마나 존중했는가를 보여주는 예로서, 다음과 같은 것이 있다.

'홋헴'과 부자는 어느 쪽이 더 훌륭한가? 그것은 물론 '홋헴'이다. 왜냐 하면 '홋헴'은 돈의 고마움을 알고 있지만, 부자는 '호프마'의 고마움을 모르기 때문이다.

‡ 배움은 통찰력을 길러준다

인간은 배우는 것을 통해서 한 가지 중요한 일을 알게 된다. 그것은 무엇에나 의심을 품고 질문한다는 것이다. 질문을 한다는 것은 중요한 것이다. 의심을 함으로써 지혜에 이르게 되며, 알면 알수록 더 깊은 의심이 생겨나고 동시에 질문하는 일이 많아지는 것이다. 그러므로 질문은 인간을 향상시킨다.

자기 자신에 대해서 질문하는 것도 중요하다. 《탈무드》에서는 '더 좋은 질문은 더 좋은 해답을 얻는다'고 말하고 있는데, 우리들은 간혹 다른 사람들로부터 전혀 예기치 못한 질문을 받고 놀라는 경우가 있는데 이때 스스로 생각해도 놀랄 만큼의 좋은 답을 이끌어내는 수가 있다. 질문은 답과 같은 정도의 위력을 갖고 있는 것이다.

호기심이 없으면 의심도 없다. 사색한다는 것은 의심과 대답을 한다는 말이다. 현자란 의문을 품는, 빈틈이 없는 사람을 말하기도 한다. 인간으로서 절대적 확신을 갖는다는 것은 불가능한 일이다. 그러므로 의문을 갖게 되면 모든 일에 의혹을 품게 될 것이다. 그러나 심오한 의심을 품기 시작하여 얻어낸 해답은 거의 확고한 것으로 확신할 수 있다.

그리고 어떠한 불분명한 사실이나 의문은 행동을 통해서 밝혀낼 수가 있다. 결국은 행동을 함으로써 많은 현명한 해답을 찾을 수가 있는 것이다. 고대의 랍비들은 지나치게 사고를 깊이 하는 것이 도리어 행동을 방해하는 것이 아닐까 하고 생각했었다. 주저함과 망설임은 위험하다. 순간적으로 결단을 내리지 않으면 절호의 기회를 놓칠 수도 있다. 시의적절하게 과감히 행동하는 사람만이 승리의 환희를 누릴 수가 있다. 때가 되었는데 머뭇거렸다간 시기를 놓쳐 버리기 십상인 것이다.

그렇다면 사람이 배우는 목적은 무엇일까? 인생에서 완전히 똑같은 상황은 두번 다시 반복되지 않는다. 그러므로 어떤 새로운 상황에 부딪쳤을 때에는 이전의 배운 것을 토대로 할 수밖에 없다. 그렇게 볼 때 인간의 마지막 힘이 되는 것은 사고력뿐이다.

사람이 배우는 이유는 감성을 잘 닦아 예민하게 하기 위함이다.

오랫동안 산 속에서 지내본 능숙한 사냥꾼은 예리한 감각을 지니고 있다. 이러한 감각은 오랫동안의 체험에서 비롯된 것이라기보다 오랜 체험에 의해 연마된 감성에 의한 것이다. 또한 자신이 직접 체험하지 못했던 일이라도 다른 사람의 체험을 통해서 배우는 것도 생각을 예민하게 한다.

생각이란 설명할 수 없는 어떤 신비적인 것으로 보일지도 모르겠지만, 한 순간의 생각에 따라 내리게 되는 결단은 그 때까지 쌓아올려진 영지(靈智)에 의해 결정되는 것이다. **생각이란 곧 통찰력이라고 할 수 있다. 그러므로 배운다는 것은 순간적인 통찰력을 기르기 위한 하나의 준비 작업인 것이다.**

‡ 학식이란 시계와 같은 것

학식은 밖으로 드러낼 만한 성질의 것이 못 된다. 자기가 우수하거나 자신에게 힘이 있다는 것을 자기 스스로가 내세워서는 안 된다. 대개 그런 사람은 혐오를 받기 마련이다.

《탈무드》에서는 학식이나 능력은 값비싼 시계와도 같다고 말하고 있다. 말하자면 시간을 묻는 사람이 있어야 비로소 시계를 꺼내는 것이지, 갖고 있다는 것을 자랑하기 위해 내보여서는 안 되는 것과 같다. 퍼내도 퍼내도 마르지 않는 샘물처럼 학식은 풍부해야 한다. 유대인은 학식을 우물에 비유하여 '깊은 우물은 아무리 퍼내도 마르지 않지만, 얕은 우물은 곧 바닥이 나타난다'고 말한다.

돈이나 재물은 언제라도 잃어버릴 수 있지만, 지식은 일평생 따라다닌다. 그러므로 '배우는 일은 일생의 일'이라고 하는 것이며, '나는 스승에게서 많은 것을 배운다. 그리고 친구들로부터도 많은 것을 배운다. 그러나 가장 많이 배울 수 있는 상대는 학생들로부터이다'라고 하는 겸허한 생각이 나올 수 있는 것이다.

일찍이 아브라함 벤 에즈라는, '지혜는 겸허함을 낳는다'고 말했다.

‡ 교육의 두 종류

하늘의 시작은 어디서부터인가? 이런 질문에는 어떻게 대답해야 할까? 그것은 당신의 발밑에서부터 시작된다고 대답할 수도 있을 것이다.

예컨대 개미에게 있어서 하늘이라는 것의 높이는 어느 정도일까? 그것은 아마 당신의 신발 부근에서 시작될지도 모른다. 그러면 세계는 도대체 어디서부터 시작되는 것일까? 세계는 당신 자신으로부터 시작된다.

그러나 사람들은 흔히 이렇게 말한다.

"나는 이 세계를 훌륭하게 만들 힘이 없다. 나는 아주 무력한 존재이다."

그러면서 자신은 세계의 일부가 아닌 것으로 생각해 버린다. 이러한 생각은 크나큰 오류이다. 그리고 실제로 이처럼 무기력한 사람은 아무 쓸모도 없다. 모든 문제는 인간으로부터 출발된다. 인간은 세계가 안고 있는 갖가지 어려운 문제를 더욱 확대시킬 수도 있고, 반면에 그것의 해결을 위해 당신의 힘을 빌려줄 수도 있다. 당신은 당신 자신이 생각하는 만큼 무력하지도 무능하지도 않다. 적어도 당신의 힘으로 당신 주위의 세계를 변화시킬 수가 있는 것이다.

그렇다면 이 세계 속에서 가장 중요한 것은 과연 무엇일까? 그것은 바로 가정이다. 그러므로 흔히 가족 관계가 원만한 사람들은 불행한 일이 적다. 그 다음에 자기의 직업이 있으며, 또 자기가 살고 있는 지역사회가 있다. 어떻게 하면 보다 나은 세계를 만들 수 있을까? 그것은 먼저 배움으로써 보다 좋은 환경을 만들 수가 있다.

배운다고 하는 것은 단순히 학교에 다닌다거나 책을 읽거나 하는 것만을 의미하는 게 아니다. 주위 사람들이 무엇을 바라고 있는가 하는 것을 배우는 것도 중요한 공부의 일부이다.

내가 동양 사회에 대해 걱정을 하는 것은, 배운다는 것이 학교 교육이나 혹은 직업에 도움이 되는 지식을 얻는 것과 같이 아주 좁은 뜻으로 한정되어 있다는 사실이다.

동양에서는 안타깝게도 공부를 한다거나 배운다고 하는 것을 모두 손익과 결부시켜 생각하고 있다. 배우는 폭이 좁고 한정된다면, 인간이 바람직하게 살아가는 데 지장을 줄 것이다. 배우는 목적은 어디까지나 인간다운 생활을 하는 매력을 증대시키는 데 있다.

현대의 학문에 있어서도 선악의 개념으로 구별되어, 제거되어야 할 것은 마땅히 제거되어야 하는 데도 불구하고, 현대과학은 사실만을 취급하고 선악과는 무관한 것이라고 생각되고 있다. 과학이란 속성이 그런 것인지도 모른다. 그러나 사람들은 흔히 과학이 인간의 도구라는 사실을 잊어버리고 있다. 그러므로 인간이 과학을 이용하기 위해서는 선악의 판단을 하지 않으면 안 된다. 따라서 어디까지나 객관적인 학문 그 자체로는 우리들의 도구에 불과하다.

과학 기술은 인간의 생활을 크게 변화시켜 놓았다. 과학 기술의 발달로 선진 공업 사회에서는 인간을 지난날의 굴욕적인 빈곤으로부터 해방시켰다. 과학이야말로 인간 생활을 가장 크게 향상시키는 힘이 되었다. 그러나 과학의 힘을 지나치게 믿어 버린 결과, 인간은 자신도 모르는 사이에 어느 새 과학이 세계의 지배자라는 잘못된 생각을 하는 것은 아닐지?

인간의 생활에서는 어떤 것이 좋고 나쁜가 하는 가치 판단이 정립되어 있지 않으면 안 된다. 그러나 지나치게 좋고 싫은 것만 따지며 살아가는 사람은 기회주의자로 변해 버린다. 이득과 손실도 그렇다. 인간은 순간을 초월하여 살지 않으면 다른 사람으로부터 호감을 살 수가 없다. 꾸준한 인내를 가지고 있는 사람만이 사람들로부터 신뢰를 얻을 수 있으며, 신용이란 바로 그런 것을 말한다. 선악의 판단은 한 사람의 인간으로부터 비롯된다.

《탈무드》에서는 '다른 사람들보다 훌륭한 사람은 두 종류의 교육을 받는다. 그 하나는 교사로부터 받는 것이며, 또 다른 하나는 자신으로부터 받는 것이다'라고 말하고 있다. 자신으로부터 받는 교육이란, 자기 자신에 대해 교사가 되는 동시에 지도자가 되어야 한다는 말이다. 리더십은 그로부터 비롯된다. 자기 자신을 지도할 때에는 무엇보다도 도덕적인 원칙이 기준 되어야 한다. 그리고 다음으로는 좋은 시민으로서의 충분한 고려가 있어야 한다.

인간에겐 빛과 그림자의 두 가지 면이 있다. 아무리 착한 사람에게도 그림자는 있는 법이며, 어떠한 악인에게도 빛이 있기 마련이다. 그러므로 그림자가 있다고 해서 부끄러워할 필요는 없다. 빛의 부분을 더욱 밝게 하면 되는 것이다. 반면에 빛의 부분이 크다고 자만해서도 안 되며, 언제나 뒤를 따라다니는 그림자 부분을 작게 하기 위한 노력을 게을리해서도 안 된다. 인간의 어떠한 교육도 이 세계를 위해 도움이 되는 것이라야만 한다.

인간은 왜 태어났을까? 《탈무드》는 이렇게 답하고 있다.

"인간은 자기 보존과 타인을 돕기 위해 태어났다."

옛날의 랍비들은 자신만을 위해 살아서도 안 되고 타인만을 위해 살아서도 안 된다고 생각했다. 자기 자신만 생각하는 사람은 비열하고, 자기 희생만을 추구하는 사람은 광신적으로 되기가 쉽기 때문이다.

✤ 남을 초월하기보다 자기를 초월하라

인간은 선천적으로 게으르다. 그러므로 새로운 사상(事象)에 대한 관심을 멈추어 버리면 생활도 사고도 단조로운 반복이 된다.

알버트 아인슈타인 박사는,

"인간은 항상 새로운 것을 생각하지 않으면 로봇처럼 되어 버린다."

라고 경고한 바 있다.

생각을 하지 않고 타성에 젖어 움직이면 기계와 다름이 없다는 말이다.

또 토마스 만은 이렇게 말하고 있다.

"습관이 인간에게 있어 잠자는 것과 같다. 어린 시절이나 청춘기에 시간이 길게 느껴지는 것은 항상 새로운 것을 대함으로써 자극이 강하기 때문이며, 반면에 중년 이후에는 1년이란 세월이 빨리 지나가 버리는 것처럼 느껴지는 것은 너무나도 많은 습관이 축적되었기 때문이다."

오늘날의 생활에서 대중에게 매스 미디어가 어떤 작용을 하고 있는가에 대해 생각해 보자.

아침에 일어나면 직장에 나가기 위해 서둘러 준비를 하면서 뉴스를 듣는다. 신문을 읽으면서 식사를 하거나, 혹은 통근차 안에서라든가 회사에 도착해서 신문을 읽는다. 근무 후에는 1주일에 몇 번씩 주간지도 본다. 신문이나 주간지는 모든 뉴스를 센세이셔널하게 취급하고 있다.

대중들은 어째서 신문이나 주간지를 읽는 것일까? 진실을 알기 위해서일까? 그렇지 않으면 다른 사람들은 알고 있는 사실을 자신이 모르고 있다면 불안하기 때문일까? 어쨌든 이제는 신문이나 주간지를 읽는 것이 자연스런 습관이 되었다.

매일매일 새로운 뉴스가 계속해서 밀어닥친다. 그리고 우리들은 그것을 매일의 식사처럼 소화해 버린다. 그러면 또 다음날에는 신문이나 텔레비전이라는 접시에 새로운 뉴스라는 음식이 담겨져 나오는 것이다.

텔레비전도 역시 습관된다. 동양에서나 서양에서나 텔레비전의 교육 프로그램은 거의 인기가 없다. 교육 프로그램보다는 소위 수준이 낮은 프로의 시청률이 더 높다. 그 이유는 교육 프로의 질이 형편 없기 때문이다. 나 역시 텔레비전이 처음 나왔을 때 그 앞에서 거의 못박혀 있듯이 앉아서 여러 가지 오락 프로를 보았다. 그리고 얼마 가지 않아 눈앞에 놓여 있는 땅콩처럼 고소한 것에 현혹되어 텔레비전 보는 일을 그만둘 수 없다는 사실을 알게 되었다.

그러나 텔레비전 말고도 인간 생활 속에서 이와 같이 굳어진 습관으로 해서 많은 시간을 빼앗기는 일이 얼마나 많은가? 한번 자신의 생활을 돌이켜볼 필요가 있지 않을까?

이제는 부지런한 것만으로는 좋은 평가를 얻을 수 없다. 부지런한 것도 일종의 습관과 같은 것이기 때문이다. 신체의 컨디션을 잘 유지하기 위해서는 평상시에 충분히 걷고 운동을 해야 된다는 사실을 누구나가 알고 있다. 그런데 높은 수준의 능력을 유지하기 위해서는 언제나 새로운 지적 자극을 받는 것이 필요하다는 사실을 인식하고 있는 사람은 드문 것 같다.

항상 새로운 것을 탐구하고 힘을 기르는 데 온 힘을 정진해야 한다. 지성은 은그릇과도 같아서 자주 닦지 않으면 퇴색해 버린다. 그렇기 때문에 많은 지식을 쌓아 그런 것들의 조화로 말미암아 새로운 지혜와 통찰력이 솟아나게 해야 한다.

인생의 있어서 최대의 목적은 무엇일까? 그것은 바로 꾸준히 자기 자신을 창조해 나가는 것이다. 인간은 누구나 어머니의 뱃속에 있다가 태어난다. 이것은 생물학적 출생이다.

그러므로 인간은 이성적으로 다시 한 번 태어나야 한다. 즉, 자기 자신의 자아를 탄생시키는 것이다. 따라서 인간은 자기 생애를 통해 두 번 태어나는 것이다. 모든 인간은 자기 나름대로의 창조력을 갖고 있다. 그러나 많은 사람들은 스스로가 갖고 있는 창조력을 개발하려 하지 않는다.

《탈무드》에서는 다음과 같이 말하고 있다.

"다른 사람보다 훌륭하다는 사람은 진정 훌륭한 사람이라고 말할 수 없다. 이전의 자신에 비해 향상된 사람을 진정 훌륭한 사람이라고 부를 수 있다."

타인을 초월하려 하기보다는 자신을 초월하기 위해 노력하는 사람이 언젠가는 다른 사람보다 앞서게 되는 것이다.

‡ 부모의 유산

최근의 부모들은 자식들에게 자전거나 피아노를 사주거나, 혹은 좋은 학교에 보내기 위해 노력하는데, 이러한 현상은 그들이 과거에 갖지 못했던 것들을 자식에게는 주려하는 보상심리의 소치일 것이다. 그러나 굳이 그렇게 하지 않더라도 부모가 갖고 있는 고유한 것만으로도 사실은 자식에게 줄 것은 충분할 것이다. 부모들이 가진 사랑·근면성·겸허함·검소함, 이러한 것들을 자식들에게 물려주는 것만으로도 훌륭한 교육이 될 수 있다.

자식들이 좋은 회사에 취직하거나 명문 학교에 다니도록 해 주는 것이 물론 나쁜 것은 아니다. 그러나 부모가 갖지 못했던 것을 자식들에게 주고자 하고, 부모가 하지 못했던 일을 자식들에게 시키고자 하여 부모가 갖고 있는 소중한 정신적 유산을 자칫 잊기가 쉽다.

《탈무드》는 말한다.

"아버지가 나의 마음에 남겨준 것을 나는 자식들에게 물려주고 있다."

또 이런 경우도 있다.

"다섯 살의 아들은 당신의 주인이며, 열 살의 자식은 노예이고, 열다섯 살의 자식은 동격이 된다. 그리고 그 뒤는 양육 방법에 따라 친구도 될 수 있고 적도 될 수 있다."

‡ 부모와 스승은 산과 같다

캘리포니아 주의 사클라멘트에 가면 그 주(州)의 의회장 건물에 다음과 같은 문구가 새겨져 있다.

"우리 고장의 높은 산들보다 더 높이 솟아오르는 인간을 만들자."

이와 비슷한 발상이 유대인의 마음 속에도 깃들여 있다. 헤브라이어로 산을 '하림'이라 하고, 부모는 '호림'이라고 하며, 교사는 '오림'이라고 한다. 그래서 유대인은 부모와 교사는 산과 같은 것이어서 보통 사람들보다 높이 솟아 있다고 생각한다.

산이 하늘보다도 높이 솟기를 원해서 산정(山頂)이 위로 치솟아 있는 것과 마찬가지로, 그들도 자식들이 더 높은 곳에 이르도록 가르친다. 자식들이나 학생들은 이 산의 높이만큼 달하지 않으면 안 된다고 교육을 받는 것이다.

유대인은 어느 민족보다도 교육열이 강한 민족이기 때문에 세 살 때부터 공부를 가르치기 시작한다. 그들은 일주일에 6일 동안 하루 6시간 내지 10시간씩을 공부하는 데 쏟는다. 그들은 선생의 집이나 학교에서 《토라》나 《탈무드》를 암기하며 버미츠바(성인식)를 준비하는 것이다.

균형의 조화

‡ 돈과 섹스를 혐오하지 말라

유대인은 결코 금욕적이 아니다. 또 유대에는 청빈이라는 개념 자체가 없다. 그러나 일반적으로 젊었을 때는 가난한 것이 낫다 고 생각하고 있다. 물론 가난한 청년이 후에 성공을 하면 바람직한 일이다. 그러나 만약 그렇지 못할 경우에는 비극이다. 그러나 젊기만 하다면 가난은 성공할 수 있는 기회를 제공해 주는 하나 의 계기가 된다.

가난을 탈피하고 싶다는 충동만큼 강한 힘은 없다. 그러나 중년 이 되서도 가난한 것은 불행이다. 젊음은 원인이며, 중년은 결과이기 때문이다. 유대인은 돈이나 섹스를 혐오하지 않고 오히려 인생에 도움이 되는 것이라고 생각하고 있다.

돈과 섹스에는 하나의 공통점이 있다. 그것이 없다면 오로지 그 일만을 생각하지 않으면 안 된다는 것이다. 그것이 있을 때에야 비로소 다른 것을 찾을 마음의 여유가 생겨난다. 그래서 가난을 죄악이라든가 수치라고는 보지 않으나, 그렇다고 미덕이라고도 생각지 않는다. 돈은 부족하지 않은 정도가 가장 좋다.

특히 가난은 인간의 행복에 이어서는 커다란 적이다. 왜냐 하면 가난한 사람은 정신적으로 독립하기가 매우 어렵기 때문이다. 성서에는 '지혜가 힘보다 낫다. 그러나 가난한 자의 지혜는 멸시되며, 그가 말하는 바는 들어지지 않는다(전도서 9장 56절)'라고 씌어 있다. 이런 점에서는 성서 시대나 현대의 인간 사회가 다를 바 없는 것이다.

그런데 유대인 사회에도 거지가 있었다고 하면 놀랄 사람이 있을지도 모른다. 하지만 실제로 동유럽의 시골이나 도시에는 반드시 개인이나 집단 거지패가 있었다. 그들은 '슈노렐'이라고 불리었는데, 집집마다 찾아다니며 구걸하는 일은 없었다. 거지도 하나의 직업으로 신의 허락을 받은 존재라고 생각했었다. 그들은 사람들의 선행의 대상이 되어 왔던 것이다.

슈노렐 가운데는 굉장한 독서사가 많았는데, 《탈무드》에 통달하고 있는 자도 적지 않았다. 시나고그의 단골 손님이기도 하며 교우의 한 사람으로서, 《토나》나 《탈무드》의 토론에도 참석했었다.

이러한 연고에서인지 《탈무드》에는 가난한 사람을 변호하는 격언도 종종 나온다.

★ 가난하다고 해서 바보 취급을 하지 말라. 그 중에는 학식이 높은 사람이 많기 때문이다.

★ 가난한 사람을 업신여기지 말라. 그들의 옷 속에는 영지(靈智)의 진주가 숨겨져 있다.

‡ 유대교는 삶의 환희를 추구하는 것

고대 유대 사회에는 세속적인 것을 완전히 등지고 은자 같은 생활을 하는 사람들이 있었다. 그들은 종교적인 수도자였었다. 마치 선인(仙人)과 같은 생활을 영위하면서 신을 향한 기도 생활을 계속했다.

'나지르인'이라고 불리는 이들은 술과 여자를 멀리했다. 사막에서 1년 또는 10년씩도 살았다. 그러나 나지르인이 다시 환속했을 때에는 신에게 용서를 빌지 않으면 안 되었다. 왜냐 하면 유대교에서는 삶의 기쁨을 부정한다는 것은 죄악이기 때문이었다. 오늘날에도 그와 같은 사람은 신에게 용서를 구해야만 할 것이다.

인생에는 돈·술·노래·섹스 등과 같은 즐거움도 필요한 것으로서, 때로는 규제를 벗어나는 것도 바람직한 일이다. 때로는 취해서 쓸데없이 지껄여보는 것도 좋고, 노래를 크게 불러보는 것도 좋다. 어쩌다 싸움을 한다 해도 무방하다. 그러나 물론 그렇게 행동하는 것은 어디까지나 착실하고 정상적인 생활을 유지하기 위한 것이라는 전제가 있어야 한다.

인생의 톱니바퀴가 한때 어긋나는 것을 두려워할 필요는 없다. 그러나 전생애를 그르치는 행동은 마땅히 두려워해야 한다.

‡ 사해(死海)처럼 저장만 해놓지 말라

인간은 모든 것을 소유하려는 욕심을 품어서는 안 된다. 솔선해서 남과 더불어 나눠 가지고자 하는 사람의 주변에 사람들이 모여든다. 나눠준다는 것은 중요하다. 갈릴리 바다와 사해는 그러한 교훈을 우리들에게 가르쳐주고 있다.

이스라엘에는 두 개의 내해(內海)가 있다. 그 하나는 갈릴리바다이며, 다른 하나는 사해(염해)이다.

사해는 해변보다 392미터 아래에 있는데, 오늘날에는 이름난 휴양지가 되어 있다. 주변에는 사막이 펼쳐져 있고 대안에는 요르단 영토가 있다. 사해의 물은 염분의 농도가 짙어 사람이 물 속에 들어가도 가라앉지를 않는다. 염분의 비중이 너무 커서 물에 뜨는 것이다. 사해에는 아무 생물도 살지 않는다.

그러나 갈릴리 바다는 담수여서 물고기가 살고 있다. 그 곳은 베드로가 그물을 던졌다고 해서 유명하며, 오늘날에 와서는 '세인트 피터스 피쉬(성 베드로의 물고기)'라는 맛있는 물고기가 명물로 등장하여 해변가에는 몇 개의 요리점이 자리잡고 있다. 해안에는 많은 수목들이 수면 위로 가지를 뻗고 있어 새들이 모여 지저귀는 활기차고 아름다운 풍경을 이루고 있다.

그런데 사해에는 생명 있는 것은 아무것도 살지 않는다. 주변에는 나무도 없어 새가 노래하는 일도 없다. 사해 위에 떠도는 공기마저 답답해 보인다. 그리고 사막에 살고 있는 동물들이 물을 마시러 나타나는 일도 없다. 그래서 옛사람들은 죽음의 바다, 즉 사해(死海)라고 이름지었던 것이리라.

갈릴리 바다는 요르단 강물을 받아들이고 있다. 그러나 사해처럼 그저 저장만 하는 일은 없다. 갈릴리 바다에서 요르단 강이 이어져 다시 사해로 들어간다. 그러나 사해는 물이 흘러나가는 강을 갖고 있지 않다. 받아들이는 물을 모두 자신의 것으로 만들어 버리는 바다이다.

그리하여 유대의 현인들은 갈릴리 바다는 받아들인 만큼을 남에게 주기 때문에 항상 신선하며, 사해는 자신에게로 흘러 들어오는 모든 물을 자신의 것으로 만들어 버리기 때문에 생물이 살 수 없고, 또 생물과 가까이 지낼 수도 없다고 생각했다.

인생에서도 이와 같은 사람이 있다. 물은 흐르는 상태가 아니면 물고기가 살 수 없고, 동물이 물을 마시려 오지도 않는다. 받기만 하고 주는 것에 인색하다는 동양인들로서는 다시 생각케 하는 교훈이 아니겠는가.

‡ 사흘에 한 번 마시는 술은 금이다

유대인들은 금욕적이 아니기 때문에 술은 좋은 것으로 되어있다. 《탈무드》에는 '아침의 술은 돌, 낮의 술은 구리, 밤의 술은 은, 사흘에 한 번 마시는 술은 금'이라고 씌어 있다. 그렇지만 유대인은 결코 만취하지 않는다. 유대 문학 속에도 그와 같은 인물은 거의 나오지 않는다.

그렇지만 술은 유대인과는 불가분의 관계에 있다. 아이들은 어려서부터 포도주 맛을 배운다. 샤바트 때에는 술은 빼놓을 수 없는 즐거움의 일부이다. 성서에도 술의 효용에 대해서 여러 번 언급되어 있다. 성서 속의 비유에는 술이 많이 등장하는데, 이것은 즐거운 일이나 풍요함을 나타내는 데 이용되고 있다. 《탈무드》에서는 '술은 적당히 마시면 뇌를 활성화시킨다'라고 가르치고 있다.

그러나 동시에 그 정도가 지나치면 지혜를 잃는다는 것을 경고하고 있다. 랍비들은 '술은 오랫동안 인간에게 훌륭한 약이 되어왔으므로, 술이 있으면 약은 없어도 좋다'고 말하고 있다.

랍비 이스라엘은,

"술은 사람의 마음을 열어줌으로써 너그러움을 갖게 한다."

라고 말하고 있다.

그러나 현인들은 술은 좋은 것이지만, 지나치게 마시면 안 된다고 경계해 왔다. 밤이 되면 다른 민족의 많은 사람들은 술에 깊이 빠지는 데 비해, 대부분의 유대인들은 적당히 마신 후 책을 읽고 감미로운 음악을 감상한다.

《탈무드》는,

"사람이 죽어 신 앞에 섰을 때, 신은 모처럼 인간에게 내려 준 온갖 즐거움을 피한 것에 기뻐하지 않는다."

라고 말하고 있다.

이와 같이 랍비들은 금욕적인 것은 신이 인간에게 부여해 준 온 갖 즐거움을 무시하는 것이므로 내세에서 벌을 받는다고 생각했으나, 이것은 유대인의 인생을 즐기고자 하는 태도의 일면이다. 그들은 즐기는 것이나 일하는 것은 어디까지나 적당한 선에서 그쳐야 하며, 그 도를 지나쳐서는 안 된다고 생각했다.

카톨릭의 신부와 신교의 목사와 유대교의 랍비, 세 사람의 관한 에피소드가 있다.

어느 날 그들은 함께 식사를 하게 되었다. 세 사람의 앞에는 먹음직한 한 마리의 커다란 물고기가 요리되어 나왔다. 세 사람은 각기 나름대로 식전 기도를 올렸다.

그러고 나서 먼저 카톨릭의 신부가,

"로마 교황은 교회의 머리니까 나는 머리 부분을 먹겠소."

라고 말하고 고기를 반으로 잘라 머리가 붙은 부분을 가져다가 자기의 접시에 놓았다.

다음에 신교의 목사가,

"우리들은 최후의 진리를 장악하고 있으므로 난 꼬리 부분을 먹겠소."

라고 말하고는 꼬리가 붙은 나머지 반 토막을 자기 접시로 가져 갔다.

랍비에게는 소스와 야채가 조금 남겨져 있을 뿐이었다. 랍비는 이렇게 말하면서 야채와 소스를 자기 접시로 옮겼다.

"유대교에서는 양 극단을 싫어하지요."

이러한 이야기는 유대인의 처세술에 관한 것으로, 유대인들은 극단적으로 살아가는 것보다는 균형을 취하는 것을 중시한다는 사실을 기억하는 데 도움을 주는 것이다. 무엇을 하든 적당히 한다는 이치이다. 때로는 규제를 벗어나는 경우가 있더라도 최저의 균형은 지키라는 것이다. 금욕적인 것을 추구하는 사람들에게 있어서는, 술을 포함한 인생의 모든 즐거움은 나쁜 것으로 생각되고 있다.

만일 인간에게 강점만 있다면 얼마든지 어려운 것을 요구해도 좋을지 모른다. 그러나 인간은 누구나 약점도 함께 갖고 있다. 즉, 인간은 어느 정도 약함을 지니고 있다는 사실을 인정해야 한다이다. 그렇다고 해서 약함을 장려하는 것은 아니다. 그러나 어느 정도의 허세나 탐욕이나 게으름을 피우고 싶은 마음 같은 것은 허용되어야 할 것이다.

늘 긴장해 있는 인간은 오래 살지 못한다. 그래서 무조건 약함을 꺼려하고 싫어하기보다는 어느 정도의 약함을 인정하는 것이 좋은가 하는 것을 문제삼는 편이 현실적이라 하겠다. 어느 정도의 약점을 인정하는 것은 어떤 면에서는 건전하다고 볼 수 있다.

✣ 시간은 생명과 같은 것

내가 뉴욕에서 고등학교에 다니고 있을 때, 교사였던 랍비 한 사람이 차고 있던 시계의 뒷면에 '시간을 중히 여기라'라는 경구가 새겨져 있었다. 그는 어느 땐가 시계를 우리들에게 보여주었는데, 대부분의 학생들은 너무 진부한 말이 아닌가 하고 생각했었다.

그 랍비는 우리들이 별로 감동하는 눈치를 보이지 않자, 시계를 다시 손목에 차고서는 이렇게 말했다.

"미국에는 '타임 이즈 머니(시간은 돈이다)'라는 금언이 있는데, 나는 이것은 잘못된 말이라고 생각합니다. 왜냐 하면 이것은 자칫 오해를 불러일으킬 소지가 있기 때문입니다. 만약 시간이 돈이라면 이것은 우선 자기에게 주어진 시간을 어떻게 쓰면 좋을지를 모르는 사람이든가, 혹은 돈을 어떻게 써야 할지 모르는 사람들에게 해당되는 말입니다. 다시 말해서 시간이나 돈에 대해서 알지 못하는 사람들에게 한 말이라는 것입니다. 안 된 일입니다. 우선 시간은 돈보다도 훨씬 더 귀중한 것입니다. 이 두 가지는 서로 비슷하다거나 공통점을 전혀 갖고 있지 않습니다. 왜냐 하면 돈을 저축할 수가 있지만 시간은 저축할 수 없으며, 한번 잃은 시간은 되돌려받을 수도 없고 그 누구의 시간을 빌릴 수도 없기 때문입니다. 또한 인생이라는 저축되어 있는 시간이 얼마나 되는지도 알 수 없습니다. 그러므로 '타임 이즈 머니'라는 말은 완전히 틀린 말입니다. 오히려 '타임 이즈 라이프(시간은 생명이다)'라고 해야 맞는 것입니다."

그 말을 듣고 우리들은 모두 큰 감명을 받았다. 《탈무드》에서는 인간을 재는 네 가지 척도에 대해 기술하고 있다. 즉, 돈·술·성(性)·시간에 대한 태도이다. 그런데 이 네 가지 것에는 상호 공통점이 있다. 그것은 바로 매력적인 것이긴 하지만, 그 도를 지나쳐서는 안 된다는 것이다. 그리고 나서 이 랍비는 우리들이 졸업하기 전에 이렇게 말했었다.

"소년은 부모가 생각하고 있는 것보다 3년 빨리 어른이 됩니다. 그리고 자신이 그렇게 되었다고 생각되는 2년 후에는 진정한 어

제2장 균형의 조화 315 성경 탈무드

른이 됩니다. 당신들도 마찬가지입니다."

랍비는 이것을 《탈무드》에 있는 말이라고 했는데, 이것은 매우 함축성 있는 내용이었다. 그리고 또 다음과 같은 말도 했다.

"인생에서 돈·술·성(性)·시간은 그 도를 지나쳐서는 안 됩니다. 처음의 세 가지는 웬만하면 지킬 수 있는 일이지만, 맨 나중의 시간에 대해서는 그다지 신경을 쓰지 않지요. 무심코 쓸데없는 일에 시간을 흘려보내기 쉬우니까요. 어른이 되었을 때 내가 이렇게 이야기했던 것을 기억하기 바랍니다."

그리고 이러한 이야기도 들려주었다.

어느 날 두 사람의 사나이가 악한에게 쫓겨 깊은 골짜기의 절벽 끝까지 왔다. 골짜기를 건너는 데는 한 가닥의 줄이 걸쳐져 있을 뿐이었다. 그리하여 두 사람은 이 줄을 잡고 건너기로 하였다. 우선 한 사나이가 줄타기 선수처럼 재빨리 건넜다. 그런데 두 번째 사나이는 천 길 낭떠러지 아래를 내려다보고 두려움에 떨면서 소리쳤다.

"당신은 어떻게 그렇게 잘 건넜소? 무슨 비결이라도 있소?"

그러자 이미 건너간 사나이가 대답했다.

"이런 밧줄 타기는 처음이라서 잘 모르겠소만, 한편으로 기울어지려고 할 때는 다른 한쪽에 힘을 주어 균형을 잡으면서 건넜소."

이것은 인생을 밧줄타기에 비유한 이야기다. 인생만큼 균형을 잡고 살아가야 할 것도 없다. 아마 유대인 처세술의 그 진수는 균형을 잡는 데에 있을 것이다. 어떤 일이건 균형을 맞춰 적당히 해야 한다.

유대인은 돈·술·성(性) 같은 것들을 그리스도 교도들처럼 죄악시하지는 않는다. 앞서 말했듯이 신이 내려주신 즐거움을 굳이 피하는 것도 죄가 된다고 생각함과 동시에, 도가 지나쳐도 죄가 된다고 생각하는 것이다.

‡ 감정에 의해 노출되는 정열은 위험하다

정열에는 감정에 의해서 노출되는 정열과, 이지(理知)에 의해 지탱되는 정열의 두 종류가 있다.

감정에 의해 노출되는 정열은 위험하다. 감정은 쉽게 격앙되고, 오래 지속되지 못한다. 그러나 이성(理性)은 일생을 지배할 수가 있다. 예를 들면 아인슈타인의 상대성 원리 등은 그와 같은 정열의 소산이다. 모든 어려움을 극복하고 이성적 감정의 정열로 말미암아 마침내 그러한 업적을 달성한 것이다. 유대인들은 감정의 정열로 인해 일신을 망치는 것에 대해 신랄하게 경고하고 있다. 이러한 정열은 스스로 경계해야만 한다.

이러한 정열은 인생의 톱니바퀴를 어긋나게 한다. 연애도 마찬가지다. 유대인은 웬만해선 불 같은 연애는 하지 않는다. 물론 그들도 인간이므로 연애를 하지만, 연애는 가정을 이루기 위한 것이라고 생각하는 것이 보편적이다. 또한 유대인은 중용을 중요시한다. 그리고 과격한 것을 싫어한다. 이것이야말로 유대인의 처세술의 요체이다. 하지만 그렇다고 해서 감정을 경시하는 것은 아니다.

《탈무드》는 다음과 같은 아름다운 말을 쓰고 있다.

"마음이 가득 차면 마음은 눈으로부터 넘쳐 나온다."

마음의 상태는 눈빛으로 나타나는 것이라 보고, 감정의 존재를 긍정하는 것이다.

유대인 부모들은 아이가 울 때면 '웃음은 풍력(風力), 울음은 수

력(水力)'이라는 말로 놀리곤 했다고 한다. 그러나 세월의 시련을 거치고서 가치를 잃는 것은 진정 존경할 만한 가치가 없다. 감정은 시간의 시련에 따라 변하기 마련이다.

유대인은 동정을 베푸는 일을 '레헴'이라고 하는데, '레헴'이라는 말의 어원을 알게 되면 자못 흥미롭다.

성서에 따르면, 신은 이 세상을 정의만이 지배하는 곳으로 만들고자 했으나 그것이 불가능해지자 하는 수 없이 인간이 어려움을 견뎌낼 수 있도록 동정심을 주었다고 말한다.

‡ 잡초나 녹(綠)도 도움이 되는 것

아무리 하잘것없는 것이라 해도 도움이 되는 수가 있다. 밭에서 한 농부가 허리를 구부리고 땀을 뻘뻘 흘리며 열심히 잡초를 뽑고 있었다.

"이 지긋지긋한 잡초만 없다면 이런 고생을 안 해도 되고 밭도 깨끗할 텐데, 어째서 하느님은 이와 같은 잡초를 만들어냈을까?" 하고 그는 혼자 중얼거렸다. 그러자 이미 뜰의 한쪽 구석에 뽑혀진 잡초가 그에게 말했다.

"당신은 나를 지긋지긋한 존재라고 말하는데 그건 그렇지가 않답니다. 우리는 사실 매우 유익한 존재지요. 우리는 진흙탕 속으로 뿌리를 뻗음으로써 흙을 갈아주고 있는데, 우리가 아예 없다면 사람이 흙을 우리만큼 잘 갈 수가 없을 것입니다. 게다가 우리는 비가 내리면 진흙이 흘러내리지 않도록 막아주고, 건조할 때에는 바람에 모래나 먼지가 날리는 것을 막아줍니다. 그러므로 우리들은 당신의 밭을 지켜온 것이죠. 만일 우리들이 없었다면 비가 흙을 씻어내리고, 바람이 흙을 날려서 당신이 무엇을 가꾸고자 해도 불가능했을 것입니다."

농부는 이 말을 듣더니 허리를 펴고 얼굴의 땀을 씻으며 밝게 웃었다. 그 이후로 그는 잡초를 소홀히 생각하지 않게 되었다.

녹은 하등 도움이 안 되는 것이라고 생각할지도 모른다. 그러나 그렇지 않다. 신은 날마다 창조 행위를 한다. 인간도 이 창조 행위에 참여하고 있다. 자연의 법칙에 따라 우리들은 날마다 새로이 태어나고 있다. 지식에서 패션까지 하루 하루가 다르게 변화하고 있다. 그러므로 이 세계는 창조 행위가 시시각각으로 진행되고 있는 것이다. 이와 같은 창조적인 역할에 녹도 참여하고 있다.

창조를 위해서는 낡은 것을 파괴하지 않으면 안 된다. 새로운 탄생이 있기 위해서는 언제나 낡은 것의 파괴라는 전제가 있다. 쇠의 녹은 오래 된 것을 제거하고 새로운 것이 탄생함을 의미한다. 만약 낡은 것이 파괴되어 없어지는 일이 없다면 세계는 낡은 것들로 가득 차 버릴 것이다.

인간에게도 나타나는 녹과 똑같은 현상은, 예컨대 기억이 희미해지는 경우이다. 우리들은 오래 전에 이루어진 일들은 대개 잊어버리기 때문에 모든 과거의 기억을 모두 간직하고 있지는 않다. 그래서 끊임없이 새로운 상황에 접할 수 있는 것이다.

사람은 나이가 들면 쇠퇴해진다고 하는데, 그것은 신이 나이 든 사람에게 안락을 주기 위해 기억력을 약화시키고 부드러운 것만을 받아들이도록 하셨음에 틀림없다. 사람이 가장 기뻐하는 순간은 감사를 받을 때이다. 무슨 일에든 감사하는 마음을 갖는 것은 인생을 살아가는 데 커다란 활력이 된다.

모든 일에는 바람직한 면과 그렇지 못한 면이 있다. 그러나 바람직하지 못하다고 생각되는 일에도 무언가 도움이 되는 요소가 종종 발견되는 것이다. 그러므로 어떠한 일이 일어나도 항상 도움이 되는 것이라고 생각해야만 한다. 감사하는 마음은 겸허한 태도로부터 나오는 것이다.

마음이 겸허해지면 외부 세계를 보는 시야가 넓어진다. 이제까지 상대하지 않았던 사람이나 사물이 눈에 들어온다. 그리고 농부에게 말을 걸어온 잡초와 같이 상대방이 먼저 당신에게 접근해 올 것이다. 우리들은 모두 상인과 같다고 할 수 있는데, 겸손한 상인은 거만한 상인보다도 고객이 많을 것은 당연하다.

그렇다고 좋은 인생을 위해서 무조건 굽신거리거나 비굴하라는 얘기는 아니다. 겸허함은 긍지라고 하는 샘으로부터 솟아나오는 것이다. 그러므로 어느 순간 상대가 나에게 해를 주는 상대라는 것을 인정하게 되면 과감하게 잘라 버려야 한다. 관용에는 한정이 있어도, 시간에는 끝이 없다. 겸허함과 관용을 혼동해서는 안 될 것이다.

‡ 전통을 중시하는 마음

오늘날의 세계에서 진정한 의미로서의 자유민주주의 국가는 드물다. 게다가 어떠한 상황에서라도 광부의 파업이 일어나지 않을 정도로, 다시 말해서 사회의 깊숙한 곳까지 민주주의가 정착되어 있는 나라는 열 손가락으로 셀 수 있을 정도이다.

굳이 꼽아보자면 영국·미국·네덜란드·벨기에·스웨덴·노르웨이·덴마크·스위스·캐나다·이스라엘 등이다. 독일·프랑스·이탈리아에서는 불가피한 상황에서 쿠데타나 폭력에 의한 정권 교체도 가능하다고 생각되고 있다.

이들 자유민주주의 국가의 공통점은 바로 그들 국가가 오랜 전통을 중요시하고 있다는 점이다.

영국·네덜란드·벨기에·스웨덴·노르웨이·덴마크는 왕실을

존중하고 있으며, 스위스·미국·캐나다·이스라엘에서도 역사적 전통을 자랑으로 삼고 있다.

　민주주의 국가에서 특별히 전통을 중시하고 있는 이유는 무엇일까? 나는 한동안 일본의 와세다 대학에서 강의를 한 적이 있었는데, 그 때 학생들로부터 '오랜 전통과 민주주의는 화합할 수 없는 것'이라는 말을 들었다. 민주주의는 새로운 것이므로 날마다 새롭게 변해 가는 것인데, 오랜 전통은 도리어 민주적인 발전을 저해하는 것으로 생각하고 있는 것 같았다.

　얼마 전 나는 골다 메이어의 자서전 《나의 생애》라는 책을 읽었다. 골다 메이어는 이스라엘의 여성 수상이다. 그녀는 젊은 시절을 미국에서 보냈는데, 노동 운동의 선구자였다. 골다는 러시아 태생이지만, 유대인인 부모를 따라 미국으로 이민을 갔고, 1917년에 모리스 메이야손이라는 사람과 밀워키에서 결혼을 했다(이스라엘로 옮겨가서 헤브라이식 이름인 메이어로 개명했다).

　"결혼 전에 나는 어머니와 끈질긴 협상을 해야 했다. 어머니와 나의 의견이 상충되어 있었기 때문이다. 모리스와 나는 시청에 가서 결혼 신고만 하면 손님을 초청해서 피로연을 할 필요도 없고, 또 다른 귀찮은 일도 없이 결혼을 할 수 있을 것이라고 생각하고 있다. 모리스와 나는 사회주의자였다. 전통에 대해서 어느 정도 이해는 하고 있었지만, 그 어떤 것에 대해서도 자신들의 행동을 속박할 수는 없다고 믿고 있었다. 그러나 어머니는 자식이 그런 결혼을 하면 유대인 사회에 얼굴을 내놓고 다닐 면목이 없으며, 가정의 수치가 되어 더 이상 밀워키에서 살 수가 없게 된다고 완고하게 버티었다. 전통적인 의식에 따라 결혼해야 한다는 주장이셨다. 그리고 그렇게 하는 것이 너희들에게 무슨 해가 되느냐고 어머니가 말했을 때, 모리스와 나는 15분 동안 '쥬파'(유대식 결혼에서의 신부를 위해 만들어진 천막) 아래서 식을 올린다

해도 손해가 될 것이 없다 하여 타협했다. 우리는 양쪽 친구들도 초대했다. 그리고 밀워키의 저명한 랍비 중 한 사람인 손펜트 씨가 주례를 맡아주었다. 어머니는 살아생전에 언제나, 랍비 손펜트 씨가 주례를 보아주고 게다가 어머니가 만드신 케익을 맛있다고 말해 준 것을 자랑으로 여기며 즐거운 듯이 회상하시곤 했다. 지금에 와서 생각해 보면, 그 날 어머니를 그토록 기쁘게 해 주고 우리 뜻대로 시청에 가서 결혼신고만 하고 끝내지 않은 것이 얼마나 다행이었는가를 생각해 보고 흐뭇해진다."

동양에는 이와 비슷한 전통과 관습을 가진 나라들이 많다. 멋있는 오래 된 가옥과 가족주의, 그리고 독특한 경어(敬語)를 쓰는 다양한 전통적인 관습을 고수한다. 관습을 지키는 것은 물론 아무런 해가 되지 않을 뿐더러 민주주의를 확고한 것으로 만드는 데 도움을 주는 것이다.

민주주의 사회는 전체주의 사회와는 달라서, 사람들은 모두 자기 나름대로의 주장을 펼 수 있는 자유가 있다. 동양 자유국가의 텔레비전 토론을 보면 몇 사람의 참석자이든지 간에 제각기 독자적인 다른 의견을 표명한다. 즉, 다원적인 것이다. 이와 같은 민주주의 사회를 정착시킬 수 있는 것은 전통이라는 오랫동안의 자산이 있기 때문이다.

민주주의 사회에서는 사람들이 고유한 전통을 중요시함으로써 사회가 공동 의식을 가지게 되고, 그 공통분모 위에 서서 다양한 가치를 추구할 수가 있는 것이다. 그러므로 참된 민주주의 국가에서는 전통을 특별히 존중하는 것이다. 과거의 유산과 전통을 중시하는 나라만이 만주주의 국가로 발돋움하고 있는 점에 특히 주목해야 할 것이다.

유대인은 전통을 매우 중히 여김으로써 민족성을 유지해 왔다.

"전통의 의미를 깊이 생각하지 않는 사람은 다른 사람에게 손을 이끌려 다니는 맹인과 같다."
라고 《탈무드》는 말한다.

사랑과 결혼

‡ 정열의 생명은 결혼보다 짧은 것

유대인은 열렬한 연애에 대해 그리 예찬하지는 않는다. 그러나
인간이기 때문에 연애가 이루어진다. 연애 자체를 부정하는 것은
아니지만 어디까지나 올바른 눈으로 남녀 관계를 바라보는 것이다.

《탈무드》는 인간에게는 감출 수 없는 세 가지가 있다고 한다.
그것은 기침·가난·사랑하는 마음이라는 것이다. 그러나 동시
에 《탈무드》는 '열정 때문에 결혼한다 해도 그 열정의 흥분은 오
래 가지 않는다'라고 경계하고 있다.

사랑이 열렬할수록 그 생명은 오히려 짧다. 왜냐 하면 흥분은 오래
지속되지 않기 때문이다. 그러나 유대인은 사랑을 매우 귀중하게
생각했다.

이와 관련된 유대의 격언이 있다.

★ 사랑은 잼이다. 그러나 그것은 인생이라는 빵과 함께 먹어야

만 하는 것이다.

★ 사랑은 이성을 잃게 한다.

★ 경솔한 사랑은 예기치 못한 결과를 낳는다.

★ 사랑과 증오는 언제나 과장되기 마련이다.

★ 신혼 여행은 1주일로 끝난다. 그러나 일생은 1주일로 끝나지 않는다.

‡ 여자를 소중히 하는 관습

유대인은 부계 중심의 사회를 만들어 왔다. 한 가정에서 아버지가 권위를 갖고 있긴 하지만, 그렇다고 하여 여성이 학대를 받아온 것은 아니다.

천주 십계에서는 남녀가 평등하게 다루어져 왔다. 이스라엘 사람을 이집트 사람의 손에서 해방시킨 것은 미리엄이었으며, 고대 유대를 독립시킨 영웅으로 드보라가 있다. 성서의 잠언 가운데는 여성이나 어머니도 찬양되고 있다.

헤브라이어에서는 '라하마라트'라는 말에 가장 높은 가치를 두고 있는데, 이 말은 '어머니의 사랑'이라는 뜻이다.

그래서 유대 속담에 다음과 같은 것이 있다.

"신은 모든 곳에 있을 수가 없으므로 어머니를 만들었다."

또 유대 사회에서 남자가 아내를 맞아들여 자기 가정을 꾸리지 않는 한, 떳떳한 한 남자로서 대접받지를 못한다. 유대인들은 이상적인 남성이란 사나이의 강인함과 여자의 부드러움을 겸비한 자라고 생각한다.

《탈무드》에서는 다음과 같이 말하고 있다.

"자기 자신을 사랑하듯이 아내를 사랑하고 중히 지키십시오. 여자를 울려서는 안 됩니다. 하느님은 여자의 눈물을 한 방울씩 셀 것입니다."

유대의 전통에서 여성은 중요한 위치를 차지해 왔다. 예를 들면 유대인들은 매주 금요일 샤바트의 만찬 때 가족들이 모여 식사를 하는데, 이 때 남편은 다음과 같이 아내를 찬양하는 노래를 부르게 되어 있다.

"그대는 힘과 상냥함을 함께 겸비하고 있느니, 그대가 입을 열면 지혜로운 말이 넘쳐흐르네. 하느님이 그대를 축복하시고 그대의 자녀들을 지켜주시기를……."

그러면 아내는 촛불을 켠다.

또 《탈무드》는 이렇게 가르치고 있다.

"만일 남녀 고아가 있으면 우선 여자를 구하라. 남자아이는 걸식을 해도 좋지만 여자는 그렇게 하는 것이 허락되지 않기 때문이다."

유대인들은 아내를 때리는 것을 가장 수치스러운 일로 생각하고 있다. 그러나 유럽이나 중동의 다른 민족 중에서는 이런 일은 다반사로 일어난다. 예를 들면 중세의 카톨릭 교회법에서는 필요하다면 아내를 때리는 것도 허용하고 있다. 영국에서는 15세기 말까지 아내를 때리는 것이 법으로 허용되고 있었으며, 19세기에는 아내를 팔아넘기는 일조차 허용되었다. 이것은 토마스 하디의 《캐스터 브리지의 시장》에 잘 묘사되어 있다.

이렇듯 다른 문화권에서는 아내를 때린다고 하는 것은 자연스러운 일로 생각되었어도, 유대인 사회에서는 고대로부터 아내를 때린 남편에 대해서는 엄중한 벌을 가해 왔다. 그럴 경우 아내가 소송만 제기하면 위자료를 받고 이혼할 수가 있었다.

유럽에는 다음과 같은 속담이 있다.

"유대인은 기아에 허덕일 때는 노래를 부른다. 그리스도 교도가 굶주릴 때는 아내를 때린다."

〈창세기〉를 보면, 신은 아담이 잠들어 있는 동안에 그의 갈비뼈 하나로 이브를 만들었다고 씌어 있다. 고대의 랍비들은 어째서 남자가 여자를 원하고 여자가 남자를 사모하는 것인가하는 문제에 관해, 그것은 바로 남자는 자신의 갈비뼈를 되찾으려 하고, 여자는 자신이 생겨난 남자의 가슴으로 돌아가려고 하기 때문이라고 풀이한다. 이 힘이 서로 끌어당겨 남녀가 맺어진다고 생각했었던 것이다.

미국에서는 아내가 남편에 의해 강간당했다고 제기한 소송을 법원이 인정했다고 하는 사례가 있었는데, 이와 같은 일은 유대에서는 고대로부터 존재하고 있었다. 곧 남편은 아내의 동조 없이는 성관계를 할 수 없다는 것이다. 유대의 율법 속에는 소위 남편의 강간죄라고 하는 것을 인정하고 있다.

"여자가 거부할 때, 남자는 어떠한 경우에도 자신의 욕구를 강요할 수 없다."

유대 사회에서는 이혼율이 극히 낮다. 그것은 유대인 남성이 아내를 소중히 여기는 전통에서 나온 것이다. 예를 들면 유대의 남편들은 아내에 대해서 강간을 하는 것이 허용되지 않을 뿐더러, 만약 성관계를 한다 해도 충분한 전희(前戱)를 베풀지 않으면 안된다. 남자 혼자서 도취하여 클라이막스에 도달하는 것은 금지되어 있다.

그러나 한편으로 유대 사회에서는 남성 우위의 전통도 상당히 강하다. 특히 교육면에 있어서 그러한데, 모든 남자아이들은 6세가 되기 전에 반드시 성서를 읽도록 하고 있지만, 여자아이는 꼭 그렇게 하지 않아도 되었다. 그렇다고 해서 여성이 교육받는 것을 금한 것은 아니었다. 예를 들어 1475년, 로마의 유대인 사회에서는 여성을 위한 《탈무드》학교가 설립되어 있었다. 그러므로 같은 시대의 다른 민족의 여성들과 비교해 보면 유대인 여성들은 교육 정도가 높았음을 알 수 있다.

그래서 전후(戰後) 이스라엘에서는 세계 그 어느 나라보다 일찍이 골다 메이어와 같은 여성 수상이 나온 것이다. 그러나 동시에 유대인 여성들은 남성들의 학문 연구와 사업을 도와야 하며, 육아나 가사에도 힘써야 한다는 것을 중시하고 있다.

"신은 여자를 남자의 머리로 만들지 않으셨는데, 그것은 여자가 남자를 지배해서는 안 된다는 의미이다. 또 신은 남자의 발로 여자를 만들지 않으셨는데, 그것은 여자가 남자의 노예로 되어서도 안 된다는 의미이다. 그렇다면 왜 갈비뼈로 만들었는가? 그것은 언제나 남자의 가슴에 안겨 있는 것처럼 생각하기를 바라는 의도에서였다."

여자를 남자의 갈비뼈로 만들었다는 〈창세기〉의 이야기는 비단 유대인에게만 전해 오는 이야기는 아니다. 이와 같은 이야기는 폴리네시아·버마·시베리아의 타타르인 또는 캘리포니아 주의 유키 새리난 인디언 등의 사회에도 있다. 어느 인류학자는 갈비뼈로 여자를 만들었다는 그와 같은 전설은 그리스도의 선교사가 구약성서의 이야기를 전도하는 가운데 자기들의 전설과 합류된 것이라고 주장하고 있다.

어찌 됐든 남성에게 있어서 여성은 영원한 수수께끼이다. 남자에게 있어서는 여성만큼 다루기 힘든 것은 없을 것이다.

《미트랏슈》라는 책에는 다음과 같은 이야기가 실려 있다.

알렉산더 대왕이 여자들만 모여 살고 있는 지방을 침입하여 이곳을 점령하려 했다. 그러자 여자들이 뛰쳐나와 이렇게 소리쳤다.

"만일 대왕께서 우리 여자들을 죽인다면 온세계는 당신을 향해 이렇게 말할 것입니다. '대왕이 여자를 죽였다!'고. 그리고 만일 우리들이 당신을 죽인다면 세계는 이렇게 말할 것입니다. '여자한

테 죽임을 당한 자는 대체 어떤 대왕인가'라고."

이리하여 남자는 설 곳이 없다. 그래서 《탈무드》는 악처를 경계
하여 다음과 같이 말하고 있다.

★ 부모에게는 어리석은 자식을 가진 것이 불행한 일이고, 남자
는 악처를 가진 것이 불행하다.
★ 폭우는 남자를 집 안에 가두어두지만, 악처는 남자를 밖으로
쫓아낸다.

성서에도 다음과 같은 말이 씌어 있다.

★ 다투는 여인과 함께 큰 집에서 사는 것보다는 차라리 혼자
움막에서 사는 것이 낫다.
★ 착한 여인은 남편의 면류관이지만, 악한 여인은 그 남편의
뼈를 썩게 하느니라.
★ 어떤 남자에게 있어서 악처는 가공하지 않은 돌과 같다. 석
공이 돌을 사랑하듯이, 기꺼이 그와 같은 아내를 다루는 남자도
있다.

‡ 천 개의 눈을 가진 질투

여자는 질투심이 매우 강하다. 사랑은 맹목적이라고 말하는데,
질투야말로 맹목적이다.
그래서 유대의 속담에 '질투는 천 개의 눈을 가졌다'라는 말이
있다. 여자의 질투도 무서운 것이지만, 남자의 질투 또한 좋지 않

은 것이다. 유대인들 사이에 옛부터 전해 내려오는 수수께끼에 이런 것이 있다.

"랍비님, 당신은 모든 것을 다 알고 계시니, 만일 아담이 에덴 동산에서 외박을 하고 돌아왔다면 이브가 어떻게 했을까요?"

에덴 동산에는 아담과 이브 단둘만이 살고 있으므로 대답은 이러했다.

"이브는 아담의 갈비뼈 수를 셀 것이오."

이브가 아담의 갈비뼈로 만들어진 것으로 미루어, 만일 갈비뼈가 줄어들었다면 또 한 사람의 여자가 생긴 것이라는 발상에서 나온 이야기다. 하긴 아무리 질투 때문이라 해도 이 정도로 합리성을 가진 발상이라면 그럴 만도 하다.

"사랑이 맹목적이지만, 질투는 맹목보다 더 나쁘다. 왜냐 하면 보이지 않는 것까지도 보기 때문이다."
라는 격언도 있다.

질투만큼 무서운 것은 없다. 성서의 잠언은 다음과 같이 경계하고 있다.

"분(忿)은 잔인하고 노(怒)는 폭풍과 같거니와, 투기 앞에 누가 서리요."(잠언 27장 4절)

질투를 하게 되면 보이지 않는 것까지도 보았다고 말한다. 끊임없는 망상을 사실로 믿는다. 〈창세기〉에는, 인간은 신이 먹지 말라고 한 금단의 열매를 따 먹음으로써 인간의 불행을 자초했다고 씌어 있다. 이 금단의 열매는 실은 지식의 나무에 열려 있었던 것이다.

말하자면 인간은 아는 것으로 말미암아 불행을 야기시킨다는 것을 경계하고 있는 것이다. 게다가 완벽하게 알지 못한다는 것은 도리어 두려운 일이다. 그러한 지식은 망상의 씨앗을 만들기에 알맞다.

그리하여 질투의 불타는 마음은 뼈까지 썩힌다. 이렇게 되면 분노는 홍수처럼 한없이 넘쳐 도저히 억제할 길이 없어져 버린다.

그렇지만 서로 사랑하는 두 사람의 경우에는 질투도 애정의 기준이 될 수 있다. 질투의 불마저 다 꺼져 버렸다면 이별의 날이 가까워졌다는 것을 의미한다.

그러므로 《탈무드》도 이렇게 말하고 있다.

"질투하지 않는 연인은 진심으로 사랑하고 있지 않는 것이다."

‡ 유대의 중매인

유대인에게 있어서 결혼은 매우 신성한 것이다. 〈창세기〉에는 '생육하고 번성하여 땅에 충만하라'(1장 28절)고 신이 명령한 구절이 있다. 또 신은 남자가 어느 정도의 연령에 이르면 부모로부터 독립하여 아내를 맞아들여야 한다고 계시한 바 있다. 즉, 결혼은 남녀 모두가 신에 대한 의무라고 생각하였다. 그리하여 《탈무드》는 '18세가 되면 결혼해야 한다'고 가르치고 있다.

또 고대의 랍비들은 '14세가 되면 결혼을 해야 한다'고 말하고 있다. 유대인들은 결혼은 하느님이 전해 주는 것이라고 생각해 왔기 때문이다.

유대인 사회에서는 오랫동안 '샤드쿤'이라는 직업적 중매인이 있었다. 이 중매인은 모든 마을이나 도시에 사는 적령기의 총각이나 처녀에 대해 조사해 놓고 있다가 서로 맞는 사람끼리 맺어주는 일을 했던 것이다. 그러나 유대인에게 있어서는 오로지 신만이 가장 완벽한 '샤드쿤'이라고 생각해 왔다. 《탈무드》외에도 유대인의 오래 된 책 가운데는 결혼이라는 것을 찬양하고 또한 매우 즐거워하고 있는 것이 많다.

유대인 사회에서는 고부간의 문제는 거의 없다고 한다. 일단 결혼을 하면 부모와 함께 사는 것을 금지되어 있기 때문이다.

★ 젊은 남자가 결혼하면 어머니를 떠나야 한다.
★ 아침에 일찍 일어나는 것과 일찍 결혼하는 것은 나쁜 것이
아니다.
★ 결혼을 하면 죄가 감해진다. 여자가 남자보다 빨리 결혼해야
한다고 하는 것은 여자가 남자보다 죄가 많기 때문이다.
★ 살아 있던 남자가 '후베(결혼할 때 신랑 신부가 들어갔다 나
오는 천막 같은 것)'에 들어갔다 나오면 시체가 되어 나온다.

이와 같은 말들은 부정적인 격언이다.
유대의 관습에는 남자아이가 태어나면 삼나무를 심고, 여자아이
가 태어나면 소나무를 심는다. 그리고 두 사람이 결혼할 때에 이
나무의 가지를 사용하여 '후베'를 만든다. 유대인은 일단 자녀가
결혼하게 되면 간섭하지 않고 대등하게 대한다. 즉, 아들의 독립
을 중시하는 것이다.
내가 일본에 있을 때에 〈인생 상담〉이라는 라디오 프로에 관계
했었는데, 그 때 청취자들로부터 고부간의 관계, 모자간의 관계에
관한 호소가 많았었다. 그리고 동양의 남자아이들은 더 빨리 독
립을 해야겠다고 생각하고 있었다.

‡ 조혼의 함정

미국 사회에서도 은근하면서도 중대한 변화가 진행되고 있다.
이것은 하나의 혁명이라고 할 수 있는 것으로, 바로 조혼현상이
증가한 것이다. 이것은 우습다고 생각할 독자가 있을지 모르지만,

30여 년 전 나의 청년 시절에는 학부의 학생이나 대학원 학생이 결혼하는 경우는 매우 드문 케이스였다.

이와 같이 변화가 어떻게 해서 일어나게 되었는가에 대한 사회학자의 분석에 따르면, 조혼은 행복감 내지는 안정감에 커다란 영향을 미치고 있기 때문인 것 같다. 나의 견해로는 조혼의 영향이 어떤 것인가 하는 데 관한 문제는 긍정도 부정도 하지 않는다. 그러나 조혼이 가져오는 결과에 대해서는 관심을 기울이고 있다.

우선 조혼하는 젊은이들은 배우자를 선택할 때 몇 가지 중요한 요소를 염두에 두지 않는다는 사실이다. 예를 들면 상대방의 성장 과정이 어떠했는가, 어떤 취미를 가지고 있는가, 종교관은 어떠한가, 어떤 사고 방식을 가지고 있는가 하는 점에 관한 고려이다. '사랑은 맹목적이다'라는 말이 있긴 하지만, **사랑이 모든 것을 해결해 줄 것이라고 생각한다면 큰 오산이다.**

두 사람의 사랑이 너무 뜨거우면 제삼자의 시각으로는 아무리 보아도 순조롭게 진행될 것 같지 않은데도 두 사람에게는 함정이 전혀 보이지 않는다. 서로가 참고 나가면 행복한 결혼생활을 이끌어 나갈 수 있다고 속단을 해 버리는 것이다. 그렇게 되면 그 결과는 어찌 될 것인가?

조혼이 실패로 끝나는 예는 놀랄 만큼 많다. 아마도 당신의 주변을 보아도 이러한 예는 많을 것이다. 그런데 보통은 결혼만 하면 모든 문제가 해결된다고 생각한다. 그러나 설사 해결이 된다 하더라도 또 새로운 문제가 생겨나기 마련이다.

나의 견해로는 결혼 후 2, 3년이 가장 어려운 시기라고 생각된다. 이 시기가 지나면 결혼의 안정성도 만족감도 해마다 증가된다. 나는 여기에서 결혼 생활에 있어서의 몇 가지 난점을 들어 고찰해 보고자 한다.

우선 중요한 것은 상대방을 충분히 이해하는 일이다. 감상적인 연애감정으로만 상대를 선택한 경우에는 결혼은 오래가지 못하는 경우가 많다. 잠을 깬 현실 감각을 갖지 않으면 안 된다. 이것은 기본적 조건이다. 예컨대 결혼하고 나서야 비로소 상대방의 참모습(성격이나 기질)을 알게 되는 경우가 있는데, 그것은 결혼하기 전에는 사랑에 눈이 멀어 상대방의 모습이 마치 초점이 안 맞은 사진처럼 흐리게 보였기 때문인 것이다.

나는 젊은 부부가 '이런 사람과 결혼할 생각은 없었는데……'라고 후회하는 말을 들은 적이 있다. 이것은 그야말로 커다란 실수이다. 결혼했다고 해서 인간의 기본적인 성격이 변하는 것은 아니다. 그것은 단지 상대방의 마음을 정확히 파악하지 못했던 것뿐이다.

이 단계가 결혼에의 첫번째 도전이 된다. 그 때가 되면 서로가 상대방에 대해서 정확히 볼 수 있게 된다. 상대방을 잘 보게 되었다는 것은 다시 말해서 상대방도 자신을 잘 볼 수 있게 되었다는 것을 의미한다. 또 육체를 통해서도 상대방을 충분히 알게 되었을 때에는 정신적·심리적으로도 잘 알게 되었다고 할 수 있을 것이다.

연애를 할 때에는 가능한 한 서로가 상대방에게 잘 보이려 갖은 노력을 다 한다. 데이트를 하는데 어느 누가 수염도 깎지 않고 나갈 것인가? 또 여성의 경우는 옷이나 머리나 얼굴을 최대한으로 가꾸어 데이트에 나갈 것이 틀림없다. 그런데 일단 결혼을 하고 나면 이제 그런 것에는 신경을 쓸 필요를 느끼지 않고 있는 그대로 자신을 보이는 것이다.

분명 두 개체의 만남은 불꽃처럼 타오르는 사랑으로 시작된다. 그러나 결혼은 그런 충동적인 감정만으로는 유지될 수가 없다. 결혼 생활은 일상 생활 — 언행이나 표정을 포함하여 — 의 연속이다. 하찮은 일이 있는가 하면, 깊은 의미를 지닌 것도 있다. 그러므로 결혼한 이후에 야기될 것 같은 사태를 미연에 통찰하고 이해할 필요가 있는 것이다. 상대방을 진심으로 이해하기 위해서는 서로를 인정하고 긍정하는 것이 중요한 일이다.

그런데 그와 관련하여 수용과 긍정이라는 말에 대해 설명하지 않으면 안 되겠다. 한 개인에게 있어서 심리학적으로 가장 중요하다고 생각하는 것은 '그' 또는 '그녀'가 자기 인생의 전부라고 하는 감각이다. 특히 결혼 생활에 임한 두 사람에게 있어서는 상호간의 수용과 긍정은 한 번만의 행위로써 표현될 수 있는 성질의 것이 아니다.

유럽이나 미국에서는 부부가 서로 자주 사랑의 대답을 듣고 싶어 반복하여 '두 유 러브 미?'라고 묻는다. 그리하여 긍정의 대답을 기다리는 것이다.

그러나 나는 결코 두 사람의 행복한 결혼생활을 유지하기 위해 언제나 긴장된 관계를 유지하라는 말은 아니다. 그보다는 두 사람이 마주앉아 대화를 나누고 서로의 일을 도우며, 감사의 표시를 하는 것이 좋다고 말하고 싶다. 이렇게 함으로써 부부는 권태나 절망의 구렁텅이로 빠지지 않고, 두 사람의 사랑을 오래 지속할 수 있게 되는 것이다.

아무리 두 사람의 사이가 확고하게 결합되어 있는 것처럼 보여도 매일 함께 지내다 보면 갈등이나 오해가 반드시 생기게 마련이다. 그런 것을 보통 결혼의 시련이라고 말한다. 그럴 때에 두 사람이 진실하게 대화를 나누면 불화의 장벽을 무난히 뛰어넘어, 이와 같은 결혼의 시련을 지혜롭게 통과할 수가 있다. 파탄은 갑자기 찾아오는 것이 아니라, 서서히 좀이 먹어 들어가듯 퍼지는 것이다.

젊은이들의 결혼이 실패로 끝나는 경우는 대부분 예기치도 못했던 사태가 꼬리에 꼬리를 물고 일어나, 그 충격을 견디지 못하기 때문이다. 그러므로 결혼은 정신적으로 충분히 대처할 만한 힘이 생길 때 하는 편이 좋다.

《탈무드》에서도 다음과 같은 금언으로 섣부른 결혼을 경계하고 있다.

★ 생활이 안정되지 않은 상태에서의 결혼은 어리석은 자의 짓이다.
★ 신혼은 1 개월, 파탄은 일생.

유대인의 등불

✝ 《토라》와《탈무드》의 비교

구약성서의 첫머리 다섯 책을 헤브라이어로《토라》라고 한다. 그 의미는 '원칙', '가르침'을 나타내는 말이다. 일명 '모세의 책'이라고도 칭해지는 이《토라》는 〈창세기〉·〈출애굽기〉·〈레위기〉·〈민수기〉·〈신명기〉의 다섯 부분으로 되어 있다. 그러나 한편으로는《토라》라는 말이 꼭 성서 첫머리의 다섯 책을 의미하는 것은 아니다.

시나고그(유대인의 집회소)에 비치되어 있는 필사본(筆寫本) 다섯 권의 책도《토라》라고 불리고 있으며, 또 순수하게 '신의 거룩한 가르침'을 의미하기도 한다. 이밖에도 유대인의 율법 전체를《토라》라는 말로 칭할 수도 있으며, '유대교의 가르침을 지키며 사는 것'을 뜻하기도 한다..《토라》는 유대인이 굳은 신념을 가진 민족이라는 것을 입증해 주는 책이다.

그러면 유대교와 유대인 사상을 집대성한《탈무드》역시 단순한 책이라는 개념과는 거리가 멀다. 보통 이슬람교나 그리스도교는 고정된 교리(즉, 성전)가 있으나, 《토라》나 《탈무드》는 고정시켜 완성해 놓은 교리(가르침)가 없다.

《탈무드》의 경우는 이러하다. 《탈무드》는 일반적인 성서가 아니며, 게다가 일반적으로 말해지는 책이 아니다. 《탈무드》에 대한 가장 적절한 설명은 법률·종교·철학·도덕에 관한 총괄적인 심포지엄이며, 더욱이 그 심포지엄이 1,200년 이상 단 한 번도 중단되지 않고 지속해 오고 있다는 것이다. 이것을 기록 정리한 것이 바로 《탈무드》이다.

'탈무드'라는 말의 원뜻은 '연구'라는 의미이다. 63권의 책으로 이루어져 있다는 방대한 분량인데도 불구하고 아직까지 계속되고 있다. 다시 말해서 '오픈 엔드(often end)'의 책이다. 시대에 따라서 새로운 말, 새로운 견해가 첨가되어진다. 이것은 연구와 학습에는 결코 끝이 있을 수 없다는 것을 상징해 주고 있는 것이다.

1,200년 동안 2천 명 이상의 랍비들이 심사 숙고한 연구를 통하여 유대교의 해석을 내리고 있다. 랍비는 학식이 풍부한 지역 사회의 지도자이다. 흔히 랍비를 '목사'로 번역하고 있는데, 그것만으로도 불충분하다. 지역 사회(코뮤니티)의 자문역인 동시에 재판관이며, 성인이나 어린아이들의 교사이기도 하다. 그래서 1,200년 간의 토론 속에는 의식의 진행 방법에서부터 일상생활의 온갖 문제들이 다루어지고 있는 것이다.

유대 세계를 제외하고는 그 어떠한 민족에게서도 《탈무드》와 같은 책은 찾아볼 수 없다. 이것은 유대인의 매우 독특한 민족성을 입증해 주는 것이다. 예컨대 천문학이라는 고차원적 학문에서부터 소변을 보는 방법까지 기록되어 있다. 어떤 자리에서라도 소변을 보고 싶으면 곧 일어서라고 가르치고 있다. 그리고 이집트의 콩을 어떤 땅에 어떤 방법으로 심으면 좋은가에 대해서도 가르치고 있다. 또한 남녀가 시골의 개천을 건널 때에는 반드시 여자는 남자의 뒤쪽에서 가라고 가르치고 있는데, 그 이유는 여성은 치마를 걷어올리지 않으면 안 되며, 그렇게 되면 뒤에서 오는 남자는 부정한 생각을 갖기 때문이라는 매우 실제적인 주의까지 하고 있다.

또한 《탈무드》에는 인간에 관계된 모든 사항이 담겨져 있다. 어떤 이들은 《탈무드》를 율법책이라고 번역하고 있으나, 《탈무드》는 법률집은 물론 체계적인 지식을 가르치는 책도 아니다. 한마디로 《탈무드》는 토론집이다.

성서의 모세 5경 가운데는 매우 중대한 부분이 있다. 하나는 '신이 세계를 창조해 냈다'는 〈창세기〉이며, 다른 하나는 시나이 산에서 신이 모세에게 십계명을 내려주셨다는 부분이다. 창조의 행위는 예술에 속하는 것이다. 신은 여기에서 이미 완성된 모든 것을 만들어냈기 때문에 달리 인간이 개입할 여지가 없다. 예를 들어 신이 '빛이 있으라'고 말하면 빛이 만들어지니 기분이 좋더라고 씌어 있는 것처럼, 신은 스스로 여러 가지 창조 행위를 했다. 신의 위대한 힘에 의해 빛과 어둠이 나뉘어지고, 하늘과 땅으로 나뉘어졌다. 여기에서 신의 말은 독백과도 같은 것으로서, 신은 대답을 구하려고 하지 않았다.

〈창세기〉를 보면, 인간은 창조의 중심이 아닐 뿐더러 하느님이 온갖 것을 다 만들었는데, 그 중 하나가 인간이라고 되어 있다. 그런데 시나이 산에서 신은 인간에 대해 계명을 내린다. 이 시나이 산에서 신이 인간에게 주신 가르침은 인간이 이해할 수 있는 범위 내에서 행할 수 있는 것이다. 여기서 신과 인간 사이의 계약이 비로소 생겨난다. 신이 시나이 산에서 계명을 내린 깊은 뜻은, 이스라엘 백성이 이집트에서 갖가지 고통을 받고 있다는 호소에 귀를 기울였기 때문이다.

여기에서 신과 인간 사이에서 첫 대화가 시작되었다고 볼 수 있다. 후세의 랍비들은 이 시나이 산에서 내린 신의 인간에 대한 가르침을 교사의 모범이라고 생각했다. 이것은 교사도 학생들의 말에 반드시 귀를 기울여야 하며, 또 학생들이 이해할 수 있도록 이야기해야 된다는 뜻이다. 여기에서 한 가지 교훈이 생겨나는데, 곧 가르친다고 하는 것은 교사가 일방적으로 가르치고, 학생은 단지 그것을 그대로 받아들여 익히는 것이 아니라는 것이다. 유대의 전통 가운데는 가르치는 방법과 배우는 방법이 매우 중요하게 취급되고 있다.

유대인은 매일 '뷸카트 하트라'라고 하는 기도문을 외우는데, 이 뜻은 '하느님은 《토라》를 이스라엘 사람들에게 가르치는 교사'라는 내용을 갖고 있는 것이다. 물론 하느님이 우수한 교사라는 것은 두말할 나위가 없다. 가르치는 방법과 배우는 방법은 유대 전통 가운데서도 가장 기본이 되는 것으로서, 이 사실을 이해하지 못하면 유대인의 전통이라는 것을 파악할 수가 없다.

유대 사회에서 《토라》를 연구하는 것은 신에게 기도하는 행위라고 보는데, 이 〈창세기〉의 창조 행위와 시나이 산에서의 시간 차이를 이해하지 못하면 그 의미를 결코 파악할 수가 없다.

성서의 〈창세기〉에서 신은 '~여, 있으라'라고 말함으로써 자유로이 여러 가지 것을 만들어 간다. 그리고 맨 나중에 인간을 신의 모습과 닮게 창조했다. 그런데 그 후 신은 인류가 저지르는 갖가지 형태의 실수를 벌하고 있다. 예를 들면 몇 세대에 걸쳐 인간이 타락되자 신은 노하여 대홍수를 일으켰고, 따라서 신이 창조한 모든 만물은 여기서 멸망을 당하게 된다. 이것은 바로 인간이 도덕적으로 신의 기대에서 어긋날 때에는 언제라도 무서운 벌을 받게 된다는 것을 뜻하고 있다. 그러나 신은 인간의 현실이라는 점을 이해하며 그에 적합한 조치를 취한다.

그래서 신은 대홍수 때 분노했고, 그 후 인간의 불완전성과 위약함을 이해하고 시나이 산에서 인간과의 대화를 시작한다는 감동적인 사실이 전개된다. 〈출애굽기〉에는 '너희가 내게 대하여 제사장 나라가 되며 거룩한 백성이 되리라. 너는 이 말을 이스라엘 자손에게 고할지니라(19장 6~7절)'고 말하고 있다. 《토라》가 사막 한가운데서 주어졌다고 하는 사실에는 상징적인 의미가 담겨져 있다. 인간에게 있어서 사막은 불모지임에도 불구하고 신과 인간의 대화는 여기에서 시작된다. 음식물도 물도 없었으므로 사람들은,

"우리는 이제 더 이상 이와 같은 고통을 견디기 힘듭니다. 다시 이집트로 가고 싶습니다."

라고 호소한다.

그러자 신은 이러한 호소를 안타까이 여겨 그들을 위해 하늘로부터 '만나'라는 빵을 내려주시어 굶주림을 면케 해 준다. 그런데도 사람들은 매일 신에 대한 믿음으로 하루 분씩만 모으라는 말을 거역하고, 내일 일을 걱정하여 이틀 분을 모았다. 안식일인 토요일에는 '만나'를 줍는 일을 해서는 안 됨에도 불구하고, 사람들은 믿음을 갖지 않고 '만나'를 주웠다. 그런데도 신은 노하지 않았다. 왜냐 하면 신은 인간의 허약성을 이해하게 되었기 때문이다.

《토라》가 인간의 언어로 씌어진 이유는, 인간이 신과의 대화를 시작했다는 사실을 의미하고 있다. 이것은 《토라》가 인간을 완전한 존재로 인정하지 않기 때문에 하늘의 율법을 가르치지 않는다는 것을 말하는 것이다. 그러므로 《토라》는 신과 인간을 구분시켜 연약한 인간을 교육하여 올바른 길을 걷게 하기 위해 만들어진 인간교육서라고 할 수 있다.

그래서 《탈무드》를 연구하는 사람은 먼저 미쉬나(탈무드의 기본이 되는 성서연구서)의 서두만 보고 실망해 버리는 경우가 많다.

〈미쉬나〉는 이렇게 시작하고 있다.

두 사람이 한 벌의 옷을 가지고 서로 자기 것이라고 주장하며 다투고 있다. 이것을 일반적인 종교적 가르침으로 한다면, 한 사람은 "부디 당신이 필요하다면 가지고 가십시오"라고 썼을 것이다. 그러나 〈미쉬나〉는 두 사람 중 어느 누구도 양보하지 않는 이야기로부터 시작하고 있다. 이로써 〈미쉬나〉는 인간들 사이에서 다툼이 끊이지 않는다는 것을 가장 의미 심장하게 시사하고 있는 것이다.

인간은 불완전하고 미완성의 존재이다. 완성되어 있지 않기 때문에, 사람들은 창조 행위를 계속해야 할 의무를 갖는 것이다.

예시바(유대인 학교)에서는 사람들이 몸을 흔들면서 《토라》를 노래부르듯 읽고 있다. 사람들은 아마도 이것을 기도하고 있는 것이라고 볼지 모르지만, 사실 그것은 그들이 깊은 지적 사색에 잠겨 있는 모습이다.

《토라》는 권위 의식으로 압도하여 모든 것을 마비시켜 버리는 것을 가장 강력히 경계하여 가르치고 있다. 자기 나름대로 이해하고 반복하여 자신의 해석을 첨가시켜 익혀야 한다. 그러므로 제아무리 원문을 통달했다고 해도 그것만으로는 《토라》를 올바로 배우는 학생이라고 말할 수 없다.

학생들의 입시 공부에 대해서도 마찬가지로 말할 수 있다. 학문이라는 것은 배우는 데만 의미가 있는 것이 아니고, 그 배운 것을 바탕으로 새로운 것을 발굴 창조해 가는 것이다. 또한 학문은 한 사람의 교사를 만드는 것이 아니며, 한 사람의 인간 복사판을 만드는 것은 더군다나 아니다. 곧 학문이란 '새로운 인간'을 만들기 위해서 있는 것이다. 그러는 가운데 이 세계의 진보가 있다고 생각하는 것이다. 그러므로 권위를 중시하되, 맹종을 해서는 안 된다.

‡ 인류의 선조는 단 한 사람

최초의 인간인 아담이 흙으로 만들어졌다는 것은 이미 잘 알려진 사실이다. 아담은 '아다라(흙덩이)'라는 뜻이다. 고대의 랍비들은 "어째서 신이 처음부터 아예 많은 인간을 만들지 않고 오직 한 사람의 인간으로서 인류를 시작했을까?" 하는 문제에 관해 논쟁을 벌였다. 그에 대해 《탈무드》의 현자들은 '한 사람의 생명을 빼앗는 것은 전인류를 죽이는 것과 같다는 사실을 신이 가르치기 위해서였다'라고 결론내렸다. 비록 한 사람의 생명을 구하는 것일지라도 전인류를 구하는 것과 같다는 생각인 것이다. 한 사람의 인간을 중요시 여기는 것은 전세계를 중요시 여기는 것과 마찬가지다.

《탈무드》에는 다음과 같은 말이 실려 있다.

"어째서 신은 최초의 오직 한 사람의 인간만을 만들었을까? 그것은 누구나가 자신의 혈통을 결코 상대의 혈통보다 낫다고 말하지 못하게 하기 위해서이다. 본래의 조상을 거슬러 올라가면 맨위에는 오직 한 사람의 선조가 있는 것이다. 그러므로 어느 민족이 어느 민족보다 우수하다고 말할 수 없다. 인류의 모든 민족은 오직 아담 한 사람으로부터 생겨났기 때문이다."

또 《탈무드》에는 아담의 머리는 에덴 동산의 흙으로, 그의 육체는 바빌로니아의 흙으로, 발은 전세계의 흙을 모아 만들었다는 대목이 나온다.

또 그리스 시대의 유대인은 그리스어로 다음과 같은 설명을 했다. 아담이라는 말은 네 개의 그리스어로 성립된다. 즉, A·D·A·M에서 A는 그리스어로 '아나토레(東)', 'D는 디시스(西)', 'A는 아루크토스(北)', 'M은 메셴부리아(南)'라는 머릿글자를 딴 것이다. 말하자면 인간은 세계적인 존재라는 사실을 시사하는 것이다. 이것은 영어의 '뉴스'의 어원이, N이 노스(北), E가 이스트 (東), W가 웨스트(西), S가 사우스(南)로서 전세계의 요소로 성립되고 있다고 하는 것과 똑같은 발상에서 생겨난 것이다.

《탈무드》엔 아담에 대한 아름다운 이야기도 실려 있다. 아담은 매력적인 육체를 갖고 있었다. 죄를 범하고 더러워지기 전까지는 빛을 의복으로 삼아 휘감고 있었다고 한다. 그런데 죄를 범하고 나서 그와 같은 아름다운 의복을 벗지 않으면 안 되었다고 한다.

〈창세기〉를 보면, 아담과 이브는 신이 먹지 말라고 한 금단의 열매를 따 먹었기 때문에 에덴에서 쫓겨났다. 이것이 인간이 범한 '원죄'라는 것으로 되어 있다. 그들은 지식의 나무열매를 훔쳐 먹은 것이다. 뱀은 이브에게 이 열매를 따 먹으라고 권할 때 이렇게 유혹했었다.

"그것을 먹으면 당신의 눈이 열려 당신은 신과 같이 되며, 선악을 알게 될 것이다."

그러나 인간은 지식을 얻음으로써 방황하게 되었고, 그 때문에 인간은 오늘날까지 무서운 짐을 짊어지고 살아가고 있다. 또 유대 사회에서 고대로부터 전해 오는 말에 "하늘과 땅이 서로질투만 더 해 갔으므로, 신은 대지로부터 인간의 육체를 만들고, 하늘로부터 혼을 만들었다. 만일 아담이 잠들지 않았더라면 아내를 가질 수는 없었을 것이다"라고 하는 인간적인 해석이 있다. 분명 이브는 아담이 깊이 잠들어 있는 동안에 그의 갈비뼈 한 개를 뽑아 만들어졌으므로, 아담이 잠을 자지 않았더라면 이브는 생겨나지 않았을 것이다.

그런데 《탈무드》에는 성서에서 읽을 수 없는 내용도 기록되어 있다. "아담은 처음에 태양이 가라앉고 대지가 암흑에 둘러싸이자 공포감을 느꼈다. 신은 그것을 불쌍히 여겨 아담에게 두 개의 돌을 주었는데, '어둠'과 '죽음의 그림자'라고 하는 이름의 돌이었다.

신은 두 개의 돌을 부딪쳐 합치라고 명했다. 아담이 돌을 문지르자 불이 생겨났다."

이렇게 해서 단 한 사람의 인간이 인류의 선조가 된 것이다. 그렇다면 낙원에 있던 아담에 대해 여러 가지 상상을 해 보는 것은 유익하고, 또 많은 교훈을 찾아내는 일이 되기도 할 것이다.

‡ 모세는 누구인가?

모세는 모든 유대인을 대표하는 사람으로 알려져 있다. 유월절은 유대인이 이집트로부터 해방된 날을 축하하는 날이다. 이날은 모세의 정신이 모든 사람들 위에 머무르는 날이다.

모세는 이집트의 포로가 되어 노예 생활을 하고 있던 이스라엘 민족을 새로운 땅(가나안)으로 이끌어낸 지도자이다.

그러나 이 유월절에 모세의 이름은 한 번밖에 불려지지 않는다. 그 이유는 유대의 전통으로는 모세라 할지라도 한 인간을 특별히 높은 지위에 두지 않기 때문이다. 다시 말해서 한 인간을 신격화하는 것은 유대인의 전통에서 어긋나는 일인 것이다. 물론 뛰어난 지도자에게는 경의를 표한다. 그러나 그 사람을 절대자로 섬기지는 않는다. 절대자는 유일신인 하느님밖에 없는 것이다.

그리하여 모든 시대에 걸쳐 랍비들은 모세를 위대한 인물이라고 생각해 왔지만, 인간을 초월한 신적인 존재라고 인정하지는 않는다. 그러나 모세는 역시 모든 이스라엘 사람을 대표하고 있다. 《탈무드》에서 '모세는 모든 이스라엘인을 스스로의 속에 머물게 하고 있다'고 한 뜻은, 모세를 이스라엘의 신이 만들었다는 것을 강조하는 말이다.

아무리 위대한 지도자일지라도 혼자의 힘으로는 그렇게 될 수 없다. 그를 둘러싸고 있는 많은 사람들에 의해서 만들어지기 때문이다. 그래서 **지도자란 사람들의 모습을 비춰주는 거울과도 같다.** 《탈무드》에선 다음과 같이 말하고 있다.

"모세는 그 시대 유대인들 중에서 불꽃과 같은 존재였다. 우수한 지도자는 우수한 민족과 일치되어 있는 것이다. 지도자는 주위 사람들의 도움으로 자신을 표현하고 또 주위 사람들도 그 지도자를 통해서 스스로를 표현하는 관계에 있다. 그러므로 아랫사람들은 자신들의 지도자에 대해 불평을 말하기 전에 스스로의 모습을 거울에 비춰보아야 할 것이다. 지도자 역시 사람들 중의 하나이다. 그러므로 초인적이고 신과 같은 지도자가 존재한다는 것은 있을 수 없다."

역사상으로 보더라도 히틀러를 비롯한 스탈린 · 모택동 등도 권력을 장악하고 있는 동안은 대부분의 민중들로부터 잘못이 없는 위대한 지도자라고 생각되었다. 그러나 그들이 이 세상을 떠난 뒤에는 그와 같은 평가는 잘못된 것으로서, 국가나 민중들이 한때 병적인 열병에 들떠 있었다고 설명할 수밖에 없는 판이한 평가가 나오는 것이다. 그러나 유대인은 모세의 시대 때부터 어떠한 인간이든 모두 불완전하다는 사실을 인정하고 있었다.

모세는 유대인의 역사에 있어서 가장 위대한 지도자로 꼽힌다. 그러나 성서를 보면 모세는 이스라엘 백성을 이집트로부터 구출해내서 가나안 땅에 도착할 때까지 앉을 때면 언제나 바위 위에 앉아 있었으며, 사람들의 도움으로 가마를 타는 일이 없었다. 유대인의 전통으로는 지도자도 역시 보통 사람들과 평등하다고 생각하는 것이다.

그 후에도 유대인은 모세의 상(像)을 만든다거나, 그 모습을 그림으로 그려 남기거나 하는 일도 하지 않았다. 왜냐 하면 유대교에서 우상 숭배는 엄격히 금지되고 있기 때문이다. 그러나 성서에서는 아브라함이 인류 역사상 최초의 유대인으로 되어 있는 것은 우상을 파괴하고 유일신을 믿게 된 최초의 인간임을 인정하기 때문이다. 절대적인 권위는 신밖에 없으며, 신과 같은 인간은 있을 수도 없다. 그러므로 유대인만큼 신 앞에서 인간의 평등을 믿어 온 민족은 없다. 그래서 유대 사회에서는 현실을 혐오했고, 권위에 아첨하는 자들은 경멸당했다.

오늘날에도 이스라엘에서는 대통령이나 수상을 비롯한 각료들이 국민들 앞에서는 넥타이를 매지 않는다. 그래서 처음 이스라엘을 방문한 사람들은 각료들이 복장의 형식에 구애받지 않는다는 사실에 놀란다. 왜냐 하면 유대인들은 외국인과 만날 때에만 넥타이를 매고 정장을 하기 때문이다.

✟ 구세주의 등장

《탈무드》에는 이런 훈계가 씌어 있다.

"구세주가 올 때에는 병든 자는 나음을 받으리라. 그러나 어리석은 자는 어리석은 대로 남아 있으리라."

동양에서도 그와 비슷한 속담으로 '어리석은 자는 죽어도 병이 낫지 않는다'고 하는 말이 있다. 구세주가 나타날 때에는 어리석은 자 이외는 모두가 구원을 받고, 병을 치료받는다고 한다.

'메시아'라는 말은 헤브라이어의 '하마시아'에서 유래된 말이다. '하마시아'는 '향유(거룩한)의 세례를 받은 자'라는 뜻이다. 이 헤브라이어의 '하마시아'가 그리스 발음으로 '메시아스'가 되며, 그리스어로 번역하면 '크리스토스'가 된다. '그리스도'라는 명칭은 여기서 유래된 것이다.

그리고 특별히 신으로부터 향유 세례를 받은 자는 구세주라는 식의 인정을 받는다. 구약성서에서 '메시아'라는 신분은 왕들이나 제사장들에게 주어졌다. 이것은 신으로부터 거룩한 향유 세례를 받은 것을 그만큼 높은 지위로 인정하기 때문이다. 그리고 얼마 후 메시아는 예언자나 선지자 혹은 신에 의해 특별한 임무를 부여받은 자라고 불리어졌다.

메시아란 권력의 압제하에서나 혹은 고난 속에서 허덕이는 유대인을 해방시켜 주는 자를 일컫는 말인데, 고난의 생활을 보내고 있던 유대인들은 메시아가 오기를 학수 고대했다. 이 메시아는 유대 왕국을 재건할 것으로 믿었다. 그래서 메시아는 최후 심판의 날에 신이 지상 왕국을 만들기 전에 인류를 구제하기 위해 찾아올 구세주를 의미하는 것이 되었다.

구약성서에서는 사울·다윗·데제키아 그리고 페르시아의 시라스까지의 왕들을 메시아라고 부르고 있다. 이와 같이 메시아라는 말은 시대에 따라 변했다. 어쨌든 유대 사회에서 이 메시아 신앙은 매우 강한 힘을 주었던 것이다.

그리하여 유대인들은 역사를 통해 질병·기아·박해·추방 등의 파멸적인 재해에 부딪칠 때마다 성서를 펴놓고, 거기에 언제 메시아가 나타난다는 암시적인 말이 없는가 하여 연구하고 기도했다. 때로 경건한 신비주의자나 천문학자, 혹은 비법가 가운데는 인류를 신의 왕국으로 안내해 줄 메시아가 나타날 정확한 날짜와 시간을 예언한 사람이 있다. 그러므로 이 메시아 신앙은 유대인에게 있어서는 매우 큰 힘이 되어 왔다. 이와 마찬가지로 그리스도교도 이 메시아 신앙을 이어받고 있다.

언젠가 이 지상에 완전한 세계가 나타난다는 신앙이다. 마르크스도 유대인이었기 때문에 이 지상 천국의 유토피아 사상에서 강한 영향을 받고 있다. 언젠가 지상 천국이 이 땅 위에 나타난다고 하는 신앙과, 성서의 〈창세기〉 가운데서 신이 인간에게 '보다 나은 세계를 창조해 내도록' 명한 것이 역사를 통해서 유대인의 가슴 속에 저주가 되어 온 것은 사실이지만, 오늘날 유대인 중에서도 언젠가 지상 천국이 도래하리라고 믿고 있는 사람은 매우 많을 것으로 추정된다.

그런데 근세에 들어 신의 존재에 의심을 품고 있는 사람의 수가 급증하고 있다. 그러나 미신을 부정하면서도 유일신의 존재를 믿지 않는 현대인들이라 할지라도, 그 사고 방식이 자연과의 공존이라든가, 유일신이 아니라 많은 신들이 존재한다는 정령(精靈) 숭배사상의 영향을 강하게 받고 있는 것과 같이, 유대인들도 전통에 의해서 메시아 사상에 깊이 뿌리를 박고 있는 것이다.

구세주는 언제 나타날 것인가? 그것은 아무도 모른다. 그러므로 언제 구세주가 나타나도 심판에서 떳떳하도록 스스로를 날마다 향상시키는 데 노력을 기울여야 한다. 구세주가 찾아오는 날은 최후의 날이 될 것이니까.

최후의 날은 언제 올지 모른다. 그렇다면 하루하루를 최후의 날이라 생각하고 생활해야 할 것이다. 유대교에서는 '최초의 날'과 '최후의 날'을 가장 중요시 여기고 있다.

인간에게는 매일이 최초의 날이라는 생각을 충분히 가질 수가 있다. 우리는 언제든지 오늘부터 새로운 창조를 시작할 수가 있기 때문이다.

《탈무드》는 이렇게 말하고 있다.

"오늘은 최초의 날인 동시에 최후의 날이다. 그러므로 현재를 열심히 살아갈 수밖에 없다."

이 말만큼 현재를 아름답게 표현한 말도 없을 것이다.

‡ 마이모니데스

    마이모니데스(모제스 벤 아미몬)는 1135년에 코르도바에서 출생했다. 아랍의 학자들에 의해 널리 알려졌고, 그들의 문헌에는 '아부 이무란 무사 벤 마이암 이븐 압둘라'라는 긴 이름으로 통하는 사람이다.

    마이모니데스는 유대 민족의 역사 가운데서 뛰어난 사상가이며, 그래서 '제2의 모세'라고 불리고 있다. 그의 부친 마이몬 벤 요셉은 꼭 랍비를 교육시키듯 마이모니데스를 교육시켰다. 그는 어렸을 때 아랍인 학자에게 맡겨졌는데, 어린 나이에도 당시 알려져 있는 모든 분야의 학문에 관한 교육을 받았다. 그러나 코르도바가 이슬람의 광신 종파인 아르모하데스의 의해 공격을 받자, 마이모니데스 일가는 함락되기 직전에 12년 동안을 방랑했다.

    페즈에서는 한때 이슬람 교도로서 지냈다, 거기서 마이모니데스는 유대인의 전통을 버리지 않는다는 이유로 이슬람교도들로부터 박해를 받았고 가까스로 처형을 면하게 된 일까지 있었다. 그 후 아크라로 옮겨갔다가 또다시 예루살렘으로 갔다. 그러나 예루살렘에서는 아직 십자군의 영향이 있었으므로 다시 옮겨가 최후에는 당시 '포스타트'라 불리고 있던 카이로에 정착했다. 여기서 마이모니데스는 의사가 되기 위해 공부에 온힘을 쏟았고, 결국에 사라딘 고관의 시의(侍醫)가 되었다.

    시의로 일하면서 마이모니데스는 카이로에 사는 유대인들의 지적인 지도자가 되었다. 철학·법률·《탈무드》의 율령·천문학·약학 등에 대해서 많은 기록을 남겼다. 1204년에 세상을 뜬 그는 그 때까지 수많은 저작을 썼는데, 그 중에는 유대의 명언으로서 오늘날까지도 살아 전해지는 말이 많다.

    마이모니데스는 이렇게 말했다.

"내가 가르치는 것이 만약 단 한 사람의 인간을 기쁘게 하고 1만 명을 화나게 만든다고 한다면, 나는 단 한 사람을 기쁘게 하는 쪽을 선택할 것이다."

이것은 진리를 추구하는 자의 엄격함을 나타내 주는 말이다.

지식에 대한 추구, 정의에 대한 불타는 열정, 개인적 자립이야말로 내가 그 유대 민족의 한 사람이라는 것, 그리고 이와 같은 별 아래 내가 태어났다는 사실을 감사케 한다.

— A. 아인슈타인 《내가 본 세계》 중에서

✡ 자기를 낮춰 진리를 얻으라

인간은 겸허해야 한다. 하시디즘의 창시자인 이스라엘의 벤엘리젤(발 셈 토푸)은 이와 같은 이야기를 남기고 있다.

한 제자가 물었다.

"선생님, 진리라는 것은 어디에나 있다고 말씀하시는데, 그러면 길바닥에 떨어져 있는 자갈처럼 흔해빠진 것입니까?"

발 셈 토푸는 대답했다.

"그 말이 옳다. 그러므로 누구라도 주울 수가 있느니라."

제자가 다시 물었다.

"그런데 어째서 사람들은 줍지를 않는 것입니까?"

그러자 발 셈 투푸는 이렇게 대답했다.

"진리라는 돌멩이를 줍기 위해서는 몸을 구부리지 않으면 안 된다. 그런데 문제는 사람들이 진리를 줍기 위해 허리를 구부리려 하지 않는다는 것이다. 발 셈이란 이름은 신으로부터 특별한 힘을 계시받았다는 영광된 칭호이다. 그는 1만 명의 헌신적인 제자를 거느리고, 18세기 동유럽에서 활약한 유대인 랍비였다."

‡ 유대인의 문화 정신

오늘날의 인류 중에서 유대인은 극소수이다. 그럼에도 그들은 보통 화제에 자주 오르내린다. 유대인만큼 세계 속에서 화제가 되는 민족도 드물다.

노벨상만 예로 들어도 물리·화학·의학의 수상자들 가운데 12 퍼센트 이상이 유대인에게 주어지고 있다. 유대인이 오늘날까지 인류에게 종교·과학·문학·음악·경제·철학 분야에서 보여준 공헌도는 매우 크다. 그러나 이와 같은 사실로 유대인을 과대평가하고자 하는 것은 아니다. 유대인의 이와 같은 힘이 어디로부터 나왔는가 하는 사실을 설명하고자 할 따름이다.

지금까지 인류 역사상 위대한 문화는 수없이 존재해 왔다. 그러나 고대 그리스 문명은 5백 년밖에 영화를 누리지 못했다. 유대인은 구약성서의 백성이라 불리며, 성서와 함께 오랜 전통과 역사를 빛내고 있다. 그리스의 경우, 고대 그리스 문화는 쇠퇴하고, 그로써 그리스 민족은 과거의 영광을 잃고 목축 생활에 매달렸다.

또 이집트의 경우를 보거나, 그 밖에도 과거의 거대한 유적에 의해 기억되고 있는 셀 수 없이 많은 위대한 문화에 비교해 보면 유대인은 유적을 거의 갖고 있지 않다. 아마도 유대인의 유적이라는 말은 누구도 들어본 적이 없을 것이다. 유대인은 자신들의 문화를 항상 인간에게서 인간에게로만 전해 왔다.

유대의 역사는 5천 년 이상이 된다. 유대 민족은 성서를 낳았고, 얼마후 그리스도를 낳았고, 회교를 탄생시켰다. 오늘날 10억에 가까운 신자를 포용하고 있는 세계 최대의 종교인 그리스도교는 바로 이 유대교에서 파생된 것이며, 또 이슬람교도 역시 유대교에서 비롯된 것이다.

마호멧은 유대인의 성서(그리스도교에서 말하는 구약성경)와 그리스도교가 새로 추가한 신약성경을 이슬람의 성전으로 삼고 있다. 그리고 마호멧의 말을 기록한 코란이 3부작의 마지막 책에 해당하는 것이라고 전해진다. 이슬람교는 현재 세계에서 두서너 번째로 꼽힐 만큼 막강한 종교가 되었다.

또 하나의 종교라고도 말할 수 있는 공산주의는 수억의 사람들을 지배하고 있다. 이 공산주의의 창시자인 칼 마르크스도 유대인이었다. 알버트 아인슈타인은 원자력 시대를 열었다. 유대인 심리학자 프로이트는 근대 심리학을 개척했다. 유대인은 이만큼 인류에게 크게 이바지하면서도 1948년경까지 거의 3천 년 가까이 자기 나라를 갖지 못했다.

유대인은 바빌로니아인·그리스인·로마인·아랍인 속에서 살아왔다. 그리하여 유대인이 방랑 생활을 하고 있는 동안 바빌로니아 제국·페르샤 제국·페니키아 제국·힛타이트 제국 등 강대한 제국들이 흥했다가 쇠퇴해 갔다. 중국·인도·이집트 같은 오랜 민족도 들 수가 있을 것이다. 그러나 그들 역시 흥했다가는 쇠망해 가는 과정을 되풀이했다. 물론 그들은 국외로 추방된 일은 없었다. 그러나 오늘날 그리스에 살고 있는 그리스인과, 이탈리아에 살고 있는 로마인은 이전의 위치를 회복하지 못하고 있다.

유대인은 끈질기게 살아남아 자기 민족의 이상에 따라 노력해 왔다. 3천 년 동안이나 나라가 없이 지내왔는데도 이질 문화를 과감히 물리치고 스스로의 독자성을 잃은 적이 없었다. 유대인은 자기들의 말이 아닐지라도 이민족의 말을 사용하여 숱한 업적을 남겨 왔다. 그들은 프랑스어·독일어·영어·아랍어·라틴어·그리스어와 같은 모든 언어를 사용해 자기 민족의 우수성을 나타낸 것이다.

유대인은 국가를 갖고 있지 않았기 때문에 힘이 없었다. 그럼에 도 그들이 가지고 있었던 힘은 무엇일까? 기원전부터 이미 유대 민족은 소멸할 위험에 처해 있었다. 처음에 유대인은 사막을 방황하는 유목민이었다. 그들을 에워싸고 있던 나라들은 바빌로니아·앗시리아·페니키아·이집트·페르샤 같은 대제국이었다. 그러나 유대인은 자신들만의 독특한 문화를 잃지 않았다.

유대인이 오늘날까지 살아남을 수 있었던 것은 가히 기적이라고 할 수 있다. 그것은 재력(財力)에 의한 것도 아니요, 무력에 의한 것도 아니었다. 그것은 의지와 우수한 지적 능력에 의한 것이었다. 유대인은 결코 지위나 재력이나 무력에 의지하지 않았다. 그리고 자신들의 문화를 꽃피울 수 있는 국토도 없었다. 그리하여 그들 유대 문화를 간편한 것으로 하여 항상 자신들의 몸에 지니고 다녀야만 했다. 유대의 전통과 발상법과 같은 것을 지키는 데는 개별적인 인간밖에는 없었다.

오늘날 흔히 유대인 중에는 부자가 많다고 오해하고 있는 사람들이 많은 것 같은데, 결코 그런 것만은 아니다.

세계 각국에서 박해받고, 추방당하고, 도망다니는 유대인들이 그러한 행운을 얻기는 힘들다. 어디서나 유대인이 사는 거리의 생활은 가난하고 까다로운 것이었다. 극히 일부의 사람은 부자가 되기도 했다. 그러나 대다수의 유대인은 무력했다. 만약 유대인에게 힘이 있었다면, 그것은 한 인간으로서 갖추고 있는 힘이었다. 그와 같은 힘은 다름아닌 유대인들이 가진 사고 방식·교육 방법·신념 같은 것들로부터 생겨난 것이다. 그러면 이와 같은 힘을 독자들도 지닐 수가 있을 것인가 라는 의문이 생길 수 있다.

물론 나는 있다고 생각한다. 이와 같은 힘은 바로 지성으로부터 나오는 것이다. 지성에 의해 유지되는 용기, 지성에 의해 유지되는 의지라는 것이 얼마나 강한 힘을 갖고 있는가 하는 것을 유대 역사가 입증해 주고 있는 것이다. 예를 들면 유대인이 책에 대해 취하는 태도를 보자.

유대의 가정에서는 아이가 철이 들면 성서를 펼쳐 거기에 꿀을 떨어뜨리고 아이로 하여금 입을 가져다 대게 한다. 이것은 책이 단 것이라는 것을 가르치기 위한 의식이다. 세계 역사를 통해 볼 때 유대 민족만은 문맹이 없었다. 그 이유는 유대인들에게 있어서는 읽는 일이 의무였기 때문이다.

'버미츠바'라는 성인식에서 남자아이는 교회에서 성경의 한 구절을 사람들 앞에서 읽어내야 했다. 또 유대인의 묘지에는 흔히 책이 놓여져 있다. 《세페루하시딤》(경건한 자의 책)에는 고대 유대인의 묘지에 책이 놓여 있어, 밤이 되면 죽은 자가 일어나서 그 책을 읽고 공부한다는 얘기가 씌어 있다. 요컨대 생명은 끝났어도 공부는 끝나지 않는다는 사실을 보여주고 있는 것이다.

이와 같이 유대인 만큼 책을 중요시 여기는 국민은 없다. 유대인의 민중들은 책을 베끼고 책을 빌리고 책을 사서 공부를 해왔다. 기원전 5세기에 페르시아왕 알타 크세루크스 1세 때 유대 지방의 총독이었던 네헤미아는 이렇게 말한 바 있다.

"이 지방에는 도서관만 가득 차 있는 것이 아니다. 도서관에는 언제나 사람이 가득 차게 모여들고 있다."

유대인에게 있어 책은 항상 보물처럼 취급되어 왔다. 고대 유대에서는 책이 헐어서 버리지 않으면 안 될 정도로 낱장이 뜯어지고, 글자가 뭉개져 사용할 수 없게 된 경우에는 사람들이 모여 인간을 매장하듯이 경건하게 구덩이를 파고 묻었다. 그러므로 유대인이 책을 태우는 일은 결코 없었다. 비록 유대인을 비난하고 있는 책일지라도 그러한 일을 절대로 하지 않았다.

실제로 중세를 통해서 그리스도 교도는 유대인에게 있어서 책이 가지고 있는 힘을 두려워했다. 예컨대 스페인으로부터 유대인이 모조리 추방을 당하던 당시 스페인 국왕은, '만일 헤브라이어의 책을 가지고 있는 사람은 누구든지 사형에 처한다'고 포고령을 내리기도 했다. 그리고 1553년 베니스에서는 수만 권의 《탈무드》와 유대의 책들이 불태워지기도 했다.

《탈무드》는 씌어진 지방에 따라 몇 가지로 분류되는데, 바빌로니아의 《탈무드》한 권만이 불에 타지 않고 발견되었다.

유대의 책을 태우는 일은 되풀이해서 실시되어졌다. 이것은 그리스도 교도에 의한 것만은 아니었다. 시리아의 안디오쿠스 4세(BC 175-163년)도 성서를 불태우라고 명했다. 1242년에 파리에선 24대의 마차에 가득 실은 분량의 《탈무드》가 불태워졌다. 1288년에는 트로에스 시에서 10명의 유대인들을 강제로 들여넣은 채로 유대의 도서관이 불태워졌다. 교황 클레멘트 4세는 전 유럽에서 《탈무드》를 압수해 불태울 것을 명령했다.

영국에선 1299년 유대의 책을 불태우라고 명령했다. 1415년에 교황 베네딕트 13세, 1510년에는 맥시밀리언 황제, 18세기에는 데노스키 추기경이 유대인의 책을 불태우도록 명했다. 가장 혹독했던 사례로는 나치가 유대 관계의 서적을 모두 불태우도록 전 유럽에 명했고, 실제로 그것을 실행했던 일이다.

‡ 권위에 대하여

유대인은 가능하면 세속의 권위를 억제하려고 노력한다. 이것은 유대적 전통에서 나온 것이다. 고대의 앗시리아·중국·이집트·그리스·로마 같은 나라들의 왕권은 매우 강력했지만, 유대 사회에서는 왕이나 여왕은 지배하에 있는 국민의 권리를 옹호하는 존재로서만 생각됐다. 항상 제한받아야 할 왕제(王制)라는 생각을 가지고 살아온 것이다. 따라서 지도자를 우상화하는 것을 거부했다. 앞에서도 썼듯이 유대인의 위대한 지도자 모세도 예외는 아니었다.

그런데 위대한 지도자였던 모세에게서 무엇을 배웠던 것일까? 《탈무드》에는 다음과 같이 기록되어 있다.

성서에 따르면, 모세는 귀족의 한 사람으로 이집트의 궁전에서 자랐다.

거기에서 호화로운 생활을 보냈으며, 노예가 있는 것은 하늘에 구름이나 바람이 있는 것과 같은 자연스러운 일로 생각했다. 일부의 사람들은 자유인으로 태어나고, 또 다른 사람들은 나면서부터 노예라고 생각하고 있었다.

아리스토텔레스는 노예를 '살아 있는 도구'라고 불렀다. 노예와 자유인의 구별은 보잘것없는 쇠붙이와 고귀한 금과의 차이와 같아, 쇠를 금으로 바꾸는 것이 불가능한 것처럼 노예가 자유인이 된다는 것은 생각할 수조차 없었다. 또 당시의 이집트를 지배하고 있던 지배 계급이나 현인들도 이와 같은 일을 당연한 것으로만 생각했다. 그러나 모세는 이들 역경에 처해 있는 사람들을 보고 마음 아파 했다. 도대체 모세는 무엇을 느꼈던 것일까? 혹사당하는 노예를 보고 모세는 말했다.

"당신들 때문에 내 가슴이 아프다. 나는 당신들을 위해서라면 죽어도 좋다."

이처럼 모세는 귀족의 한 사람이었음에도 노예들의 슬픔을 함께 나누면서 눈물을 흘렸다. 모세는 자기 일신의 쾌락만을 위해서 살지 않았다. 그러면 도대체 모세의 어떤 점이 위대했던가를 생각해 보자. 그는 그 당시의 상식에서 벗어나는 생각을 했다. 당시는 인간이 자유인과 노예로 나뉘어진다는 사고 방식이 고정 관념이었다. 인간은 상식적인 도리를 의심해 보지 않으면 안 된다. 그러나 상식적인 그 당시의 도리에서 탈피함으로써 모세는 이스라엘 백성을 이집트로부터 해방시켜 독립을 회복했다.

《탈무드》에서는 인간이 상식에서 벗어남으로써 진보가 빨라진다고 하여, 긍정보다는 부정을 권장하는 말이 기록되어 있다. 즉, '권위를 무조건 믿어서는 안 된다는 뜻이다. 모세는 유대 역사에서 위대한 지도자였다. 그러나 유대인들이 모세를 지나치게 숭상하지 않는 이유는, 인간에게는 절대적인 권위를 부여할 수 없다는 사고 방식이 그들의 깊은 관습에 배어 있었기 때문이었다.

자유인이란 스스로 자립하여 외부의 권위에 맹종하지 않는 사람을 말한다. 자기의 고유한 사고 방식(사상)을 지니고 있어, 주위에 있는 여러 가지 사고 방식에 대해서는 다만 그것들을 그대로 인정해 줄 뿐, 안이하게 수렴하지 않으려고 노력하는 사람이다. 때문에 흔히 자유로운 사람에게 존엄성이 있다고 말한다.

이와 같이 《탈무드》가 상도로부터 벗어나는 것을 권장하고 있는 것은 매우 의미 심장한 것이다. 예를 들어 천문학에서 갈릴레오나 케플러는 그들 시대의 천문학적 상식에 도전함으로써 과학의 진보에 크게 기여했다. 아인슈타인도 당시의 사고 방식에 도전한 것이다. 인류는 상도에서 벗어난 사람들에 의해서 진보해 온 것이라 할 수 있다.

'헤브라이'라는 말은 원래 '대안(對岸)에 서다'라는 의미를 갖고 있다. 요컨대 다른 사람과 다른 장소인 강의 건너편 장소에 서 있다는 뜻이다. 그리고 한 사람 한 사람의 객체가 다른 장소에 서고자 노력하지 않으면 안 된다.

공산주의 사회에는 개인의 자유가 없다. 반면에 자유 사회에서는 개인의 자유가 허용되는 것으로 생각되고 있다. 그러나 한 걸음 더 나아가 생각해 보면, 자유로운 사회에서는 개인의 자유가 보장되고 있는 것뿐이다. 그러므로 반드시 개인이 자유롭다고 할 수는 없는 것이다.

이런 사실은 우리들의 일상 생활을 보더라도 권위에 대해 도전하는 일 없이 주위 사람들을 본따고 있는 쪽이 훨씬 안락한 생활을 하고 있음을 알 수 있다. 그로부터 고정적인 사고 방식의 커다란 위험이 발생된다. 그러나 주위 사람들처럼 그저 모방만 하고 있으면 그 사람을 자유인이라고 말할 수 없다. 자유라고 하는 것은 개인의 독립으로부터 시작되는 것이기 때문이다.

인간은 한 사람 한 사람이 모두 각기 다르다. 똑같은 일을 두 사람에게 시켜보면, 두 사람이 전혀 다르게 처리하는 것을 볼 수 있다. 인간이란 그러한 존재인 것이다. 개성이 부정되는 사회에는 진보가 없다. 그리고 스스로 자기 개성을 살리지 않는 사람에게도 진보란 있을 수 없다. 인간이 존귀하게 대우받을 때에 비로소 개인이 존귀한 존재가 되는 것이다. 인간은 신을 닮았지만, 대중은 그렇지가 않다. 그러므로 개인이 대중의 모든 것에 부화뇌동한다면 그가 태어난 때에 부여된 스스로의 창조 사명을 잃어버리는 것과 같다.

예술은 한 사람 한 사람의 개인에 의해 이루어지는 것이다. 예술가는 개체이다. 인생도 예술이다. 자신의 인생이라는 작품을 창조할 수 있는 사람은 자기 자신뿐인 것이다. 좋은 작품을 만드는 것도, 만들지 못하는 것도 자신에게 달려 있는 문제이다. 한번 깊이 고찰해 봄 직하지 않은가!

✝ 가문보다 개인 우선

아담의 신화 해석에도 있는 것처럼, 유대인은 가문이라는 것을 중요시 여기지 않는다. 그보다는 한 사람 한 사람의 역량을 중시

한다.

《탈무드》에서는 자신의 혈통을 자랑하는 유대인의 아들과 가난한 양치기의 아들이 만났을 때의 이야기가 실려 있다.

부잣집 아들은 자기 선조를 자랑했다. 그러자 양치기의 아들은 "너는 그렇게 훌륭한 조상의 자손인가, 그러나 나의 혈통은 나부터 시작한다. 그러니까 네가 최후의 자손이라면, 나는 최초의 선조인 것이다"라고 말했다.

유대 사회에서는 가문의 존재는 광대한 의미를 갖는다. 가문의 가치는 학문·자선·지역 사회에 대한 공헌도로써 결정된다. 그 중에서도 중요한 것은 학문이다. 금전이나 성공은 가문의 명예에 있어서는 그다지 중요한 요소는 아니다.

아무리 훌륭한 가문이더라도 반드시 학문을 갖추고 있다고 할 수는 없다. 그러므로 양치기의 아들은 부자의 아들에 대해 기가 죽을 필요가 전혀 없는 것이다. 실제로 유대의 고명한 랍비는 목수나 석공이나 양치기 출신이 적지 않다. 히레르는 목수, 아키바는 양치기였다.

‡ 도전의 끈기

인간의 역사가 시작된 이래, 우리는 끊임없이 질병이나 전쟁이나 자연 재해 등 수많은 위험에 직면하면서 살아왔다. 그 중에는 우리 인간이 스스로 만들어낸 고난도 적지 않다. 그러나 나는 인간을 믿고 있다. 어떠한 물질 속에 있는 에너지라도 개발하는 능력을 갖춘 인간이 그 지식을 이용하여 이토록 아름다운 세계를 파괴하리라고는 도저히 생각되지 않기 때문이다.

우리들의 내부나 주위 환경 속에 있는 어떤 악과의 싸움이 이따금 실패로 끝난다는 것을 나는 매일 보고 듣고 있다. 신문은 위로가 되기보다는 오히려 폭력·고통·무관심·무감각·곤란에 빠진 세계의 모습을 보여주기 일쑤다.

개인의 주변 생활만 하더라도 이혼이나 죽음, 분노와 고통, 다툼과 혼란, 그리고 사람과 사람과의 관계의 단점을 보지 않는 날은 하루도 없다. 이러한 상황 속에서 우리는 도대체 어떻게 살아가야 되는지 생각하지 않을 수 없다. 그래도 깊은 감명을 주는 이야기를 듣게 되면 새로운 용기가 솟아날 것이다.

어느 유명한 박물관의 벽면에 눈에 잘 띄지 않는 아주 색다른 그림 한 폭이 걸려 있었다. '마지막 한 수'라는 제목이 붙어 있는 이 그림은 인간과 악마가 장기를 두고 있는 모습이었다. 이 테마는 매우 기발한 착상으로서 인간이 지금까지 쌓아올린 지혜·통찰력·경험·전략 등을 동원하여 악의 축도(縮圖) 내지 상징이 악마를 상대로 싸우고 있는 인간을 표현하고 있다.

어느 편이 이길까? 쌍방이 필사적으로 모든 능력을 다 짜내고 있다. 무엇보다 이 시합(즉, 우리들의 이 세상에서의 일)은 매우 중대한 승부인 것이다. 그러나 유감이지만 이 그림의 제목은 '마지막 한 수'로 되어 있고, 악마가 이길 것 같은 형세로 그려져 있다. 악이 이기고 이대로 인간은 분명히 지게 될 것만 같다. 인간도 전력을 다 하고는 있지만, 지금 인간은 '마지막 한 수'에 걸려 있는 형상이다.

이 박물관을 찾아온 어떤 사람이 있었다. 그는 이 그림의 의미에 깊이 감동한 듯, 그림에서 눈을 떼지 못했다.

"악마가 인간에게 마지막 한 수를 걸고 있다니, 이럴 수가 있단 말인가?"

뜻밖에도 이런 말이 자기도 모르게 그의 입으로부터 튀어나왔다. 점점 어두운 기분이 되어 그는 더욱더 그 그림을 뚫어지게 바라보았다.

그 때 그 사나이는 갑자기 뛰면서 미친 사람처럼 부르짖기 시작했다.

"아니야! 아니야!"

박물관은 조용히 그림을 감상하는 곳이므로 큰 소리를 내는 일은 허용되지 않는 것이 상식이다. 그래서 그는 곧 밖으로 끌려나갔다. 그런데 그는 또다시 그 장소로 되돌아가 그 그림 앞에 섰다. 다시 물끄러미 바라보다가 그는 감정이 또 점점 격해져 되풀이해 항변의 절규를 외쳤다. 그러자 다시 또 끌려나갔다. 겨우 세 번째 화랑에 들어가는 것이 허용되자, 그를 지키고자 특별 감시원이 붙어 다녔다.

이번에는 그의 둘레에 사람들이 웅성거렸다. 그런데 그는 또 별안간 소리를 질렀다.

"아니다! 아니야! 마지막 한 수가 아니야! 희망은 있다. 또 한 수가 남아 있다."

주위에 모여 있던 사람들도 그림의 장기판을 주목해 보고 있었다. 언뜻 인간이 함정에 빠져 패배한 것처럼 보이기는 하나, 장기에 명수인 그는 이 절망적인 상황에서도 아직은 완전한 패배수가 아니고 하나의 길이 남아 있다는 사실을 발견했던 것이다.

인류에게는 한 수가 더 남아 있어 그 한 수로써 살아난다. 언제나 아직 희망은 있다. 거기에 모여 있던 사람들은 마침내 모두 그 의미를 깨닫게 되었다.

악마가 인간을 장기의 승부에 유혹하여, 지금 인간은 운명의 갈림길에 놓여 있다. 그런데 최후의 한 수만은 언제나 남아 있다.

기사회생의 한 수가…… 인간에게는 아직도 희망이 있다!

곤란과 장애가 주위를 둘러싸고 있는 데도 어떻게 그 희망을 키워갈 수 있을까 하고 의아해할 것이다. 그것을 알기 위해서는 장기의 작전을 생각해 볼 필요가 있다. 예를 들어 악과 싸우는 것도 좋지만, 악의 상대인 선을 강화시키는 노력을 하는 데에 있는 것이 아닐까?

질병과 싸울 때의 가장 유효한 수단은 세균이나 독소를 죽이기에 앞서 적극적으로 자신의 신체를 강하게 만드는 것이다. 충분한 영양과 휴식을 취한 육체는 외부의 적에 대해 자동적으로 저항하는 힘이 강화된다. 생명의 저울추는 언제나 희망과 절망 사이를 왔다갔다 하는데, 생명을 지키는 힘인 희망의 무게를 증대시킴으로써 저울추를 자신에게 유리한 방향으로 기울어지게 할 수가 있다. 절망과 싸우기보다 희망을 유지해 가는 편이 훨씬 유효한 것이라는 교훈이다.

우리들은 생존을 위해 용감하고 훌륭한 성질을 키워 나가지 않으면 안 되며, 자기 자신을 직시하기 위해서도 그와 같은 능력을 발휘해야 한다. 우리들 최대의 적은 고도의 행동을 방해하는 본능적인 욕망·성질이다. 공포·소심함·무기력·비겁함 따위는 언제나 우리들의 노력을 방해한다. 행복한 세계를 만들 때에는 희망도 일종의 행복이며, 더군다나 최대의 행복이라는 사실을 언제나 마음에 새겨둘 필요가 있다. 내일이란 밝아오는 날이라는 의미가 아닌가! 내일의 이미지에는 현자의 지혜와 시인의 환희가 담겨 있는 것이다.

다시 또 하나의 비유를 들어보자.

세 마리의 개구리가 우유통 속에 빠졌다.

A 개구리는,

"모든 것은 하느님의 뜻에 달렸다."
라고 말하고 발을 모아 붙인 채로 통에서 빠져나오려는 아무 노력도 하지 않았다.

B 개구리는,
"이 통 속에서 뛰어나간다는 것은 도저히 불가능하다. 더구나 우유도 깊어서 어떻게 할 수가 없다. 아무래도 방법이 없다."
고 말하고 아무것도 하지않은 채로 빠져 죽었다.

C 개구리는 비관도 낙관도 하지 않고 현실을 직시하여,
"이거 일이 잘못되었구나. 어쩌면 좋을지 모르겠다."
하고 말하면서, 뒷다리가 두 개 있으니 '코를 우유 밖으로 내밀고 천천히 헤엄쳐 돌아다니면 될 거라고 생각했다. 그러던 중에 뭔가 좀 딱딱한 것이 발에 닿았다. 그래서 발을 붙이고 서 있을 수 있게 되었다. 우유가 굳어 버터로 굳어진 것이다. 헤엄치면서 우유를 휘젓는 동안에 버터가 만들어졌고, 그래서 그 위에 서 있을 수 있게 되었다. 그리하여 C 개구리는 무사히 통 밖으로 나올 수 있었다.

《탈무드》는 경고하고 있다.

★ 너무 오래 기다리고만 있으면 그만큼 실망도 크다.
★ 이 세상에서 가장 힘이 드는 일은 일이 없는 것이다.

‡ 하루를 시작하는 지혜

하루라고 하면 아침부터 밤까지라고 생각한다. 그러나 유대인에게 있어서는 그와는 반대로 생각되고 있다. 아마도 이와 같은 점

이 유대인을 끈질기게 살아남게 한 열쇠인지도 모르겠다.

유대인의 하루는 일몰부터 시작한다. 예를 들어 안식일인 '사바스'를 볼 것 같으면 금요일의 일몰부터 시작해서 토요일의 일몰까지로 끝난다. 이와 같은 하루의 시간에 관한 사고 방식은 유대인에게만 있는 독특한 것이다.

《탈무드》에는 랍비들이 어째서 하루가 일몰부터 시작되는가 하는 문제를 놓고 논쟁하는 대목이 나온다. 그들의 결론은, 밝아지면서 시작하여 어두워져서 끝나는 것보다는 어두워져서 시작하여 밝은 데서 끝나는 쪽이 좋다는 것이다. 인생 역시 이와 같지 않을까. 이것은 유대인이 낙관적이라는 사실을 말해 주는 것이다.

유대인은 매우 낙관적이어서 적당한 때가 오면 반드시 상황이 좋아지리라고 기대하고 있다. 물론 꾸준히 노력도 한다. 그러나 어떠한 역경에 처하더라도 체념하는 일은 없다. 항상 희망을 갖고 산다. 헤엄치기를 계속한 개구리의 노력처럼.

희망은 미래를 자신의 것으로 만드는 계기가 된다. 인간이 지니고 있는 힘 가운데 희망이 가장 강한 것인지도 모르겠다. 희망이 있는 한, 인간은 미래의 열쇠를 쥐고 있는 것이다. 희망은 미래라고 하는 냄비에 붙은 손잡이이다. 거기에서 손을 떼서는 안 된다. 죽음에 대한 공포는 바로 희망을 단절시켜 버리는 데서 기인되는 것이다. 물론 유대인에게도 여러 가지 고뇌의 문제가 있다.

《탈무드》에는 다음과 같은 경계의 말이 씌어 있다.

"죽으면 벌레에게 먹히고, 살아 있을 때에는 고뇌의 시달림을 당한다."

"열 가지 고뇌를 가지는 편이 오직 한 가지 고뇌에 시달리는 것보다 낫다. "

오직 한 가지의 고뇌라고 말한다면, 그것은 참으로 심각한 문제라 할 수 있다. 그러나 많은 고뇌를 갖고 있다면 하늘에 감사해야 할 것이다. 인간은 단 한 가지 고뇌 때문에 자살하는 수는 있어도 많은 고뇌 때문에 자살하는 경우는 없기 때문이다.

또 《탈무드》에는 "내일의 일을 염려하더라도 별수가 없다. 오늘 지금부터 일어날 일도 알지 못하는데……"라는 말도 나온다.

냉정하게 자신을 돌이켜보면, 현재와 과거라는 요소만 성립되어 있는 것이 아니라, 내일이라는 미래의 부분도 많이 개입되어 있음을 알 수 있다. 즉, 내일은 틀림없이 좋아질 것이라는 희망의 부분이 있는 것이다. 인간은 '미래를 사는 동물'이라는 사실을 기억하라.

인생에는 세 개의 문이 있다고 생각된다. 하나는 과거로 통하는 문이고, 또 하나는 현재로 통하는 문이며, 세 번째는 미래로 통하는 문이다. 이 세 개의 문 가운데 어느 것이든 닫아 버리는 일이 있어서는 안 된다. 그리고 어떤 문 안에도 보물이 들어 있도록 자기의 생활을 스스로 꾸려나가는 것이 바로 인생의 귀중한 목적인 것이다.

사람이 늙어도 업적을 남긴 사람은 어째서 존경을 받게 되는 것일까? 그것은 과거의 문 안에 보물이 들어 있기 때문이다. 한창 일할 나이인 청춘 남녀가 아름답게 보이는 이유는 무엇일까? 그것은 현재의 문 안에 보물이 있기 때문이다. 어린아이는 왜 사랑스러운 것일까? 그들은 미래를 상징하고 있기 때문이다.

유대인은 또 특히 지기 싫어하는 기질이 강해서 불굴의 정신을 지니고 있다. 그 예를 들어보자.

야곱이라는 사람이 친구인 아이자크로부터 돈을 빌려 썼는데, 마침내 내일이 갚을 기일인데도 갚을 돈이 없었다. 야곱은 뭐라고 핑계를 댈까 하고 궁리를 하며 뜬눈으로 밤을 새웠다. 침대에서 일어나 침대 주위를 마구 돌다가 의자에 앉아 또 생각에 잠겼다. 그 때 아내인 레베카가 야곱에게 이렇게 말했다.

"당신은 바보군요. 당신이 내일 돈을 갚지 못하겠다고 말하세요. 그렇게 되면 걱정이 되어 잠을 못 자는 사람은 오히려 저쪽이지 않겠어요?"

그 말을 들은 야곱이 어떻게 했으리라 생각되는가? 물론 그때서야 비로소 편안하게 잠을 잤던 것이다. 햇볕 나는 날이 있으면 흐린 날도 있다. 과거는 이제 어떻게 할 수도 없다. 신은 인간이 힘(희망)만 잃지 않는다면 인간에게 자유로이 창조할 수 있는 미래를 부여해 주는 것이다. 희망을 잃어서는 안 된다. 희망을 잃은 자는 인생의 패배자가 되는 것이다.

‡ 희망을 버려선 안 된다

유대인은 매우 낙관적이다. 그리고 늘 그렇게 살아왔다. 이것은 오랜 동안에 걸친 수난의 역사를 갖고 살아온 데서 연유된 것이리라. 그들은 절망적인 날들이 지긋지긋하게 연속되어도 반드시 언젠가는 좋아지리라는 신념을 가지고 살아왔다. 그렇지 않았더라면 오늘날 유대인은 지구상에 단 한 사람도 남아있지 않았으리라.

유대인의 고대 동화 가운데 '하늘을 나는 말'이라는 이야기가 있다.

옛날에 어떤 사나이가 왕의 노여움을 받아 사형을 선고받았다. 사나이는 왕에게 목숨을 살려 달라고 애원을 하며 이렇게 말했다.

"1년 간의 여유만 주신다면 왕께서 가장 아끼는 말이 하늘을 날도록 가르치겠습니다."

만약 1년이 지나서 말이 하늘을 날지 못한다면 그 때 자신을 사형시켜도 좋다고 했다. 왕은 그의 애원을 받아들여 자기가 가장 사랑하는 말을 주며 1년 후에 하늘을 날게 해 준다면 사형을 면케 해 주고, 만약 어길 시는 사형이 집행될 것이라고 말했다.

"설마 말이 하늘을 날 수가 있겠는가?"

하고 같은 죄수들이 그를 힐책하자, 그는 이렇게 대답했다.

"1년 이내에 국왕이 죽을지도 모른다. 또는 내가 죽을지도 모른다. 아니면 저 말이 죽을지도 모른다. 1년 이내에 무슨 일이 일어날지 미래의 일을 누가 알겠는가? 또 1년만 있으면 말이 날 수 있게 될는지도 모르지 않는가!"

이 이야기는, 인생이 다양한 가능성을 간직하고 있음을 말해주는 것이다. 그러므로 어떠한 일이든지 체념을 해서는 안 된다는 교훈이다. 희망을 버려서는 안 된다. 단지 이것도 어디까지나 노력을 하면서 희망을 가지라는 말이다.

★ 희망만을 기대하고 아무 일도 하지 않으면 아무것도 이룰 수 없다.

★ 희망이라고 하는 녀석은 거짓말을 한다.

‡ 역경에의 저항력

유대인이 그 어떤 역경에 처해서도 강인한 저항력을 갖고 있었다는 것은 역시 유대의 긴 역사로부터 연유된 것이라는 사실은 수차례 강조된 바 있다. 유대인은 성서 시대로부터 박해를 받아왔다. 그렇지만 유대인임을 망각하거나 포기하려 한 적은 한 번도 없었다.

오늘날의 이스라엘에서는 백색 피부의 유대인으로부터 흑색 피부의 유대인에 이르기까지 다양하다. 그들, 즉 남예멘으로부터 온 이스라엘인과, 동유럽에서 온 유대인은 피부의 빛깔에서부터 생활 습관에 이르기까지 크게 다르다. 그런데 유대인이란 유대교를 믿는 자를 말하는 것이다.

그런데 중세기에는 유대인이 박해를 받고, 집이 불태워지고, 또 무차별로 죽임을 당할 때에는 유대교를 버리기만 한다면 박해가 중지되었다. 예를 들면 미대륙을 발견한 콜럼버스가 유대인이라는 사실이 이따금 거론되고 있다. 학자 가운데는 콜롬부스가 유대인이었다고 믿는 자도 적지 않지만, 만약 그렇다면 유대교를 버리고 그리스도 교도가 된 자라는 결론이 나온다.

유대인은 자신들의 역사를 중요시 여긴다. 유대인의 역사는 모든 유대인에게 있어서 스스로 체험한 것이다. 유대인이 어떻게 박해를 받으며 살아왔는가 하는 비참한 사례는 이루 헤아릴 수 없이 많다. 나치스가 동유럽을 점령했을 당시의 어떤 한 집안 애기를 해 보자.

많은 유대인이 그러했듯이, 어떤 작은 마을에서 유대인 일가가 창고의 지붕 속에 숨어 있었다. 나치스는 한 사람의 유대인이라도 놓치지 않고 색출해 내기 위해 눈을 부릅뜨고 감시하고 있었다. 그 다락 속에는 다섯 식구가 숨어 있었다. 그 다섯 사람은 양친과 열 살 난 딸 레이첼과 여덟 살짜리 아들 죠슈와 삼촌 야곱이었는데, 이들은 이웃 주민들의 도움에 의해서 음식물을 제공받고 있었다(이 이야기는 우리 나라에서 유명한 〈안네의 일기〉의 주인공 안네의 이야기와 같은 무렵에 일어난 일로서 최후까지 살아남은 단 한 사람 죠슈가 말한 것이다).

식구들은 아무 소리도 낼 수가 없었다. 그래서 손짓이나 몸짓으로 얘기하는 것을 익혔다. 나치스의 순찰대가 가택 수색을 올 때마다, 혹은 호의를 품고 있지 않은 마을 사람들이 올 때에는 일체 소리를 내지 않은 채 숨소리도 죽이고 있지 않으면 안되었다. 양친과 삼촌은 물이나 먹을 것을 구하기 위해 가끔 밖으로 나가지 않으면 안 되었다. 그런 때에는 누군가 한 사람이 살짝 빠져 나갔다. 창고 가까이서 발소리가 나면 양친은 레이첼과 죠슈의 입을 손으로 막아야만 했다. 아이들이 공포감으로 소리를 내게 되는 때도 있기 때문이었다.

숨어산 지 3개월 째 되던 어느 날, 어머니가 밖에 나갔는데 영 돌아오지를 않았다. 호의적이었던 마을 사람들로부터 어머니가 독일 군인들에게 붙잡혔다는 사실을 알았다. 그리고 또 2개월이 지난 어느 날, 부친이 나가서는 돌아오지 않았다. 그리하여 삼촌인 야곱이 두 사람의 입을 손으로 막게 되었다. 반 년 후에는 삼촌이 나가자 곧 총성이 들렸다. 삼촌은 피살당한 것이다.

그 후로부터는 필요한 때에 먹을 것이나 물을 가져오는 것은 누나의 일이 되었다. 창고 가까이서 무슨 소리가 나면 이번에는 누나가 죠슈의 입을 막았다. 그러나 이것도 오래 가지는 않았다. 둘이 어두운 다락에서 한 달도 채 지나지 않은 사이에 이번에는 누나가 돌아오지 않았다. 그 후 무슨 소리가 가까이서 들리면 죠슈는 자신의 입으로 자기의 입을 막았다.

유대인이 오늘날까지 살아남아 온 것은 결코 절망하는 일이 없었기 때문이다. 유대인들은 무지개가 희망의 상징이라고 생각해 왔다. 이것은 폭풍우 뒤에는 반드시 아름다운 무지개가 하늘에 떠오르기 때문이다. 그러므로 유대인은 항상 무지개가 뜰 것을 믿고 살아왔다. 유대인이 좌절하지 않는 것은 물론 기나긴 역사를 통하여 박해만을 당해 온 민족이기 때문만은 아니다. 그들은 아무리 박해를 받고 짓밟힘을 당하더라도 반드시 생존해 남는다는 사실을 믿고 있었다. 그리하여 어떠한 역경에도 견딜 수 있게 된 것이다.

동양인들은 대개 뭔가 사소한 일이 있어도 곧 좌절해 버린다. 예를 들면 샐러리맨이 자신의 빚이 많아졌다고 해서 자살하는 경우가 있다. 입학 시험에 실패했다고 하여 꽃다운 젊은 목숨을 끊는 자도 있다. 또는 좌천이 되었다고 해서 자신의 장래에 대한 노력을 포기하고 체념해 버리는 자도 있다. 그러나 유대인에게 있어서는 이 정도의 역경이라는 것은 역경이라 부를 만한 가치도 없는 것이다.

《탈무드》에는 이와 같은 수수께끼가 씌어져 있다.

"인간의 눈은 흰 부분과 검은 부분으로 이루어져 있다. 그런데 어찌하여 신은 검은 부분을 통해서만 물체를 보도록 만들었는가? 인생은 어두운 사실을 통해서 밝은 것을 볼 수가 있기 때문이다."

이 수수께끼는 앞에서도 든 예이지만, 이 대목에서도 매우 중요한 의미를 시사해 주는 것이다.

어떠한 역경에도 굴하지 않는 용기라는 것은 역경을 직접 체험해 본 사람이 아니면 알지 못할 것이다. 그러나 스스로 체험하지 않고서도 역사상에서 선인들이 체험한 것을 자신의 것으로 삼을 수도 있다는 것을 염두에 두기 바란다.

‡ 변치 않는 신념

신념은 중요한 것이다. 동유럽의 어느 유대인 거리에서 제2차 세계 대전 중에 일어났었던 이야기가 있다.

이 동유럽의 나라는 나치스에 의해 점령되어 있었다. 어느 날 마을 주민들이 광장에 모여들었고, 나치스의 장교에 의해서 유대인이 줄지어 선 행렬로부터 중년의 학교 교사가 끌려나왔다. 나치스의 장교는 이 학교 교사가 유대교를 버린다면 다른 유대인들도 거기에 따를 것으로 생각했던 것이었다.

"유대교를 버리시오. 그렇게 하면 평생 먹고 사는 일도, 또 생활에도 곤란을 느끼지 않도록 도와주겠소."

라고 그 장교를 소리쳤다.

"안 됩니다."

하고 학교 교사는 분명히 대답했다.

"당신의 신 따위는 저주해 버려. 당신의 신을 저주하면 당신과 가족들의 생명을 보장해 줄 테니……."

"못 합니다."

교사는 차분하면서 단호한 목소리로 대답했다.

"절대로 안 된다고? 도대체 당신은 자신이 지금 무슨 짓을 하고 있는가를 알고 있는가? 만약 이대로 끝까지 버틴다면 본보기로 많은 사람 앞에서 죽여버릴 것이오. 그래도 내 말대로 하지 않을 텐가?"

광장에 모였던 유대인들은 침이 말라붙었다. 어떤 사람의 시선은 장교에게 못박힌 듯이 굳어 있었으며, 어떤 사람은 그 교사에게로 쏠리고 있었다. 여자들 가운데는 공포가 지나친 나머지 눈을 감고 있는 사람도 있었다.

"유대의 신이 당신의 생명보다 중요한가? 자신보다도 더 중요하단 말인가? 당신 자신에게 잘 물어보시지? 바보 같으니라고……."

"당신은 나의 믿음을 바꿀 수 없소."

"신을 버리겠다는 한마디만 하면 된다."

"못 합니다."

하고 교사는 창백한 얼굴로 말했다.

　장교를 권총을 뽑아들더니 오른팔을 들어 교사를 향해 방아쇠를 당겼다. 총소리가 울려퍼지며 총알은 교사의 어깨에 맞았다. 그 순간 교사는 허우적거리며 쓰러졌다. 교사는 피를 흘리며 괴로워하면서도 희미하게 부르짖었다.

　"아드시엠 후 할로킴, 아드시엠 후 하로킴(신은 어디까지나 신, 신만이 신이다)."

　"이 더러운 돼지새끼, 이 더러운 유대놈 같으니……. 우리가 너희 신보다 강하다는 걸 모르는가? 너의 생명은 신이 결정하는 것이 아니라, 내가 결정하는 것이다. 네가 유대교를 버리겠다고만 하면 병원으로 보내주겠다. 그리고 상처를 치료해 줄 테고, 가족과 함께 행복하게 살도록 해 주겠다."

라고 장교는 외쳤다.

　"안 됩니다."

　교사는 괴로워하면서 말했다.

　장교는 얼마 동안 기가 막힌다는 듯 서 있었다. 순간 장교의 얼굴에 공포의 빛이 스쳤다. 그러더니 장교는 이번에는 권총을 아내 쪽으로 돌리더니 한 방을 더 쏘았다. 두 발, 세 발, 네 발째 총소리가 울리는 가운데서도 교사가 계속,

　"안 됩니다. 안 됩니다. 그것만은 안 됩니다."

하고 중얼거리는 것을 모든 사람이 들었다. 이렇게 하여 결국 교사는 죽었다.

　이 이야기는 그때 뒤편에 서서 그 광경을 목격했던 그 교사의 아들이 이야기한 것이라고 한다. 그리고 이 아들은 아버지가 무신론자이며, 신을 믿지 않고 있었다고 하는 사실을 덧붙였다 한다.

뭐라 해도 인간의 중심이 되는 것은 신념이다. 신념을 갖고 있지 않은 인간은 가치가 없다. 인간이 타인을 믿는 진정한 근거가 되는 것은, 그 사람이 자신감을 갖고 있느냐 없느냐 하는 것이다. 그리고 그 자신감은 신념의 근원이 된다.

한 사람이 누구를 신뢰하려 할 때에 도대체 그 사람의 무엇에 의존하려 할 것인가? 그것은 두말할 나위도 없이 그의 신념이다. 자신의 핵에 해당하는 것은 신념이며, 설사 생명과 바꾸는 한이 있더라도 지켜져야만 한다. 그러므로 긍지를 갖는다는 것이 중요한 것이다. 그러나 긍지는 신념이 없는 자에게는 아무 소용이 없다. '아드시엠 후 할로킴, 아드시엠 후 할로킴'이라는 말은 오랜 동안의 역사를 통해서 유대인의 순교자들이 외쳐온 말인 것이다.

신념은 긍지라고 바꿔 말할 수 있다. 흔히 우리는 영어에서 유래한 외래어를 사용하여 '저 사람은 프라이드가 높다'고 말한다. 이렇게 말할 때에는 약간의 사소한 일이 있어도 긍지에 상처를 입는다고 생각해 분노를 겉으로 나타내는 사람을 가리켜 말하는 경우가 많다.

그러나 긍지와 허세와는 질적으로 엄연히 다르다. 다른 사람으로부터 상처를 입었다고 생각하여 곧 화를 내보이는 사람은 긍지가 높은 게 아니고 자존심이 강할 뿐이다. 그러한 사람들은 타인의 평가에 민감하여 자극을 받으면 곧 흥분한다. 그들은 타인의 평가에 따라 자신의 무게를 가늠하고 있기 때문이다.

참다운 긍지란 자신의 자신에 대해 화를 내는 일이다. 타인에 대해 화를 내는 것은 참된 의미에서의 긍지가 될 수가 없다.

내가 동양에서 살고 있을 때 한 가지 마음에 걸렸던 것은 '명예'라는 것이 사회적으로 높은 평가를 받고 있는 것이라는 편중된 의미로 사용된다는 사실이었다. 영어에서 명예(honour)라고 하면 '자신에 대한' 명예를 의미하는 말이다. 명예를 갖고 있는가 그렇지 않은가 하는 것은, 최종적으로는 자신에 대한 문제이지 주위와는 관계가 없는 일이라고 생각하기 때문이다. 그러므로 긍지도 명예도 개인의 내적 문제인 것이다.

이와 같이 긍지가 높고 명예를 중시하는 사람은 다른 사람들로부터도 신뢰를 받는 사람을 말한다. 대중에게는 용기와 개성이 없으면 흥분할 뿐인 것이다. 용기라든가 신념, 그리고 긍지는 개인의 인격에서 우러나오는 것이다.

동양인은 대체로 조직적이기 때문에 집단이 신조나 긍지를 지니고 있다고 생각하고 있을지 모르지만, 조직을 벗어나 개인이 되어버리면 자기가 얼마나 약한 존재인가를 느끼게 될 것이다.

이처럼 용기까지도 집단에 소속되어 있는 것처럼 생각하는 것이다. 그리하여 무언가 사정이 있어 회사를 그만두거나, 정년이 되어 오랫동안 일해 오던 회사를 떠나면 힘을 잃어버린다. 껍질을 벗어 버린 달팽이 같은 인간이 되어 버리는 것이다. 그러나 이러한 사람들은 원래 조직 속에 소속되어 있던 무렵부터 인간 부재였다고 볼 수 있다. 그러므로 집단이라는 보호막 속에서 용기나 긍지를 차용하고 있었던 것에 지나지 않는다.

결국은 무엇이 진정 아름다운지를 스스로 결정하는 수밖에 없다. 또 긍지나 명예는 자신에게 물어보아야 가장 정확하다. 다른 사람의 관점으로 측정할 수 있는 성질의 것이 아니다. 절대로 변치 않는 자신만의 입장을 고수하는 것이 바로 인간 존엄성의 척도가 되는 것이다.

‡ 신과 닮은 인간이 되라

인간은 무엇에 의해서 인간답게 되는 것일까? 물론 우리 인간은 개구리보다는 원숭이와 닮아 있다. 그리고 인간은 동물로부터 진화한 것이라고 배워 왔다. 그러므로 인간은 동물이며 항상 동물로서 계속될 것이다.

그러나 이것만으로써 인간의 모든 점을 설명하기란 불가능하다. 의학적으로 보면, 인간은 여러 성분으로 이루어져 있다. 외형적으로는 머리·몸통·사지 등의 부분으로 나뉘어져 있다. 이것으로서는 동물과 전혀 다름이 없다. 또 한편으로는 인간은 신의 모습을 닮게 만들어졌다는 사고 방식이 있다.

몇 가지 예를 들어보기로 하자. 《대영백과사전》에는 인간에 대해 이렇게 정의를 내리고 있다.

"인간은 가능한 한 안락을 추구하며, 가능한 한 노력을 덜고자 하는 동물이다."

이것도 일면의 진리를 담고 있는 말인지도 모르겠다. 그러나 인간이란 꼭 그런 존재만은 아닐 것이다. 나치스가 대두하기 이전, 독일에서는 다음과 같은 말을 했었다.

"인간의 육체는 비누 7개를 만드는 데 충분한 지방질을 갖고 있다. 또 1개의 못을 만들 만큼의 철분을 지니고 있다. 또 인간의 육체에는 2천 개비의 성냥을 만들 만큼의 인(燐)이 포함되어 있으며, 온몸의 털이 있는 부분에 바르면 이를 퇴치시킬 수 있는 양의 유황이 있다……."

이보다 더 인간을 '물체'로만 생각한 몰인간적인 발상은 없을 것이다. 나치는 유대인을 강제 수용소에 감금해 놓고 대량으로 살육해서는 인체로부터 나오는 물질을 이용해 실제로 비누와 성냥을 만드는 실험을 했다.

이와 같이 인간에 대해서는 여러 가지 설명이 가능하다. 의학적인 것이나, 혹은 인간의 행동 양식을 척도로 하여 설명할 수도 있다. 그러나 이것만으로는 인간의 존엄성을 설명하기가 어렵다. 과학에 의해서 인간의 가치를 측정한다는 것은 터무니없고, 또 불가능하다는 것이다.

인간은 동물과 비슷한 점이 많지만 그렇다고 꼭같지도 않다. 성경에 의하면, 지상에서 신을 닮고 있는 유일한 생물은 인간이다.

‡ 팽팽한 바이올린의 현과 같은 인생을

다른 사람으로부터 도움받은 일을 잊어버리는 사람은 최저의 인격자라 할 수 있다.

잠깐 지금까지의 당신의 인생을 한번 돌이켜보라. 이제까지 누구로부터인가 도움을 받은 일은 없었던가? 부모가 당신을 도와주지 않았는가?

교사로부터는 도움을 받은 일이 없었는가? 교사가 당신을 바라보며 당신이 나날이 향상하는 것을 돕지 않았는가?

당신은 고용주에 의해 도움을 받은 일은 없었는가? 당신이 갖고 있는 재능으로부터 발전성 있는 것을 유도하려고 한 적은 없었는가?

당신은 친구로부터 도움을 받지는 않았는가? 혹은 전혀 알지도 못하는 사람으로부터 도움을 받은 적은 없었는가?

이렇게 돌이켜본다면 뭐든지 자기 혼자의 힘만으로 해 왔다고 생각되지는 않을 것이다. 고생이나 인내는 인생에 있어 필요악이다.

유대인은 많은 우수한 음악가를 탄생시켰다. 그 중에서 바이올리니스트만을 들어보더라도 오이스트라프 메뉴인이라는 이름을 곧 들 수가 있다.

바이올린의 현이 팽팽하지 않은 상태로 되어 있으면, 그것은 고운 음색을 내지 못한다. 메뉴인처럼 아무리 우수한 바이올리니스트도 줄이 적당하게 팽팽히 조절되어 있는 상태가 아니라면 아무런 소리도 내지 못할 것이다.

그러나 이 바이올린의 현은 많은 가능성을 간직하고 있는 악기라서 켜는 사람에 따라서 훌륭한 음색이 나온다. 현을 바이올린에 팽팽하게 당기면 켤 수가 있는데, 끊기지 않는 한도 내에서 이 현을 팽팽하게 유지해야 한다. 이 바이올린 현의 비유는 유대인들 사이에서 종종 쓰인다. 인간도 팽팽한 긴장 속에서 노력을 함으로써 비로소 아름다운 음색(곧, 아름다움)이 탄생되는 것이라고 말이다.

그러므로 때로는 고생이나 인내가 필요한 것이다. 그렇게 되면 우리들은 자신 속에 감추어져 있던 가장 아름다운 음색을 낼 수가 있게 된다. **참된 아름다움과 환희는 진정한 괴로움이나 고난을 이해한 사람일수록 진정한 가치를 음미할 수가 있는 것이다.**

최대한도까지 당겨 죄면서 고생해 본 적이 없는 사람은 마치 조여지지 않고 내버려진 바이올린의 현과 같이, 자신의 내부에 있는 신이 부여해 준 가능성을 발휘할 수 있는 힘을 잃게 된다.

《탈무드》는 이렇게 말하고 있다.

"언제나 희망의 등불을 갖고 있으면 어둠에도 능히 견딜 수가 있다."

‡ 재상의 지혜

고대 유대왕국에 적이 공략해 왔을 때, 왕도 재상도 절망에 빠져 있었다. 누가 보아도 그 때에는 침략자가 나빴다. 왕은 이웃나라에 원조를 청하려고 하였다. 그리하여 재상에게 공문서를 기초하도록 명했다. 그러나 병력에 있어서도 침략자와는 숫적으로 불리한 데다가 상대조차 할 수 없었다. 누가 이런 판국에 원조해 주러 올까 걱정하니 펜이 움직여 주질 않았다.

나라가 어쩔 수 없는 운명에 놓여 있었으므로, 재상은 온정성을 다 해 원조 편지를 쓰려고 하였다. 한 장을 썼다가는 버리고, 또 한 장 썼다가는 찢었다.

그러는 가운데 해가 서산으로 기울어 버렸다. 부하가 등불을 밝혀 가지고 왔다. 재상이 편지에 다음 쓸 말을 생각하고 있는 동안에 날은 더욱 어두워졌다. 부하는 등불을 가까이 들어올렸다. 그러는 가운데 밤이 깊었다. 사방이 어두워졌다.

"등불을 밝혀주오!"

하고 재상은 말했다. 그리하여 자기도 모르게 편지에다 그 말을 써넣었다. 이 한 마디가 이웃나라 재상의 마음을 움직였다. 물론 결과는 외세의 침략을 막을 수 있었다.

자기 계발의 지혜

‡ 유대인의 지혜

유대의 속담이나 격언 중에는 수수께끼 같은 것들이 많이 있다. 그래서 무엇을 의미하는지 쉽게 파악하지 못하는 경우가 많다. 예를 들면 이런 속담이 있다.

"도둑의 머리 위에서 모자가 불타고 있다."

나는 오랫동안 이 속담의 의미를 이해할 수가 없었다. 어째서 불타는 것이 모자여야만 했을까? 왜 모자가 불타는 것일까? 왜 도둑이 비유되는 것일까? 어떠한 교훈을 나타내고자 한 것일까?

그러나 언젠가 동유럽에서 온 한 노인의 얘기를 듣고서야 비로소 나는 그 의미를 알게 되었다. 그 노인의 설명은 다음과 같았다.

어느 날 동유럽의 도시에서 한 유대인이 모자를 잃어버렸다. 그런데 이 모자는 어느 누구나 쓰는 평범한 모자였다. 그가 사방을 둘러보니, 자기의 모자와 똑같은 모자를 쓰고 있는 사람이 몇 사람 눈에 띄었다. 모두 똑같은 모자라서 어떤 것이 자기가 도둑맞은 것인지 도무지 찾아낼 방법이 없었다. 그래서 그 유대인은 '에라' 하는 마음에서 이렇게 외쳤다.

"도둑놈 모자에 불이 붙었다!"

물론 제일 먼저 자기의 모자에 손을 댄 사람이 도둑인 것은 두말할 나위 없다. 여기에서 기인된 속담이었던 것이다.

‡ 유머는 강력한 무기

유머를 중시 여기라. 웃음이나 유머는 강한 자만이 갖추고 있는 것이다. 유머는 인간이 갖고 있는 힘 가운데서 가장 강한 것이라 해도 과언이 아니다.

일본 사람들의 웃음은 상대의 비위를 맞추기 위한 사교적인 웃음이 대부분이고, 진정 마음으로부터 우러나와 웃는 일은 거의 없는 듯하다. 이것을 비유하여 다른 나라 사람들은 '일본인의 웃음(Japanese Smile)'이라고 부른다.

서양인들에게는 이와 같은 웃음의 테크닉이 없기 때문에, 일본인은 불가사의한 미소를 띤다고 생각하는 것이다. 어떤 사람은 속임수를 쓰기 위해 웃는 일도 있다. 하기야 웃음의 기능에는 이와 같은 역할도 있어야 할지 모른다. 그러나 가식 없이 진심으로 활짝 웃을 수는 없는가?

동양에서는 웃음이 올바른 역할을 하지 못하고 있는 것 같다. 강인한 정신을 지니기 위해서는 자기 스스로의 웃음을 가질 필요가 있다. 동양에서는 유머에 진실이 결여되어 있다고 간주하여 간혹 배척당하고 있다. 예를 들면 진지한 회의 석상에서 유머를 구사한다는 것은 그 자리에 어울리지 않는다고 생각하고 있는 것 같다.

웃음은 백약(百藥) 중의 왕이라 일컬어진다. 괴로울 때에는 마음을 위로해 준다. 활기찬 웃음은 즐거운 것이다. 그러나 웃음 속에 내재되어 있는 힘은 이와 같은 것을 훨씬 능가한다. 이 유머를 유효적절하게 다루면 인간에게 주어진 강대한 무기가 될 수도 있는 것이다.

유머는 틀에 박힌 규격에서 벗어나기 때문에 우습다. 그러나 유머에는 그 이상의 힘이 있다. 규격에서 벗어난다고 하는 것은 여유가 있음을 나타내 주는 것이기 때문이다. 여유가 있다는 것이야말로 유머를 즐길 가능성이 되는 것이다. 처칠은 유머가 풍부했다. 그리하여 위기를 타개해 나가는 위대한 재상으로서 영국을 승리로 이끌 수가 있었던 것이다. 유머는 그 자리를 유쾌하게 만든다. 그렇지 않고 너무 지나친(조소와 비웃음이 담긴) 유머라면 어떤 자리라도 어둡게 만들 것이다.

그러나 그것이 그대로 좋은 것이다. 우습기 때문에 유쾌하게 만드는 것만은 아니다. 여유가 있다는 생각 때문에 사람들로 하여금 여유를 갖게 해 주는 것이다. 이런 것을 잘 활용하는 사람만이 어떠한 상황에 처해지더라도 여유를 갖게 된다. 그리고 고도의 유머는 지성으로부터 나오는 것이다. 진정 세련된 유머, 시기적절한 유머는 지성을 갖춘 사람만이 말할 수가 있다. 그리고 유머를 듣는 상대방도 지성이 갖추어져 있지 않으면 그 유머는 진정한 뜻을 잃게 된다.

한편 유머는 같은 것을 반복해서는 의미가 없다. 두 번 같은 유머를 반복하는 것은 사람들에게 호소력을 주지 못한다. 듣는 사람을 기습하는 듯한 신선함이 필요하다.

유머 정신이 있는 사람은 자신에 대해서도 웃음을 지닐 수 있는 여유가 있다. 매우 급박한 궁지에 몰려 있을 때 보통 사람들은 유머러스한 행동을 취하는 것이 거의 불가능하다. 그러나 유머는 그 어떤 위기 속에 처해 있어도, 잠깐 동안만이라도 자신이 그 자리에서 한 걸음만 뒤로 물러서서 객관적으로 바라보며 웃을 수 있게 해 주며, 넓은 도량과 강인함을 지닐 수 있게 해준다.

막다른 상황에 몰려 전전긍긍하고 있는 사람에게는 여유란 생겨날 수가 없는 것이 당연하다. 불굴의 정신이 유머를 낳는다. 어떠한 위기에 처하더라도 거기에서 조금만 뒤로 물러나 사물을 관찰할 수가 있는 사람은 좋은 해결책을 강구해 낼 수가 있다. 절대로 기운을 잃어서는 안 된다. 유머는 냉정을 잃지 않게 하는 약이다. 머리로 피가 솟구친 사람은 유머도 웃음도 가질 수 없다. 유머의 효용은 매우 크다는 것을 명심하라.

유대인은 항상 웃음과 유머를 중요시 생각해 왔다. 유대인을 '책의 민족'이라 부르기도 하지만 '웃음의 민족'이라고도 부른다. **유대인이 역사를 통해서 그토록 가혹한 박해를 받아왔음에도 끈질기게 살아남은 것은 웃음의 효용을 잘 알고 있었기 때문이다.** 이렇게 유대인들은 아무리 궁지에 몰리더라도 그것을 웃음으로 승화시켜 나갔다. 또 자신들에 대해서도 충분히 웃는 것을 익혔다. 그러므로 즐거운 때는 물론이고 괴로울 때에야말로 크게 웃어야 하는 것이다.

다른 민족에게는 조크가 크게 대우받지 못한다. 조크는 단지 일시적으로 기분을 풀어주는 것으로 생각되고 있다. 그러므로 기호품 정도로밖에는 가치를 인정하지 않는다. 그러나 유대인은 웃음을 주식으로 삼고 있다. 실제로 헤브라이에서는 영지(靈智)와 조크는 똑같이 '호프자'라는 말로 표현되고 있다.

로스차일드는 영국의 왕궁에 발붙여 굴지의 부호가 되었는데, 그는 비장의 무기로 조크를 사용하였던 사람으로 유명하다. 그는 유럽 대륙으로부터 수시로 최신의 조크를 역마와 경쾌한 범선을 이용하여 가져오도록 했다. 새로이 도착된 조크를 늘어놓음으로써 궁정에서 인기를 얻어 성공의 실마리를 붙잡았던 것이다.

조크가 왜 우스운지 하나의 예를 들어보자. 히틀러가 점성술사에게 상담을 했다. 히틀러는 독재자로 언제 암살당할지 매우 두려워하고 있었다. 점성가는 이렇게 말했다.

"당신은 유대의 축제일에 암살당할 것입니다."

히틀러는 곧바로 친위대의 사령관을 불러 명했다.

"앞으로 유대인의 축제일에는 경비를 여느 때의 10배, 아니 50배로 하도록 하시오."

그러자 점성가는 그 말을 듣고 다시 말했다.

"아니, 그것은 도움이 못 됩니다. 당신이 암살당하는 날이 유대인의 축제일이 될 것이니까요."

이 조크에도 모든 조크에 공통되어 있는 의외성이 내재되어 있다. 우리들은 규칙에 맞는 생활을 중시하고 있으므로 의외성이 있는 사건이나 이야기와 부딪치게 되면 자연히 웃게 된다. 예를 들면 위엄을 갖춘 사장이 바나나껍질에 미끄러져서 넘어졌다. 누구도 웃지 않을 수 없다. 왜냐 하면 그 의외성 때문이다. 위엄으로 치장하고 있는 사장이 뒹굴었다는 사실, 넘어진 모양이 지나칠수록 더욱 우습다. 종종 권위는 거짓으로 위장하고 있는데, 그것이 뜻밖에 나뒹굴게 됨으로써 벗겨지게 되는 것이다.

그런데 웃음은 어느 정도는 반항적인 요소도 있다. 어떤 일에 몰두하고 있을 때는 웃음이 나오지 않는다. 유대인은 항상 권위를 의심하는 것이 중요하다고 교육시키고 있다. 권위를 대수롭지 않게 여기는 것이 유대인의 힘이다. 프로이트나 아인슈타인이 새로운 학설을 발견한 것은 그 때까지의 학설의 권위를 의심했기 때문이다. 그리고 그들의 학설에는 의외성이 있었다.

조크나 유머는 창조력을 더없이 높이는 훌륭한 기폭제가 된다. 그래서 유대인은 아이들이 어렸을 때부터 웃음의 중요성에 대해 가르친다. 불굴의 정신·의외성·권위를 인정하지 않는 정신을 몸에 배도록 한다. 유대인으로부터 성서를 빼앗아 버리면 유대인답지 않게 된다. 이와 마찬가지로 유대인으로부터 웃음을 빼앗는다면 진정한 유대인이 아닌 것으로 인식되고 있다.

어쨌든 조크나 유머는 대상을 객관화시킴으로써 생겨난다. 그 속에 비판 정신이 없다면 효과적인 조크나 유모가 될 수 없다. 소련의 반체제파에 진스부르그 등의 유대계가 많은 것이나, 또 미국의 현대 작가들 가운데 유대계 작가(필립 로스, 노만 메일러 등)가 중심적인 위치를 점하는 것도 유대인에겐 이러한 특유한 비판 정신이 그 저력으로 깔려 있기 때문이다.

☦ 비밀을 지켜라

한 인간에 대한 평가는 비밀을 얼마나 잘 간직하는가로써 측정할 수 있다. 그 사람의 마음씨가 어떠한가, 믿음성이 있는가를 테스트할 수 있다는 얘기이다. 일단 비밀을 갖게 되면 누구나 그 비밀을 이야기하고 싶어지는 것이 당연지사이다. 비밀을 알고 있다는 것으로써 사람들의 주목을 끌 수도 있기 때문이다. 어느 누구나 비밀을 좋아하며, 모든 사람은 남의 주목을 끌고 싶어한다. 비밀을 말하게 되면 다른 사람의 주목을 끌게 되므로 위대해 보이기까지 한다. 그러나 남으로부터 들은 비밀을 다른 사람들에게 옮긴다는 것은, 사실은 비밀을 은근히 전하는 상대를 신뢰하고 있는 듯 보이더라도 실제는 비밀을 밝힌 그 사람의 신뢰는 무너지는 결과가 된다.

랍비 이븐 가비롤은,

"비밀은 당신의 손 안에 있는 한은 당신이 비밀의 주인공이지만, 입으로부터 나와 버린 후에는 당신이 비밀의 노예가 되는 것이다."

라고 쓴 바 있다.

이와 관련된 유대의 격언이 있다.

★ 세 사람 이상이 알고 있는 비밀은 이미 비밀이라고 할 수 없다.

★ 만약 당신이 세 사람에게 비밀을 전하면 바로 열 사람이 그 비밀을 알게 된 것이나 다름없다.

★ 비밀을 듣는 것은 쉽지만, 자기 속에 간직해 두기는 어렵다.

★ 술이 들어가면 비밀은 새어나간다.

★ 어리석은 자와 아이들은 비밀을 지키지 못한다.

★당신의 친구들은 또 다른 친구들을 갖고 있다.

★ 비밀이라는 술을 마시면 혀가 춤을 추므로 주의하라.

✣ 자기의 것을 소중히 하는 마음

어떤 사나이가 랍비를 찾아와 오랫동안 살던 도시로부터 이사를 하고 싶은데, 조언을 해 주었으면 좋겠다고 부탁했다.

랍비는 다음과 같은 이야기를 그 사나이에게 들려주었다.

베를린에 사는 유대인 사나이가 어떤 쓰레기장에 보물이 묻혀 있어, 그가 파내려고 기다리고 있던 꿈을 몇 번인가 꾸었다. 그래서 그는 아침 일찍이 일어나 집을 나오자마자 곧바로 쓰레기장으로 가서 열심히 쓰레기를 파헤치기 시작했다. 그러나 그는 귀한 것이라고는 아무것도 찾아내지 못했다. 그때 그곳에 쓰레기장 주인이 찾아와 왜 이런 곳을 파고 있느냐고 물었다. 그 사나이의 설명을 듣자 주인은 큰 소리로 외쳤다.

"나는 베를린에 사는 어떤 사나이의 집 뜰에 보물이 묻혀 있는 꿈을 여러 번 꾸었다오."

쓰레기장 주인은 꿈에 본 베를린에 산다는 어떤 사나이의 이름까지도 말했다. 그런데 그 이름은 다름 아닌 바로 자기 자신의 이름이 아닌가. 사나이는 재빨리 집으로 돌아가 집 뜰을 파보았다. 그러자 아니나 다를까 자기 집 뜰에서 보물이 나왔던 것이다.

"아시겠소? 때로는 자기 집의 뜰에도 보물이 묻혀 있는 수가 있는 거요."
하고 랍비는 말했다.

이 이야기는 우리 모두에게 도움이 되는 일화일 것이다. 자기 나라 특유의 우수한 전통이나 문화를 업신여기고 무엇에나 외제가 좋다고 믿는 사람들이 많다. 나는 이제까지의 저서에서 몇 번인가 이런 주제에 대해 이야기해 왔지만, 다시 한 번 이런 면에서의 충고를 주고 싶다. **우리 몸 가까이에 있는 보물을 잊지 말라.**

언젠가 일본인 친구가 보내온 신문을 보니 다음과 같은 내용의 기사가 문제화되어 있었다. 일본의 ITT 즉 국제전신전화회사는 사원을 시켜 외국 여행을 할 때에 보석류를 사오도록 했던 모양이다. 내가 일본에 있던 무렵에도 일본 사람들은 면세품 판매장에 쇄도하여 외국 제품을 사들이고 있었는데, 회사까지도 합세해 이런 매점 행위를 하고 있다는 사실에 놀랐다. 이러한 것은 동양권 나라의 취약점이라고 생각된다.

결국 일본 사람들이 외제품을 좋아한다는 사고 방식이 고쳐지지 않는 한 제2, 제3의 'KDD 사건'이 일어날 것은 뻔한 이치이다.

"임금의 식탁에 앉고 싶다고 생각해서는 안 된다. 자기 집의 식탁이 훨씬 훌륭하다. 왜냐 하면 당신 집의 식탁에서도 충분히 당신이 임금이기 때문이다."

‡ 자만심의 함정

자만심만큼 추한 것은 없다. 유대의 속담에 이런 것이 있다.

"태양은 당신이 없어도 떠오르고 진다."

자만심을 가지면 인간은 겸허함을 상실하고, 자기를 개혁하고자 하는 마음이 없어져 버린다. 또 자만을 하면 과오를 범하기 쉽다. 그래서 《탈무드》에서는 자만을 죄라고 규정짓지 않고 어리석음이라고 규정지었다.

또 지나친 자기 혐오도 자만의 일종이다. 주위 사람들이 자신에게 그렇게 관심을 보이고 있지 않음에도 자신이 누구보다 월등하다고 생각하는 데서 지나친 자기 혐오가 생겨난다. 이것은 허세의 한 면과 상통하는 것이다. 자기 자신만으로 만족하고 있는 사람 안에서는 신(神)이 살 곳은 없다. 자기 자신을 먼저 칭찬하지 말고, 타인을 칭찬하라.

이와 같이 자만심을 경계하기 위해 유대인은 자녀들에게 성서의 〈창세기〉를 가르친다. 〈창세기〉에 보면 인간은 만물 중에 가장 나중에 만들어졌다. 처음에 신은 빛과 어둠을 나누고, 하늘과 땅을, 물과 육지를 만들었다. 그러고 나서 동물을 창조하였으며, 맨 나중에 아담을 창조하였다. 이처럼 인간보다는 동물이 먼저 창조되었다는 사실을 깨닫는다면 인간이 스스로를 뽐낼 것은 하나도 없는 것이다.

그런데 긍지와 자만은 분명히 구분되어져야 한다. 긍지는 건전한 것이지만, 자만은 병적인 어리석음이다. 사람은 누구나 남에게 칭찬을 받는 인간이 되어야 한다.

고대 유대에서는 예시바(학교)에서 1학년을 '현자(賢者)'라 불렀고, 2학년을 '철학자'라 불렀다. 그리고 최종 학년인 3학년이 되어서야 비로소 '학생'으로 불리웠다. 이러한 사실은 겸허한 자세로 배우는 자가 가장 높은 지위에 오를 수 있으며, 학생으로 되는 데에는 수년 동안 수업을 쌓지 않으면 안 된다고 하는 발상에서 비롯된 것이다.

겸허해야 하는 엄숙함을 《탈무드》는 이렇게 가르치고 있다.

"현인이라 하더라도 지식을 자랑삼아 뽐내는 자는 무지를 부끄러워하는 어리석은 자만 못 하다."

자만의 위험에 대해서는 '돈은 자만에의 지름길이며, 자만은 죄에의 지름길'이라고 경고하고 있다.

동양에는 '보물을 숨기고 없는 듯 가장하라'는 명언이 있다. 자기의 생활상을 너무 사람에게 보이지 않는 편이 현명하다는 것은 두말할 것도 없다.

✤ 어리석음을 경계하라

인간의 어리석음을 경계하는 교훈적인 이야기가 있다.

첼룸이라는 곳은 옛날 어디에서나 볼 수 있는 작은 도시였다. 따라서 역사상에 이름이 남겨질 만한 도시도 아니었다. 그런데 이 도시는 커다란 문제를 안고 있었다.

이 첼룸으로 통하는 길은 험악한 산 중턱에 치우쳐 꾸불꾸불하고 좁고 위험한 길이었다. 늘 도시 사람들이 산 중턱에서 떨어져 부상을 입는 사례가 많아서, 이것이 주민들로서는 큰 골칫거리였다. 식료품 장수가 언덕에서 떨어져 식료품을 가져오지 못했을 때에는 이 도시에 심각한 식량난을 가져왔다. 또 우편 배달원이 벼랑에서 발을 헛디디는 바람에 편지를 잃었을 때에도 마찬가지였다. 우유 배달부가 갓난아이에게 먹일 우유를 벼랑에서 엎지르는 사건이 일어났을 때에도 도시의 장로들이 모여 대책을 강구하지 않을 수 없었다.

이런 일이 계속된다면 시는 모든 일이 마비되어 버릴 지경이었다.

장로들이 다같이 대책을 강구했다. 아무튼 어떤 대책을 강구해야만 했다.. 갖가지 의견이 속출했다. 밤낮을 가리지 않고 6일 동안 의견을 교환하다가, 사바스 때가 되어서야 겨우 일동은 결론에 도달했다. 독자들은 어떤 결론이 나왔으리라고 생각되는가? 장로들은 언덕 밑에 병원을 짓기로 했던 것이다.

이 이야기는 아무리 오랜 시간을 두고 논의한다 하더라도 어리석은 의견은 하등의 유효한 대응책이나 도움이 되지 않는다는 것을 가르쳐주는 것이다. 병원을 짓는다 하더라도 변함없이 생선 장수건 우편 배달원이건 우유 배달원이건간에 꼭같은 사고를 일으킬 것이 분명하기 때문이다. 얼마나 어리석은 일인가!

유대의 격언 가운데는 어리석은 사람의 어리석은 행위를 테마로 삼은 것이 많다. 그러나 어리석은 사람들을 신랄하게 비웃는 것은 거의 없고, 오히려 따뜻한 인정이 느껴지는 이야기가 많다는 것이 특색이다.

★ 어리석은 자는 1시간에 현자가 1년을 걸려도 대답해 낼 수

없는 질문을 한다.

★ 구세주가 찾아왔을 때 현자는 모두 치료를 받았다. 그러나 구세주도 어리석은 자를 현자로 만드는 일은 못 했다.

★ 현자는 어리석은 자로부터 교훈을 찾아낼 수 없다.

★ 어리석은 자라도 돈만 있으면 왕후와 같이 취급된다.

★ 어리석은 자를 가르친다는 것은 밑 빠진 독에 물을 붓는 것과 같다.

★ 어리석은 자라도 침묵을 지키고 있으면 성인(聖人)과 같이 보인다.

‡ 현재는 미래의 출발점

《탈무드》에는 〈창세기〉에 대한 이야기들이 짤막하게 실려 있다. 하느님이 처음에 새를 만들던 당시에 새는 날개가 없었다. 그래서 새는 하느님한테로 가서 적으로부터 자신을 지키는 것을 가지고 있지 않다고 호소했다.

"뱀은 독을 갖고 있습니다. 사자는 날카로운 이빨을 갖고 있습니다. 말은 뒷발이 있죠. 그러나 저에게는 아무것도 없습니다. 자신을 어떻게 지키면 좋습니까?"

신은 새의 고충도 일리 있는 말이라고 생각하여 깃과 날개를 주었다. 그러나 얼마 후 새는 되돌아와서 고충을 다시 호소했다.

"날개는 쓸모없이 무거운 짐만 될 뿐입니다. 날개를 몸에 달고 있기 때문에 전처럼 빨리 달릴 수가 없습니다."

"어리석은 새여…… 네 몸에 있는 날개를 사용해 볼 생각도 못 했는가? 너에게 두 개의 날개를 준 것은 무거운 짐으로 짊어지고 걸으라고 한 것이 아니라, 날개를 이용하여 하늘 높이 날아서 위협을 당할 때 도망치라고 준 것이다."

인간은 이따금 자신이 능력을 부여받지 못했다는 어리석은 불평을 한다. 그런데 사실은 자신에게 충분히 능력이 주어졌음에도 불구하고 그것을 제대로 사용하고 있지 못하는 수가 많다. 그 가장 좋은 예가 머리이다. 근대 의학으로서도 인간은 뇌세포의 극히 적은 일부분밖에는 사용하고 있지 않다고 말해지고 있다.

〈창세기〉에 나오는 새의 이야기는 머리를 쓰라고 하는 비유로 흔히 사용된다. 자신이 가난하다든가, 학력이 없다든가, 배경이 없다고 하여 탄식해서는 안 된다. 그러면 이 이야기에 나오는 새처럼 되어버린다. 당신에게는 몸도 있으며 머리도 있다. 그리고 어느 누구에게나 평등하게 주어진 시간도 있다.

아인슈타인은

"현재는 어떠한 때인가? 그것은 항상 새롭게 출발할 수 있는 때이다."

라고 말하고 있다.

살아 있는 한, 하늘은 우리들에게 항상 '현재'를 제공해 주고 있다. 아인슈타인은 《탈무드》의 애독자였다고 한다. 그는 종종 《탈무드》를 베껴쓰곤 했는데, 그가 남긴 노트에는 이런 말이 씌어 있었다.

"현재는 항상 미래의 출발점이다."

인간은 종종 자신의 실패를 다른 사람의 탓으로 돌리고, 또 자신은 아무것도 갖고 있지 못하다는 핑계를 대며 포기해 버리기 일쑤다. 그러나 그러기 전에 자신이 갖고 있는 것을 잘 찾아볼 필요가 있다. 많이 갖고 있는 사람일수록 별로 그것을 잘 활용할 줄 모른다. 그것을 활용하느냐 못하느냐에 따라 성공과 실패의 열쇠가 있는 것이다. 의욕·용기·자신을 제어하는 의지, 인내력, 지지 않으려는 투혼 같은 것들의 활용 방법을 잘 익히면 인간은 얼마든지 유용하게 이용할 수 있는 많은 무기를 갖고 있는 것임을 깨달아야 한다.

‡ 수다와 허풍에 대하여

언젠가 수다스런 한 이웃집 여인에 대한 이야기를 들었다. 수다쟁이·허풍쟁이라는 별명이 붙을 정도였는데, 그 정도가 너무나 지나쳐 견디다 못한 마을 주부들이 모여 랍비에게 상담을 하러 가게 되었다.

"그 여자는 허풍이 너무나 심해서 우리가 피해를 입어요."

"그 여자는 개미를 보면 황소를 보았다고 할 정도로 허풍을 떨고 다니지요."

그러자 또 한 여인이 호소했다.

"그 사람은 말이죠, 내가 남편을 출근시키고 나면 아침부터 목욕을 하고 낮잠만 잔다고 헛소문을 내고 다닌답니다."

또 한 여인은 말했다.

"그 수다쟁이 여자는 나하고 만날 때마다 '아유, 부인은 어쩌면 그렇게도 곱지요'라고 말하면서 다른 사람에게는 나이에 어울리지도 않게 젊어지려고 헛멋을 부린다고 험담을 하고 다닙니다."

랍비는 한 사람 한 사람의 호소하는 말에 신중히 귀기울여 들었다. 여자들이 돌아가자 심부름꾼을 보내 그 수다쟁이 여인을 데려오게 했다.

"당신은 어째서 이웃사람들에 대해 이러쿵저러쿵 말을 만들어 떠벌립니까?"

하고 물었다. 그러자 그녀는 생긋 웃으면서 말했다.

"특별히 제가 말을 만들어내는 건 아니에요. 실제보다 약간 과장해서 말하는 버릇이 있을지는 몰라도. 또 어쩌다 사실에 가까운 것이 아닌 게 있을지도 모르지만, 다만 이야기를 좀 재미있게 하고 있을 뿐예요. 물론 나는 조금 말이 많은 편일지도 모르겠어요. 내 남편도 그런 말을 하니까요."

랍비는 잠깐 생각을 하더니 일단 방을 나가서 커다란 자루를 가지고 들어왔다. 그리고 여자에게 이렇게 말했다.

"당신은 자신이 말이 많다고 인정을 했소. 그러니까 좋은 치료 방법을 생각해 봅시다."

랍비는 그녀에게 그 커다란 자루를 주면서 말했다.

"이 자루를 가지고 광장으로 나가시오. 광장에 가서 자루를 열고, 이 속에 들어 있는 것을 길바닥에 하나씩 늘어놓으면서 집으로 돌아가십시오. 집에 도착하면 다시 늘어놓은 것을 주워담으면서 광장으로 가십시오."

여자가 자루를 받아드니 자루는 가벼웠다. 도대체 이 속에 무엇이 들어 있는 것일까 하고 그녀는 궁금해했다. 그녀는 광장으로 향했다. 광장에 도착해서 자루를 열어보니, 그 속에는 새털이 가득 들어 있었다.

때는 마침 맑게 개인 가을날에 미풍이 살랑살랑 불고 있었다. 그녀는 랍비가 시키는 대로 새털을 꺼내 천천히 길가에 늘어놓으면서 집으로 돌아갔다. 집까지 도착하니 자루는 비게 되었다. 그래서 이번에는 빈 자루를 가지고 길을 되돌아 아까 늘어놓은 새털을 주워담으면서 광장으로 가려 했다.

그러나 새털은 바람을 타고 여기저기로 날아다녔다. 그녀는 랍비에게로 돌아가 말하길,

"새털을 늘어놓았지만 몇 개밖에 줍지 못했습니다."

라고 호소했다. 그러자 랍비가 다음과 같이 말했다.

"험담이라는 것은 그 자루 속의 새털과도 같은 것입니다. 한번 입

으로부터 나오면 다시는 주워 담을 수가 없습니다."

이 랍비의 현명하나 기지에 의해서 그 여인은 두번 다시 수다나 허풍을 떨지 않게 되었다.

이와 관련된 유대 현인들의 명언을 들어보자.

★ 수다떨기를 좋아하는 혀는 손버릇이 나쁜 사람보다 더 나쁘다.

★ 유령을 만났을 때 도망치듯 험담으로부터 도망치라.

★ 험담이 심한 사람이 사라진다면 분쟁의 불씨는 사라지리라.

★ 미담이 악담으로 변하기도 한다.

★ 소문은 친구 사이를 갈라놓는다.

★ 험담은 자연이 울리는 전화와 같다.

★ 직접 보지 못한 사실을 발설하지 말라.

‡ 기도의 참 의미

유대인은 시나이 산에서 신과 계약을 맺었다. 유대인의 사고 방식으론, 사람은 신에게 순종해야 함은 물론 신과는 독립해 있는 존재이다. 그러므로 신과 계약을 맺을 수가 있는 것이다.

《탈무드》에서는,

"이성(理性)은 신과 인간의 중개자이다."

라고까지 말하고 있다.

유대인의 사고 방식으로는, 신은 결코 맹종의 대상이 아니며, 동시에 권위에 맹종하는 것은 유대인으로서 가장 경멸해야 할 일로 생각한다.

그런데 헤브라이어에서는 신에게 기도한다고 할 때의 '기도'에 해당하는 말을 '히트파렐'이라고 한다. 이것은 유럽 여러 나라에 있는 말로, 예컨대 영어의 '프레이(Pray : 기도하다)'라는 말과는 다른 것이다. 'Pray'는 신에게 '부탁한다'든가, 신에게 '빈다'는 의미이다.

그러므로 다른 어떤 힘에 의존하는 것이 되는 것이다. 다만 신에게 매달리기 위해 하는 기도는 '휴식한다'는 정도밖에는 기대할 수가 없다. 더욱이 기도라는 것은 자신을 향해 겸허함을 수련한다는 좋은 면이 있는 것이다. 그리고 언제나 감사의 마음으로 있는 것도 중요하다.

《탈무드》는 이렇게 경고하고 있다.

"스스로 할 수 있는 일을 신에게 기도해서는 안 된다."

실제로는 자기의 기분 전환을 위해 기도를 하고 있는데도 진지하게 되어지는 이유는, 어린아이가 인형을 중요하게 여기는 것과 유사하다고 비유할 수 있다. 여자아이는 가끔 인형을 너무 중히 여긴 나머지 인형을 진짜 아기처럼 다루는 일도 있다. 하느님의 기대에 어느 정도 부응했는가, 얼마만큼 세계에 기여했는가 하는 것을 스스로 평가해 보는 것이다. 인간은 신에게 기도하는 유일한 동물이다. 그러나 자신이 구하고 있는 것, 갈망하고 있는 것을 간구하는 것만으로는 진정한 기도가 될 수 없다. 그것은 자신의 이기주의에 신이라는 이름을 빌린 결과밖에 안 되는 것이다.

신은 누구나 스스로 우러나는 마음에서 경의를 표하는 것을 기뻐한다. 인간 관계에 있어서도 그와 마찬가지라고 말할 수 있는데, 스스로 자신이 존경받도록 노력하고 창조함으로써 비로소 주위 사람들로부터도 경의를 받을 수 있는 것이다.

그것을 비유하는 말로서 다음과 같은 격언이 있다.

"자신의 춤이 서툰 것을 악단의 탓으로 돌린다."

‡ 말하기보다는 들어주는 사람

"말이 많으면 안 된다. 말하기보다 듣기를 두 배로 하라."
 이것은 《탈무드》가 가르치는 중요한 교훈이다. 또 《탈무드》는
이렇게 말한다.

 ★ 신은 어째서 인간에게 두 개의 귀를 만들고, 입은 한 개밖에
만들지 않았는가? 그것은 말하기보다 듣기를 두 배로 하라는 뜻
이다.
 ★ 행복하게 살아가고자 생각한다면 코로부터 신선한 공기를 잔
뜩 들여마시고 입은 다물고 지내라.

 현명한 자는 자신의 지성을 감추고, 어리석은 자는 어리석음을
드러낸다고 하는 경계의 말이다. 흔히 '입은 화근이 된다'고 말한
다. 주위를 둘러보면 말을 잘하는 사람보다는 열심히 경청하는
사람이 존경을 받는다. 듣기를 잘 하는 사람은 지성을 드러내고 있
으며, 항상 떠들썩하게 자기 주장을 하는 자는 어리석음을 나타낸다.
 그에 빗대어 《탈무드》는 이렇게 비유한다.
 "현자는 미소짓지만, 어리석은 자는 소리내어 웃는다."
 말하는 방법엔 미소지으며 하는 방법과 요란스럽게 웃어대며 하
는 방법이 있다. 만일 침묵이 현자에게 커다란 이익을 가져다준
다면, 보통 사람에게 있어서는 어느 정도의 이익을 가져다줄까?
어떤 사람이든지 인생을 뒤돌아보게 되면 침묵했던 일보다는 말
해버린 일을 후회하는 편이 훨씬 많다. 자신의 혀에게 침묵을 가
르친다는 것은 인생을 사는 현명한 지혜이다.
 "보물과 같은 자기의 혀를 소중히 취급하십시오."
라고 《탈무드》는 경계하고 있다.

'침묵은 금, 웅변은 은'이라는 비유는 여기서 비롯된 것이다. 침묵은 지성인이 입은 황금의 갑옷이다.

물론 필요할 때에는 충분히 자기 의견을 주장하고 표현해야 옳다. 그러나 이야기를 하는 것보다 침묵하는 것을 익히기가 더 어려운 것이다.

인간은 누구나 말을 하고 싶은 욕망을 갖고 있다. 그래서 너무 말을 잘 하는 사람은 타인의 그와 같은 욕망을 저절로 막아주게 된다. 그래서 혀는 칼에 비유되기도 한다. 주의해서 다루지 않으면 사람을 상처낼 뿐 아니라, 자신도 상처를 입게 되기 때문이다. 능숙한 검술가처럼 되지 않으면 안 된다. 훌륭한 검술가는 칼이 꼭 필요할 한 때 이외에는 빼지 않는 것이다.

혀는 눈이나 귀와는 다르다. 눈이나 귀는 우리들의 의지대로 선택해서 보거나 들을 수 없다. 그러나 혀는 자신의 의지에 의해 얼마든지 조정할 수 있다는 사실을 명심하라. 그러므로 혀는 훈련이 가능한 것이다. 흔히 어리석은 사람에 대해 '저 녀석은 너무 말이 많아'라고 비난하는 경우가 많다. 사람은 과음을 한다거나 과식을 하는 데 대해서는 더러 주의하지만, 말을 많이 하는 데 대해서는 그만큼 신경을 쓰지 않기 때문에 똑같은 위험에 빠진다.

"말이 당신의 입 속에 있는 동안은 당신이 말의 주인이지만, 말이 일단 입 밖으로 나가버린 후로는 당신이 그 말의 노예가 되어버린다."
라고 《탈무드》는 경고하고 있다.

또 '입은 문과 같은 것'이라고 말하고 있는데 문은 필요한 때에 열어야만 하는 것이지 언제나 열어두면 쓸데없는 말썽을 불러들이게 된다는 뜻이다.

그렇다면 인간은 말에 대해서 어떠한 태도를 취해야 할 것인가? 말은 그 수를 셀 수 있는 것이 아니고, 하나하나 그 무게를 달아야 하는 것이다.

말은 약에도 비유된다. 적당량의 말은 도움이 되지만, 지나치게 남용하면 해가 되는 것이다.

"귀는 습관되지 않은 것에 민감하고, 눈은 낯선 것에 자극을 받는다. 그런데 혀는 외부와는 아무 관계 없이 제 스스로 지나치게 분방하다."
고 《탈무드》는 지적하고 있다.

★ 혀에는 뼈가 없다. 그러므로 주의하라.
★ 마음이 혀를 조종하라. 혀에 의해 마음이 조종당해서는 안 된다.

이와 같이 《탈무드》에 혀에 대한 경계가 많은 것은, 그만큼 혀에 의해서 인생에 실패를 본 사람이 많았기 때문일 것이다.

‡ 물질보다 정신적인 추구를

제2차 세계 대전 후 사람들은 물질에 대한 지나친 집착으로 인해 물질적 · 탐욕적으로 변해졌다. 모든 것이 얼마만큼 안락한 생활을 할 수 있는가, 얼마만큼 신제품이 모아지는가, 어느 정도 좋은 지위에 오르는가 하는 물질적인 척도에 열을 올리게 되었다.

이것은 전후의 사람들이 정신적인 가치를 경시하게 되었다는 것을 의미하는 것이다. 아니면 그것보다도 정신적인 근거가 없어져 버린 결과, 사람들이 자신감을 잃어버렸다고 볼 수도 있다. 사람들은 그 불안을 달래기 위해서 물질에 대해서 지나치게 집착하게 되었을지도 모른다. 흔히 정신적으로 불안정한 자가 과음이나 과식을 하여 불안으로부터 도망치려 한다는 것은 잘 알려진 사실이다.

물론 물질적으로 풍요롭게 되는 것이 나쁘다는 얘기는 아니다. 물질적으로 풍요롭게 되면 보다 건강한 생활을 보낼 수 있을 뿐만 아니라, 자기가 원한다면 높은 교육도 받을 수 있고 여가가 증가됨으로써 그만큼 자기 계발에 시간을 쓸 수 있게 된다. 한마디로 말하면 인생에 있어서의 선택을 증대시켜 주기 때문에 물질적인 풍요함은 분명 좋은 것만은 사실이다.

유대인은 인간이 하늘과 땅 사이에서 살고 있다고 생각한다. 인간의 반은 하늘에 속해 있으며, 나머지 반은 땅에 속해 있는 존재이다. 그러므로 인간은 빵만으로 살아갈 수가 없는 것이며, 그렇다고 해서 빵 없이도 살아갈 수는 없다.

물질을 너무 경시하는 것도 올바른 일은 아니다. 그것을 두려워하고 있으면 금욕적이 되기 쉽다. 게다가 가난했던 이전 시대에는 물질을 중시하고 절약을 하지 않으면 불가피하게 스스로의 몸을 더럽히기도 했다. 그래서 물질은, 산에서 조난을 당한 자가 구조대가 도착하기까지 가지고 있던 식량을 아주 조금씩 아껴 먹지 않으면 생명을 연장시킬 수 없는 것과 마찬가지라고 하겠다. 그러므로 물질이 갖고 있는 위력은 옛날에 더욱 컸었다. 그리고 대부분의 문화에서 물질을 두려워하고 금욕적으로 되어서 금욕이 하나의 미덕으로 되기도 했었다.

그러나 두려워해 오다가도 한번 굴복해 버리면 그의 노예가 되어버리기 쉽다. 그런데 유대인은 금욕적이 아니었기 때문에 항상 물질을 도구로 생각해 왔다. 게다가 자신들의 반 정도는 하늘에 속해 있다는 사실을 믿었다. 반쯤은 하늘에 속하고, 반쯤은 땅에 속해 있다고 하는 점에 있어서 유대인의 균형 감각을 느낄 수 있다.

지나친 부는 오히려 불편을 주는 수도 있다. 일을 과도하게 하면 자신의 시간을 모두 일에 빼앗겨 버리는 것과 마찬가지로, 물질을 너무 많이 소유하면 자신의 시간을 물질에 의해 빼앗겨 버리게 된다. 자동차 · 텔레비전 · 오디오 · 비디오 · 카메라 같은 것은 사용을 하지 않으면 아무런 의미가 없다. 그러나 이것들을 사용하기 위해서는 그것들과 함께 시간을 보내야만 한다. 그 결과 자연히 인간과의 교제 시간이 단축된다.

다시 말해서 인간과 교제하는 대신에 텔레비전을 보거나 영화 구경을 하러 가면 그 동안은 대화를 하지 못한다. 물질이 많이 있으면 가난했던 때보다도 가족이나 친구들과의 대화가 줄어들게 된다.

그리고 사람들이 계속해서 물질을 소비해 간다고 생각하더라도, 자기도 모르는 사이에 물질에 의해서 사람들 자신이 소모되어 가는 것이라고도 할 수 있다. 그러나 물질이라고 생각하여 반드시 무시하라는 얘기는 아니다. 자신도 모르게 물질에 의해서 지배당하지 않도록 노력하라는 것이다.

오늘날 동양 청년들의 일반적인 꿈은 좋은 학교를 나와 일류 업체에 취직하는 것이라고 한다. 굳이 좋은 학교에 들어가기를 열망하는 이유는 소위 일류 기업에 취직하는 데 유리해지기 때문이라는 것이다. 이러한 사람들은 무엇보다도 안정된 생활을 중시하기 때문이다. 그리고 보다 훌륭한 집이나 자가용 같은 것으로 상징되는 윤택한 생활을 보내고 싶어하는 것이다. 그러나 산을 올라갈 때에 이미 많은 사람들에 의해서 굳혀진 길을 걸어간다면 보물도 찾아낼 수 없다는 사실을 그들은 잊고 있는 것이 아닌지.

게다가 학교의 입학 시험으로부터 일류 기업에 취직하여 정년퇴직할 때까지, 틀에 박힌 생활을 한다면 쳇바퀴 인생을 보내는 결과가 되어버린다. 인생에는 때로 모험이 필요하다. 모험의 체험은 인간을 성숙하게 해 준다. 레일이나 에스컬레이터를 탄다면, 레일이나 에스컬레이터 그 자체에 의해서 자신의 일생이 굳어져 버리게 된다.

내가 오랜만에 이스라엘로 돌아와서 텔아비브 대학을 방문했을 때 친분 있는 교수가 이렇게 물어왔다.

"당신은 어째서 텔아비브 대학이 이 나라에서 최고의 지식을 집적하고 있다고 평가되는지 그 이유를 아십니까?"

텔아비브 대학은 이스라엘에서 가장 좋은 대학으로 평가되고 있다. 내가 머리를 가로젓자, 그는 이렇게 답변했다.

"신입생이 들어올 때에는 많은 지식을 지니고 들어오는데, 졸업할 때에는 아무것도 가지고 나가지 못하기 때문이죠."

훌륭한 대학이라 함은 어느 나라를 불문하고 이 교수의 지적이 더러는 적중되리라 생각된다. 학생들은 명문 학교를 나왔다는 간판을 따고 싶어서 들어올 때는 필사적으로 노력하지만, 일단 학교에 입학하고 나면 간판을 땄다는 안도감에서인지 적당히 시간을 보내기 십상이다. 입학하는 것만 목적으로 한다거나, 입사하는 것으로 목적이 달성되었다고 하는 사고 방식은 옳지 못한 것이다.

자신이 뛰어들 사회에서 성공하고자 한다면 더 많은 노력과 강한 의지력으로 노력해야 한다. 왜냐 하면 자기를 창조할 수 있는 기회가 주어지고 있는데도, 그것을 최대한 이용하지 않고서는 인생의 패배자가 될 수밖에 없기 때문이다.

✠ 자신의 약점을 인정하는 자세

유대인은 인간에게 약함이 있다는 사실을 알고 있었으며, 그 약함을 솔직하게 표현하는 것을 진실되게 생각했다. 유대교에서 신은 유일신이다. 인류 역사상 유일신을 믿었던 것은 유대인이 최초였다. 다른 유일신은 그리스도교 · 이슬람교에서 볼 수 있는데,

엄격히 말해서 그리스도교나 이슬람교는 유대교에서 파생된 것이다. 아들이 자라서 분가하듯이 독립을 하게 된 것이다.

유일신에는 절대적인 권위가 있다. 그리하여 신의 절대적인 권위 때문에 지상에는 절대적인 권위란 있을 수 없는 것이라는 신념을 낳았다. 비록 히틀러나 스탈린이나 모택동이라도 그들의 권위를 대단치 않게 여길 수 있는 것이 바로 유대인의 힘이다. 오늘날 성공한 사람들에게 물어보면 대개는 어떠한 형태로는 권위에 반항한 사람이 많다.

유일신은 절대신을 말한다. 그런데도 유대인은 신에 대한 불평 불만을 많이 남겨놓았다. 유대교에 의하면, 신은 유대인과 계약을 맺어 유대인이 신에 의해 선택된 민족이라고 규정했다.

"하느님은 유대인을 모든 민족 중에 선택하였다고 하는데, 어째서 우리들만을 선택했는가?"

라고 《탈무드》에서는 개탄하고 있다. 그리고,

"만일 하느님이 이 지상에 살고 있다면 하느님의 집에 있는 유리창은 하나도 온전치 않을 것이다."

라고 쓰고 있다. 이것은 사람들이 불평 불만을 털어놓으며 유리창에 돌을 던져 모조리 깨뜨렸을 것이라는 뜻이다. 그러나 사람들의 불평 불만은 이렇게 해석할 수 있다.

"하느님에게 질문을 해서는 안 된다. 답이 듣고 싶다면 이쪽으로 오라."

"하느님은 가난한 자를 사랑하신다. 그러나 부자는 도와주신다."

하긴 하느님의 편에서도 잠자코 있지만은 않는다. 유대인은 하느님이 인간을 다음과 같이 평가한다고 생각해 왔다.

"하느님은 인간을 세 개의 단계로 측정한다. 사람이 젊었을 때에는 그의 허물을 용서한다. 청년이 된 후에는 그가 어떤 목표를 설정하고 있는가에 따라 측정한다. 나이를 먹으면 하느님은 그가 뉘우치기까지 기다린다."

"자신의 일로 가득 차 있는 인간 속에는 하느님이 들어가 살 장소가 없다."

《탈무드》에는 아브라함이 어느 노인의 천막을 찾아갔을 때의 일화가 실려 있다.

어떤 노인이 우상 숭배자였으므로, 아브라함이 하룻밤을 꼬박 새워 개종을 권했지만 성공하지 못했다. 그래서 아브라함은 단념을 하고 자기 집으로 돌아와 버렸다. 다음 날 저녁부터 아브라함은 그 노인을 찾아가지 않았다. 그러자 하느님이 그 날 밤에 나타나셔서 말씀하시길,

"나는 그 노인이 나를 믿게 될 때까지 70년이나 기다렸다. 그런데 그대는 하룻밤 이상도 기다리지 못하다니, 도대체 어찌된 일인가?"

라고 개탄했다.

아브라함이 천막에서 나온 뒤에 하느님이 나타나 계속 노인을 타일렀던 것이다.

내가 좋아하는 신에 대한 불평은 이러한 것이다.

"하느님은 얼마나 공평하신가, 하느님은 부자에게는 먹을 것을 주고, 가난한 자에게는 식욕을 주시니."

유대교에는 그리스도교에서처럼 '원죄' 의식이 없다. 또 육체를 더러운 것으로 여기는 사고 방식도 없다. 유대교에서는 죄의 종류를 두 가지로 분류하고 있다. 즉, 신에 대한 죄와, 인간에 대한 죄이다.

신에 대한 죄는 랍비의 중개 없이 직접 신 앞에 참회하고 용서를 빈다. 그리고 사람에 대한 죄는 죄를 범한 상대에게 직접 용

서를 빈다.

유대교의 대축제일인 '욤 키풀(속죄의 날)'에 유대인은 단식을 하며 하루 종일 참회의 기도를 한다. 이 날은 유대력으로는 '티시리의 달(그레고리력으로는 9~10월)' 10일이다. 사람들은 이날 시나고그에 모이고 세 사람의 장로가 《토라》를 읽는다. 죄는 56종류로 나뉘어져 있는데, 용서를 비는 기도의 대표적인 것에 '신이여, 우리를 용서해 주시옵소서'라는 용서 기도가 있다. 이 때 절대로 '나를 용서해 주십시오'라고 말하지는 않는다.

이것은 유대인들이 죄에 대해서는 서로 공동 책임을 진다고 하는 사고 방식이 있기 때문이다. 또 인류의 죄와 책임을 분담한다는 의미도 있다.

‡ 인간의 허영심에 대하여

인간에게 있어서 자기애(自己愛)는 대단한 것이어서, 평생을 통해 자기 자신과의 로맨스에 빠져 있는 것과 같다. 말하자면 끊임없이 자신에게 아첨의 말을 해대는 것과 같은 이치이다. 자신의 아이들이나 부하들을 대할 때에 그 가운데 어느 한 사람만을 편애한다면, 가정이나 회사가 잘 되어 갈 수 없는 것과 같이, 그와 똑같은 현상이 자기 자신에게서도 일어난다는 것이다.

우리들은 인간 집단 속의 일원으로서 생활하고 있다. 최저의 단위는 부부 혹은 연인이다. 그로부터 가족·직장으로 확대되어 간다. 그러나 자기만을 편애해 버리면 다른 사람들의 반감을 사게 된다. 자기애는 누구나가 가지고 있기 때문에 어느 선까지는 이해할 수도 있는 문제이다. 또 자신을 중대하게 생각하는 것을 꼭 나쁘다고만은 할 수 없다. 이 토양으로부터 자존심·자립심·향상심이 길러지므로 어디까지나 이 세계는 자신이 중심이라는 생각을 가져도 좋은 것이다. 그리고 인간에게는 자신이 중심으로 되어 보다 나은 세계를 만들어야 할 책임이 부여되어 있다. 그러나 종종 지나치게 자기애에 빠져버리면 타인이 그것을 얼마나 혐오하고 있는지 모르게 된다.

인간은 태어나면서부터 자기중심적이다. 어린이를 보면 충분히 알수가 있다. 어린이는 자기만을 중요하게 여긴다. 그리고 자라면서 다른 사람을 위해 자신을 어느 정도까지 양보하지 않으면 안 된다는 사실을 배워 나가게 된다. 인간은 한평생을 어른이나 노인이 되지 않고 다만 어린이가 나이를 먹어갈 뿐이라고 말하기도 하는데, 어른이 자신을 중히 여기는 것도 어려서의 생각이 그대로 이어지기 때문이다. 그렇지만 어른이 어린아이처럼 자신을 중히 여기는 일은 있어서는 안 된다.

자기애는 인간을 강하게도 만들고, 약하게도 만든다. 칭찬을 들어서 기뻐하지 않는 사람은 없다. 인간은 동서양을 불문하고 허영이라는 바다에 사는 물고기라고 비유할 수 있다. 노만 메일러는 '자기 도취가 필요한 것은 정치가와 프로 레슬러와 여배우밖에 없다'고 말한 바 있는데, 반드시 그렇지만도 않은 것 같다. 우리들의 일생 생활 속에서 인간이 얼마나 허식에 대해 약한 존재인가에 대한 많은 예를 들 수 있기 때문이다.

내가 엉뚱한 질문을 저지르더라도 다른 사람들이 용서해 주는 일이 많다. 그러나 주위 사람에게 용서를 받아 그의 죄가 씻겨진다 해도 스스로를 용서할 수가 없는 경우가 허다하다. 그리하여 세월이 지나도 그 과오를 생각하면 가슴을 찌르는 듯한 고통을 느끼게 된다. 이와 같은 과오는 자신의 허영심에 깊은 상처를 준 것이기 때문에 한번 받은 상처는 좀체로 나아질 수가 없다는 것을 말해 주는 것이다.

루이스 베네딕트는 제2차 세계 대전중에 쓴《국화와 칼》이라는 저서에서 '일본인은 죄의식이 결여되어 있는 대신 수치감을 가지고 있다'고 설명했다. 죄는 개인 속에서 생겨나는 개인의 내적 문제인 데 비해, 수치심은 주위의 평가에 의해서 생겨나는 것이다. 그러므로 '여행에서는 수치심을 버려라'고 하는 말처럼, 모르는 사람 앞에서는 잘못을 저질러도 부끄러움이 생겨나지 않는 것이다. 유대교도나 그리스도 교도들 가운데에도 죄보다 수치심에 스스로를 괴롭히는 사람들이 많다.

또 인간은 허세를 중요시한다. 실례를 들어보자. 우리들은 자신의 생활을 영위함에 있어서 자기를 돌봐주는 사람보다도 자신이 돌봐주고 있는 사람들에게 보다 강한 호의를 갖기 마련이다. 이점에서도 인간의 약점을 나타내고 있다. 왜냐 하면 신세를 지게 되면 허영심에 상처를 입게 된다. 왜냐 하면 자신이 남의 아래에 있다는 엄연한 사실을 인정하고 싶지 않기 때문이다.

자기를 중심에 두는 것은 결코 틀린 것은 아니다. 세계는 자기로부터 출발하는 것으로 자기애도 말하자면 건전한 것이다. 인간은 누구나 '나'라고 하는 유일한 개체이다. 그러나 그 도를 지나쳐서는 안 된다는 것이다. 자기애에 지나치게 빠져들어가면 자기 자신을 지키는 것도 위험해지기 쉽다.

사람은 어떠한 인격자일지라도 칭찬을 들으면 기뻐한다. 다른 사람들로부터 자신을 인정받고 싶은 것이다. 그래서 사람을 움직이고자 할 때에는 그 사람의 자기애에 호소하는 것이 가장 유효하다. 그리고 사람들이 하고자 하는 일을 도와주는 것은 친절한 마음이기도 하다. 인간은 누구나 격려를 받고 싶어하기 때문이다.

그러므로 인생에서는 인사말을 하는 것도 필요하며, 일상 생활에서는 상대나 상대가 가진 것을 칭찬해 주는 것도 큰 예절이기도 하다. '말의 선물'이라고 할까. 좋은 선물을 하는 것도 사교 기술의 하나이므로, 《탈무드》는 아부하는 방법에 대해 이렇게 충고하고 있다.

"사람을 칭찬해 줄 때에는 어리석은 자는 과장되게 칭찬해야 하고, 현명한 자에게는 그 반대로 칭찬을 해야 한다. 이것은 의사가 투약하는 경우와 상반되는 이치이다. 의사는 중환자에게는 강한 약을 처방하고, 약한 환자에게는 약한 약을 투여하지만, 아부를 할 때에는 지적으로 강한 자에게는 정도에 맞게 지적으로, 약한 자에게는 과장되게 말하는 것이 유효하다."

우리들은 사람이 죽으면, 고인을 애도하기 위해 갖가지 말을 아끼지 않는다. 그 이유는 죽은 자는 이미 경쟁 상대가 되지 않기 때문이다. 그 사람이 성공한 인간일수록 살아 있는 동안은 부러움의 대상일 뿐, 죽어서야 비로소 칭찬의 말을 늘어놓게 된다. 또 우리들은 노인과 아이들에 대해서는 친절하게 대한다. 노인은 과거에 속하고, 아이들은 미래에 속해 있기 때문이다. 즉, 오늘에 살고 있지 않으므로 속된 말로 상대가 되지 않는다는 뜻이다. 우리들은 오늘에 살고 있는 경쟁 상대에게는 친절하게 대하는 경우가 드물다.

인간이 성공이라고 하는 산의 정상 가까이에 감에 따라 선망이나 질투라는 번개에 부딪히게 되는 것은 이 때문이다. 《탈무드》는 경쟁 상대에 대해서도 동정을 보여 상대를 칭찬해 주면 선망이나 질투는 그만큼 약화된다고 말하고 있다. 그런데 상대가 없는 곳에서 칭찬한다는 것은 매우 어려운 일이다. 그렇지만 경쟁 상대나 적으로부터도 배울 것은 많다.

"자기애의 가장 좋은 반려는 겸허함과 타인에 대한 동정심이다."라고 《탈무드》에 씌어 있다. 좋은 말이 아닌가.

여기서 자기 중심적인 생각으로 꽉 막혀 있는 뉴욕 출신의 유대인의 이야기를 하나 소개해 보자.

1965년에 미국 동부에서 대정전(大停電) 사고가 일어났다. 뉴욕도 이 때는 암흑 천지가 되었다. 그런데 부르클린에 사는 마코스가 마침 전구를 끼워 넣은 때에 정전이 되었다. 아내인 로지는 창문 쪽으로 달려갔다. 창에서 뉴욕 시내를 내려다보니 코르타르를 쏟아버린 듯한 암흑이었다. 그녀는 슬픈 듯한 목소리로 말했다.

"마코스, 당신이 어떻게 했길래 뉴욕을 온통 암흑 천지로 만들어 놓았나요?"

‡ 겸허함을 자랑 말자

"자신의 나쁜 일을 감추는 것과 같이 자신의 장점이나 공적을 감추려고 노력하십시오."
라고 가르치는 것은 중요하다.
"지식의 길을 올라가면 겸허의 정상에 도달한다."
고 《탈무드》는 말하고 있을 정도이다.
쥬다 아시에리도 이렇게 쓰고 있다.
"진정한 현인(賢人)은, 자신이 어떠한 사람과 만나도 그 사람은 무언가 자기보다도 나은 점을 가지고 있다고 생각하는 사람이다. 만일 그가 자신보다도 연장자라면 우선 그가 자기보다도 현재까지 낫다고 간주한다. 왜냐 하면 자기보다 선행을 쌓을 기회가 많았을 것이 틀림없기 때문이다. 만일 자기보다 연하라고 하면, 자기보다도 더 죄를 범하지 않았을 거라고 생각하고 존경한다. 또 만일 자기보다도 풍요로운 생활을 하고 있는 사람이라면 자기보다는 더 많은 자선을 해 왔을 것으로 생각한다. 자기보다 가난하다면 그는 자기보다도 더 고생을 했을 것으로 생각한다. 또한 자기보다 어질다면 그의 지혜에 대해 경의를 표한다. 만일 자기만큼 어질지 못하다고 보이면, 그는 자기보다도 적게 잘못을 저질렀을 것으로 생각한다. 이러한 사람이야말로 진정한 현인이다."

그러나 겸허함을 자랑함으로써 상대의 마음에 감동을 주려 한다면 그만큼 야비한 짓은 없다. 진정한 겸허함이란 타산적이 아닌, 자연히 넘쳐나오는 것이어야 한다. 지성이라는 산의 정상은 겸허함이라는 아름다운 눈으로 덮여 있다. 《미드랏슈》에는 다음과 같은 말이 씌어 있다.

"훌륭하게 맺힌 포도는 늘어진다. 덜 여문 포도는 높은 곳에 있다. 위대한 사람일수록 낮은 데로 내려온다."

"물은 높은 곳에서부터 낮은 곳으로 흐른다. 고여 있는 물은 썩지만, 높은 곳으로부터 낮은 곳으로 흐르는 물은 항상 맑고 깨끗하다."

이것은 겸허함의 중요성을 말하는 것이다. 겸허함을 자랑해 보이는 자는 자만하고 있는 자와 다를 바 없다.

《탈무드》는 또 말한다.

"오만의 왕국에는 왕관이 없다."

삶의 미학

✢ 조화로운 생활

인간이 유연하고 여유롭게 살아간다는 것에는 커다란 의미가 있다. 신이 인간을 만들 때에는 흙이라는 한 가지 재료로 만들었지만, 한 사람 한 사람이 모두 다르다. 그러므로 다른 사람들과 조화로운 생활을 하기 위해서는 유연성을 지니고 있어야 한다. 자기 혼자 세계를 이루는 것처럼 착각해서는 안 되는 것이다.

고대 랍비들은 뼈 주위에 살이 있는 것은 중요한 뼈를 보호하기 위해서인데, 해파리처럼 살로만 되어 있거나 아니면 돌처럼 뼈투성이여서도 안 된다고 생각했다.

랍비 양켈은 이렇게 말하고 있다.

"언제나 갈대처럼 부드러워라. 삼나무처럼 키만 커져서는 안 된다. 갈대는 어느 쪽에서 바람이 불어와도 바람에 따라 흔들렸다가는 다시 원래의 위치로 돌아간다. 바람이 사라지면 언제 그랬느냐는 듯이 제대로 서 있다."

갈대는 무엇에 쓰이는가? 갈대는 《토라》를 쓰는 펜의 재료가 된다.

그러나 삼나무는 어떠한가? 만약 어느 쪽에서 강한 바람이 불면 금방 쓰러져 버린다. 그리하여 바람이 그친 뒤에도 나무는 다시 일어날 수 없다. 쓰러진 삼나무는 무엇이 될 것인가? 집을 짓는 재료, 혹은 땔감으로 사라져 버린다. 갈대는 유연한 생활을 보낸 데 대한 좋은 여생이 보장되고, 삼나무는 경직된 생활을 하고 있기 때문에 벌을 받는 것이다.

‡ 생활에의 여유

어떤 사나이가 매우 성급히 길을 가고 있었다. 랍비가 그 사나이를 불러세워 물었다.
"왜 그렇게 서두르고 있습니까?"
"생활에 따라가려고 그럽니다."
사나이는 대답했다.
"어떻게 그런 걸 다 아셨소?"
랍비는 말을 계속했다.
"생활에 따라가려고 그렇게 쫓아가고 있는 것이군요. 그러나 실제로 생활은 당신의 뒤쪽에 있어 당신을 쫓아오고 있는 것이 아닐까요? 당신은 당신을 뒤쫓아오고 있는 생활을 침착하게 기다리고 있기만 하면 되는 것인데, 점점 더 도망쳐 가고 있는 것이 아닐까요?"

작업에 너무 열중하는 나머지 신이 주신 본래의 인간다운 생활과는 영 동떨어져 버린 사람들이 많이 있다. 바쁘다고 하는 것은 얼핏 근면함을 나타내는 것으로 보이고 장려해야 할 것처럼 보이지만 실제로는 그렇지 않다.

인간은 더러 일을 떠나서 자신은 '도대체 왜 태어났는가? 내게 어떤 사명이 주어졌는가? 인생의 목표는 무엇인가?' 하는 문제들을 생각해 볼 필요가 있다. 그러한 기본적인 문제를 생각한다는 것은 설령 해답이 나오지 않는다 할지라도 그 사람의 내면적 깊이를 심화시켜 준다.

현대를 '노 하우(Know How)'의 시대라고 칭한다. 여러 가지의 문제가 있는 인생사를 어떻게 하면 해결할 수 있을까 하는 것이 '노 하우'이다. 그러나 오늘날의 인간은 '노 하우'에 열중한 나머지 '노 왓(Know What)'을 잊어버리고 있다. '노 왓'이란 사물의 본질을 알려 하는 것을 의미한다.

그리고 '노 왓'에 대해 생각해 보지 않으면 진정한 인생의 목표를 깨닫지 못한다. 편법에 대해서만 정신을 빼앗기고 있다면 주위 사람들에게 호소할 무언가를 잃어버리게 되는 것이다. '노 왓'을 생각하는 사람은 자연히 인간미가 풍겨 나온다.

‡ 휴일을 쉬는 올바른 방법

유대인의 가장 두드러진 특징의 하나로서 사바스(안식일)라는 날에 대한 것이 있다. 1주일이 7일이라는 것은 누구나 다 알고 있는 사실이다. 그러나 1주일이 7일이고, 이 가운데 1일이 휴일이라는 것이 《토라》로부터 연유한 것이라는 사실을 아는 사람은 별로 많지 않은 것 같다.

〈창세기〉에 따르면, 하느님은 6일 동안에 이 세계를 만들어 냈다.

"하느님의 지으시던 일이 다 하므로 일곱째 날 안식하시니라. 하느님이 일곱째 날을 복 주사 거룩하게 하셨으니, 이는 하느님이 그 창조하시며, 만드시던 모든 일을 마치시고 이 날에 안식하셨음이더라"(2장 2~3절)라고 기록되어 있다.

일반적으로 1주일은 일요일로부터 시작한다고 생각되고 있지만, 근원을 따지면 안식일에 끝나는 것으로 되어 있는 것이다. 그래서 제7일째가 휴일이 되었다. 영어로 말하면 '홀리데이(holiday)'이다. '홀리데이'의 어원은 '거룩한 날(holyday)'에서 온 것이다.

성서의 〈출애굽기〉에는 이렇게 명하고 있다.

"안식일을 기억하여 '거룩히 지켜라. 엿새 동안은 힘써 네 모든 일을 행할 것이나, 제7일인 너의 하느님 여호와의 안식일엔, 즉 너나 네 아들이나 네 딸이나 네 남종이나 네 여종이나 내 육축이나 네 문 안에 유하는 객이라도 아무 일도 하지 말라"(20장 8~10절)

유대인은 이 명령을 지켜옴으로써 커다란 힘을 얻었다. 이 안식일은 '사바스' 혹은 '샤파트'라고도 부르는데, 금요일의 일몰부터 토요일의 일몰 직전까지를 말하는 것이다. 유대인이라면 이 24시간 중에 일을 하는 것은 완전히 금기시되고 있다. 이 24시간 중에는 일에 대한 이야기를 해서도 안 되며, 또 일에 대해 생각해서도 안 된다.

일에 관한 책을 읽어서도 안 되며, 일에 관련되는 계산 등을 해서도 안 된다. 요리를 하는 것조차 금지되어 있다. 그래서 금요일의 일몰 전에 만든 요리를 불이 켜져 있는 스토브 위에 미리 걸쳐놓는다. 불을 붙이는 행위도 금지되고 있다. 이것은 담배를 피우는 유대인에게는 불만스런 일이다. 물론 전날부터 붙이 있던 불이라면 상관없지만, 그렇게 긴 담배는 유감스럽게도 없다. 그러나 이교도가 불을 붙인 담배라면 피워도 좋을지 모른다.

또 이 날에는 어떠한 교통 수단도 이용하지 못한다. 그래서 친구집을 방문할 때에도 걸어서 가야 한다. 이 날은 신성한 날이며, 그리고 진정한 휴일이다. 여자들은 이 날이 시작되기 전에 집의 모든 것을 깨끗이 하고, 이 날의 음식을 만들기 위해 정성껏 준비를 한다. 이런 일들은 전통을 중시하고 있는 유대 가정이라면 매주 있는 즐거운 일이다.

그래서 사바스가 가까워지면 모든 유대인의 집은 모두 빛이 밝게 비치는 것처럼 보인다. 금요일의 저녁 식사는 1주일 동안에 가장 정성을 들인 것이다. 안식일이 시작되기 전에는 먼저 목욕을 한다. 사바스를 위해 특별히 몸을 깨끗이 하지 않으면 안 되기 때문이다.

그러고는 가장 좋은 의복을 입고 가족들과 나란히 시나고그로 간다. 집으로 돌아오면 테이블 위에 촛불을 밝히고 특별히 포도주도 한 잔씩 마신다. 남편은 아내가 얼마나 아름다운가를 찬미하는 말을 성서에서 찾아 읽는다. 그리고 다음 날부터 시작되는 1주일이 보다 행복한 1주간이 되어주기를 모두 합심해서 정성껏 기도한다. 그리고 가족이 모두 함께 입을 모아 사바스의 찬미 노래를 부른다.

그런데 이 날 '참으로 쉰다'고 하는 것은 어떤 것을 말하는 것일까? 유대인들의 사바스에는 일을 하면 안 되므로 그대신 가족이 일을 떠나서 서로가 여러 가지 이야기를 나눈다. 아버지는 자녀들의 공부를 보아주기도 하고 학교에서 어떤 것을 배우고 있는가를 묻기도 한다. 그러므로 이 날은 아버지와 아들의 대화의 날이기도 하다. 인간에게 있어 일이란 유익한 것이다. 그러나 일만을 하고 살면 인간다움을 잃어버리게 된다.

사바스의 날에는 친구집을 방문하기도 한다. 그러나 여기서 유대인의 휴일이 독특한 것은 사업 이야기를 하면 안 되게 되어 있으므로, 인생관이라든가 인간성에 대해서, 혹은 예술에 대한 이야기들을 하게 된다. 그러므로 일로부터 진정한 해방을 얻게 되는 것이다. 《탈무드》에는 이렇게 씌어 있다.

"휴일은 인간에게 주어진 것이지, 인간이 휴일에 주어진 것은 아니다."

사업이나 직무에 관해 고민하는 사람들이 일요일에도 집으로 일을 가지고 가서 계획하는 것을 볼 수 있는데, 그들이야말로 참으로 불행하다. 그리고 평일에 열심히 일하는 것과 마찬가지로 휴일에도 정력적으로 노는 사람이 있다. 역시 휴일은 쉬어야 할 날인 것이다.

유대인 중에는 알코올 중독자나 가정 불화, 혹은 노이로제 환자가 아주 적다. 이것은 각 민족과 비교해 통계를 보아도 알 수가 있다. 그 이유는 사바스가 있기 때문이다. 유대인은 휴식하는 방법을 잘 알고 있어서 인생을 풍요롭게 사는 우수한 기술(Know How)을 보여주고 있다.

1주간 중에 하루를 완전히 긴장으로부터 해방시킨다는 것은 얼마나 멋있는 일인가. 그런데 동양인들은 아무래도 휴식하는 기술이 서투른 것 같다. 오늘날 이 정도로 풍요롭게 되었어도 1주일 동안 혹은 2주일 동안 계속해서 휴가를 취하는 사람은 적다. 그것은 사회가 풍요롭게 된 것이 아주 최근의 일이므로, 휴일의 습관이 새로 뿌리를 내리는 데에 아직도 많은 시간이 걸릴 것이라고 말하는 사람도 있다. 물론 일리있는 말이다. 그러나 최근에는 여름 휴가가 길어지고 있는 추세이다.

친구 가운데 그와 같은 회사에 근무하고 있는 사람이 있었는데, 그는 언젠가 나와 만났을 때에 1주일을 쉬니까 어떻게 쉬면 좋을지 모르겠더라고 호소했었다. 일 이외에 다른 수단으로 자기 표현이 불가능하다고 하는 것은 불행한 일이다. 그것은 어딘가 크게 잘못되어 있는 것이다.

또 언젠가 나는 어느 파티에서 일본의 역사학자와 만났을 때, 에도(江戶) 시대에는 일요일이 없었다고 하는데, 일본인들은 언제 쉬었느냐고 물어본 적이 있었다. 그러자 대부분의 일본인은 백중 맞이(음력 7월 15일)나 세모, 정월의 휴가 정도밖에 쉬지 않았으리라고 대답했다. 이 학자는 그러므로 일본인은 역사적으로 쉴 줄을 모르는 국민이 아니겠느냐고 덧붙였었다.

그리고 일본에서는 '무사(無私)'라든가 '멸사(滅私)'라는 것이 오늘날에도 하나의 미덕으로 되어 있다. 그렇기 때문에 자신을 창조하는 휴일 같은 것을 생각하는 방법이 배양되지 않았던 것인지도 모르겠다.

일본에서는 휴일을 아무것도 하지 않는 날로 생각하지 않는다. 또 단지 일을 하지 않는 날도 아니다. 이 날은 인간이 본래의 모습으로 되돌아가는 '거룩한 날(聖日)'로 간주한다. 나의 일본인 친구 가운데는 자주 등산을 하는 사람이 있다. 1주일 동안 신문도 읽지 않는다. 그리고 자연과 접촉하면서 자신을 발견하려 노력한다. 그의 말에 따르면, 신문을 읽지 않은 것만큼의 쾌감은 없다고 한다.

"신문은 나무를 베어 만든 펄프를 재료로 만들어지는데, 저다지도 아름다운 나무가 저렇게도 추한 신문으로 되어버린다는 것은 인간의 큰 죄이다."

라고 말한다. 1년에 1주간만이라도, 1주일에 단 하루만이라도 세속을 떠나서 자신을 인간으로서 발견한다는 것은 새로운 인간을 창조하는 것이나 다름이 없는 것이다.

《탈무드》에는,

"쉬는 방법에 따라 그 인간을 알게 된다."

는 말이 있는데, 휴일은 이처럼 중요한 것이다.

‡ 인간을 재는 척도

랍비 이츠하크는 이렇게 말한 바 있다.

"당신이 진정으로 신을 사랑하고 있는지 어떤지는, 당신이 친구를 어느 정도로 사랑하고 있는가에 의해 알 수 있다."

나는 여기에서 구약성서에 씌어 있는 이야기를 소개하고자 한다.

옛날에 전쟁이 계속되어서 혹독한 고통을 겪고 있는 나라가 있었다. 적을 맞아 싸우던 장군도 전쟁이 불리하게 되자 패배의 쓴잔을 마셔야만 했다. 왕은 그 장군을 해임했을 뿐 아니라 나라에서 추방하고, 다른 장군을 그 자리에서 임명하여 적을 치도록 명했던 것이다.

추방된 장군은 왕으로부터 자국을 배신한 것이 아닌가 하는 의심을 받고 있었다. 왕은 그가 진정으로 이 나라를 사랑하고 있었는가를 알고 싶어했다. 그러는 가운데, 왕은 그 장군의 충성심을 잴 수 있는 척도를 발견했다.

"만일 내가 의심하고 있는 사나이가 그의 후임으로 임명된 장군의 승전을 진심으로 기뻐하고 있다면, 그는 신뢰할 만한 사람이다. 그러나 경쟁자에 대한 시기나 모함하는 언행을 한다면 그놈에게 처벌을 내릴 것이다."

신은 인간의 마음 속에 깃들인 사악한 마음과 스스로 싸우도록 인간을 창조했다. 오늘날 많은 인간들은 악과 싸우고 신을 사랑하고 있다. 그런데 이 격렬한 싸움에 쓰러져 넘어지는 사람들도 적지 않다. 인간의 가치는 이웃사람들의 행복을 진심으로 기뻐해 줄 수 있는가 아닌가로 측정할 수 있다.

자신이 행복감에 젖어 있을 때 함께 그 기쁨을 나눌 만한 이웃이 있다면 얼마나 즐거운 일이겠는가? 앞에 든 일화는 단순히 1 대1의 인간 관계뿐만이 아닌 보편적인 인류애의 모습을 시사해 주고 있는 것이다.

이와 관련된 친구나 우정에 관한 유대의 명언이 있다.

★ 결점이 없는 친구를 가지려고 하면 평생 친구를 가질 수 없다.

★ 거울 속에 가장 좋은 친구가 있다.

★ 층계를 내려갈 때에는 부인과 함께, 그리고 층계를 오를 때에는 친구와 함께 하라.

★ 좋은 친구는 오래 된 술과 같다. 사귄 시간이 오래 되면 오래될수록 그 향기는 높아지기 때문이다.

★ 한 잔의 술이 백 사람의 친구를 만든다.

★ 미인 아내를 갖는 것은 나쁜 친구를 갖는 것과 같다.

‡ 타인의 장점을 본받으라

단단한 쇳조각을 손에 쥐고 있다 하자. 물론 누구나 금속은 무생물이라고 생각할 것이다. 그러나 사실은 금속의 내부에서는 미립자가 활발하게 움직이고 있는 것을 아는가? 금속 내의 미립자들은 그것들 나름대로의 법칙에 따라 바쁘게 운동을 하고 있는 것이다. 예를 들어 금속덩어리를 금괴(金塊)에 대고 세게 눌렀다가 얼마 후 떼어보면 외견상으로는 변한 것같이 보이지 않고, 또 반대로 금을 쇳덩어리에 대고 눌러보아도 금속덩어리는 이전과 아무런 변화가 없는 것처럼 보인다.

그러나 과학자의 연구에 따르면 그렇지 않다는 것을 알 수 있다. 금속을 다른 금속에 맞붙이면 기묘한 변화가 일어나 금 또는 쇠의 미립자가 다른 쪽 금속의 미립자 속으로 스며들어간다는 것이다.

마찬가지로 나는 인간과 인간이 만날 때에도 이와 똑같은 현상이 일어난다고 생각한다. 당신의 일부가 상대 속으로 들어가고, 상대의 일부가 당신 안으로 들어온다. 헤어진 후에는 아무 영향을 받지 않았다고 생각할는지 모르고, 상대의 얼굴이나 이름도 얼마 안 가 다 잊어버릴 수도 있다. 그러나 그 금속덩어리 두 개가 눌러붙었던 때처럼 미묘한 변화가 일어나게 된다. 그의 이름이나 얼굴을 잊어버렸다 하더라도 어딘가에는 당신의 의식 속에 당신이 접한 상대가 스며 남아 있는 것이다.

이와 같은 일을 생각해 보는 것은 두려운 일이기도 하다. 당신이 미워한 사람, 두려워한 사람, 혹은 싫어한 사람들도 당신 속에 파고들어와 있다고 생각하면 소름이 끼칠지도 모른다. 그러므로 내가 만나는 인간에게 어느만큼의 시간을 할애해야 하는가, 어느 선까지 연관을 맺어야 할 것인가를 신중히 생각하지 않으면 안 된다. 금속과 금속이 서로 영향을 미치게 되는 것처럼, 인간과 인간 사이에서도 같은 현상이 일어난다는 사실을 염두에 두자.

사람은 서로 영향을 미친다. 인간은 혼자서 살아갈 수 없으며, 혼자서 타락할 수도 없다. 자신과 어울리는 인간성을 지닌 사람을 만난다는 것은 인생에 있어서 매우 중대한 일이다. 좋은 사람과 만나면 그의 인간성을 본받아야 할 것이다. 본받는 것을 두려워해서는 안 된다.

인간은 누구든지 좋은 점을 본받으면서 성장해 간다. 우수한 예술가나 작가도 모두 처음에는 남을 본받음으로써 자신을 키워 나간다. 그리고 인간은 제아무리 흉내를 잘 낸다 하더라도 완전히 그 사람 자체가 될 수 없기 때문에 그것을 바탕으로 성장해 가면

되는 것이다

　모방은 많은 뛰어난 사람들로부터 얻는 편이 좋다. 어쨌든 인류가 진보한 것은 선인들의 업적을 이어받은 것이기 때문이다. 교육도 모방을 전제로 하는 것이다. 그렇지만 인간은 모방할 의지가 있고 없고를 불문하고, 앞서 말한 금속덩어리의 예처럼 자기도 모르게 영향을 받게 된다.

　그러므로 자신이 교제하는 사람들에 대해서는, 특히 젊을 때의 교제에 있어서는 신중을 기하지 않으면 안 된다. 그리고 자신에게 결점이 있다면 지금까지의 인생을 돌이켜봄으로써 바람직하지 못한 친구들로부터 영향받은 것이 많다는 사실을 알게 될 것이다.

＊ 친구에 대하여

　★ 완전한 친구를 찾는 자는 단 한 사람의 친구도 얻지 못한다. 친구에게서도 자신의 불완전함을 용서받으라.

　★ 좋은 것은 늙은 아내와 늙은 개다.

　★ 친구는 꿀과 같은 것이므로 전부 먹어 버리려 해서는 안 된다. 친구와 허물이 없다고 하여 아무렇게나 대해서는 안 된다는 뜻이다.

　★향수 가게에 들어가면 아무것도 사지 않아도 좋은 향기가 몸에 밴다. 좋은 친구를 가지면 자신도 진보한다는 뜻이다.

　★ 오랜 친구 한 명을 새로운 친구 열 명보다 중요하게 여기라.

　★ 자기가 없더라도 친구가 살아갈 수 있으리라고 생각하는 사람은 친구를 갖고 있다. 반면에 자기가 없어지면 친구도 살아갈 수 없으리라고 생각하는 사람은 친구를 갖고 있지 않는 것이다.

　★ 친구가 없는 자는 한쪽 팔밖에 없는 인간과 같다.

★ 친구에는 세 종류가 있다. 빵과 같은 친구는 항상 필요하다. 그리고 약과 같은 친구는 가끔 필요한 친구다. 그러나 병(病)과 같은 친구가 있다. 이런 친구는 피해야 할 친구이다.

★ 친구를 구덩이에서 구할 때에는 자신도 흙탕물을 뒤집어쓰는 것을 두려워해서는 안 된다.

★ 철새와 같은 친구를 사귀지 말라. 날씨가 추워지면 날아서 달아나 버리므로.

★ 개와 놀면 이가 옮는다.

‡ 자신의 행동으로 모범을 보여라

사람이 가장 범하기 쉬운 과실은 무엇인가? 그리고 과실 가운데 가장 전형적인 과실은 무엇일까? 그것은 자신이 무언가 좋은 일을 하지 않아도 누군가 다른 사람들이 해 주기 때문에 사회가 기능을 잘 발휘해 가고 있다고 생각하는 것이다.

이것은 기생충과 같은 비겁한 태도이다. 스스로가 무언가를 시도하지 않은 한은 결코 사회가 그 기능을 훌륭히 발휘할 수 없는 것이다.

대부분의 사람들은 '좋은 가족 관계를 유지하고 싶다. 가정 생활에도 성공하고 싶다. 좋은 지역 사회를 만들고 싶다. 좋은 나라를 만들고 싶다'라고 말할 것이다. 그리고 대부분의 사람들은 좋은 가정, 좋은 사회, 좋은 직업을 창조해 간다든가, 좋은 나라를 만들기 위한 방법을 알고 있다.

그러나 단지 방법을 알고 있는 것만으로는 아무런 의미가 없다. 다시 말해서 무엇이 좋은가, 무엇이 나쁜가 하는 것을 판단할 수 있는 것만으로써는 불충분하다는 것이다. 또 다른 사람들에게 좋은 일을 하도록 권유하는 것만으로도 불충분하다.

우리들은 다른 사람의 과실이나 부정에 대해서는 아주 민감하다. 그러나 자기 자신의 과실이나 부정에 대해서는 상상외로 매우 관용적이다. 자기에게만은 특권이 있는 것처럼 착각을 하고 있다. 자기 자신의 변명이나 이유를 가장 잘 들어주는 사람은 바로 자기 자신이다. 우리들은 자신의 아내나 자녀들, 자기의 동료나 상사 또는 주위 사람들 모두에 대해 자기만의 엄격한 기준을 세워놓고 있다. 그렇다면 자기 자신에게도 그와 같은 것을 요구하고 있는가? 그 중 중요한 과실은, 자신이 모범을 보이지도 않고 다른 사람들에게만 좋은 일을 하기를 기대하고 있는 것이다.

그렇다면 바람직한 가정(또는 가족)이란 어떤 것일까? 그것은 바로 가족 구성원들이 서로 좋은 영향을 미치는 가족이라 하겠다. 다시 말해서 부모도 자식도 함께 발전을 꾀하여 자기표현을 할 수 있는 기회나 분위기가 가능한 환경을 모두가 힘을 모아 만들고자 하는 가정을 말한다. 다만 가족이라는 단위로 묶여 있는 관계만으로는 충분치 못하다. 또 서로 자기만의 자유를 추구해서도 안 된다. 가족이 다함께 꽃을 피워 나가는 분위기의 가정을 말하는 것이다.

좋은 가정을 만들기 위해서는 창조적인 노력이 필요하다. 가족은 두말할 나위 없이 피를 나눠 받고 있는 혈족 관계이다. 하지만 가족 구성원들은 제각기 각각의 독특한 개성을 가지고 있다. 자기 나름대로의 이해 관계도 가지고 있다. 그러므로 서로서로 이해와 인내심을 갖추고 있지 않으면 가정과 자신은 물론 가족 모두가 불행해진다. 그러나 무엇보다도 자기 자신이 좋은 행동으로 모범을 보이려고 항상 노력하지 않으면 안 된다.

솔선 수범을 보인다는 것은 가장 좋은 교육이 된다. 좋은 행위이건 나쁜 행위이건 간에 가족들은 그 행위에 영향을 받는다. 모범을 보이기 위해서는 자기 기준이 뚜렷이 확립되어 있지 않으면 안 된다. 솔선 수범을 보일 수 있는 사람은, 비록 상대가 알아주지 않는다 하더라도 말없이 모범을 보인다. 그러면 언젠가는 사람들 역시 그를 따르게 마련이다. 자아가 확립된 인간은 타인을 따라 부화뇌동하지 않는다.

솔선하여 모범을 보여주는 사람들은 설사 역사에 의해서 기록되어 남지 않을지도 모르지만, 오늘날 우리의 세상이 발전을 거듭하고 진실된 면이 있다 한다면, 그것은 바로 이러한 무명의 전사와도 같은 한 사람의 작은 역할이 남겨놓은 유산이 아니겠는가. 가족 구성원이 바로 그러한 작은 발판이 되어야 하는 것이다.

헤브라이어의 1이라는 말은 '에하트'라고 하는데, 이것은 숫자의 1을 의미하는 외에 '훌륭한'이라는 의미도 지니고 있다. 언제나 자신이 1이 되도록 노력하라는 훌륭한 어원이다. 1은 가장 명예로운 숫자이다. 자신의 행동으로부터 모범을 실천토록 하라.

그 첫번째로 좋은 가정을 만드는 일부터 시작하는 것을 목표로 삼아보라. 좋은 가정을 만드는 것은 곧 좋은 직장, 좋은 지역사회를 만드는 것과 직접 이어지는 것이다.

그렇다면 참된 지도자란 어떠한 사람을 말하겠는가? 그것은 다름아닌 솔선 수범을 할 수 있는 사람을 말한다. 즉, 시작을 창조해낼 수 있는 사람을 말한다. 두 번째부터는 이미 따르는 사람이 되는 것이다.

《탈무드》에서도 지도자나 리더십에 관해 다음과 같이 쓰고 있다.

★ 육체는 머리에 따르게 되어 있다.

★ 선장을 잃은 배는 키를 잃은 것과 같다.

★ 높은 지위에 오른 자는 처음부터 그와 같은 지위를 목표로 한 자는 아니다.

★ 비난에 대해서도 미소로써 답할 수 있는 사람은 지도자의 자격이 있다.

‡ 진정한 친구란?

러시아의 한 마을에 살고 있던 어떤 랍비가 제자들에게 이렇게 말했다.

"이웃을 진정으로 사랑한다는 것이 어떠한 것인가를 깨닫게 된 일을 이야기해 주겠네. 우연히 어느 두 시골 사람의 대화를 듣게 되었지. 한 사나이가 '지금 자네는 나를 친구로서 중요하다고 여기는가?' 하고 물었다네. 친구는 '물론 자네를 중요하게 여기지'라고 대답했지. 그러자 사나이는 '내가 아픔을 느낄 때 자네는 그걸 알 수 있는가?' 하고 다시 물었지. 그러자 친구는 '물론 그것은 좀 힘들겠지. 자네가 아픔을 느낄 때 어째서 아픈지 피부로 느낄 수는 없겠지'라고 대답했네. 그러자 사나이가 '무엇이 나를 괴롭히는지를 알지 못하면서 어찌 나를 중요하게 여긴다고 말할 수가 있는가'라고 말하더군. 이만하면 알아듣겠는가?"

하고 랍비가 물었다.

"네, 알겠습니다. 참으로 상대를 중요하게 여긴다고 하는 것은, 왜 그 사람이 괴로워하고 있는가를 알아주지 않으면 안 된다는 거로군요."

하고 제자들은 대답했다.

인간이 평생을 살자면 친구를 필요로 한다는 것은 누구나 알고 있는 사실이다. 건강이 좋고 일을 활기차게 할 수 있을 때에는 모든 사람들이 친구들과 인생을 서로 나누고 즐긴다. 그리고 어려움에 처할 때에는 친구의 도움을 필요로 한다. 그러다 나이가 들어 늙어지면 의지하고 싶은 마음으로 친구를 필요로 하게 된다.

‡ 성실하게 사는 생활

'성공도 실패도 하나의 버릇에서 온다'라는 유대인의 속담이 있다.

이것은 음미해 볼 만한 깊은 뜻을 담고 있다. 근면과, 인생에 있어서의 성공은 표리의 관계로 맺어져 있다. 근면하기 때문에 성공한 사람은 있어도, 게을러서 성공했다는 사람 얘기는 동서고금을 막론하고 들어본 적이 없다. 물론 근면한 것만으로 성공할 수 있다는 얘기는 아니다. 그러나 역시 근면한 것은 성공을 이루게 되는 기본 조건임에 분명하다.

《탈무드》에도 이런 말이 나온다.

"이 세상에서 가장 한심한 것은 할 일이 없는 것이다."

성공으로 하자면 자연히 고생이 따른다. 옛날 사람들을 생각해 보자. 그들의 불을 일으키는 데 오랜 시간이 걸려서 나무나 돌을 문질러대지 않으면 안 되었고, 나무 열매를 따기 위해서 숱하게 나무에 기어오르지 않으면 안 되었다.

성서의 〈시편〉에는,

"눈물을 흘리며 씨를 뿌리는 자는 기쁨으로 거두리로다."(126편 5절)

라고 노래하고 있다. 그러나 근면이라든가 게으름은 본성에서 나오는 것이라기보다 습관화되어 있는 경우가 많다. 물론 어렸을 때의 가정 환경이나 가정 교육·학교 교육도 커다란 영향력을 미친다. 비유가 어울릴지 모르겠지만 물이 높은 곳에서 낮은 곳으로 흐르듯이, 인간도 괴로운 것을 피해서 향락 쪽으로 향하기가 쉽다.

한편 근면에는 두 종류가 있다. 첫째는 외부로부터 강요당한 근면이요, 둘째는 스스로 자진해서 하는 근면이요. 이전에 가난했을 때 논밭이나 작업장에서 오랜 시간 동안 열악한 노동 조건하에서 기계적으로 일을 하던 것은 삶을 유지하기 위한 필요에 의해서 강요되어진 근면이었다. 그렇지 않으면 생계를 유지할 수가 없었기 때문이었다.

이러한 근면은 외부 조건으로부터 강요되어진 것이다. 한때 중국이나 동남아시아의 농민들은 선진국 사람들의 강요에 의해 기가 막힐 정도로 오랜 시간을 논밭에 매달려 허덕이며 일을 했는데, 그런데도 생활이 향상되지 않은 이유는 그것이 외부로부터 강요당하여 일을 한 때문이다.

샐러리맨들이 잔업까지 해가며 허덕거리는 것을 외부로부터 강요된 근면이다. 이와 같은 근면은 외부로부터의 압력이 사라져버리면 아무것도 남지 않게 된다.

주부가 가사에 힘쓰는 것도 외부로부터 강요받고 있는 근면이다. 그래서 직장에서 정년 퇴직하였거나, 주부의 경우 자식이 분가를 해 할 일이 없게 되면 삶의 의미를 상실해 버리기까지 하는 것이다.

일을 자진해서 하는 근면은 자신의 것을 창조하며 조금씩 조금씩 자신을 발전시켜 나가게 된다. 그리고 시간의 흐름에 따라 자아를 확립시켜 가게 되는 것이다. 그러나 예상외로 선천적으로 근면성을 몸에 지닌 사람도 많이 있다.

동양에서는 영어를 배우고자 하는 열기가 높으므로 영어 배우는 것을 한 예로 들어보겠다.

아침에 30분만 일찍 일어나 1년간 영어를 공부하여 기초를 익히려 계획했다고 하자. 실제로 나의 친구 가운데 그런 사람이 있었다. 그런데 집이 작았으므로 매일 아침 따스할 때는 옥상에 올라가 테이프를 사용하여 자습을 했다. 그리고 겨울에는 자동차 안에서 공부했다고 한다. 1년 후에 그의 영어 실력은 놀라울 정도로 향상되었고, 그 결과 회사 내 진급시험에 통과하였다.

나의 친구에게 가장 힘들었던 때는 언제였느냐고 물어보았다. 그러자 그는 시작하고 나서 1개월까지였는데, 그 이후에는 습관이 되어 어려움이 없었다는 것이다. 그러므로 속담처럼 새로운 버릇을 자신에게 붙이도록 하는 것이 성공의 열쇠가 되는 것이다.

‡ 시간의 중요성

젊은시절에는 시간의 중요성을 깨닫지 못한다. 아이들은 시간 감각을 느끼지 못한다. 그러나 성장해 감에 따라 시간이 곧 재산임을 알게 된다. 돈에 대한 감각도, 시간에 대한 감각도 어른이 되어야 비로소 피부로 느끼게 되는 것이다.

시간은 둘도 없는 소중한 존재이다. 인간은 모두 이 사실을 알고 있으면서도 알게 모르게 시간을 낭비하게 되는 것이다. 그러나 만일 시간을 유익하게 사용하지 않고 있다면, 이것은 시간이 인간을 망치게 하는 결과가 된다. 그렇게 되면 시간이 우리들을 통과해 지나가는 것이 아니고, 우리들이 시간을 통과해 가는 것이다. 시간을 비유하자면 재빠른 동작의 값비싼 짐승과도 같다. 그러므로 그런 짐승을 잘 잡는 자가 성공을 한다.

인간이 다른 동물과 다른 점은, 인간은 시간을 인식하고 있으며, 그 시간을 어떻게 활용할 것인가를 미리 계획할 수 있는 데 있다고 생각한다. 동물에게는 현재밖에는 존재하지 않으며, 그들은 현재를 붙잡을 줄밖에 모른다. 그러나 똑같은 인간이라도 현재만을 생각하고 살아가고 있는 인간과 미래를 생각하고 살아가는 인간과의 사이에는 커다란 차이가 있다.

우리들은 이 시간을 한 번밖에는 체험하지 못한다. 만일 우리들이 인생을 두 번 살 수가 있다고 한다면, 물론 아주 다른 인생이 될 것이 틀림없다.

‡ 개성적인 사람

사람은 누구나 자기 자신을 중히 여겨야 한다. 자신이 진정으로 자신을 존중하면서 성실한 태도로 임할 때 개성이라는 것이 생겨난다. 그리하여 자기의 개성을 통해서 이 세계에 공헌할 수가 있게 된다. 개성을 살리는 것은 인간의 의무라고 해도과언이 아니다.

앞에서도 말한 바와 같이 '헤브라이'라는 말의 의미는 '대안(對岸)에 선다'고 하는 뜻이다. 반대한다는 것을 두려워해서는 안 된다. 그리고 다른 사람이 자신에게 반대하는 것을 용서하지 않으면 안 된다. 왜냐 하면 서로 다른 것들이 경쟁을 함으로써 새로운 것이 탄생되기 때문이다. 세계가 완전히 한결같다면 진보나 발전이 결코 생겨날 수가 없을 것이 아닌가.

《탈무드》는 수많은 랍비들의 논쟁을 수록한 책이다. 말하자면 현명한 랍비들의 대화를 몇 백 년이라는 긴 세월 동안 테이프에 녹음해서 정리한 것이 바로 유대인의 영지(英智)를 집대성한 훌륭한 책이 된 것이다.

"만일 모든 사람들이 한 방향으로만 향해 나간다고 하면 세계는 기울어져 버리고 말 것이다."

모든 것이 동일하다면 세계는 중심을 잃어버리게 된다는 뜻이다. 개성이 왜 이토록 중요한가를 예를 들어 알기 쉽게 설명해 보자.

어느 나라에나 다방이 많다. 다방이라는 것은 그 주변 일대의 손님들을 상대로 하는 것이 필연적이라고 하겠다. 이것은 상권(商圈)을 좁힌 상업이다. 샐러리맨의 점심을 주로 하는 식당 역시 그 상권이 좁아서 가깝기 때문에 편리하다는 손님밖에는 오지 않는다. 그러나 특색이 있고 전문화되어 있는 식당의 경우에는, 그 곳이 어느 지역이 되었건 많은 손님들이 먼곳까지 찾아오게 된다. 그러면 자연히 상권이 넓어진다. 이래서 이른바 '단골집', '단골 손님'이라 부르는 명칭이 생기는 것이다.

인간도 이와 같이 진정 개성이 있는 사람은 자신의 '상권'이 넓어지게 된다. 왜냐 하면 그 사람의 개성을 찾아 멀리서도 사람들이 찾아들기 때문이다. 아인슈타인은 세계 전체가 그의 상권이었다고 말할 수 있다. 인간에게는 '다방형'과 매우 특색이 있는 전문화된 '식당형' 혹은 '단골형'이 있다. 그 어느 쪽이 되는가는 그 사람이 자신의 개성을 어떻게 키워나가는 데 달려 있는 것이다.

‡ 선행(善行)의 가치

옛날에 향유는 값비싼 것이었다. 성서에도 "선행은 값비싼 향유보다 존귀하다"고 씌어 있다.

★ 좋은 향유는 아래로 향해 떨어지지만, 선행에 의해 얻어진 명성은 위로 올라간다.

★ 값비싼 향유는 일시적인 것이지만, 선행은 없어지지 않는다.

★ 향유는 돈으로 살 수 있지만, 선행은 절로 나오는 것이다.

★ 향유는 살아 있는 자에게만 도움이 되지만, 선행은 죽은 후에도 남는다.

★ 향유는 부자만이 살 수 있는 것이지만, 선행은 가난한 자나 부유한 자나 모두 할 수 있다.

★ 향유의 좋은 향기는 집 안만 가득 채울 수가 있지만, 선행은 온 나라 안에 퍼져 알릴 수가 있다.

선행을 너무나 권장하면 보면 아무래도 도덕을 설교하고 있는 것처럼 들릴지도 모른다. 삶의 지혜를 말하는 이 책에는 어울리지 않는다고 느낄 독자도 있을지 모르겠다. 하지만 선행을 쌓은 사람은 주위 사람들로부터 신뢰를 받게 되고 사랑받게 되고 존경받게 된다. 왜냐 하면 선행은 성의가 없으면 불가능하며, 사람들은 그 성의를 높이 평가하기 때문이다.

‡ 생과 훌륭하게 타협하는 방법

우리들은 가끔 이 세계가 부정으로 가득 차 있는 것처럼 생각되어 좌절감을 느끼게 되는 일이 있다. 부정이 너무나도 사회에 만연되어 있어 우리들의 가는 길을 가로막고 있는 것으로 생각되는 경우이다. 그러므로 부정에 대항해 싸우기보다는 차라리 타협하는 편이 낫지 않을까 하고 느껴질 때가 많은 것이 사실이다.

그러나 만약 당신이 너무나 지쳐 있다면 조금 다른 방법을 생각해보라. 부정에 대항하여 싸우는 것이 아니라, 그 반대의 일을 해보는 것이다.

이것을 질병에 비유해 보자. 큰 병에 대항해 투병을 한다는 것은 매우 힘든 일이다. 열이 나서 약을 먹으면, 또 그 약의 부작용이 일어날지도 모른다. 그럴 경우 또 약을 먹는다.

그러나 '사후 약방문'을 하기보다는 미연에 건강을 강화시키는 것이 좋다. 운동, 균형있는 식사, 규칙적인 생활 등이 인간을 건강하게 만든다. 건강을 강화시킴으로써 어떤 병에 걸리더라도 그 병을 이길 수 있다. 요컨대 생사의 갈림길에서 삶 쪽을 강화하면 죽음은 그만큼 약화된다는 뜻이다. 이것은 질병에 대해 치료를 하는 것과 같이 죽음과 직접 싸울 것이 아니라, 생과 훌륭하게 협력하라는 것이다.

생과 생의 사이에도 같은 관계가 성립된다. 자신이 올바른 생활을 함으로써 세상의 부정을 이겨낼 수가 있다. 다른 사람이 부정을 저지르는 데 대해서 공박을 하는 것도 하나의 수단이다. 그러나 자신이 올바르게 처신하고 정당한 생활을 하는 것이 보다 더 그만큼 세상으로부터 부정을 몰아내는 결과를 가져올 수가 있다.

《탈무드》는 이렇게 비유하고 있다.

"누군가가 촛불을 들고 있으리라 생각을 하고 어두운 방 안에 들어갔는데, 어느 한 사람도 촛불을 들고 있지 않았다. 어두운 방일지라도 한 사람이 하나씩 촛불을 들고 있다면 방 안은 대낮처럼 환하게 될 것이다."

"좋은 것은 나누어 가지면 좋지만, 자기의 책임은 나누어 갖지 말라."

또 고대의 랍비는 이렇게 경계하고 있다.

어떤 일을 환경이나 다른 요인으로 책임을 전가시키려 할지라도, 언제나 자신은 그 곳에 남는다. 그런데도 타인의 탓으로 돌리려고 하는 것은 이기심의 발로라고 밖에 볼 수 없다. 이기심이 개입되어 있는 자체가 자신이 분명하게 존재하고 있다고 하는 증거가 아니겠는가.

결국 세계의 중심에 자신이 있는 것이다. 자신을 완전히 없앨 수가 있다고 한다면 자신의 책임을 없앨 수도 있을 것이다. 그렇지만 자신이 있는 한, 50퍼센트는 환경의 탓으로 돌릴 수 있다

하더라도 나머지 50퍼센트는 항상 자신에게 책임이 주어진다.

자신으로부터 도망칠 수는 없다. 타인으로부터 자신을 감추려고 하는 것은 쉽지만, 자신의 양심으로부터 도망칠 수는 없는 것이 하느님이 주신 인간이다.

‡ 도덕에 대한 조언

이 책은 삶의 지혜를 가르치는 책인 데도 도덕적인 것을 강조하고 있다. 따라서 도덕에 관한 책이 아닌가 하고 이상하게 생각할 독자도 있을지 모르겠다. 그러나 '살인을 하지 말라'라든가, '거짓말을 해서는 안 된다'라든가, '도둑질하지 말라'라는 등의 가르침은 도덕적인 가르침이라고 하기보다 인간이 공동 생활을 영위해 나가는 데 있어서 원만한 생활을 해나갈 수 있도록 이끌어주는 일종이 지혜라고도 볼 수 있는 것으로 생각된다.

예를 들어 '거짓말을 해서는 안 된다'라는 말을 들어보면, 거짓말이라고 하는 것은 당사자인 본인은 제쳐놓고 다른 어떤 사람에게 있어서도 아주 불리한 것이다. 또 도둑질을 하는 자는 자신에게는 무언가 얻어지는 것이 있을지는 모르나, 하지만 도둑질은 사회 생활을 영위하는 다른 사람들에게 있어서는 악이 되는 것이다.

그리하여 도덕은 모든 사람들이 타인에 대해 불리한 행동을 하지 않도록 규제한 것이다. 다시 말해서 도덕이란 타인에 대한 동정심이라고 생각된다. 그리고 동정심이 있는 인간은 모든 주위사람들이 좋아하게 되고, 신뢰를 하게 되고, 필요로 하는 존재가 된다.

제아무리 극악무도한 사람이라 하더라도 자기들 동료끼리는 상상외로 의리와 도덕을 목숨처럼 여기고 있는 경우를 종종 볼 수가 있다.

한마디로 도덕은 인간 생활에 있어서 무엇보다 중요한 것이라고 하겠다.

‡ '안 된다'고 말할 줄 아는 용기

천사와 인간은 어떻게 다른가? 천사의 특성은 그들이 항상 순진 무구해서 결코 더럽혀지는 일이 없다는 것이다. 그러나 그들의 결점은 진보나 향상을 할 수가 없다는 것이다. 인간의 결점은 부패한다는 데 있다. 반면에 장점은 향상할 수가 있다는 것이다. 인간은 이와 같은 장점과 단점을 지니고 있으므로 장점을 이용하면 두말할 나위 없이 커다란 힘이 되는 것이다.

인간은 완전 무결한 존재는 아니다. 또 그렇게 될 수도 없다. 완전함은 하나의 이상(理想)에 불과하다. 그리고 이상은 넓은 대양에 떠 있는 선원의 배를 인도해 주는 밤하늘의 별과 같은 것이다. 쉽게 말해서 배가 별을 따라가도 하늘의 별에 이를 수는 없는 것이다.

그러나 별을 따라 별에 가까이 가려고 함으로써 마침내 목표로 하는 바른 길을 갈 수가 있게 된다.

인간에게 있어서 이상은 거의 같은 것이다. 불완전하지만 완전함에 가까이 가려고 함으로써 올바른 길을 걸어갈 수가 있다. 올바른 길을 가기 위해서는 용기가 필요하다. 힘이 없으면 걷지 못하는 이치와 같다. 그러나 자신을 힘으로 강제할 수는 있을지라도, 타인의 힘으로 자기를 강제할 수는 없을 것이다. 고대의 랍비들은 타인을 그렇게 하려고 생각한다면 여자와 같은 상냥함이 필요하다고 말하고 있다.

하느님은 인간에게 남자의 강인함과 여자의 상냥함을 무기로 주었다. 완전을 추구하는 것은 하느님이 주신 능력을 뛰어넘으려는 무리한 행위이며, 타인에게 그것을 요구하는 사람은 교만한 자라고 할 수 있다.

완전하게 될 수 없는 것을 알면서도 거기에 가까워지려고 노력하는 사람은 겸허한 자이다. 겸허한 사람은 자신의 능력을 여유로 남기고 있다. 그러나 오만한 자는 자신의 능력 이상으로 행세하려 한다. 그러므로 겸허한 인간 쪽이 강한 사람이라 할 수 있다.

이것은 자신감과 자아 도취의 차이이기도 하다. 자신감을 갖고 있는 사람은 자신의 능력의 한계를 잘 알고 있지만, 자아 도취에 빠져 있는 사람은 자신의 능력의 한계를 알지 못한다. 《탈무드》에는 이것을 비유하여 이렇게 쓰고 있다.

"자신에게 가능한 일을 성취시키려고 하는 것이 인간이며, 신은 자신이 하고 싶은 일을 바란다."

이 말을 되풀이해 되새겨 보면 그 진리를 깨달을 수가 있게 된다. 겸허함을 통해서만 사람들을 지도할 수 있는 힘이 나온다. 겸허한 사람은 또 관용스럽기도 하다. 여자의 상냥함이라고 하는 것도 관용을 의미하는 것이다.

그렇긴 하지만 원칙이 없는 관용이란 올바르지 못한 방종이 되어버린다. 분명한 하나의 한계점이 없어서는 안 된다. 대부분의 아버지들은 자녀들에게 무조건 '좋아, 좋아' 하고 허용해 주는 것이 현대적이고 멋진 아버지라고 생각하는 것 같다. 아마도 관용적인 아버지라는 뜻일 것이다.

정치가들 중에도 어떤 일에 대해서는 이와 같이 '좋아, 좋아'하는 식으로 현상을 나타내는 것은 사회가 퇴보하고 있는 현상이라고 지적하는 사람들도 있다.

내가 일본에 있을 무렵에 거절(또는 거부)의 중요성에 대해 들은 바가 있다. 상대가 말하는 것은 무슨 말이든 귀를 기울여 볼 점이 있다는 뜻이다. 과연 그것이 좋은 일일까?

《탈무드》는 말하고 있다.

"타협을 해서 득을 얻겠다고 생각한다면 큰 오산이다. 오히려 터무니없는 손해를 보게 된다."

젊은 시절에는 공산주의자였고, 그 때문에 나치 독일에 쫓겨 런던으로 망명한 철학자 칼 만하임은 이렇게 말하였다.

"자유주의자들이 중립성과 관용 정신을 함께 갖추었던 것이 실패의 원인이었다. 만일 그 때 '안 돼, 안 돼' 하고 분명히 말할 수 있었더라면, 나치스는 정권을 장악하지 못했을지도 모른다."

나치스와 같은 전체주의(全體主義)는 이와 같은 중립주의나 그릇된 관용 정신에 의해 불붙어 가는 것이다. '안 된다'고 생각될 때에는 분명하게 '안 된다'고 외칠 만한 용기를 지니고 있어야 한다는 뜻이다. 언제 어디서나 대화중에도 '안 됩니다'라고 말할 수 있는 용기가 필요하다.

＊ 정정당당한 경쟁 정신

랍비 이스라엘 샐런터는 어느 날 두 명의 소년이 '누가 더 키가 큰가' 하는 입씨름을 벌이는 것을 지켜보고 있었다. 한 소년은 다른 소년을 도랑 가운데다 세워놓고 자기가 더 크다고 우겨 댔다. 이것을 본 랍비 이스라엘은 안타까운 표정을 지으며 이렇게 한탄했다.

"이것은 남이 자기보다도 못 하다는 사실을 증명하기 위해 전 세계에서 언제나 행해지고 있는 방식이 아닌가? 만약 상대방을 도랑 가운데 세울 수가 없었다고 한다면, 자신이 의자 위로 올라

가더라도 자기가 더 크다는 사실을 증명하려고 들 것이 틀림없으
니 ……."

내가 일본에 살고 있을 때, 경마에서 말에게 흥분제를 주사하거
나, 야구 경기에서 선수로 하여금 점수를 조작하게 한 사건들을
매스컴을 통해 자주 접하였다. 나쁜 일은 대개 다 드러나기 마련
이며, 언제나 뒷맛이 씁쓸한 것이다.

이것은 개개인의 경쟁에 있어서도 마찬가지라 하겠다. 상대방에
게 자기만 유리한 경기를 강요해선 안 된다. 도금은 언젠가는 벗겨
지기 마련이다.

ꝰ 명성에 대하여

인간은 본능적으로 좋아하게 되어 있는 것을 두려워해서는 안
된다. 사실 돈·술·섹스 같은, 인간에게 매력 있는 것은 모두가
두려운 존재이다. 명성 또한 그렇다. 확실히 인간은 명성(명예)에
대한 좋은 평가를 지니지 않으면 안 된다. 사람들로부터 무시를
받는 것만큼 치욕적인 것은 없다고 할 수 있다. 또 타인들로부터
자신의 존재가 인정을 받게 되면 그만큼 생활의 안정과 발전에
좋은 영향이 미치게 된다.

《탈무드》는 다음과 같이 경계하고 있다.

"명성은 손에 넣지 않으면 안 되는 것이다. 또한 명예는 잃어서
도 안 되는 것이다."

그리고 계속해서 이렇게 말하고 있다.

"그러나 명성은 스스로가 추구하여 손에 넣어지는 것은 아니다. 명
성은 사람들에 의해서 자연히 주어져야만 하는 것이다."

하긴 이와 같이 책 속에서 말하고 있는 저자마저도 스스로 명성

을 추구하고 있는지도 모르겠다. 인간이라면 아이들이나 어른이
나 할것 없이 사람들로부터 인정을 받고 싶어하는 마음이 본능적
으로 내재되어 있는 것 같다.

그리하여 《탈무드》에서도 이렇게 말하고 있다.

"명성을 추구하여 쫓아가는 자는 명성을 따라잡지 못한다. 그러
나 명성으로부터 도망쳐 달아나는 자는 명성에 의해 붙잡히게 된
다."

‡ 죄에 대하여

모든 유대인들은 '욤 키플'의 날에 자신이 범한 죄와 마주대하게
된다. 이 날에 유대인들은 죄를 고백하고 용서를 빈다.

우리들은 용서를 구하기 위해서 기도한다. 그러나 요즘에는 죄
를 단순히 종교적인 면으로만 취급하지 않고 있다. 일찍이 고대
에는 죄의 용서를 빌기 위해서 제단에 제물을 바쳤었다. 죄는 이
제단 위에서 탄핵되어진다고 생각했던 것이다. 죄인은 신의 노여
움을 사는 것으로 되어 있었다.

그러나 근대에 들어오면서 인간은 신에 대해서보다도 인간에게
관심을 더욱 쏟게 되었다.

이와 같은 새로운 토양에서 사회 행동 과학이 생겨나고, 죄도
그러한 각도에서 다루어지고 있다. 예를 들면 경제학자는 죄의
원인을 사회의 경제 구조에서 찾는다. 죄는 경제적인 욕망에서
생겨나는 것일 뿐만 아니라. 강자에 의한 약자에의 수탈이나 경
제적인 부정 속에서 생겨나는 것이라고 주장한다. 물론 경제학자
들의 이와 같은 주장에는 충분한 일리가 있는 것이다.

성서에는 '사람은 빵만으로 살 수 없다'라고 씌어져 있다. 이 뜻

은 동시에 인간은 빵에 의해 살아가는 것임을 인정하는 것이다.

성서는 '만일 사람이 배고픔을 채우기 위해 도둑질을 했다면 용서하지 않으면 안 된다'라고 말하고 있다.

물질적으로 축복받지 못한 사람은 죄를 범하기 쉽다. 빈곤은 범죄를 낳는다. 가난은 아름다움을 잃게 만든다. 굴욕감은 자포자기적인 태도를 배양시킨다. 물질적으로 너무 풍요한 축복을 받고 있는 사람도 한층 더 큰 유혹과 만남으로써 더욱 탐욕적으로 되어 죄를 범하기 쉽다. **쾌락은 대부분은 죄가 되기 쉽고, 죄의 원인은 대부분 쾌락에 있다.**

한편 사회학자들의 죄의 원인을 다음과 같이 규명했다. 그들은 빈민가나 혹은 가정적인 불화 등 많은 사회 환경을 죄의 원인으로 삼고 있다. 물론 그들의 연구를 무시할 수는 없다. 분명 사회 환경에 따라서 행함에 의해 좋은 일과 나쁜 일과의 기준이 달라지는 수도 있을 것이다.

'주거 환경이 나쁘다. 교육의 질이 나쁘다. 만족스런 직업을 얻지 못한다. 민족적인 차별을 받는다. 정치가 부패하다'는 등의 이유는 모두 죄를 낳기 쉬운 사회를 만든다.

심리학자들도 죄의 원인을 구명했다. 그들은 인간의 어렸을 때부터 어떠한 교육을 받아왔는가 하는 것에서부터 의식 속에 있는 무의식을 조사하여 죄를 범하게 되지 않을 수 있는 원인을 발견해 내고자 하였다. 범죄의 원인에 대한 이와 같은 심리학적 연구도 매우 중요한 것이다.

이상에서 언급한 바와 같은 분야에는 유대인 학자들이 많다. 유대인의 전통에서는 미지의 분야에 초점을 맞추는 것이 적극적으로 장려되고 있기 때문이다.

그런데 한 가지 분명한 것은 죄는 개인의 문제이다. 최종적으로는 개인의 책임에 딸린 문제인 것이다.

유대인들은 이런 사고 방식을 고수해 왔다. 죄는 태어나면서부터 인간에게 주어져 있는 것은 아니며, 게다가 사회 환경에 의해 강요되어지는 것도 아니다. 그렇다면 다른 것에 의해서 조종되고 있는 것으로서, 자신 속에 존재하는 것으로 결론이 나온다. 자부심은 자아가 완전히 확립되어 있는 데서 출발된다. 결국 죄는 개인이 스스로 만들어 내는 것이다.

만일 과학적인 연구가 개인의 책임감을 희박하게 만들어 버린다면 유감스러운 일이다. 그러나 물론 인간은 타인에 의해 자유자재로 조종될 수 있는 약한 존재는 결코 아니다.

《탈무드》나 유대의 잠언집에 나오는 죄나 부정에 관한 명언들을 모아보면 놀라운 것들이 많다. 유대인의 중용적인 사고방식을 여기에서도 엿볼 수가 있다.

★ 근거가 없는 증오만큼 큰 죄악은 없다.

★ 죄를 범한 자는 아무도 쫓아오지 않는데도 도망친다.

★ 침묵은 고백과 같을 수도 있다.

★ 나쁜 일도 선행도 우리의 똑같은 손이 하는 일이다.

★ 악의 충동은 인간에게 도움이 된다고도 할 수 있다. 왜냐하면 악의 충동이 전혀 없다면, 인간은 아무도 집을 짓거나 아내를 얻거나 자녀들을 낳거나 사업에 정력을 쏟지 않을 것이기 때문이다.

‡ 작은 부속품의 큰 역할

인생은 어떤 일에서도 배울 점이 있다. 나의 경험담을 예로 들어보겠다. 나는 결혼 초기에 장인과 함께 살았었다. 장인은 시계

수리점을 하고 있었다. 어느 날 나는 유명한 랍비를 만나기 위해 여행을 생각하고 있었는데, 그러기 위해서는 돈이 필요했다. 그래서 나는 장인에게 이렇게 제안했다.

"만일 저에게 5달러를 주신다면, 아버님께서 애쓰고 있는 그 시계를 제가 고쳐드리겠습니다."

장인은 수긍이 갔던지 우선 손목시계 하나를 나에게 건네주었다. 나는 시계를 분해하여 돋보기로 보면서 조심스럽게 어디가 고장이 났는지를 찾았다. 그러다가 나는 작고 가느다란 털과 같은 스프링이 뒤틀려 있는 것을 발견했다. 그리하여 곧바로 장인에게로 달려가서 새 부속품을 받아다가 그것을 바꿔 끼웠다. 그러자 시계는 정상적인 소리를 내면 다시 돌아가기 시작했다.

그 때 나는 한 가지 사실을 깨달았는데, '이렇게 작은 부속품이 시계를 멈추게 하는 수도 있구나. 그러므로 인간도 마음의 극히 작은 일부분일망정 뒤틀려 버린다면 사물을 올바르게 볼 수 없게 되는 것이 아닐까?' 하는 것이었다.

이와 같이 비록 아주 작은 사건이지만, 나에게는 귀중한 인생의 지혜를 지금까지도 가르쳐 주고 있는 것이다.

당신께 권하는 지혜의 책

신국판/각권 7,000원

귀여운 여자라는 말보다 지혜로운 여자라는 말을 듣고 싶다

이 책을 통하여 남자 친구의 심리를 들여다보십시요. 그리고 자기
사람으로 만들어요. 사랑받는 지혜로운 여성이 될 것입니다.
오메이신 지음/남여명 옮김

지혜로운 아버지가 사랑하는 아들에게 보내는 47가지 삶의 길잡이

저자는 18세기 영국의 외교관이면서 정치가로서 탁월한 능력을
발휘했으며, 문필가로서도 명성을 날렸다.
저자가 살아온 삶의 경험을 아들에게 들려주는 지침서, 영국의
처질과 디즈레일리 경이 읽고 극찬한 책.
필립체스터필드 지음/정영일 옮김

지혜로운 어머니가 사랑하는 딸에게 보내는 31가지 삶의 이야기

사랑하는 딸들아, 너희의 인생이 꿈과 모험과 변화와 상식과 투
자와 웃음과 애정으로 가득 찼으면 좋겠구나. 언제나 자기 자신
에 대한 확신을 가지고 자신의 직관을 믿도록 하여라. 그리고 무
엇보다도 여성이라는 사실을 큰 기쁨으로 여기기를 바란다.
캐디 C. 스펠맨 지음/이선종 옮김

한자 학습 시리즈

부수로 배우는 상식 한자

우리는 오랫동안 한글 전용이라는 명분에 묶여 한자를 제대로 가르치지도 않으면서, 현실적으로는 한자를 강요하는 이중 언어 구조 속에서 살아왔다. 현실은 한자 병용인데 교육은 한글 전용에 치중해 온 절름발이 교육이었던 것이다.

이 책에서는 기존에 나와 있는 책들과는 틀리게 쉬우면서도 깊이 있게 만들었다.

청학동 고사 성어

각각의 고사 성어가 생기게 된 유래와 그림을 곁들여 보다 흥미롭고 쉽게 이해할 수 있도록 꾸민 학습서로, 한문 고전에 담긴 전통 사상을 접할 수 있을 것이다.

그러나 학습적인 차원뿐만 아니라 최근의 일상 생활에서 많이 쓰이는 고사 성어와 잡지에서 자주 사용되는 한자를 수록하여 실생활에서도 도움이 되도록 꾸몄다.

동방 명언집

중국 고전인 소학·논어·채근담·대학·중용·노자·장자·맹자 등에서 명구절(名句節)만 발췌해서 엮은 책으로, 올바른 삶의 방법이 제시되어 있으며, 충효 사상 및 경로 사상 등 정신 수양에 필요한 원리가 담겨 있어 도덕성 상실의 시대에 꼭 필요한 책이다.

새 맹자 해설집

공자의 인(仁) 사상을 발전시켰으며 인간의 본성은 착하다는 성선설을 주장한 맹자의 언론을 모아 엮은 이 책은, 논어·대학·중용과 더불어 사서(四書)의 하나로서 유교 경전으로 추존되고 있다. 유교를 공맹지교(孔孟之敎)라 일컫는 것 또한 유교 정통 사상으로서의 공자와 맹자의 사상을 중히 여긴 까닭이다.

청학동 명심 보감

명심보감은 말 그대로 우리의 마음을 밝게 비추어 주는 보배로운 거울과 같은 귀중한 책으로, 올바른 처세를 위한 좌우명, 인생에 지혜가 될 만한 말씀들을 다양하게 수록하였다.

이 책은 인생을 천리(天理)에 순응시켜 선악을 분별하여 몸가짐을 올바르게 닦도록 우리를 이끌 것이다.

청학동 채근담

채근담은 지금부터 3백 수십 년 전, 중국 명대(明代)의 홍자성(洪自誠)이 사람은 어떻게 살아가야 옳은가를 여러 각도에서 논한 인생 지침서이다. 많은 사람들은 이 책을 유(儒)·불(佛)·도(道)의 삼교를 근간으로 한 채근담의 진수를 체득해서 일상 생활의 지침으로 하기 위해 연구한 책이다.

고문진보 해설집

《고문진보》는 양(梁)나라의 소명태자(昭明太子)가 편찬한 문선(文選), 송(宋)나라의 사첩산(謝疊山)이 편찬한 《문장궤범(文章軌範)》과 아울러 문장의 모범으로 가장 많이 읽혀져 온 책이다. 중국 고대의 유명한 시(詩)와 문장(文章)만을 엄선하여 편찬한 책으로 중국 고전을 이해하는데 매우 귀중한 자료가 된다.

주역 김승호 ● 대하소설

1권/연진인의 천명재판

세상과는 멀리 떨어진 깊은 산, 범상한 신통력과 전생을 간직한 사람들의 마을, 지존한 신선들의 은밀한 행보는 지상으로 향하고, 정마을은 상상조차 할 수 없었던 기이한 사건의 소용돌이 속으로 휘말려 드는데…… 연이은 긴박한 사건 속에 속세에서 폭력에 맞섰던 한 사나이가 정마을로 숨어든다.

2권/평허선공, 염라전에 들다

정마을 촌장의 기이한 행적으로 인한 의문은 쌓여만 가고, 건영이의 신비한 힘이 주역을 통해서 서서히 드러난다. 이 때 천계에서는 우주의 이상현상에 대한 답을 구하기 위해 특사가 파견되지만 요녀들의 방해로 죽임을 당해 뜻을 이루지 못한다. 한편, 정마을을 떠난 촌장 풍곡선은 천계에서 심문을 받고…….

3권/종잡을 수 없는 천지의 운행

천계에서 서선 연행이었던 전생의 기억을 회복한 남씨는 숙영이 어머니와의 이루지 못한 슬픈 사랑에 가슴 아파한다. 우주의 이상현상의 하나로 나타난 혼마 강리는 정마을 사람들을 위협하고, 천계의 대선관 소지선은 평허선공을 피해 하계로 숨어 버린다.

4권/단정궁의 중요 회의

우주의 혼란을 바로잡을 방법을 구하기 위해 단정궁에 파견된 특사는 아리따운 총관 본유의 유혹에 넘어가 정력을 소진한 채 자멸하고 만다. 한편 지상에 나타난 혼마 강리는 땅벌파에게 무술을 가르쳐 세상을 지배하려 한다. 그러나 풍곡선의 부탁을 받아 그를 뒤쫓던 검의 명수 좌설과 일전을 치르는데…….

5권/선혈로 물든 인연의 늪

정마을 주변에서는 또 한번의 기이한 일이 발생한다. 빗자루를 든 괴노인이 나타나 닥치는 대로 사람을 죽이고 서울로 향하는 인규를 위협한다. 정마을이 지원하는 조합장측과 혼마 강리가 지원하는 땅벌파 간의 오랜 이권 다툼 끝에 드디어 협상이 이루어져 새로운 전기가 마련된다. 천계에서는 동화궁과 남선부 간에 전쟁이 일어나 아수라장이 되어 버린다.

6권/옥황부의 긴급 사태

건영이는 하루가 다르게 도를 깨우치고 혼마 강리도 극강의 힘을 얻기 위해 땅벌파를 동원해 여체를 찾아 나선다. 그들은 드디어 무척 날쌔며 힘이 장사인 미친 여자를 만난다. 그러나 혼마는 뒤쫓던 좌설과 능인의 일격을 당해 중상을 입는다. 이 결투로 능인도 목숨을 잃을 위기를 당하지만 때마침 천계에서 건영이를 만나러 내려온 염라대왕의 도움으로 살아난다.

7권/여인의 숭고한 질투

빗자루 괴인은 마침내 정마을로 쳐들어오고 이를 미리 알아챈 건영이는 마을 사람들을 산으로 대피시킨다. 건영이는 염파를 보내 괴인을 자신에게로 이끌어 전생에 역성 정우였음을 밝히며 주역에 대해 문답을 나누어 위기를 넘긴다. 한숨 돌린 건영이는 또다시 천계에서 내려온 염라대왕을 만나 우주의 이변에 대해 상세히 진단을 내려준다.

8권/기습당한 옥황상제

좌설과의 결투로 중상을 당한 혼마 강리는 거지 무덕의 덕으로 목숨을 구했을 뿐만 아니라 극강의 힘을 향해 치달렸다. 이에 강리는 조합장측에 도움을 주고 있는 정마을의 위치를 알아내 단번에 섬멸해 버리기 위해 땅벌파들을 지방으로 내려 보낸다. 한편 정마을의 남씨는 전생에 천계에서 친구였던 수지선의 방문을 받는다.

9권/다가오는 정마을의 위기

풍곡선은 평허선공의 추적을 뿌리치기 위해 옥황부의 특사가 되어 요녀들이 들끓는 단정궁으로 향한다. 평허선공은 염라전에 나타나 염라대왕과 일전을 벌이는데…… 지상의 혼마 강리는 드디어 무덕의 신통력으로 극강의 힘을 얻고 정마을을 정복하기 위해 땅벌파와 함께 춘천으로 떠난다.

10권/슬픈 운명

정마을로 침투하려던 강리 앞에 수지선이 나타나 결투를 벌인다. 극강의 힘을 발출하며 강물 위에서까지 혈투를 벌인 끝에 강리가 생을 마감하여 바람처럼 사라져 버린다. 한편 천계에서는 평허선공의 사주를 받은 동화궁의 선인들이 옥황부로 쳐들어가고, 살상은 계속되었다. 지상과 천계의 이변을 수습할 방법은 없는 것일까? 그리고 단정궁으로 떠난 풍곡선의 운명은…….

주역 원론

1. 시간과 공간

공자가 평생을 두고 연구했던 주역의 신비가 오늘날에 와서 차츰 풀리고 있는 중이다. 이는 주역에 대한 인류의 관심이 증대된 데 기인하지만, 실은 20세기에 들어서서 인류의 지성이 발전했기 때문일 뿐이다. 인류는 이제서야 주역을 이해하기 시작했다.

주역에는 오늘날 인류의 첨단 과학인 양자 역학·위상 수학·카오스 이론·프렉탈·카타스트로피·생명 창발 등 모든 것이 들어있으며, 우주의 시작과 끝, 그리고 그 과정을 낱낱이 설명하고 있다. 이로써 신의 섭리를 엿볼 수 있을 것이다.

20세기 최대의 과학자인 아인슈타인은 그의 과학적 원리의 핵심을 주역에서 얻었고, 양자 역학의 창시자인 닐스 보어도 그 원리를 주역에서 얻었다. 먼 옛날, 신출 귀몰했던 제갈공명도 그의 위대한 병법 원리를 바로 주역을 통해 깨달을 수 있었던 것이다. 주역을 알면 귀신도 부릴 수 있다는 말이 있는데, 어찌 귀신 뿐이겠는가. 주역의 섭리에 따라 인간이 앞서면 하늘도 이를 어기지 않는 법이다.

2. 질서와 혼돈

시간이라는 존재는 인류의 최대 관심사가 아닐 수 없다. 시간의 세계는 공간의 세계처럼 망원경 등으로 내다볼 수 없는 신비의 영역인바, 이러한 세계를 다루는 것이 주역이다. 주역은 당초 시간의 비밀을 품어 인류의 생활에 이바지하도록 만들어진 것이다.

주역을 이해하기 위해서는 발달된 과학적 지성이 절대로 필요하다. 이로써 시간의 비밀은 그 모습을 드러낼 것이다. 과학적으로 바르게 규명된 주역이 인류 발전에 크게 이바지할 것은 더 말할 나위가 없다. 주역은 원자 문명만큼이나 인류에게 중요한 학문인 것이다. 그것은 바로 시간의 문제이기 때문이다. 앞으로 인류는 시간을 이해하고 정복해야 한다. 시간을 이해하는 데에는 주역만큼 심오한 학문이 없다.

인류는 주역을 통해 시간을 정복할 것이다. 과학자인 닐스 보어는 노벨 물리학상을 타는 자리에 8괘 무늬의 옷을 입고 등장했는데, 그는 자연의 모든 법칙이 주역에서 나온다는 것을 알았던 것이다. 만일 초문명을 가진 우주인이 등장한다 하더라도 그들의 문명 원리는 반드시 주역의 원리와 합치할 것이다.

3. 자연의 대조직

주역이 만들어진 지는 실로 약 7천 년이나 된다. 그 당시 인류는 글자도 없었고, 농사도 지을 줄 몰랐으며, 집도 없이 동굴이나 숲에 살았었다. 이러한 시대에 돌연 주역이 등장했던 것이다.

주역에는 온 우주의 원리와 성인의 섭리, 초자연의 비밀이 담겨 있는데, 이 같은 신의 지혜가 인간에게 다급히 전해진 까닭은 무엇일까?

우리는 인류와 우주에 있어 우선 이 까닭을 규명하여야 할 것이다. 주역은 하늘이 내린 것인지 성인이 만들었는지, 또는 초문명의 우주인이 남겨둔 것인지 증명할 수는 없다. 하지만 우리 앞에 일찍이 출현한 주역은 엄청난 내용을 전개하고 있다. 그것은 과학의 극한을 넘어서 있으며 인간을 초월하여 신의 세계를 깨닫게 한다. 주역은 하늘이 인간에게 베푼 최대의 은혜가 아닐 수 없다.

인간은 주역의 지혜를 획득하여 영원한 세계를 보다 행복하고 안전하게 살아갈 수 있을 것이다.

4. 신의 지혜

아인슈타인은 언젠가 인류의 지혜가 좀더 발전한다면 시간의 미래를 완전히 알 수 있는 해법을 찾을 수 있을 것이라고 생각했다. 하지만 이미 수천 년 전에 그러한 해법이 존재했던 것이다. 주역이 바로 그것이다. 오늘날 인류는 주역의 지혜를 통해 시간의 미래를 예측하는 것이 가능한 시점에 이르고 있다. 만일 현대의 초고속 슈퍼 컴퓨터의 기능과, 주역의 이론이 합쳐진다면 일기 예보처럼 사건 예보가 이루어질 수 있을 것이다. 물론 주역의 이론이 당장 시간의 미래를 세세하게 예보하는 데 이르진 않는다 해도 주역이 갖는 광대한 지혜는 인류의 복지를 크게 증진시킬 것이 틀림없다.

현대에 와서 세계의 많은 과학자들이 주역의 연구에 몰두하는 것은 실은 이러한 배경이 있는 것이다. 이는 인류의 급격한 지성 발달을 위해 크게 바람직한 일이 아닐 수 없다. 다만 애석한 일이 있다면 오늘날 우리 나라의 경우 주역의 과학적 연구가 이루어지고 있지 않다는 것이다. 이러한 상황에서 본 저서는 우리 나라의 주역 과학 발전에 원동력을 제공해 줄 것이라고 믿는다.

5. 사물의 운명

인류의 문명에는 수많은 신비가 있다. 피라미드를 필두로 해서 스팽크스·모아이·잉카제국·만리장성 등등이 그것이다. 그런데 그것들은 모두 건축물에 국한되어 있다. 인류에게 건축물 말고 다른 신비는 없단 말인가. 결코 그렇지 않다. 신비란 원래 물질보다는 정신에 존재하는 법이다. 그렇다고 할 때 인류의 모든 신비를 통틀어 주역에 필적할 만한 것이 없다. 주역의 섭리는 성인의 지혜나 과학자의 지혜를 능가하고 있는 것이다.

신이 우주를 창조했다 하더라도 그 원리는 주역의 법칙을 넘어서지 않는다. 실로 주역은 자연의 모든 비밀을 함유하고 있는바, 이를 떠나서 더한 신비는 있을 수 없다. 인류는 5천 년간이나 주역의 깊은 비밀을 모르고 있었지만 이제서야 그것이 풀리고 있다.

이 책은 현대의 첨단 과학을 통해 주역의 신비를 파헤치고 있다.

6. 무한을 넘어서

오늘날 인류는 물질의 궁극에 도전하고 있는 중이다. 이는 우주가 어떻게 만들어져 있는지, 또한 그 안에 있는 물질의 구조가 어떻게 되어 있는가를 완전히 파헤치려는 것이다. 그렇게 되면 우주 자연의 비밀이 모두 풀리게 되는 것일까? 실은 그렇지 않다.

우리가 사는 이 세계는 물질뿐 아니라 초물질·생명·영혼·세계이전, 시공의 끝, 초법칙 등 알 수 없는 신비로 가득 차 있다.

인류는 아직 이러한 영역에 발을 들여놓지 못하고 있는 것이다. 하지만 주역은 오천 년 전부터 이미 자연과 초자연의 모든 비밀을 간직하고 있었다.

인류는 주역을 통해 극한적인 지혜를 습득할 수 있을 것이다. 우리가 사는 세계에 주역이 있다는 것은 하늘의 더할 수 없는 축복이다.

카네기 인생론

삶에 대한 모든 물음은 우리 스스로 체득할 수밖에 없을 것이다.
삶에 대한 어떤 설명도 우리 자신의 삶에 지침이 되기에는 어렵기 때문이다.
이 책은 막연한 설명이 아니라 구체적인 제시를 한다.
우리가 어디에서나 부딪히는 삶의 현장에서 함께 이야기하고자 하기 때문이다.

카네기 출세론

이 세상을 살면서 주어진 삶에 충실하다는 것은 모든 이들의 소망이다.
그리고 가능한 모든 일을 이루어 낸다는 것은 유능한 사람들의 의무이다.
이 책은 유능한 사람들이 나아가야 할 바를 참으로 절실하게 제시해 주고 있다.
또 유능해지고자 하는 모든 이들의 삶을 위하여 봉사하고자 하고 있다.

카네기 지도론

참다운 지도는 함께 나아가는 것이다. 무엇을 제시하거나 지시하기 전에 피지도자가 무엇을 하고자 하는가, 무엇을 할 수 있는가를 알아서 그것을 이끌어주고, 또 그것이 이루어지도록 함께 노력하는 것이다.
이 책은 무엇이 참다운 지도인가를, 즉 어떻게 함께 나아갈 것인가를 그려내 보여주고 있다.

카네기 대화술

올바른 언어의 선택은 의사소통을 보다 원활하게 한다. 훌륭한 대화는 인간행위의 가장 승화된 형태라고 할 것이다.
이 책은 청중을 향하여 효과적으로 이야기하는 방법이 제시되어 있으며, 화술 훈련에 임하면서 경험한 실례를 중심으로 쓰여졌다.
현재를 출발점으로 당신은 효과적인 화술 방법을 통해 자신의 무한한 능력을 깨닫게 될 것이다.

카네기 처세론

최고의 처세라는 것은 우선 최선의 목표를 정하고 그 성취에 이르는 길을 갈고 닦는 것이다. 거기에다 자기를 세우고, 삶을 키워내고, 세상을 이끌어 갈 수 있는 힘을 닦는 것이다.
이 책은 거기에 있는 불후불굴의 조언을 새겨주고 있다.

카네기 자서전

노동자들은 온정에 보답하려는 깨끗한 마음을 갖고 있다. 적어도 진실로써 다른 사람을 대하고 어떤 문제가 발생했을 때 성의를 다해서 전력한다면 그들이 사용자에게 어떻게 대할 것인가 하는 염려 같은 것은 전혀 할 필요가 없다. 그러므로 덕은 외롭지 않다. 덕을 베풀면 반드시 그에 대한 결과가 있기 때문이다. 그리고 사업에 성공할 수 있는 가장 큰 원인은 완전한 계산을 통하여 금전과 자재 등의 책임을 충분히 인식시키는데 있다

신념의 마력

인간은 마음 먹기에 따라서 세상의 모습을 바꾸어 놓을 수 있다.
인간이 지닌 많은 힘 가운데 가장 큰 힘이 마음의 힘인 것이다.
신념은 일상생활을 통하여 우리의 이상을 그려낼 수 있는 강한 추진력이다.
이 추진력을 바탕으로 우리는 우리의 생활을 삶을 뜻대로 이루어 갈 수 있는 것이다.

정상에서 만납시다

미국의 유명한 저술가이며 자기개발 성공학의 권위자인 지그지글라가 진정한 성공에 다다를 수 있는 가장 빠른 방법을 제시하고 있다.
29년에 걸친 판매 경험과 인간개발 경험을 살려 각계 각층에서 활약하고 있는 최고 전문가들의 성공철학을 파악, 여섯 단계로 그 비결을 밝혔다.

머피의 마음만 먹으면 당신도 부자가 된다

당신이 만약 풍족하지 않다면 행복하고 만족한 생활을 결코 영위할 수 없을 것이다. 여기에 풍족한 삶을 누리기 위한 과학적인 방법이 있다. 당신이 성공과 행복과 번영이라는 달콤한 과일을 얻고 싶다면, 이 책에서 이야기하는 것을 정확하게 되풀이해 배우라. 그러면 당신의 앞날을 보다 아름답고, 보다 행복하고, 보다 풍족하고, 보다 고귀하고, 보다 웅장하고 큰 규모로 펼쳐질 것이다.

머피의 잠자면서 성공한다

머피의 이론을 바탕으로 하면 자기가 바라는 바 지위나 돈을 어떻게 얻을 것인가, 또는 우호적인 인간관계를 어떻게 실현할 것인가를 터득할 수 있다. 따라서 이 책에 명시된 대로 따르기만 하면 당신은 인생 전반에 걸쳐 기적적인 효과를 얻을 수 있다.